JACQUELINE OLLIVIER
Stanford University

Grammaire FRANÇAISE

2e édition

Holt, Rinehart and Winston
A Harcourt Brace Jovanovich College Publisher

Fort Worth Philadelphia San Diego New York Orlando Austin San Antonio
Toronto Montreal London Sydney Tokyo

GRAMMAIRE FRANÇAISE, 2e édition
Jacqueline Ollivier

Édition et production: **Les Éditions de la Chenelière inc. (Montréal)**
Coordination: Louis Villemur
Révision: Marie Laporte
Correction d'épreuves: Andrée Graveline
Photocomposition et montage: Les Ateliers C.M. inc.
Conception graphique: Norman Lavoie

Éditions Études Vivantes
955, rue Bergar
Laval (Québec)
H7L 4Z6

ISBN 2-7607-0525-0 (Éditions Études Vivantes, pour le Canada)

ISBN 0-15-500661-4 (Holt, Rinehart and Winston, Inc., pour les États-Unis)

2 3 4 5 6 7 8 9 0 G 0 9 8 7 6 5 4

Dépôt légal: 4e trimestre 1992
Bibliothèque nationale du Québec
Bibliothèque nationale du Canada

Printed in Canada

Also available:

Grammaire française, answer key with supplementary activities

AVANT-PROPOS

Grammaire française, 2e édition, est un livre avant tout destiné aux universitaires de deuxième année de français qui savent déjà une grammaire simple, fondamentale, acquise dans leur première année d'étude de la langue. Ils ont maintenant besoin d'en revoir les différents points pour mettre de l'ordre dans leurs connaissances et augmenter celles-ci en apprenant d'autres règles, d'autres structures et quelques nuances de la pensée.

C'est aussi un livre qui peut être utilisé dans des cours plus avancés car il contient toutes les notions de grammaire qu'un étudiant *undergraduate* doit savoir. Il est un outil indispensable à toute personne qui veut se remettre à l'étude du français et un livre de référence utile et facile à consulter.

C'est une grammaire complète et systématique qui tient compte des aspects comparatifs du français et de l'anglais. Les erreurs habituelles des anglophones sont signalées afin d'être évitées. Des difficultés de prononciation et de liaison sont aussi indiquées.

Cette grammaire est écrite dans un français simple qui permet de suivre les explications sans difficulté. Pour une meilleure compréhension, l'anglais est employé dans la traduction de quelques formes grammaticales.

Grammaire française est divisée en 20 leçons indépendantes. Celles-ci peuvent donc être étudiées dans l'ordre correspondant aux besoins de la classe. Les premières leçons sont cependant celles qui sont habituellement traitées en début d'année. Les explications grammaticales contiennent des annotations sous les rubriques «Remarque, Note, Attention, Exception». Des «Applications immédiates» permettent de vérifier la compréhension de ce qui vient d'être appris. (Les réponses sont données à la fin de chaque leçon.)

Chaque leçon est suivie de nombreux exercices variés, oraux et écrits. Ce sont d'abord des exercices qui reprennent et renforcent les «Applications immédiates»: compléter des phrases avec les mots qui manquent, transformer des phrases, choisir le mot qui convient, etc. D'autres exercices demandent de changer des phrases simples en phrases complexes, de faire des phrases à l'aide de mots donnés, puis d'écrire de petits paragraphes sur des sujets qui font utiliser de façon intense les ressources de la leçon. Enfin, des extraits littéraires courts, exemples frappants des structures et des notions en question, permettent de faire le lien entre la grammaire et la littérature.

La deuxième édition comprend les changements principaux suivants:

- La première leçon a été supprimée car elle ne relevait pas de la syntaxe. Mais la question de la coupure d'un mot à la fin d'une ligne a été gardée et placée dans l'appendice.

  Par contre, une autre leçon a été dédoublée, ce qui ramène le nombre total à 20.
- L'ordre des leçons a été changé de façon à présenter les plus simples, comme «Le présent et l'impératif», au début du livre.
- Des explications grammaticales ont été regroupées. Toutes ont été revues pour qu'elles soient le plus claires et le plus simples possible, tout en conservant leur état complet.
- Les numéros ou lettres des paragraphes sont maintenant plus visibles pour faire ressortir les différentes étapes des explications.
- Quelques tableaux ont subi des changements.
- Des *cross references* ont été utilisées pour éviter des répétitions.
- Des «Applications immédiates» ont été ajoutées ou allongées.
- Les exercices ont été divisés en exercices oraux et exercices écrits.
- Le lexique a été revu pour le rendre plus complet.

Grammaire française, 2e édition, enseigne à la fois la grammaire, l'orthographe, le vocabulaire et la composition française, donnant ainsi une base solide, essentielle à la bonne connaissance de la langue.

L'ouvrage est une source de réflexion qui conduit l'étudiant à une compréhension approfondie du français.

Je veux exprimer ma gratitude à Micheline Le Gall pour sa contribution enthousiaste au travail minutieux de révision, en particulier celui concernant les points les plus complexes.

J.O.

TABLE DES MATIÈRES

Leçon 8 Le futur Le conditionnel 186

Leçon 9 La comparaison 213

Leçon 10 Le subjonctif (présent et passé) 225

Leçon 14 La négation 308

Leçon 15 L'interrogation directe Le style indirect 330

Leçon 16 Le participe présent Le participe passé Le passif 354

Leçon 17 Les verbes impersonnels Les mots indéfinis 376

Leçon 18 Les prépositions Les conjonctions 400

Leçon 19 Les temps littéraires: Le passé simple et le passé antérieur L'imparfait et le plus-que-parfait du subjonctif 420

• LE PRÉSENT DE L'INDICATIF
• L'IMPÉRATIF

1

L'indicatif est un mode qui exprime une action dans sa réalité.

Il a plusieurs temps: le présent, l'imparfait, le passé composé, le plus-que-parfait, le futur, le futur antérieur, le passé simple et le passé antérieur (voir modes et temps, p. 450).

I. Le présent de l'indicatif

C'est un temps simple: un mot.

A. Formes

1. Verbes réguliers. Il y a trois conjugaisons: les verbes en **er** (1re conjugaison), en **ir** (2e conjugaison), et en **re** (3e conjugaison).

Ex.	aim**er**	fin**ir**	vend**re**
	j'aim**e**	je fin**is**	je vend**s**
	tu aim**es**	tu fin**is**	tu vend**s**
	il, elle, on aim**e**	il, elle, on fin**it**	il, elle, on vend
	nous aim**ons**	nous fin**issons**	nous vend**ons**
	vous aim**ez**	vous fin**issez**	vous vend**ez**
	ils, elles aim**ent**	ils, elles fin**issent**	ils, elles vend**ent**

a. Les verbes en **er** (voir conjugaison, ci-dessus)

Tous les verbes en **er** sont *réguliers* excepté le verbe **aller** (le verbe **envoyer** est aussi irrégulier au futur et au conditionnel).

— Comme les terminaisons **e**, **es**, **ent** sont muettes, quatre formes du présent ont la même prononciation.

Ex. je parle, tu parles, il parle, ils parlent

— Quand le verbe commence *par une voyelle* ou un *h* muet*, il y a une liaison à la troisième personne du pluriel.

Ex. j'aime, tu aimes, il aime, ils aiment
j'habite, tu habites, il habite, ils habitent

Application immédiate

Écrivez et prononcez les verbes suivants aux quatre personnes à terminaisons muettes.

1. taper (à la machine):
   je __________ , tu __________ , il __________ , ils __________
2. arriver:
   j' __________ , tu __________ , il __________ , ils __________

réponses p. 24

Note

Quand il y a un **r** avant la terminaison de l'infinitif du verbe, n'oubliez pas d'écrire et de prononcer ce **r**.

Ex. rencont**r**er Je rencont**r**e.

ATTENTION

Aux terminaisons muettes du présent des verbes en *ier*, *uer* et *ouer*, **i**, **u** et **ou** sont prononcés.

Ex. étud**ier**: j'étud**ie**, tu étud**ies**, il étud**ie**, ils étud**ient**
contin**uer**: je contin**ue**, tu contin**ues**, il contin**ue**, ils contin**uent**
l**ouer**: je l**oue**, tu l**oue**s, il l**oue**, ils l**ou**ent

* Un **h** est muet ou aspiré. Quand il est muet, il y a une élision ou une liaison avec le mot précédent.
Ex. l'homme (élision), un homme, les hommes, un grand homme (liaisons).
Quand il est aspiré, il compte pour une consonne et il n'y a pas d'élision ni de liaison. Ne l'aspirez pas.
Ex. en/haut, le/héros, un/héros, des/héros, une grande/haine.
Un astérisque placé devant un *h* indique qu'il est aspiré (voir lexique).

Application immédiate

Écrivez et prononcez les verbes suivants aux quatre personnes à terminaisons muettes.

1. apprécier:

   j' __________ , tu __________ , il __________ , ils __________

2. tuer:

   je __________ , tu __________ , il __________ , ils __________

3. jouer:

   je __________ , tu __________ , il __________ , ils __________

réponses p. 24

PARTICULARITÉS ORTHOGRAPHIQUES DE CERTAINS VERBES EN **ER**

Aux quatre personnes à terminaisons muettes (je, tu, il, ils):

— les verbes qui ont un **e** ou **é** à la fin de l'avant-dernière syllabe de l'infinitif les changent en **è**:

Ex.		
	l**e**/ver	esp**é**/rer
	je l**è**ve	j'esp**è**re
	tu l**è**ves	tu esp**è**res
	il, elle, on l**è**ve	il, elle, on esp**è**re
	nous levons	nous espérons
	vous levez	vous espérez
	ils, elles l**è**vent	ils, elles esp**è**rent

mais les verbes en **eler** et **eter** doublent la consonne **l** ou **t**:

Ex.			
	app**eler**	**épeler**	**jeter**
	j'appe**lle**	j'épe**lle**	je je**tte**
	tu appe**lles**	tu épe**lles**	tu je**ttes**
	il, elle, on appe**lle**	il, elle, on épe**lle**	il, elle, on je**tte**
	nous appelons	nous épelons	nous jetons
	vous appelez	vous épelez	vous jetez
	ils, elles appe**ll**ent	ils, elles épe**ll**ent	ils, elles je**tt**ent

Exceptions		
geler	**peler**	**acheter**
je g**è**le	je p**è**le	j'ach**è**te
tu g**è**les	tu p**è**les	tu ach**è**tes
il, elle, on g**è**le	il, elle, on p**è**le	il, elle, on ach**è**te
nous gelons	nous pelons	nous achetons
vous gelez	vous pelez	vous achetez
ils, elles g**è**lent	ils, elles p**è**lent	ils, elles ach**è**tent

— Les verbes en **ayer**, **oyer**, **uyer** changent **y** en **i**. Les verbes en **ayer** peuvent garder le **y**:

pa**yer**	nett**oyer**	enn**uyer**
je pa**i**e (paye)	je netto**i**e	j'ennu**i**e
tu pa**i**es (payes)	tu netto**i**es	tu ennu**i**es
il, elle, on pa**i**e (paye)	il, elle, on netto**i**e	il, elle, on ennu**i**e
nous payons	nous nettoyons	nous ennuyons
vous payez	vous nettoyez	vous ennuyez
ils, elles pa**i**ent (payent)	ils, elles netto**i**ent	ils, elles ennu**i**ent

Ces changements orthographiques sont aussi employés à l'impératif (p. 26), au futur (leçon 8, p. 188), au conditionnel (leçon 8, p. 200) et au subjonctif présent (leçon 10, p. 226).

À *la première personne du pluriel* (nous):

— les verbes en **cer** conservent le son [**s**] du **c** à l'infinitif en ajoutant une cédille sous le **c**.

Ex. commen**cer** nous commen**ç**ons

— les verbes en **ger** conservent le son [ʒ] du **g** à l'infinitif en ajoutant un **e** après le **g**.

Ex. man**ger** nous mang**e**ons

Ces changements orthographiques sont aussi employés à l'imparfait. (voir leçon 3, p. 71)

Application immédiate

Écrivez et prononcez les verbes suivants au présent et aux personnes indiquées.

1. mener: je __________, nous __________
2. répéter: je __________, nous __________

3. épeler: j' __________, nous __________
4. feuilleter: je __________, nous __________
5. peler: je __________, nous __________
6. essayer: j' __________, nous __________
7. employer: j' __________, nous __________
8. essuyer: j' __________, nous __________
9. placer: je __________, nous __________
10. nager: je __________, nous __________

réponses p. 24

---

b. Les verbes réguliers en ir (voir conjugaison, p. 1)

Les verbes réguliers en **ir** se conjuguent avec l'infixe **iss** au pluriel du présent. (Les verbes irréguliers en **ir** n'ont pas l'infixe.)

Dans cette catégorie, on trouve en particulier des verbes *formés sur des adjectifs*.

Ex. *adjectifs de couleur*
blanc → blanchir
bleu → bleuir
brun → brunir
jaune → jaunir
noir → noircir
pâle → pâlir
rouge → rougir
vert → verdir

autres adjectifs
beau → embellir
court → raccourcir
dur → durcir
grand → grandir, agrandir
gros → grossir
jeune → rajeunir
laid → enlaidir
large → élargir
lent → ralentir
lourd → alourdir
maigre → maigrir
mince → amincir
profond → approfondir
sale → salir
vieux → vieillir

Note

Ces verbes indiquent *une transformation*.

Quand la transformation s'applique *au sujet* du verbe, le sens est **devenir**. («to become»)

Quand la transformation s'applique au complément d'*objet* du verbe, le sens est **rendre**. («to make»)

Ex. Je **rougis** facilement parce que suis timide. (Je **deviens** rouge.)
Les arbres **embellissent** l'avenue. (Les arbres **rendent** l'avenue belle.)

Avec le même verbe:
Chaque jour nous **vieillissons** un peu. (Nous **devenons** vieux.)
Les soucis **vieillissent** l'homme. (Les soucis **rendent** l'homme vieux.)

Application immédiate

Dans les phrases suivantes, quel est le sens du verbe en **ir**: **devenir** ou **rendre**?

1. La fumée **noircit** les bâtiments. ______________________________
2. Votre fils **grandit** vite. ______________________________

réponses p. 24

PARTICULARITÉ DU VERBE HAÏR (HAÏR = DÉTESTER)

Il n'y a *pas de tréma aux trois formes du singulier du présent*.

je	hais	→	(prononcez ⓔ)	nous	haïssons
tu	hais	→	" "	vous	haïssez
il, elle, on	hait	→	" "	ils, elles	haïssent

c. Les verbes réguliers en re (voir conjugaison, p. 1)

Il n'y a pas de terminaison *à la troisième personne du singulier* du présent des verbes réguliers en **dre**, mais il faut mettre un **t** à celle des verbes en **pre**.

Ex. vend**re**: il vend   interrom**pre**: il interrompt

REMARQUE

Il y a très peu de verbes réguliers en **re**. Voici la liste de ces verbes: défendre, descendre, épandre, fendre, fondre, mordre, pendre, perdre, pondre, rendre, répondre, rompre, tendre, tondre, tordre, vendre. (+ quelques verbes dérivés de ces verbes: répandre, corrompre, revendre, etc.)

Application immédiate

Écrivez les verbes suivants au présent et à la personne indiquée.

1. corrompre: ils ___________
2. rendre: vous ___________
3. descendre: je ___________
4. interrompre: on ___________
5. fondre: elle ___________
6. perdre: nous ___________
7. répondre: tu ___________
8. rompre: ils ___________

réponses p. 24

2. Verbes irréguliers. Ils se terminent par **er**, **ir**, **oir**, et **re**. (Revoir le présent de ces verbes dans l'appendice, p. 454-467.)

Attention en particulier aux formes des verbes irréguliers suivants:

verbe en **er**: aller: je vais

verbes en **ir**:
- couvrir: je couvre
- offrir: j'offre
- souffrir: je souffre
- cueillir: je cueille
- ouvrir: j'ouvre

Les verbes en **ir** précédents ont les mêmes terminaisons du présent que les verbes en **er**.

- courir: je cours
- mentir: je mens
- sentir: je sens
- sortir: je sors
- dormir: je dors
- partir: je pars
- servir: je sers

venir: je viens — tenir: je tiens

Note

Ne confondez pas: devenir: je deviens, et deviner: je devine.

verbes en **oir**:

- pouvoir: je peux
  je puis (employé surtout dans l'inversion: puis-je)
- vouloir: je veux

- apercevoir: j'aperçois
- recevoir: je reçois
- décevoir: je déçois

voir: je vois — devoir: je dois

verbes en **re**:

- être: vous êtes
- faire: vous faites
- dire: vous dites

- craindre: je crains, nous craignons
- peindre: je peins, nous peignons
- joindre: je joins, nous joignons

- vivre: je vis
- suivre: je suis

- rire: je ris
- suffire: je suffis

Attention aussi à *l'accent circonflexe à la troisième personne du singulier* des verbes suivants:

- connaître: il connaît
- naître: il naît
- disparaître: il disparaît
- plaire: il plaît

Application immédiate

Écrivez les verbes suivants au présent et à la personne indiquée.

1. sentir: tu ____________
2. éteindre: j' ____________
3. souffrir: il ____________
4. reconnaître: elle ____________
5. recevoir: je ____________
6. appartenir: tu ____________
7. pouvoir: ils ____________
8. plaire: il ____________

réponses p. 24

Exercices

Exercice I (oral)

Prononcez les verbes en **er** *suivants au présent de l'indicatif, à la personne indiquée.*

a) *Verbes en* ***ier, uer, ouer***

1. prier: je vous en . . . .
2. simplifier: tu . . . . la phrase.
3. nier: il . . . . la vérité.
4. saluer: ils . . . . leur professeur.

5. remuer: tu .... trop.
6. suer: je .... beaucoup.
7. nouer: il .... sa cravate.
8. louer: tu .... ton appartement.
9. jouer: je .... du piano.

b) *Verbes en **er** à changements orthographiques*

1. peser: tu .... cinquante kilos.
2. acheter: vous .... une radio.
3. geler: on .... ici.
4. céder: je .... ma place.
5. rappeler: tu .... ton chien.
   nous .... les acteurs.
6. jeter: on .... des cailloux.
   vous .... un coup d'œil.
7. effrayer: nous .... le cheval.
8. tutoyer: je .... mes amis.
9. envoyer: elle .... sa lettre.
10. appuyer: on .... sur un bouton.
11. effacer: nous .... le tableau.
12. avancer: ils .... lentement.
13. arranger: tu .... ta voiture.
14. juger: nous .... la situation.
15. bouger: vous .... toujours.

Exercice II (oral)

Donnez rapidement la forme correspondante du singulier ou du pluriel des formes du présent des verbes réguliers et irréguliers suivants.

1. tu fais (vous)
2. j'obéis (nous)
3. ils perdent (il)
4. vous êtes (tu)
5. je mets (nous)
6. tu vis (vous)
7. elle a (elles)
8. nous accueillons (j')
9. vous avez (tu)
10. nous écrivons (j')
11. ils courent (il)
12. il plaît (ils)
13. nous suivons (je)
14. tu vois (vous)
15. ils connaissent (il)
16. ils doivent (on)
17. tu peins (vous)
18. j'acquiers (nous)
19. je bois (nous)
20. il tient (ils)
21. tu t'assieds (vous)
22. elle vaut (elles)
23. je reçois (nous)
24. nous remercions (je)
25. elle parle (elles)
26. tu habites (vous)
27. je mange (nous)

Exercice III (oral)

*Verbes réguliers en **ir***

a) *Quel est le verbe à sens opposé des verbes suivants?*

1. rougir ≠ ....
2. blanchir ≠ ....
3. grossir ≠ ....
4. embellir ≠ ....
5. vieillir ≠ ....

b) *Complétez les phrases avec un verbe en **ir** à la forme correcte.*

6. Nous allons beaucoup trop vite; il faut ....
7. Ce parterre de fleurs .... le parc.

8. Quand on a une jolie photo qui est trop petite, on la fait .... pour mieux l'admirer.
9. Vous .... au soleil, n'est-ce pas?
10. Pour que ce gros bateau puisse passer ici, il faudra .... le canal.

Exercice IV (oral)

Exercice de lecture. Lisez les phrases suivantes à haute voix en faisant particulièrement attention aux présents des verbes.

1. Il rentre souvent tard le soir parce qu'il rencontre des amis.
2. J'étudie rapidement et puis j'apprécie le temps libre qui suit.
3. Les jeunes filles se confient leurs secrets.
4. Les invités savourent leur tasse de café.
5. Tu noues ta cravate et puis tu la dénoues.
6. Est-ce que tu tutoies tes camarades de classe?
7. Ces hommes prennent des décisions et soulèvent un tollé général.
8. Il hait la chaleur et ses amis la haïssent aussi.
9. La Seine débouche dans la Manche par un vaste estuaire.
10. Un membre du comité de lecture rejette cette œuvre littéraire.
11. Ils créent des emplois supplémentaires.
12. Elle continue son voyage malgré le mauvais temps.

Exercice V (écrit)

Quelle est la troisième personne du pluriel du présent des verbes irréguliers suivants?

1. être: ils _______
2. faire: ils _______
3. devoir: elles _______
4. aller: ils _______
5. pouvoir: elles _______
6. croire: ils _______
7. avoir: elles _______
8. vouloir: ils _______
9. écrire: ils _______
10. apprendre: ils _______
11. connaître: elles _______
12. peindre: elles _______

Exercice VI (écrit)

Pour vérifier votre connaissance du présent, complétez les phrases avec la forme convenable du présent de l'indicatif du verbe entre parenthèses.

1. Je ne (haïr) _______ pas ce cours, mais je le (suivre) _______ seulement parce qu'il le (falloir) _______ .
2. Un vaurien est une personne qui ne (valoir) _______ rien.
3. Les enfants (salir) _______ leurs vêtements quand ils (jouer) _______ dehors.
4. Je (raccourcir) _______ cette robe qui (être) _______ trop longue; je l'(aimer) _______ bien parce qu'elle m'(amincir) _______ .
5. (Pouvoir) _______ -je vous poser une question?
6. Il (partir) _______ tôt chaque jour et il (revenir) _______ tard.
7. Je (mourir) _______ de faim; et vous?

8. En France, on (boire) _______ beaucoup de vin parce qu'on en (produire) _______ beaucoup.
9. Vous me (surprendre) _______ quand vous (dire) _______ que vous ne (croire) _______ pas mon histoire.
10. Il (conduire) _______ bien quand il le (vouloir) _______ .
11. Nous (craindre) _______ le pire. Il (vivre) _______ si dangereusement!
12. Je vous (offrir) _______ ce bouquet de fleurs.
13. Les poules (pondre) _______ des œufs.
14. Est-ce que ce parfum (sentir) _______ bon?
15. Ton dessin (représenter) _______ un animal bizarre.
16. Ses notes le (satisfaire) _______ .
17. (Prendre) _______ -tu toujours une glace comme dessert?
18. Tu (mener) _______ une vie trop agitée et tu (mettre) _______ trop d'énergie dans ton travail.
19. Je (cueillir) _______ ces fruits parce qu'ils (être) _______ mûrs.
20. Il me (dire) _______ qu'il vous (connaître) _______ très bien. Mais il (mentir) _______ peut-être.
21. Chaque fois que nous le (rencontrer) _______ , il nous (raconter) _______ une histoire drôle.
22. J'(employer) _______ souvent cet instrument.
23. Nous (changer) _______ de train à la prochaine gare.
24. Peut-être (vous, rire) _______ trop souvent. (peut-être + inversion)
25. Les professeurs (instruire) _______ leurs élèves.
26. Ils (fuir) _______ parce qu'ils (voir) _______ un désastre arriver.
27. Mes verres de contact me (permettre) _______ de bien voir.
28. L'adjectif (qualifier) _______ un nom ou un pronom.
29. Quand ces étudiants (passer)* _______ des examens, ils (réussir) _______ toujours bien; ils (avoir) _______ toujours de bonnes notes.
30. Le temps (devenir) _______ gris et je (deviner) _______ que tu n'(être) _______ pas content.

B. Emplois

Le présent est employé:

1. pour exprimer *une action qui a lieu maintenant, en ce moment.*

Ex. Il **dort**. Vous **travaillez**.

Si l'on veut insister sur le fait que l'action a lieu au moment présent, on emploie l'expression: **être en train de** + *infinitif*. («to be in the act of»)

Ex. Ne faites pas de bruit; il **est en train de** dormir. («he is sleeping»)

* («to take»)

— pour exprimer *un état au moment présent*.

Ex. Ils **sont** heureux.

2. pour exprimer *une action habituelle*.

Ex. Quand je **suis** fatigué, je **me repose**.
Tous les jours, je **vais** en classe à 9 heures.
Les Français **parlent** toujours de leur foie.

3. pour exprimer *un fait qui est toujours vrai*.

Ex. La terre **tourne** autour du soleil.
Les nuages **apportent** la pluie.
Qui **dort dîne**. (proverbe)

4. pour exprimer *un passé récent* par rapport au présent, généralement exprimé par: **venir** (au présent) + **de** + *infinitif*.

Ex. J'**arrive** de Paris. = Je viens d'arriver de Paris.
Il **sort** de mon bureau à l'instant. = Il vient de sortir de mon bureau.

5. pour exprimer un *futur proche* par rapport au présent, généralement exprimé par: **aller** (au présent) + *infinitif*.

Ex. Je **repars** demain pour Los Angeles. = Je vais repartir demain pour Los Angeles.
Attendez-moi! Je **viens** tout de suite. = Je vais venir tout de suite.

6. après un **si** de condition dans une phrase conditionnelle au futur, au présent ou à l'impératif (voir leçon 8, p. 191).

Ex. Si vous **voulez** ce livre, je vous l'apporterai.

7. *comme présent littéraire* dans une narration *au passé* pour rendre l'action plus vivante.

Ex. Je n'étais pas sitôt arrivé dans le bureau de mon collègue qu'il **se met** à s'énerver en faisant de grands gestes et qu'il me **parle** d'une façon tellement inadmissible que je suis ressorti très rapidement, jurant de ne plus jamais retourner le voir.

8. avec **depuis**, pour exprimer qu'*une action commencée dans le passé continue dans le présent*. C'est la forme progressive anglaise «I have been (doing)... for, since...»

— **depuis** «for» indique *l'espace de temps* entre le commencement de l'action dans le passé et le moment présent où l'action continue. (Depuis combien de temps?)

Ex. Depuis combien de temps étudiez-vous le français?
J'**étudie** le français **depuis trois mois**.
(«I have been studying French for three months.»)

— **depuis** (ou **depuis que** + sujet + verbe) («since») indique *le commencement* de l'action dans le passé, action qui continue dans le présent. (Depuis quand?)

Ex. Depuis quand étudiez-vous le français?
J'**étudie** le français **depuis** le mois de septembre.
(«I have been studying French since September.»)

ou: J'**étudie** le français **depuis que** je suis arrivé à l'université.
(«I have been studying French since I started college.»)

Application immédiate

Traduisez les phrases suivantes.

1. «She has been sick for five days.» ______________________
2. «Why have you been angry at me since yesterday?» ______________
3. «Robert has been playing the piano since September.» ____________

réponses p. 24

---

a. *Expressions équivalentes à* ***depuis*** **(«for»)**

Leur construction est différente de celle de **depuis**.

Il y a... que...

Ex. **Il y a** combien de temps **que** vous étudiez le français?
Il y a trois mois **que** j'étudie le français.

Cela (Ça) fait... que...

Ex. **Ça fait** combien de temps **que** vous étudiez le français?
Ça fait trois mois **que** j'étudie le français.

Voilà... que... (pas de question possible dans ce cas)

Ex. **Voilà** trois mois **que** j'étudie le français.

ATTENTION

Il y a souvent une confusion entre **il y a... que...** et **il y a** («ago» + verbe au passé).

Ex. **Il y a** une heure **que** je suis là. («I have been here for an hour.»)
Il y a une heure, j'étais à la bibliothèque.
(«An hour ago, I was at the library.»)

REMARQUE

L'espace de temps est placé immédiatement après **depuis**, **il y a**, **ça fait**, **voilà**.
(Pour l'emploi de **depuis** dans le passé, voir leçon 3, p. 74)

Application immédiate

Répondez à la question suivante; puis changez la réponse en employant les expressions équivalentes à **depuis**.

Depuis combien de temps êtes-vous ici? (1 heure) ______________________

réponses p. 24

Note

Ambiguïté de sens avec le mot ***heure***

Ex. Je travaille **depuis** deux heures.
Deux heures peut signifier **combien de temps** l'action a déjà duré («for 2 hours»);
ou **l'heure à laquelle** l'action a commencé («since 2 o'clock»);

— mais: **Il y a** deux heures **que** je travaille. Le sens est clair.
Employez une expression équivalente à **depuis** «for» quand il y a une ambiguïté de sens avec le mot **heure**.
Pour exprimer **depuis** «since», faites une autre phrase.

Ex. J'ai commencé à travailler à deux heures.

b. Depuis dans une phrase négative

La même construction, avec **depuis** ou **depuis que** + présent, est employée à la forme négative pour exprimer qu'*une action n'a pas eu lieu depuis un moment dans le passé* et que la situation continue dans le présent. «I have not been (doing)... for, since...»

Ex. **Je n'étudie pas depuis** trois jours. («for»)
Je n'étudie pas depuis que j'ai été malade. («since»)
Je ne le vois plus depuis longtemps. («for»)

À la forme négative, on emploie aussi le passé composé avec **depuis** pour exprimer qu'*une action n'a pas eu lieu depuis un moment du passé jusqu'au présent* «I have not (done)... for, since...», mais que la situation peut changer dans le présent.

Ex. Je **ne** lui **ai pas écrit depuis** un mois. («for»)
Je **ne** lui **ai pas écrit depuis** sa dernière lettre. («since»)

Exemples avec les expressions équivalentes à **depuis** («for»)

Il y a une éternité **que** je ne vous **ai pas vu**.
Ça fait un mois **que** vous **ne** lui **avez pas parlé**.
Voilà très longtemps **que** je **ne suis pas allée** voir un film.

Application immédiate

Complétez avec le présent ou le passé composé du verbe négatif: «I have not been doing» ou «I have not done».

1. Je (ne pas prendre) _______ de vacances depuis trois ans.
2. Ça fait une semaine qu'il _______ (ne pas se sentir bien).
3. Il y a longtemps que tu _______ au téléphone. (ne pas m'appeler)
4. Elle _______ depuis l'année dernière. (ne plus chanter)

réponses p. 24

Exercices

Exercice VII (oral)

Répondez en utilisant l'expression ***être en train de*** *au présent.*

Ex. Pourquoi ne viens-tu pas me voir?
Parce que je **suis en train de** lire un roman passionnant.

1. Qu'est-ce que vous faites en ce moment?
2. Pourquoi parle-t-elle si longtemps au téléphone?
3. Pourquoi est-il au guichet?
4. Pourquoi a-t-il besoin d'un dictionnaire?

Exercice VIII (oral)

Depuis, il y a... que, ça fait... que

a) *Répondez aux questions suivantes avec imagination.*

1. Depuis combien de temps regardez-vous cette émission de télévision?
2. Depuis combien de temps attendez-vous votre petit(e) ami(e)?
3. Depuis quand votre camarade de chambre est-il(elle) malade?
4. Il y a combien de temps qu'il pleut?
5. Ça fait combien de temps que Fred sort avec Marie?
6. Depuis combien de temps habitez-vous ici?
7. Depuis quand suivez-vous ce cours?

b) *Posez les questions dont voici les réponses.*

1. Il joue au football depuis septembre. (**jouer à** pour un sport)
2. Ça fait six ans qu'elle joue du piano. (**jouer de** pour un instrument de musique)
3. Je gagne ma vie depuis l'année dernière.
4. Elle n'est pas allée à New York depuis très longtemps.
5. Il y a deux ans qu'il vit ici.

c) *Dans la phrase suivante remplacez* **depuis** *par des expressions équivalentes (3).*

Je le sais depuis longtemps.

Exercice IX (oral)

Les verbes ***aimer*** *et* ***plaire à***
Le verbe ***plaire*** *est plus employé que le verbe* ***aimer****. Changez de verbe dans les phrases suivantes. Attention au pronom indirect.*

Ex. J'aime ce film → Ce film me plaît.

1. Tu fais seulement ce que tu aimes.
2. Est-ce que tu aimes ma nouvelle voiture?
3. Je n'aime pas du tout ce livre.
4. Est-ce qu'il aime la natation?
5. Vous aimez cette situation.
6. Est-ce qu'ils aiment le ski?

Exercice X (oral)

Lisez le texte suivant en cherchant le sens de chaque verbe. Puis répondez à la question.

Gnathon

Gnathon ne vit que pour lui… Non content de remplir à une table la première place, il occupe lui seul celle des deux autres; il oublie que le repas est pour lui et pour toute la compagnie; il se rend maître du plat, et fait son propre de chaque service… Il ne se sert à table que de ses mains; il manie les viandes, les remanie, démembre, déchire, et en use de manière qu'il faut que les conviés, s'ils veulent manger, mangent ses restes. Il ne leur épargne aucune de ces malpropretés dégoûtantes, capables d'ôter l'appétit aux plus affamés; le jus et les sauces lui dégouttent du menton et de la barbe… Il mange haut et avec bruit; il roule les yeux en mangeant; la table est pour lui un râtelier; il écure ses dents, et il continue à manger… Il n'y a dans un carrosse que les places du fond qui lui conviennent; dans toute autre… il pâlit et tombe en faiblesse. S'il fait un voyage avec plusieurs, il les devance dans les hôtelleries, et il sait toujours se conserver dans la meilleure chambre le meilleur lit. Il tourne tout à son usage; ses valets, ceux d'autrui, courent dans le même temps pour son service. Tout ce qu'il trouve sous sa main lui est propre, hardes, équipages. Il embarrasse tout le monde, ne se contraint pour personne, ne plaint personne, ne connaît de maux que les siens, que ses malaises et sa bile, ne pleure point la mort des autres, n'appréhende que la sienne.

(La Bruyère, *Caractères*, 1688)

Que pensez-vous de cette personne? Discutez en employant le présent de l'indicatif.

Exercice XI

Écrivez au présent deux actions habituelles qui s'appliquent à vous-même.

Ex. Je suis toujours calme.
Je travaille tard le soir.

Exercice XII (écrit)

Indiquez trois faits qui sont toujours vrais.

Ex. Les poissons vivent dans l'eau.
Il y a toujours des avions dans un aéroport.
Il fait chaud en été.

Exercice XIII

Écrivez un paragraphe de quatre ou cinq lignes au présent de l'indicatif sur le sujet suivant, en faisant un bon choix de verbes.

C'est le printemps. Je suis sur le campus de mon université, assis(e) à l'ombre d'un arbre…

Exercice XIV

*Écrivez une phrase au présent avec **il y a... que** et une phrase au passé avec **il y a** «ago».*

Ex. Il y a trois jours **que** je cherche ma clé.
Il y a une heure, j'étais au laboratoire.

Exercice XV

Écrivez deux phrases affirmatives et une phrase négative concernant vos propres activités à l'université, en employant une des expressions:

***depuis, il y a... que, ça fait... que, voilà... que*.**

Ex. Je **suis** au laboratoire **depuis** une demi-heure.
Ça fait plusieurs semaines **que** je **n'ai pas écrit** à mes parents.

Exercice XVI

Écrivez un petit paragraphe au passé en y incorporant le présent littéraire (voir B 7, p. 12).

Exercice XVII

Écrivez un court passage au présent en employant huit des verbes suivants:
jeter, créer, offrir, essayer, lancer, forcer, venir, pouvoir, recevoir, devenir, permettre, observer, suivre, courir, faire.

C. Distinctions de sens

1. Autres traductions de «for» et «since»

a. «for»: *depuis, pendant, pour*

— **Depuis** sert à exprimer qu'une action commencée dans le passé continue dans le présent (voir p. 12).

Ex. Ils voyagent **depuis** un mois.

— **Pendant** désigne un espace de temps d'une durée limitée mais non datée.

Pendant n'est pas toujours exprimé quand la durée de temps *suit immédiatement* le verbe.

Ex. L'année dernière ils ont voyagé (**pendant**) un mois.

— **Pour** est employé à la place de **pendant** avec les verbes *aller, venir, partir.*

Ex. Ils partent **pour** un mois.

Application immédiate

Complétez avec **depuis**, **pendant** ou **pour**.

1. J'ai été absente __________ une semaine.
2. Ses parents viennent __________ quelques jours.
3. Il habite Los Angeles __________ trois ans.

réponses p. 24

---

b. «since»: **depuis** ou **depuis que, puisque, comme**

— **Depuis** ou **depuis que** indique *le commencement* de l'action (voir p. 13) qui continue dans le présent.

Ex. Je suis triste **depuis** votre départ.
Je suis triste **depuis que** vous êtes parti.

— **Puisque** signifie: pour la raison que, du fait que.

Ex. **Puisqu'**il faut que vous le sachiez, je vais vous le dire.

— **Comme** est employé au commencement d'une phrase à la place de **parce que** (sens moins fort que **puisque**).

Ex. **Comme** il fait beau, je ne prends pas mon parapluie.

Application immédiate

Complétez avec **depuis**, **depuis que**, **puisque** ou **comme**.

1. Il ne me parle plus __________ nous nous sommes disputés.
2. Viens me voir __________ tu as des questions à me poser.
3. __________ il est fatigué, il ne viendra pas ce soir.
4. Il fait chaud __________ le 14 juillet.

réponses p. 24

---

2. Expressions idiomatiques avec *avoir*

a. avoir besoin de

Ex. Elle **a besoin de** farine et d'œufs pour faire le gâteau.

b. avoir (très, trop) chaud, froid et être (très, trop) chaud, froid

On emploie: **avoir chaud** ou **froid** pour *une sensation* de chaleur ou de froid

et: **être chaud** ou **froid** pour *la qualité* d'une chose ou d'une personne.

Ex. J'**ai chaud** en ce moment. (J'ai une sensation de chaleur; je ressens de la chaleur.)
La soupe **est** trop **chaude** pour être mangée maintenant. (C'est la qualité de la soupe.)
Ce n'est pas étonnant que j'**aie froid**; le radiateur **est froid**.
Le directeur **est** très **froid** avec ses employés; personne ne l'aime.

Application immédiate

Complétez avec les expressions nécessaires, à la forme correcte: **avoir chaud**, **avoir froid**, **être chaud** ou **être froid**.

1. Voulez-vous fermer la fenêtre, s'il vous plaît, parce que j' __________ .
2. Je me suis brûlé la langue avec le soufflé; il __________ .
3. N'attends pas que ta soupe __________ pour venir la manger.
4. Vous __________ ? Vous n'êtes pas comme moi, j'ai la chair de poule.

réponses p. 24

---

c. avoir envie de. Ne pas confondre avoir envie de et *envier*.

Ex. J'**ai envie** d'aller me promener.

mais: Je n'**envie** pas mes voisins.

d. avoir faim, avoir soif

Ex. Il fait si chaud que j'**ai** toujours **soif** et que je n'**ai** pas du tout **faim**.

e. avoir l'air (de)

— **avoir l'air** + *adjectif* (voir leçon 7, p. 154)

— **avoir l'air de** + *nom*

Ex. Il **avait l'air d'**un homme très bien.

— **avoir l'air de** + *infinitif*

Ex. Vous **avez l'air de** ne pas me reconnaître.

f. avoir le droit de a un sens plus fort que *pouvoir*

Ex. On n'**a** pas **le droit d'**entrer ici.
Vous **avez le droit de** dire cela.

g. avoir lieu = se passer, arriver, se produire.

Ex. La conférence **aura lieu** mardi prochain.

h. avoir mal et faire mal

avoir mal = avoir de la douleur	**faire mal** = causer de la douleur
Ex. J'**ai mal** aux pieds.	Mes pieds me **font mal**.
J'**ai mal** au coeur. = J'ai la nausée.	J'ai une dent qui me **fait mal**.

i. avoir peur

Ex. **Avez**-vous **peur** des serpents, des araignées? Oui, j'en **ai** très **peur**.

REMARQUE

Employez **très** avec ces expressions; n'employez pas: beaucoup.

Ex. **avoir très chaud** (**très froid**, **très faim**, **très soif**, **très peur**)

j. avoir raison (de) ≠ avoir tort (de)

Ex. Vous **avez tort** de lui en parler.

k. avoir sommeil signifie: avoir besoin de dormir. Ne pas confondre avec *être endormi*.

Ex. Robert ne dort pas assez; alors il **a** toujours **sommeil**.

mais: Le lundi matin, les étudiants **sont** toujours **endormis**.

I. avoir (+ âge)

Ex. Quel âge avez-vous? — J'**ai** 18 **ans**.

3. porter-mener, apporter-amener, emporter-emmener

—*porter* («to carry»)

Ex. Je vais **porter** votre valise à la voiture.
La mère **porte** son enfant dans ses bras.

mener («to lead, to take, to conduct... someone»)

Ex. Vous ne savez pas où est la bibliothèque; je vais vous y **mener**.

—*apporter* («to bring... something»)

Ex. Demain, **apportez**-moi votre composition écrite.

amener («to bring... someone»)

Ex. Je veux lui parler; **amenez**-la-moi.

—*emporter* («to take... something... along»)

Ex. **Emporte** ton parapluie car il va pleuvoir.

emmener («to take... someone... along»)

Ex. Il va **emmener** ses amis au cinéma ce soir.

Exercices

Exercice XVIII (oral)

*Les verbes **porter, mener, apporter, amener, emporter** et **emmener***
Trouvez le verbe qui convient pour chaque phrase, à la forme appropriée.

1. Vous ne savez pas où est la bibliothèque; je vais vous y ....
2. Il va .... ses amis au cinéma ce soir.
3. La mère .... son bébé dans ses bras.
4. Le professeur demande d' .... notre composition écrite demain.
5. Il faut que tu .... ton parapluie car il va pleuvoir.

6. On .... quelquefois un ami au cours de français.
7. Il aime .... les discussions.
8. Tu n'as pas de voiture, alors je vais t' .... à l'aéroport.
9. Pour la sortie, chacun devra .... son repas.
10. Le docteur guérit les malades qu'on lui ....
11. Allez-vous .... votre mère à l'opéra?
12. Le sac qu'elle .... sur son dos est lourd.

Exercice XIX (écrit)

Complétez avec: **depuis, depuis que, pendant, pour, puisque** ou **comme**.

1. Il faut travailler _______ longtemps pour arriver à ce résultat.
2. Je corrigerai cette composition _______ vous ne voulez pas le faire.
3. _______ elle ne fait plus d'exercice, elle grossit.
4. Vous a-t-elle dit qu'elle partait _______ quelques jours?
5. Je n'ai pas eu de leurs nouvelles _______ la naissance de leur fils.
6. _______ j'ai fini mon travail, je vais aller me promener.

Exercice XX

Écrivez une phrase avec chacune des expressions suivantes.

1. comme («since»)
2. pendant
3. depuis que
4. puisque

Exercice XXI (écrit)

Complétez les phrases suivantes avec une expression idiomatique avec **avoir,** *au temps qui convient* (voir p. 20 à 22).

1. Il faut que j'aille voir mon docteur parce que j' _______ à un bras.
2. J' _______ de ce gâteau; il semble bon.
3. Ces fruits _______ très mûrs; je vais en acheter quelques-uns.
4. Il y a des gens qui veulent toujours _______ .
5. Avec ce billet, vous _______ d'entrer sans payer.
6. Je prends mon pull-over car j' _______ d'attraper un rhume.
7. Il est midi, alors nous _______ .
8. L'examen _______ demain; alors il faut faire des révisions.
9. Tout le monde _______ d'être aidé quelquefois.
10. Vous _______ de lui demander une explication car il va se mettre en colère.

Exercice XXII

Écrivez une phrase avec chacune des expressions suivantes.

1. avoir le droit de
2. avoir lieu
3. avoir envie de
4. avoir chaud
5. être chaud(e)
6. faire mal

Réponses aux applications immédiates

p. 2
1. je tape, tu tapes, il tape, ils tapent
2. j'arrive, tu arrives, il arrive, ils arrivent

p. 3
1. j'apprécie, tu apprécies, il apprécie, ils apprécient
2. je tue, tu tues, il tue, ils tuent
3. je joue, tu joues, il joue, ils jouent

p. 4
1. je mène, nous menons
2. je répète, nous répétons
3. j'épelle, nous épelons
4. je feuillette, nous feuilletons
5. je pèle, nous pelons
6. j'essaie, nous essayons
7. j'emploie, nous employons
8. j'essuie, nous essuyons
9. je place, nous plaçons
10. je nage, nous nageons

p. 6
1. La fumée rend les bâtiments noirs
2. Votre fils devient vite grand.

p. 7
1. ils corrompent
2. vous rendez
3. je descends
4. on interrompt
5. elle fond
6. nous perdons
7. tu réponds
8. ils rompent

p. 8
1. tu sens
2. j'éteins
3. il souffre
4. elle reconnaît
5. je reçois
6. tu appartiens
7. ils peuvent
8. il plaît

p. 13
1. Elle est malade depuis cinq jours.
2. Pourquoi êtes-vous en colère contre moi depuis hier?
3. Robert joue du piano depuis septembre.

p. 14 Je suis ici depuis une heure.
Il y a une heure que je suis ici.
Ça fait une heure que je suis ici.
Voilà une heure que je suis ici.

p. 15
1. Je n'ai pas pris
2. qu'il ne se sent pas bien
3. ne m'as pas appelé(e)
4. ne chante plus

p. 19
1. pendant
2. pour
3. depuis

p. 19
1. depuis que
2. puisque
3. Comme
4. depuis

p. 20
1. ai froid
2. était très (trop) chaud
3. soit froide
4. avez chaud

II. L'impératif

L'impératif est un mode qui exprime un ordre, un conseil, une exhortation. Il a deux temps: le présent et le passé (voir aussi p. 450).

A. Formes

1. L'impératif a *trois* formes. *Elles sont tirées du présent de l'indicatif*: la 2e personne du singulier et les 1re et 2e personnes du pluriel (**tu**, **nous**, **vous**) sans les pronoms sujets, *pour tous les verbes, réguliers et irréguliers,* à l'exception de quatre. Il y a cependant quelques particularités.

Voici l'impératif des verbes réguliers en **er**, **ir** et **re** et de quelques verbes irréguliers:

aim [er]	fin [ir]	vend [re]	faire	prendre	aller
aime	finis	vends	fais	prends	va
aimons	finissons	vendons	faisons	prenons	allons
aimez	finissez	vendez	faites	prenez	allez

Les quatre verbes irréguliers suivants font exception:

être	avoir	savoir	vouloir
sois	aie	sache	veuille
soyons	ayons	sachons	veuillons (non usité)
soyez	ayez	sachez	veuillez

PARTICULARITÉS

—*À la deuxième personne du singulier* (**tu**), *on omet le s de toutes les formes en **es** et **as**,* c'est-à-dire:

- dans la terminaison **es** du présent des verbes en **er** et la terminaison **as** du présent du verbe irrégulier **aller**.

Ex. **aimer**: aime; **aller**: va

- dans la terminaison **es** du présent des verbes irréguliers en **ir** qui se conjuguent comme les verbes en **er** au présent (voir p. 7).

Ex. **ouvrir**: ouvre

- dans la terminaison **es** des verbes irréguliers **avoir**: aie; **savoir**: sache; **vouloir**: veuille.

Cependant *on garde le s* de ces formes quand l'impératif est immédiatement suivi de **y** ou de **en** *après le trait d'union,* pour faciliter la prononciation de la voyelle.

Prononcez la liaison:
Ex. vas - y   parles - en   nages - y   offres - en   aies - en

Application immédiate

Mettez les verbes à la 2e personne du singulier de l'impératif. Faut-il un **s**?

1. (Travailler) __________ bien.	5. (Aller) __________ à la gare.
2. (Cueillir) __________ des fleurs.	6. (Être) __________ à l'heure.
3. (Savoir) __________ la leçon.	7. (Offrir) __________ -en un.
4. (Acheter) __________ la maison.	8. (Goûter) __________ -y.

réponses p. 33

— L'impératif étant tiré des formes correspondantes du présent de l'indicatif, on y retrouve les changements orthographiques des verbes en **er** (voir p. 3).

Ex.	appeler	acheter	répéter	nettoyer	placer	nager
	appelle	**achète**	**répète**	**nettoie**	place	nage
	appelons	achetons	répétons	nettoyons	**plaçons**	**nageons**
	appelez	achetez	répétez	nettoyez	placez	nagez

et le verbe haïr:
hais
haïssons
haïssez

2. La place et l'ordre des *pronoms compléments d'objet* varient *à l'affirmatif* et *au négatif*.

a. *À l'impératif affirmatif*, les pronoms *suivent le verbe* et sont liés au verbe par des *traits d'union*. Le pronom objet direct est placé *devant* l'indirect.

Ex. Donnez-lui.
(*un* trait d'union avec *un* pronom)
Donnez-lui-en.
(*deux* traits d'union avec *deux* pronoms)

TABLEAU 1.1 Ordre des pronoms après l'impératif affirmatif

		Objet direct		*Objet indirect*				
Impératif affirmatif	*devant*	me (m'), te (t') nous, vous le, la, les	*devant*	me (m'), te (t') nous, vous lui, leur	*devant*	y	*devant*	en

Ex. Apportez-les-y.
Offre-lui-en.
Donne-le-nous.
↓ ↓
direct indirect

Parle-nous-en.
Dites-la-leur.
Emmène-nous-y.

REMARQUES

— **Me** et **te** se changent en **m'** et **t'** devant une voyelle.
Il n'y a pas de trait d'union à l'endroit d'une *apostrophe*.

Ex. Donnez-**m'**en. Occupe-**t'**en.

— **Me** et **te** se changent en **moi** et **toi** quand ils sont *le seul* ou *le dernier* pronom après l'impératif.

Ex. Écoute-**moi**.
Lave-**toi**.
Dites-le-**moi**.
Répète-le-**toi**.

Note

S'il n'y a pas de trait d'union entre l'impératif affirmatif et le pronom qui suit, c'est que le pronom n'est pas l'objet de l'impératif; il est *l'objet de l'infinitif* qui suit l'impératif.

Ex. Allez le voir. (**le** objet de **voir**)
Venez nous aider. (**nous** objet de **aider**)
Va y déjeuner. (**y** objet de **déjeuner**)

b. *À l'impératif négatif*, les pronoms précèdent le verbe et ont le même ordre qu'aux autres temps (voir leçon 2, p. 41). *Il n'y a pas de trait d'union*.

Ex. Ne le lui donne pas.
Ne m'en envoyez pas.
N'y va pas.

Application immédiate

Mettez les impératifs négatifs suivants à la forme affirmative.

1. Ne me la raconte pas. ______________________.
2. Ne nous le répétez pas. ______________________.

3. N'y va pas. ______________________________ .
4. Ne va pas y lire. ______________________________ .
5. Ne les y pousse pas. ______________________________ .

réponses p. 33

---

3. Il n'y a *pas de formes de l'impératif* aux 1re et 3e personnes du singulier ni à la 3e personne du pluriel. Quand on a besoin d'une de ces formes, on emploie la forme correspondante *du subjonctif présent,* avec **que** et *le pronom sujet.*

Ex. Qu'ils partent immédiatement.
Qu'il finisse son travail.
Que je puisse le voir!
Qu'elle fasse attention.

4. *L'impératif passé*

Il est formé de *l'impératif de l'auxiliaire* ***avoir*** ou ***être*** + *le participe passé du verbe* en question.

Il est employé pour un ordre qui *sera accompli dans le futur.*

Ex. **Aie fini** ton travail bientôt.
Soyez rentré à onze heures.

Exercices

Exercice I (oral)

Donnez les deux personnes qui complètent l'impératif des verbes suivants.

Ex. Fais attention: faisons attention
faites attention

1. Ayez confiance: ....
2. Sois aimable: ....
3. Prends note: ....
4. Rasez-vous: ....
5. Ne vous regardez pas: ....
6. Viens tout de suite: ....
7. Sachons la vérité: ....
8. Parlez-en: ....
9. N'en offrez pas: ....
10. Conduis-toi mieux: ....

Exercice II (écrit)

Remplacez les mots soulignés par des pronoms; y a-t-il un trait d'union après l'impératif?

Ex. Donnez-lui son manteau. → Donnez-le-lui.
Va dire la raison. → Va la dire.

1. Répondez à ma question.
2. Venez raconter votre histoire.
3. Dites à votre ami d'aller voir ce film.
4. Va acheter des fruits.
5. Ne fais pas de bruit.
6. Chante des chansons.
7. Va à son bureau.
8. Donnez cette clé à son propriétaire.
9. Apportez-moi votre feuille.
10. Mets-toi du rouge à lèvres.

Exercice III (écrit)

Mettez les impératifs négatifs à la forme affirmative. Écrivez aussi l'infinitif du verbe, entre parenthèses.

Ex. Ne les lui donnez pas. → Donnez-les-lui. (donner)

1. N'en parle pas.
2. Ne te la demande pas.
3. N'y faites pas attention.
4. Ne te fâche pas.
5. Ne me les envoyez pas.
6. Ne le lui dis pas.
7. Ne nous en allons pas.

Exercice IV (écrit)

Donnez la forme négative des impératifs affirmatifs suivants. Écrivez aussi l'infinitif du verbe, entre parenthèses.

Ex. Interrompez-moi. → Ne m'interrompez pas. (interrompre)

1. Donne-le-moi.
2. Occupe-t'en.
3. Endormez-vous-y.
4. Plongez-les-y.
5. Donnes-en une.

B. Emplois

L'impératif est employé:

1. pour *donner un ordre.*

Ex. Sors; ne partez pas; travaillons dur; laisse-moi tranquille; va-t'en; qu'il se taise.

2. pour *exprimer un souhait.*

Ex. Sois heureuse; profitez bien de vos vacances; faites un bon voyage.

3. pour *une exhortation, un conseil, une prière.*

Ex. Ne parlez pas trop; méfiez-vous de lui; ayez la gentillesse de me prévenir; asseyez-vous donc; qu'il fasse bien attention.

4. pour *une supposition.*

L'impératif est alors équivalent à une phrase avec **si**:

Ex. Faites-leur du bien, ils l'oublieront vite. = Si vous leur faites du bien...
Gare-toi là, et tu n'auras pas de contravention. = Si tu te gares là
Traite-le de menteur, il ne réagira pas. = Si tu le traites de menteur...

5. avec ***veuillez*** + *infinitif.*

Cet impératif de **vouloir** est équivalent à **s'il vous plaît**. C'est une forme polie pour donner un ordre.

Ex. **Veuillez** fermer la porte. = Fermez la porte, s'il vous plaît.
Veuillez vous asseoir. = Asseyez-vous, s'il vous plaît.

À la fin d'une lettre

Veuillez agréer, cher Monsieur, l'expression de mes sentiments distingués.

ATTENTION

Ne confondez pas le mot anglais «let» de la 1re personne du pluriel de l'impératif avec le verbe **laisser** (permission):

Ex. Partons. («Let's leave.»)
mais: Laissez-moi vous expliquer ceci. («Let me explain...»)

Exercices

Exercice V (oral)

Faites une liste des ordres que votre professeur vous donne dans votre cours de français: des impératifs de conseil, d'exhortation, de prière, sous forme affirmative ou négative.

Ex. Ne parlez pas anglais.
Préparez votre travail chaque jour.
Écrivez lisiblement.

Exercice VI (oral)

Maintenant demandez à votre professeur, avec des impératifs, ce que vous voudriez qu'il fasse pour que les étudiants soient plus heureux.

Ex. Soyez patient(e) avec nous; la prononciation du français est difficile.
Donnez-nous de bonnes notes; ne soyez pas trop dur(e).
Répétez les explications de grammaire.

Exercice VII (oral)

Donnez l'ordre indiqué en employant la forme familière* (tu) *ou polie* (vous) *d'après la personne à qui l'ordre est donné.

Ex. Dites à votre camarade de venir tout de suite.
Viens tout de suite.

1. Dites à votre ami de s'asseoir et de se calmer.
2. Dites à votre professeur de parler moins vite. (2 façons)
3. Demandez à quelqu'un d'écrire son adresse sur votre carnet.
4. Dites à ce monsieur de ne pas mettre son chapeau sur votre livre.
5. Dites à votre camarade de chambre de se lever tôt mais de ne pas faire de bruit.
6. Dites à votre voisin d'appeler ce numéro en cas d'urgence.
7. Une mère demande à ses enfants de ne pas se salir.

Exercice VIII (oral)

Employez* veuillez *+ infinitif à la place de l'impératif.

Ex. Asseyez-vous, s'il vous plaît. Veuillez vous asseoir.

1. Ouvrez la fenêtre, s'il vous plaît.
2. Fermez la porte, s'il vous plaît.
3. Levez-vous et sortez sans bruit, s'il vous plaît.

Continuez avec d'autres exemples.

Exercice IX (oral)

Dans le texte suivant, donnez les verbes entre parenthèses à la forme familière* (tu) *de l'impératif. Puis lisez le texte en mettant les verbes à la 2ᵉ personne du pluriel* (vous) *et en faisant tous les changements nécessaires.

.... (marcher) deux heures tous les jours, ... (dormir) sept heures toutes les nuits, ... (se coucher) dès que tu as envie de dormir; .... (se lever) dès que tu es éveillé. Ne .... (manger) qu'à ta faim, ne .... (boire) qu'à ta soif, et toujours sobrement. Ne .... (parler) que lorsqu'il le faut, n' .... (écrire) que ce que tu peux signer; ne .... (faire) que ce que tu peux dire.

N' .... (oublier) jamais que les autres comptent sur toi, et que tu ne dois pas compter sur eux. N' .... (estimer) l'argent ni plus ni moins qu'il

9. ne vaut: c'est un bon serviteur et un mauvais maître. .... (Pardonner)
10. d'avance à tout le monde, pour plus de sûreté; ne .... (mépriser) pas les
11. hommes, ne les .... (haïr) pas davantage et n'en .... (rire) pas outre
12. mesure; .... (plaindre)-les. .... (S'efforcer) d'être simple, de
13. devenir utile, de rester libre.

Alexandre Dumas fils

Exercice X (écrit)

Complétez la phrase par un ordre à l'impératif.

Ex. Si vous êtes fatigué, *reposez-vous quelques instants.*

1. Si tu as froid, ___________ .
2. Si vous ne voulez pas me croire, ___________ .
3. Si le vocabulaire est trop difficile, ___________ .
4. Si tu t'ennuies, ___________ .

Exercice XI (écrit)

Donnez l'ordre (à l'impératif) qui correspond à la situation. Employez un pronom dans la phrase.

Ex. Je suis malade; il faut que le docteur vienne. *Appelez-le immédiatement.*

1. Je pars mais ma valise est en haut dans ma chambre.
2. Nous ne connaissons pas ce poème.
3. Elle ne sait pas que son amie est partie.
4. Trois livres sont nécessaires pour le cours de Robert.
5. J'ai des révisions à faire pour demain.

Exercice XII (écrit)

Mettez les phrases suivantes à la forme négative. Attention au partitif dans la phrase négative.

Ex. Posez-moi des questions. → Ne me posez pas de questions.

1. Apportez-lui des fleurs.
2. Va faire du bateau aujourd'hui.
3. Demandez-moi des faveurs.
4. Allez chercher un dictionnaire.

Exercice XIII

Écrivez en un petit paragraphe les conseils que vous voudriez donner à un(e) étudiant(e) qui arrive sur le campus pour la première fois. Employez des impératifs (affirmatifs et négatifs).

Exercice XIV (écrit)

Vous allez photographier quelqu'un (ou plusieurs personnes). À l'aide de phrases impératives vous lui (leur) dites où se placer, de ne pas bouger, etc. (Écrivez un paragraphe de trois ou quatre lignes; un peu d'humour, s'il vous plaît.)

Réponses aux applications immédiates

p. 26
1. Travaille
2. Cueille
3. Sache
4. Achète
5. Va
6. Sois
7. Offres
8. Goûtes

p. 27
1. Raconte-la-moi
2. Répétez-le-nous
3. Vas-y
4. Va y lire
5. Pousse-les-y.

LES PRONOMS PERSONNELS

2

REMARQUES GÉNÉRALES **SUR LES PRONOMS**

Par définition, un pronom est un mot qui *remplace* un nom (pro/nom = pour un nom). *En réalité*, un pronom peut aussi remplacer un autre pronom, un adjectif ou une proposition. Quelquefois, un pronom ne remplace pas de mots.

— Quand un pronom représente *un nom* ou *un pronom*, il prend *le genre et le nombre* de ce nom ou de ce pronom.

Ex. Je vois **la petite fille**. Je **la** vois.
Le sien est meilleur, mais je ne **le** veux pas.

— Quand le pronom représente *un adjectif* ou *une proposition*, il est *invariable* (le) (voir p. 43).

— Certains pronoms *ne remplacent pas* de mots.

Ex. **Quelqu'un** est venu; **on** ne sait pas pourquoi.
Il fait beau.

— On distingue *plusieurs sortes de pronoms*, d'après leur fonction:

personnels	démonstratifs
possessifs	relatifs
interrogatifs	indéfinis

Il y a *deux* sortes de pronoms personnels:

— les *pronoms personnels sujets* ou *compléments d'objet* du verbe. Ils sont *près du verbe* et ne sont pas mis en relief; c'est pourquoi on les appelle *atones* (atone = sans accent).

Ex. **J'y** vais.
Vous me les rendez.

— les *pronoms disjoints* qui sont *séparés du verbe* comme leur nom l'indique. Leur position et leur fonction les mettent en relief; c'est pourquoi on les appelle aussi *toniques* (tonique = avec accent).

Ex. C'est **vous** qui avez mon livre.
Lui il viendra, mais **toi** tu resteras.
Je ne veux voir ni **eux** ni **elles**.

TABLEAU 2.1 Tableau complet des pronoms personnels

	atones				toniques
	SUJETS	OBJETS		RÉFLÉCHIS	DISJOINTS
		directs	*indirects*	*dir.* ou *indir.*	
personnes:					
1re sing.	je (j')	me (m')	me (m')	me (m')	moi
2e sing.	tu	te (t')	te (t')	te (t')	toi
3e sing.	il, elle, on	le, la (l')	lui	se (s')	lui, elle, soi
1re plur.	nous	nous	nous	nous	nous
2e plur.	vous	vous	vous	vous	vous
3e plur.	ils, elles	les	leur	se (s')	eux, elles
		en, y			

I. Les pronoms personnels (atones)

A. Pronoms sujets

1. Formes (voir tableau 2.1, ci-dessus)

a. Je se change en **j'** devant une voyelle ou un **h** muet.

Ex. **j'**aime, **j'**hésite

b. Il remplace un nom masculin et **elle**, un nom féminin.

Ex. M. Jourdain est là et **il** est occupé.
C'est une grande table. **Elle** est jolie.

Ils remplace des groupes sujets faits de noms masculins et féminins.

Ex. Les jeunes gens et les jeunes filles sont là. **Ils** sont tous arrivés.

c. **On** est un pronom indéfini, employé *seulement comme sujet* du verbe. **L'** est quelquefois ajouté devant **on** pour faciliter la prononciation mais n'a pas de signification.

Ex. si **l'**on, où **l'**on, mais **l'**on

d. **Vous** n'est pas toujours pluriel; il est singulier quand il est *la forme polie* de la deuxième personne du singulier; **tu** est *la forme familière.* On emploie **tu** dans une famille, entre les enfants et leurs parents (père et mère) et les autres parents (tantes, oncles, etc.). On emploie aussi **tu** avec certains amis: en particulier sur un campus les jeunes se tutoient. Mais dans l'incertitude, employez **vous**.

2. Place

a. Le pronom sujet est généralement placé *devant le verbe.*

Ex. **Je** parle français. **Nous** buvons du thé. **On** se trompe quelquefois.

b. Il est placé *après le verbe* (inversion: verbe-pronom sujet) ou *après l'auxiliaire* dans les temps composés (inversion: auxiliaire-pronom sujet):

— à l'interrogatif.

Ex. Aimez-**vous** le français? As-**tu** vu Marie?

Ajoutez **t** entre deux voyelles, à la troisième personne du singulier.

Ex. Arrivera-**t**-elle à trois heures? A-**t**-il fini?

— *après une citation* ou *entre deux citations* (proposition incise).

Ex. «J'aime le français», dit-**il**.
«Votre père», remarqua-t-**il**, «est très patient.»

(Mais il n'y a *pas d'inversion devant la citation*:

Ex. Il dit: «J'aime le français.»
Il remarqua: «Votre père est très patient.»)

—après **peut-être**, **à peine... que...**, **aussi**, **sans doute**, **encore**, placés au début de la phrase et portant sur le verbe.

Ex. **Peut-être** voulez-**vous** partir.
À peine la cloche avait-**elle** sonné **qu'**ils se précipitèrent dehors.
Le temps devenait mauvais; **aussi** avons-**nous** décidé de rentrer.
(aussi = en conclusion, en conséquence)
Sans doute comprenez-**vous** maintenant...
Je veux bien lui parler; **encore** faut-**il** que je le voie.

REMARQUE

Dans une conversation, employez **peut-être que**, sans inversion.

Ex. **Peut-être que** nous irons au cinéma ce soir mais ce n'est pas sûr.

L'inversion est plus élégante que la forme *sans inversion* avec **que**, qui est plus lourde. Mais dans le langage parlé, **que** est plus employé parce que c'est plus simple et plus rapide.

Application immédiate

Placez le verbe et le sujet dans la phrase.

1. «J'ai très faim», ______________ (il, a ajouté) .
2. Peut-être que ______________ (vous, pourrez) le voir tout à l'heure.
3. Elle est partie; peut-être ______________ (elle, aurait dû) vous prévenir.
4. ______________ (tu, as pris) ta décision?
5. À peine ______________ (vous, serez couchés) qu'il arrivera.
6. «Votre mère», ______________ (il, m'a dit) «est très gentille».

réponses p. 60

B. Pronoms objets directs ou indirects

ATTENTION

Pour employer le pronom convenable, direct ou indirect, il faut:

— *savoir* que s'il n'y a pas de préposition entre le verbe et le nom objet, le nom est un *objet direct*. S'il y a la préposition *à* entre le verbe et le nom objet, le nom est un *objet indirect*; cette préposition est toujours exprimée (ce qui n'est pas le cas en anglais).

— *raisonner avec le verbe français* et «oublier» le verbe anglais; les constructions des verbes sont souvent différentes dans les deux langues et beaucoup d'erreurs viennent de la traduction littérale de l'anglais au français.

Ex.	Je cherche **mon sac**. Je **le** cherche.	(On dit: chercher une chose. Il n'y a *pas de préposition* entre le verbe et l'objet; le pronom est *direct*.)
	Il obéit **à ses parents**. Il **leur** obéit.	(On dit: obéir **à** une personne; le pronom est *indirect*.)

Voici des *verbes très utilisés*:

+ objet direct			+ objet indirect			
aider une personne			demander	(quelque chose)	à	quelqu'un
attendre	"	, une chose	dire	"	à	"
chercher	"	, "	écrire	"	à	"
écouter	"	, "	obéir		à	"
entendre	"	, "	parler		à	"
regarder	"	, "	plaire		à	"
voir	"	, "	répondre	"	à	"
			ressembler		à	"
			téléphoner		à	"

Application immédiate

Complétez avec un pronom objet direct ou indirect.

1. Ce petit enfant est très gentil avec sa mère; il ________ obéit toujours.
2. Je vais parler à mes parents et je vais ________ demander pourquoi ils sont en colère contre moi.

3. Voilà un homme en difficulté; il faut ________ aider.
4. J'ai un téléviseur, mais je ne ________ regarde jamais.
5. Elle va venir; vous ________ attendez.
6. Il est aussi grand que son père et il ________ ressemble beaucoup.

réponses p. 60

---

1. Formes: me, te, le, la, les, nous, vous, se, lui, leur
(tableau 2.1, p. 35)

2. Place. Le pronom objet est placé:

a. *devant un verbe conjugué* et devant **voici, voilà.**

Ex. Je **vous** comprends.
Il **les** enverra demain.
Ah! **Vous** voilà!
Il **lui** donne sa clé.
Nous **en** avons.
Vous voulez un crayon? **En** voici un.

b. *devant l'auxiliaire aux temps composés.*

Ex. Il **l'**a vu. **Vous** avait-il invités? Elle **y** est arrivée.

c. *immédiatement devant le verbe (ou l'auxiliaire) à la forme négative et à la forme interrogative.*

Ex. Il ne **me** demandera pas pourquoi.
L'interrogera-t-il?

d. *après le verbe,* avec un trait d'union, *à l'impératif affirmatif.*

Ex. Donne-**lui** son jouet. (Voir leçon 1, p. 26)

e. *devant un infinitif dont il est l'objet.*

Ex. Je suis content de **vous** voir. Il acceptera de **la** recevoir.
Il m'a dit de ne pas **te** déranger.

Application immédiate

Placez les pronoms entre parenthèses dans les phrases suivantes.

1. (le) Je veux. ____________________
2. (lui) As-tu parlé? ____________________
3. (leur) Il va dire. ____________________
4. (en) Mettez. ____________________

5. (les) Je ne prends pas. ____________
6. (leur) Ne répondez pas. ____________
7. (y) Ils n'ont pas déjeuné. ____________
8. (nous) Elle ennuie. ____________

réponses p. 60

REMARQUE

Quand un infinitif dépend d'un des verbes suivants: **faire**, **laisser**; et **regarder**, **voir**, **écouter**, **entendre**, **sentir** (verbes de perception), voir leçon 20, p. 441-444 pour la place des pronoms.

Note

Dans une série de verbes qui ont le même pronom objet direct ou indirect, on répète ce pronom aux temps simples.

Ex. Je **les** vois et (je) **les** entends.

On le répète aussi aux *temps composés* si l'auxiliaire est répété.

Ex. Je **vous** ai vu et **vous** ai appelé.

Si l'auxiliaire n'est pas répété, on ne répète pas le pronom s'il a la même fonction avec les deux verbes.

Ex. Je **vous** ai vu et appelé.

3. **Ordre de plusieurs pronoms objets devant le verbe.** Pour placer deux ou trois pronoms objets devant le verbe, consultez le tableau 2.2, p. 41.

Ex. Tu **nous les** as rendus. **Les leur** avez-vous donnés?
Vous ne **lui en** avez pas parlé. Je **vous le** dis.

Application immédiate

Placez les pronoms dans les phrases.

1. (lui, les) Avez-vous pris? ____________________________
2. (la, vous) Je ne demande pas. ____________________________
3. (me, y) Tu forces toujours. ____________________________
4. (te, la) Je vais allumer. ____________________________

réponses p. 60

TABLEAU 2.2 Ordre des pronoms compléments d'objet devant le verbe

Groupe A		*Groupe B*		*Groupe C*		*Groupe D*		*Groupe E*
me (m') te (t') nous vous se (s') (dir. ou indir.)	*devant*	le (l') la (l') les (dir.)	*devant*	lui leur (indir.)	*devant*	y (indir. ou circonstanciel*)	*devant*	en (dir., indir., ou circonstanciel)

4. Emplois

a. Groupe A: me, te, nous, vous, se

Les pronoms du groupe **A** (voir tableau 2.2, ci-dessus) sont directs ou indirects et placés en première position quand il y a plusieurs pronoms objets.

— **Me**, **te**, **se**, se changent en **m'**, **t'**, **s'** devant une voyelle ou un **h** muet.

Ex. Vous **m'**honorez. Nous **t'**aimons. On **s'**ennuie.

— **Me**, **te**, **nous**, **vous** sont employés pour *des personnes* seulement.

Ex. Elle **t'**a trouvé. Il **me** dira bonjour.

— **Se** est employé pour *des personnes* ou pour *des choses*.

Ex. Robert et Henri **se** détestent. (personnes)
Les problèmes **se** multiplient. (choses)

— **Me**, **te**, **nous**, **vous**, **se**, sont les *pronoms réfléchis* des verbes pronominaux.

Ex. Nous **nous** regardons.
Vous **vous** parlez.

* Complément circonstanciel: mot qui complète le sens du verbe en y ajoutant une circonstance de lieu, de manière, de temps, de cause, etc.

Ex. Je vais **à Paris**.
Je travaille **avec soin**.
Nous partons **la semaine prochaine**.

Application immédiate

Indiquez si les pronoms soulignés sont directs ou indirects dans les phrases suivantes.

1. C'est votre oncle qui nous conduira à la gare. ______________________
2. Vous a-t-il dit pourquoi il n'est pas venu? ______________________
3. Il ne m'a pas répondu. ______________________
4. Je ne vois pas ce qui te dérange. ______________________
5. Les atomes se divisent. ______________________

réponses p. 60

ATTENTION

Nous et **vous**. Quand un de ces pronoms se trouve immédiatement devant un verbe, il n'est pas nécessairement le sujet de ce verbe.

Ex. Voilà un livre qui **nous** plaît. (**qui** est le sujet; **nous** est objet indirect)

---

b. Groupe B: le, la, les

Les pronoms du groupe **B** (voir tableau 2.2, p. 41) sont des pronoms objets directs, placés après **me**, **te**, **nous**, **vous**, **se**, et employés pour *des personnes* ou pour *des choses*. Ils remplacent *un article défini, un adjectif possessif* ou *démonstratif + nom*.

Ex. Regardes-tu **les enfants**? (article défini) — Oui, je **les** regarde.
Mettez-vous **votre manteau**? (adjectif possessif) — Oui, je **le** mets.
Connaissez-vous **cette personne**? (adj. démonstratif) — Non, je ne **la** connais pas.

— **Le** et **la** se changent en **l'** *devant une voyelle ou un* **h** *muet.*

Ex. Il faut **l'**inviter à la maison pour **l'**honorer.

— Les pronoms **le**, **les**, ne se contractent pas avec les prépositions **à** et **de** (seuls les articles définis se contractent).

Ex. J'ai besoin **de le** voir. Je commence **à les** comprendre.

— Le pronom **le** ne remplace pas seulement un nom masculin objet direct. Il peut aussi:

remplacer un adjectif.

Ex. Je suis **fatigué**, mais vous, vous ne **l'**êtes pas.
Je ne suis pas si **riche** que vos parents **le** sont.

remplacer une proposition et il correspond alors aux mots anglais («it, so, to»).

Ex. Le matin, **je n'arrive pas à me lever**; tu **le** sais. («you know it»)
Est-ce qu'**il viendra**? — Je **le** pense. («I think so»)
Je veux **aller au cinéma**; je **le** veux. («I want to»)

annoncer une proposition.

Ex. Comme vous **le** dites, **c'est une affaire sérieuse**.

Application immédiate

Remplacez les mots soulignés par des pronoms et placez-les dans les phrases.

1. Je vois ton fils dans le parc. ____________
2. Je crois que tu n'as pas encore écrit ta composition. ____________
3. Voulez-vous rencontrer Lucie? ____________
4. Il est méchant, mais nous l'aimons bien quand même. ____________
5. Vous avez eu raison de poser ces questions. ____________

réponses p. 60

---

c. Groupe C: lui, leur

Les pronoms du groupe C (voir tableau 2.2, p. 41) sont des pronoms objets indirects qui s'appliquent à *des personnes seulement*. Ils remplacent **à** + *nom de personne*.

Ex. Avez-vous parlé **à Sylvie**? — Oui, je **lui** ai parlé.
Et à **Robert**? — Oui, je **lui** ai aussi parlé.
Je **leur** ai parlé à tous les deux.

N'oublie pas de **leur** téléphoner.
Je **le lui** ai dit.

d. Groupe D: y

Le pronom **y** est un pronom objet indirect, *pour les choses seulement.* Il est placé avant **en** (voir aussi tableau 2.2, p. 41).

—**Y** remplace *à* + *nom de chose.*

Ex. Jouez-vous **au bridge**? — Oui, j'**y** joue.
Avez-vous pensé **à notre projet**? — Oui, j'**y** ai pensé.

—**Y** remplace *une préposition* (autre que **de**) + *nom de lieu* ou *un adverbe de lieu.* On l'appelle alors un pronom adverbial parce qu'il signifie *là,* qui est un adverbe.

Ex. Mon livre est-il **sur l'étagère**? — Oui, il **y** est.
Travaillez-vous **dans votre bureau**? — Oui, j'**y** travaille souvent.
Le professeur est-il **devant la classe**? — Oui, il **y** est.
Allez-vous **au laboratoire** régulièrement? — Oui, j'**y** vais régulièrement.
Était-il **là-bas**? — Oui, il **y** était.

—**Y** remplace *à* + *proposition* si le verbe a aussi la construction **à** avec un nom.

Ex. Vous attendez-vous **à avoir un A en français**?
(Vous attendez-vous **à un A**?) — Oui, je m'**y** attends.
Tenez-vous **à ce qu'il vous dise ce qui est arrivé**?
(Tenez-vous **à cela**?) — Oui, j'**y** tiens absolument.

mais: Apprenez-vous **à jouer au bridge**?
(On dit: **j'apprends cela**; on ne peut donc pas remplacer par **y**. Il faut dire: Oui, j'apprends à **y** jouer.)

REMARQUE

Avec le futur et le conditionnel du verbe **aller**, on omet **y** pour éviter la répétition du son [**i**].

Ex. Irez-vous **en classe** aujourd'hui? — Oui, j'irai.

Note

À la place de **y** on emploie quelquefois **dessus**, **dessous**, **dedans**, pour remplacer **sur**, **sous**, ou **dans** + *nom de chose.*

Ex. Je ne vois pas le papier **sur ton bureau**. Je l'ai mis **dessus**, pourtant.
Est-ce que le chat est **sous le lit**? — Oui, il est **dessous**.
As-tu mis les sandwichs **dans le panier**? — Oui, je les ai mis **dedans**.

Les mots **dessus**, **dessous**, **dedans**, sont aussi employés comme noms.

Ex. **le dessus** d'un meuble, **le dessous** d'une boîte, **le dedans** d'un panier, etc.

Application immédiate

Remplacez les mots soulignés par **y**, ou **dessus**, **dessous**, **dedans**, quand c'est possible.

1. Vous pensez trop à vos notes. ______________________
2. Il ira à Paris l'été prochain. ______________________
3. Vous vous attendez à le voir. ______________________
4. Il faut répondre à cette lettre. ______________________
5. Je l'ai trouvé dans la cave. ______________________
6. Jean est assis à son bureau. ______________________

réponses p. 60

EXPRESSIONS IDIOMATIQUES CONTENANT **Y**

— **allez-y**, **vas-y** (langage parlé) = en avant, commence(z) («go ahead»).

Ex. Nous vous écoutons, **allez-y**!

— **ça y est** (langage parlé) = c'est fait ou accompli.

Ex. **Ça y est**, j'ai fini.

— **s'y connaître en** (sans article) = être un expert en quelque chose.

Ex. Je **m'y connais en** art.

Employez **être bon en** pour un sens moins fort.

Ex. **Êtes-vous bon en** français? — Hum, mes notes ne sont pas formidables.

— **y tenir** = être attaché à quelqu'un ou quelque chose, vouloir absolument.

Ex. Il a une bonne réputation et il **y tient**.
Je veux lui parler. J'**y tiens**.

— **s'y faire** = se faire à, s'habituer à, s'accoutumer à une situation.

Ex. Les changements ne le dérangent pas: il **s'y fait** rapidement.

— **s'y prendre bien, mal** = savoir comment s'organiser pour faire un travail, être adroit ou maladroit.

Ex. Tu **t'y prends mal**; il ne faut pas commencer comme ça.
Il peut peindre votre maison; il sait **s'y prendre**.

— **y compris** (invariable) = inclusivement, ≠ excepté.

Ex. Il a tout vendu, **y compris** sa maison.

— **y être** = être prêt, avoir compris.

Ex. Vous **y êtes**? Si oui, nous pouvons commencer.
Vous n'**y êtes** pas du tout; vous n'avez pas suivi notre discussion.

Application immédiate

Remplacez les mots soulignés par une expression idiomatique contenant **y**.

1. Nous aimons toutes les variétés de champignons, et celle-ci aussi. ________
2. Il est un expert en musique. ________
3. Le climat est dur dans ce pays-là, mais on s'y habitue. ________
4. Commençons avec l'exercice numéro 2. Vous êtes prêts? ________
5. Comment allez-vous faire pour lui annoncer la nouvelle? ________

réponses p. 60

---

e. Groupe E: en

Le pronom **en** est un pronom objet. Il est toujours en dernière position (voir tableau 2.2, p. 41).

— **En** remplace *de, d', du, de la, de l', des* + *nom de chose.*

Ex. Avez-vous besoin **de votre bicyclette**?
Oui, j'**en** ai besoin.

Te sers-tu **du dictionnaire** en ce moment?
Non, je ne m'**en** sers pas.

— **En** est *un pronom partitif* («some, any») quand il remplace *l'article partitif + nom.*

Ex. J'ai **de la chance**. Et vous, **en** avez-vous?
Je n'ai pas **d'argent**; il faut que j'**en** emprunte.

— **En** remplace ***de*** + *nom de personne* seulement quand le nom de personne *a un sens collectif* ou *indéfini.*

Ex. Avec sa grande maison, il lui faut **des domestiques**: elle **en** a bien besoin.
Regardez les gens dans la rue: il y **en** a qui marchent vite et d'autres qui ne sont pas pressés.

— **En** est employé avec *les expressions de quantité* qui contiennent **de**: beaucoup de, assez de, peu de, etc.

Ex. Les étudiants ont-ils trop **de travail**? — Oui, ils **en** ont trop au moment des examens.
Y a-t-il assez d'**étudiants** pour former une classe? — Oui, il y **en** a assez.

— **En** est aussi utilisé avec les nombres un*, deux, mille, etc. et des mots de quantité comme **plusieurs**, **quelques-uns**, **aucun**, etc.

Ex. Avez-vous un crayon? — Oui, j'**en** ai **un**.

mais la réponse négative est:

Non, je n'**en** ai pas. (le mot **un** disparaît)
ou Non, je n'**en** ai pas **un seul**. (pour insister)
Il a trois dollars; moi j'**en** ai **quatre**.
Votre devoir a quelques fautes et il y **en** a **plusieurs** qui sont graves.

— **En** remplace ***de*** + *nom de lieu*; il s'appelle alors un pronom adverbial, car il signifie **de là**.

Ex. Arrivez-vous **de New York**? — J'**en** arrive à la minute même.
Il faudrait que tu passes chez Jean. — Mais, j'**en** viens!

* Quand il y a un adjectif dans la réponse, on garde **un**, **de** ou **des**.

Ex. Avez-vous trouvé un tableau dans cette galerie?
— Oui, j'**en** ai trouvé **un beau**.
Je voulais des fleurs et j'**en** ai acheté **des rouges** à ce supermarché.
Ce livre est plein d'histoires courtes et il y **en** a **de très intéressantes**.

— **En** est employé à la place d'un possessif quand le possesseur est un objet inanimé ou une abstraction (voir leçon 11, p. 255).

Ex. C'est un objet d'art mais la valeur n'**en** est pas évidente.

— **En** remplace aussi *de* + *proposition* si le verbe a la même construction **de** avec un nom.

Ex. Vous rendez-vous compte **de ce que vous faites**? (Vous rendez-vous compte **de ce fait**?)
Oui, je m'**en** rends compte.

mais: Oubliez-vous quelquefois **de fermer votre porte**?
(On dit: **j'oublie cela**; on ne peut pas employer **en**. Il faut dire: Oui, j'oublie de **le** faire.)

Note

La difficulté avec le pronom **en** est qu'*on oublie de l'employer* parce que, bien souvent, il n'est pas exprimé en anglais avec les quantités.

Ex. Combien de cours avez-vous? — J'**en** ai quatre. («I have four.»)

Application immédiate

Remplacez les mots soulignés par **en**, quand c'est possible.

1. Elle a de la famille à la Nouvelle-Orléans. ______________________ .
2. J'accepte de vous accompagner. ______________________ .
3. La classe est pleine d'étudiants; il y ______________________ a 25.
4. J'ai envie de faire un grand voyage. ______________________ .
5. Je suis revenu de Tahiti hier. ______________________ .
6. Tu as besoin de ta voiture. ______________________ .
7. Il y a de la confiture sur la table. ______________________ .

réponses p. 60

EXPRESSIONS IDIOMATIQUES CONTENANT **EN**

— **en avoir assez (de)** = être fatigué de quelque chose ou de quelqu'un.

Ex. J'**en ai assez de** faire ce voyage tous les jours.

— **en être** = être arrivé à un certain point d'un travail, d'une étude, d'une occupation.

Ex. Où **en sommes**-nous? — Nous **en sommes** à l'exercice numéro 6.

— **en vouloir à** = avoir de mauvais sentiments, avoir de la rancune contre quelqu'un.

Ex. Pourquoi **m'en voulez-vous**? Qu'est-ce que je vous ai fait? — Je **vous en veux** de lui avoir dit mon secret.

— **ne plus en pouvoir** = être à bout de force ou de patience.

Ex. J'ai conduit par une grande chaleur pendant quatre heures; en arrivant je **n'en pouvais plus**.

— **s'en faire** = se faire du souci, s'inquiéter.

Ex. Elle s'**en fait** tellement pour lui qu'un jour c'est elle qui sera malade.
Ne t'en fais pas (Ne vous en faites pas), ça ira mieux demain. (expression courante)

— **s'en ficher** (langage parlé) = ne pas prendre au sérieux, ne pas s'inquiéter; ≠ **s'en faire**.

Ex. Si je ne peux pas y aller, je **m'en fiche**; ça m'est égal.

— **s'en tirer** = se tirer d'une affaire difficile, rester en vie (après un accident).

Ex. Vous êtes tellement débrouillard que vous **vous en tirerez** très bien.
L'accident a été si grave qu'il est douteux qu'elle s'**en tire**.

Application immédiate

Remplacez les mots soulignés par une expression idiomatique contenant **en**.

1. Je suis perdu; je ne sais plus à quelle page je suis. ____________________.
2. Vous vous inquiétez trop à son sujet. ____________________.
3. Depuis que je lui ai dit la vérité, elle a de mauvais sentiments envers moi. ____________________.
4. Comment va-t-il se sortir de cette situation? Il doit de l'argent à tout le monde. ____________________.

5. Elle ne s'en fait pas du tout; ça lui est égal. ______________________ .
6. Je suis fatiguée de toutes ces discussions. ______________________ .

réponses p. 60

Exercices

Exercice I (oral)

Placez la proposition soulignée après la citation.

Ex. Il a remarqué: «Vous êtes bonne.»
«Vous êtes bonne,» a-t-il remarqué.

1. Il a dit: «Venez m'aider.»
2. Elle a déclaré: «C'est l'heure du dîner.»
3. Il répondit: «Fais ce que tu voudras.»
4. Tu me diras bientôt: «Tu avais raison.»
5. Nous lui répétons: «Ce n'est pas vrai.»

Exercice II (oral)

Placez les pronoms entre parenthèses dans les phrases.

1. (le, vous) Je .... apporterai.
2. (en, lui) Il faut .... donner.
3. (en, y) Il .... a beaucoup là-bas.
4. (y, me, les) Pourquoi ne .... avez-vous pas apportés?
5. (la, te) Je ne vais pas .... prendre.

Exercice III (oral)

Remplacez rapidement les mots soulignés par des pronoms.

1. Vous cherchez vos lunettes.
2. Les enfants n'obéissent pas à leurs parents.
3. Je réponds à ta question.
4. Est-ce que le film a plu à Suzanne?
5. Monique aime cette plante.
6. On veut sauver la victime.
7. Nous habitons à la campagne.
8. Passe-moi les légumes.
9. Va à la conférence.
10. Ne parlez pas de cette histoire extraordinaire à M. Dupont.
11. Aimez-vous les vacances?
12. Jouez-vous au tennis?
13. Faites-vous des sports?
14. Jouez-vous du violon?

15. Voilà une lettre.
16. Tu regardes l'enfant jouer.
17. Il envie son ami parce qu'il a de bonnes notes.
18. Il ne s'est pas aperçu de son erreur.
19. Dites bonjour à votre ami.
20. Il y a des gens qui sont gentils et d'autres qui ne sont pas gentils.

Exercice IV (oral)

Trouvez tous les pronoms personnels qui se trouvent dans le passage suivant et expliquez leur fonction.

L'enfant

C'est qu'il m'est égal de regarder des jouets, si je n'ai pas le droit de les prendre et d'en faire ce que je veux; de les découdre et de les casser; de souffler dedans et de marcher dessus si ça m'amuse... Je ne les aime que s'ils sont à moi, et je ne les aime pas s'ils sont à ma mère. C'est parce qu'ils font du bruit et qu'ils agacent les oreilles qu'ils me plaisent; si on les pose sur la table, comme des têtes de mort, je n'en veux pas. Les bonbons, je m'en moque, si on m'en donne un par an comme une exception, quand j'aurai été sage. Je les aime quand j'en ai de trop. «Tu as un coup de marteau, mon garçon!», m'a dit ma mère un jour que je lui contais cela, et elle m'a cependant donné une praline. «Tiens, mange-la avec du pain.»

Jules Vallès (1832-1885)

Exercice V (oral)

Complétez le paragraphe suivant avec les pronoms personnels objets qui conviennent.

Robert et Jean sont deux bons amis. Robert parle souvent à Jean. Il .... téléphone le soir pour .... parler de ses devoirs. Les deux amis .... font d'ailleurs quelquefois ensemble; ils .... aident pour arriver à mieux .... comprendre. Les réponses sont dures à trouver; ils .... cherchent.

Ils vont voir les films qui .... plaisent. Comme il y a un petit café près du cinéma, ils .... vont après le film. Une salle contient un billard; ils .... jouent pendant quelque temps. Robert a des cassettes et il veut toujours .... acheter d'autres. Il adore .... écouter. Jean, lui, aime regarder la télévision; Robert .... regarde avec lui seulement pour .... faire plaisir, seulement parce qu'il .... veut.

Ce soir Arlette sort avec Jean et elle .... attend. Il .... a téléphoné pour .... dire qu'il serait un peu en retard. Elle .... a répondu que ça n'avait pas d'importance. Arlette a de la patience; elle .... a souvent besoin.

Exercice VI (oral)

*Répondez à la question en remplaçant les propositions soulignées par **y** ou **en**, quand c'est possible.*

1. As-tu envie de boire un Coca-Cola?
2. Avez-vous pensé à fermer votre porte à clé?
3. A-t-il décidé d'aller au bord de la mer?
4. Ont-ils oublié de mettre les accents sur les e?
5. Tenez-vous à ce qu'il reste avec vous?
6. Vous attendez-vous à ce qu'il échoue au baccalauréat?
7. As-tu choisi d'ignorer la vérité?
8. Vous souvenez-vous de ce qu'il vous a dit?

Exercice VII (écrit)

Complétez avec le pronom personnel qui manque. Considérez bien les constructions des différents verbes français.

1. Ils sont célèbres; c'est pourquoi tout le monde _______ regarde.
2. Il devait écrire à sa mère et je crois qu'il _______ a écrit hier.
3. Si tu as envie de ces souliers, achète- _______ .
4. Tu l'aimes; mais est-ce qu'elle _______ aime aussi?
5. Il faut que j'aille à la banque; voulez-vous _______ aller avec moi?
6. Où est votre composition? Je voudrais _______ lire.
7. Dites à Robert et à Marc de venir me voir; il faut que je _______ parle.
8. J'espère trouver un cours intéressant ce trimestre. J' _______ ai suivi un le trimestre dernier que je n'ai pas du tout aimé.
9. Quand le professeur parle, les étudiants doivent _______ écouter.
10. Je dois l'appeler aujourd'hui; il faut que j' _______ pense.
11. Anne va arriver; je _______ attends.
12. Ce soir, il y a un programme spécial à la télévision; je vais _______ regarder.
13. Pourrais-tu m'apporter ton livre de philosophie, s'il _______ plaît?
14. Ah! _______ voilà! Je savais bien que vous alliez venir.
15. J'ai une grande quantité de disques; je peux t' _______ prêter quelques-uns, si tu veux.

Exercice VIII (écrit)

Voici les réponses à des questions. Écrivez les questions en utilisant des noms à la place des pronoms soulignés. Le verbe peut être différent dans la question.

Ex. Oui, je vous **en** parlerai bientôt.
Allez-vous nous parler de votre projet? (ou: Avez-vous fait un bon voyage?)

1. Non, je **l'**ai oubliée.
2. Oui, il **y** pensera.
3. Oui, nous **en** avons quelques-uns.
4. Vous **le leur** avez donné.

Exercice IX (écrit)

*Remplacez les mots soulignés par une expression idiomatique contenant **y** ou **en**, au temps convenable.*

1. Il a eu un sentiment de rancune contre moi pendant trois mois parce que je lui avais pris sa bicyclette un jour qu'il en avait besoin.
2. Nous allons perdre de l'argent; mais ça m'est égal.
3. Avez-vous fini l'exercice? Non? À quelle phrase êtes-vous maintenant?
4. Elle s'inquiète constamment pour ses enfants; c'est une maladie chez elle!
5. C'est fait! J'ai fini mon projet! Quel soulagement!
6. Après une semaine d'examens où il a dû travailler jour et nuit, il est à bout de force.
7. Elle aime la vie universitaire; elle s'y est habituée facilement.
8. Regardez, vous prenez d'abord cet outil; vous faites un trou; puis vous... Voilà comment il faut que vous procédiez.
9. Nous sommes au milieu du désert; nous n'avons pas d'eau ni de nourriture; comment allons-nous nous sortir de cette situation difficile?
10. Vous pouvez avoir confiance en son jugement; il est un expert en tableaux.

Exercice X (écrit)

*Vous venez de trouver un travail pour l'été. Il vous permettra de gagner un peu d'argent mais il n'est pas facile ni agréable. Expliquez en quelques lignes de quoi il s'agit. Employez des expressions idiomatiques avec **y** et **en**: **s'y prendre, s'y faire, s'en tirer, ne plus en pouvoir, s'y connaître en, en avoir assez,** etc.*

Exercice XI

Écrivez le verbe au temps indiqué et à la personne correcte. Quel est le sujet du verbe?

1. Le chien nous __________ (voir) . (présent)
2. Je lui __________ (poser) une question. (passé composé)
3. Il vous __________ (parler) demain. (futur)
4. Voilà les explications que vous nous __________ (demander) . (passé composé)
5. Achetez la robe qui vous __________ (aller) le mieux. (présent)
6. Peut-être nous __________ (comprendre) -vous un jour. (futur)

Exercice XII (écrit)

Complétez les phrases suivantes, selon votre imagination.

1. À peine ____ .
2. Peut-être ____ .
3. «Je suis très content que vous soyez venue,» ______________________ .
4. Voilà un cadeau qui vous ______________________________ .

5. Cette personne est impossible car ______________________________ .
6. Ça y est! ______________________________ .
7. Allez-y! ______________________________ .
8. Je t'en veux ______________________________ .

II. Les pronoms disjoints (toniques)

A. Formes

moi, **toi**, **lui**, **elle**, **soi**, **nous**, **vous**, **eux**, **elles** (voir aussi tableau 2.1, p. 35). On remarque que **lui**, **elle**, **nous**, **vous**, **elles**, sont des formes *atones* ou *toniques*. **Soi** correspond à un mot indéfini: **on**, **chacun**, etc. («oneself, himself, herself»).

Ex. **On** pense trop à **soi**.

B. Emplois

Ils sont surtout employés *pour des personnes*:

1. avec ***les prépositions***

— ***de*** + *nom de personne bien défini* (avec un nom de personne à sens collectif on emploie **en** (voir page 47)

Ex. Avez-vous parlé **de Robert**? — Oui, nous avons beaucoup parlé **de lui**.
Elle s'est moquée **de moi**.

— ***à*** + *nom de personne, dans les expressions et les verbes suivants* avec lesquels il faut garder ***à***

Verbes de mouvement	**Autres expressions**	
aller à quelqu'un	avoir affaire à quelqu'un	penser à quelqu'un
courir à "	être à (possession) "	songer à "
venir à "	faire attention à "	renoncer à "
	prendre garde à "	rêver à "
		tenir à "

Ex. Les enfants courent **à lui** quand il arrive à la maison.
Il pense **à elle**. Ce livre est **à moi**.
Je tiens beaucoup **à vous**. Faites attention **à eux**.

REMARQUE: PRONOMS INCOMPATIBLES

Quand le pronom objet direct du verbe est un des pronoms du groupe **A** (**me**, **te**, **nous**, **vous**, **se**, voir tableau 2.2, p. 41), on ne peut pas employer un des pronoms des groupes **A** et **C** (**me**, **te**, **nous**, **vous**, **se**, **lui**, **leur**) comme objet indirect. Il faut employer ***à*** *+ pronom disjoint.*

Ex. Il va **vous** présenter à **eux**.
↑ direct ↑ indirect

(On ne peut pas employer **leur** comme objet indirect.)

C'est un cas fréquent avec *les verbes pronominaux* qui sont toujours accompagnés de **me**, **te**, **se**, **nous**, ou **vous**.

Ex. Nous **nous** intéressons **à lui**. Il s'est adressé à **toi**.

Application immédiate

Remplacez les mots soulignés par le pronom nécessaire.

1. Vous me recommanderez à M. Lenoir. ______________________
2. Adressez-vous à votre femme. ______________________
3. Nous nous sommes confiés à nos amis. ______________________
4. On va s'intéresser à cette famille. ______________________
5. Faites attention aux gendarmes. ______________________

réponses p. 60

— *avec les autres prépositions + nom de personne*

Ex. J'irai au cinéma **avec lui**. Il ne peut pas faire ce travail **sans moi**.
Il a écrit ces vers **pour vous**. Nous étions assis **en face d'elles**.
Vous passerez **chez moi** à trois heures, n'est-ce pas?

2. après ***c'est, ce sont,*** pour mettre le pronom en relief. Il y a souvent un pronom relatif après le pronom disjoint (voir leçon 13, p. 293).

Ex. Qui a fait ça? **C'est lui** qui a fait ça. (**lui** est sujet de **a fait**. Employez **qui**.)

Ce sont eux que je veux voir, pas vous. (**eux** est objet de **veux voir**. Employez **que**.)

3. *seul dans la réponse,* sans verbe.

Ex. Qui lui a répondu? — **Moi**.
Qui veut y aller? — Pas **moi**, **lui** peut-être.
Il a soif, et **toi** aussi. Vous n'avez pas faim et **lui** non plus.

4. pour *accentuer* un pronom personnel atone sujet ou objet du verbe.

Ex. **Vous**, vous irez, mais **eux**, ils resteront. (sujets)
Vas-tu te taire, **toi**? Tu le verras plus tard, **lui**. (objets)

5. avec le mot *seul*.

Ex. **Lui seul** peut le faire.

6. dans le cas de *pronoms sujets (ou objets) multiples*.

Ex. **Lui**, **vous** et **moi** (nous)* serons chargés de ce projet.
(le pronom atone sujet **nous** est facultatif)
Vous et **lui** (vous) irez le voir.
(le pronom atone sujet **vous** est facultatif)
Elle et **lui** ont eu une longue discussion.
(le pronom atone sujet **ils** n'est pas employé)

— ou *noms + pronoms multiples*.

Ex. Le président et **vous** (vous) avez pris une décision. (sujets)
J'ai vu Robert et **toi** au match de football. (objets)

7. avec *ni... ni...*.

Ex. **Ni vous ni moi** ne serons chargés de ce projet.
Nous n'avons recommandé **ni toi ni lui** pour ce projet.

8. après *que* dans une comparaison et *que* dans *ne... que*.

Ex. Il est **plus** grand **qu'elle**. Vous êtes **plus** jeune **qu'eux**.
Il **n'**a **que moi** sur qui compter.

* pronoms de 1re + 2^{e} + 3^{e} personnes = **nous**. (la 1re personne l'emporte)
pronoms de 2e + 3^{e} personnes = **vous**. (la 2^{e} personne l'emporte)
pronoms de 3e personne = **ils, elles**.

9. avec le mot ***même*** pour renforcer le pronom personnel.

moi-même	nous-mêmes
toi-même	vous-même(s)
lui-même, elle-même, soi-même	eux-mêmes, elles-mêmes

Ex. Pourriez-vous lui dire cela **vous-même**?

ATTENTION

Lui-même correspond à **il** personnel seulement. Employez **soi-même** avec: **il** impersonnel, **on**, **chacun**, **tout le monde**.

Ex. **On** fait ça **soi-même**. (**on**, indéfini)
Il est possible de faire ça **soi-même**. (**il**, impersonnel)

mais: Paul est adroit; **il** peut faire ça **lui-même**. (**il**, personnel)

REMARQUE

Entre un nombre (ou une expression de quantité) et *un pronom disjoint*, ajoutez **d'entre** (n'oubliez pas **d'**).

Ex. La plupart des étudiants ont un B mais **trois d'entre eux** ont un A.
Il y avait des gens sur la plage et il faisait si chaud que **beaucoup d'entre eux** ont attrapé des coups de soleil.
Il n'y a pas assez de place pour nous tous; alors **quelques-uns d'entre nous** ne pourront pas y aller.

Exercices

Exercice XIII (oral)

Remplacez les mots soulignés par les pronoms personnels atones ou toniques qui conviennent.

1. Jean est plus grand que Robert.
2. J'ai un rendez-vous avec le dentiste.
3. C'est Marc qui a l'argent.
4. Marie pense à ses parents.
5. J'ai entendu parler de votre professeur.

6. Il a de la famille dans cette ville.
7. J'ai raté mon examen à cause de Louise.
8. Mes amis et moi nous assistons à ce cours.
9. Ni toi ni tes parents n'ont tort.
10. Seule Hélène est venue.
11. Jeanne, elle veut ceci et Jean, il veut cela.
12. Il n'y a que M. Durand qui crie tout le temps.

Exercice XIV (oral)

Renforcez le pronom souligné avec: c'est... qui... *ou* c'est... que...

Ex. Je vous ai vu.
C'est moi qui vous ai vu.

Je veux vous voir.
C'est vous que je veux voir.

1. Vous y êtes allé, n'est-ce-pas?
2. Elle a répondu.
3. Il va nous choisir.
4. Il me l'a dit.
5. Ils seront responsables.
6. Je le vois là-bas.

Exercice XV (oral)

Répondez rapidement aux questions suivantes, affirmativement ou négativement, en remplaçant les mots soulignés par des pronoms personnels.

1. Est-ce que votre fille est à la maison?
2. Savez-vous jouer aux cartes?
3. Aimes-tu la quiche lorraine?
4. As-tu vu ces tableaux?
5. Crois-tu son histoire?
6. Sont-ils aimables avec tout le monde?
7. Êtes-vous paresseux pour écrire?
8. Iras-tu en ville avec tes amis?
9. Vois-tu souvent ta tante?
10. Écrit-elle de temps en temps à ses parents?
11. Combien de dollars avez-vous sur vous?
12. Donnez-vous de l'argent aux pauvres?
13. As-tu besoin de Robert pour t'aider?
14. Êtes-vous sûr(e) que vous avez les billets?
15. Est-ce que ton vêtement est usé?
16. Combien de cousins et de cousines as-tu?
17. Est-ce que Jean est prudent quand il conduit?
18. Voulez-vous un bonbon au miel?
19. Est-ce que tu nous présenteras ton ami?
20. Est-ce que tu te présenteras au directeur?
21. Vous attendiez-vous à ce qui allait arriver?

22. Saviez-vous que le parc était fermé aujourd'hui?
23. Pensez-vous aux vacances?
24. Tenez-vous à partir tout de suite?
25. Est-ce qu'il y a du courrier dans ma boîte?
26. As-tu parlé de ton projet à ton ami(e)?
27. Avez-vous un timbre, s'il vous plaît?
28. Allez-vous parler à votre chef?
29. Y a-t-il quelques étudiants dans la classe?
30. Êtes-vous fatigué(e) maintenant?

Exercice XVI (écrit)

Complétez avec le pronom disjoint qui convient.

1. Nous avons décidé ceci: _______ , tu partiras à deux heures mais _______ , nous partirons un peu plus tard.
2. _______ , j'ai déjà répondu; mais maintenant c'est à _______ , Robert.
3. Quand on est satisfait de _______ , on se sent heureux.
4. Il n'y a que _______ qui puisse vous aider parce qu'il connaît beaucoup de monde.
5. Partez, _______ deux; mais _______ , je reste.
6. Le professeur est en colère; il était important que tous ses étudiants viennent en classe aujourd'hui et pourtant quatre _______ sont absents.
7. Il y a des personnes qui flattent toujours les autres; prenez garde à _______ .
8. Lui et _______ nous irons au cinéma ce soir.
9. Chacun pour _______ et Dieu pour tous.
10. N'oublie pas la générosité de ton amie; c'est grâce à _______ que tu as pu t'en tirer.
11. Je sais que c'est _______ qui l'ai voulu.
12. Le professeur demande à ses étudiants: «Quand vous vous adressez à _______ , employez le pronom «vous». Avec vos camarades c'est différent, employez le pronom «tu» quand vous parlez avec _______ .»

Exercice XVII (écrit)

Choisissez dix questions et répondez-y en remplaçant les mots soulignés par des pronoms; puis complétez la phrase de façon à rendre la réponse intéressante et naturelle. Employez beaucoup de pronoms.

Ex. *Question*: Quand tu as rencontré Anne, lui as-tu dit que je voudrais avoir son numéro de téléphone?
Réponse: Oui, quand je l'ai rencontrée, je lui ai dit que tu voudrais l'avoir, mais j'ai bien l'impression qu'elle ne veut pas te le donner!

1. Dans votre dictée, avez-vous fait attention aux accents?
2. Iras-tu en France l'été prochain?
3. Vous intéressez-vous à la «libération des femmes»?
4. Tu vas parler de mon projet à ton copain, n'est-ce pas?

5. Est-ce que tu te souviens de ce voyage formidable que nous avons fait ensemble?
6. Vas-tu me dire la vérité?
7. Avez-vous confiance en vos amis?
8. Est-ce que je t'ai fait voir cette photo?
9. Pourquoi veux-tu qu'il s'excuse auprès de toi?
10. As-tu pensé à apporter de l'argent?
11. Est-ce à cause de Mme Léonard que tu es si en colère?
12. As-tu rendu à Robert le livre que tu lui avais emprunté?
13. Avez-vous eu affaire à ce terrible M. Dupont quand vous avez été interviewé à l'université? Était-il vraiment terrible?
14. Ne sentez-vous pas la fraîcheur arriver?
15. Allez-vous acheter une voiture neuve ou d'occasion?

Réponses aux applications immédiates

p. 37
1. a-t-il ajouté
2. vous pourrez
3. aurait-elle dû
4. As-tu pris
5. serez-vous couchés
6. m'a-t-il dit

p. 38
1. lui
2. leur
3. l'
4. le
5. l'
6. lui

p. 39
1. Je le veux.
2. Lui as-tu parlé?
3. Il va leur dire.
4. Mettez-en.
5. Je ne les prends pas.
6. Ne leur répondez pas.
7. Ils n'y ont pas déjeuné.
8. Elle nous ennuie.

p. 40
1. Les lui avez-vous pris?
2. Je ne vous la demande pas.
3. Tu m'y forces toujours.
4. Je vais te l'allumer.

p. 42
1. direct
2. indirect
3. indirect
4. direct
5. direct

p. 43
1. Je le vois…
2. Je le crois.
3. Voulez-vous la rencontrer?
4. Il l'est…
5. … de les poser.

p. 45
1. Vous y pensez trop.
2. Il ira… (pas de y)
3. Vous vous y attendez.
4. Il faut y répondre.
5. Je l'y ai trouvé.
   ou: Je l'ai trouvé dedans.
6. Jean y est assis.

p. 46
1. … y compris celle-ci.
2. Il s'y connaît en musique.
3. …on s'y fait.
4. Vous y êtes?
5. Comment allez-vous vous y prendre…?

p. 48
1. Elle en a à la Nouvelle-Orléans.
2. (impossible)
3. il y en a 25.
4. J'en ai envie.
5. J'en suis revenu hier.
6. Tu en as besoin.
7. Il y en a sur la table.

p. 49
1. ...où j'en suis.
2. Vous vous en faites trop...
3. ...elle m'en veut.
4. Comment va-t-il s'en tirer?
5. Elle s'en fiche; ...
6. J'en ai assez de ...

p. 55
1. à lui.
2. à elle.
3. à eux.
4. à elle.
5. à eux.

LE PASSÉ
Le passé composé
L'imparfait
Le plus-que-parfait
Le passé surcomposé

3

On se sert du passé composé et de l'imparfait pour indiquer une action ou un état passés. Il faut constamment faire un choix entre ces deux temps: le passé composé exprime un fait terminé au moment où l'on parle.

Ex. J'**ai vu** ce film.

L'imparfait montre une action en train de se dérouler dans le passé, sans indication de début ni de fin.

Ex. Il **faisait** beau.

On se sert du plus-que-parfait pour exprimer un fait passé antérieur à un autre fait passé.

Ex. Quand ils sont partis, ils **avaient** déjà **dîné**.

Le passé surcomposé est moins employé. Il exprime une action immédiatement antérieure à une action au passé composé.

Ex. J'**ai pris** un morceau dès que le gâteau **a été sorti** du four.

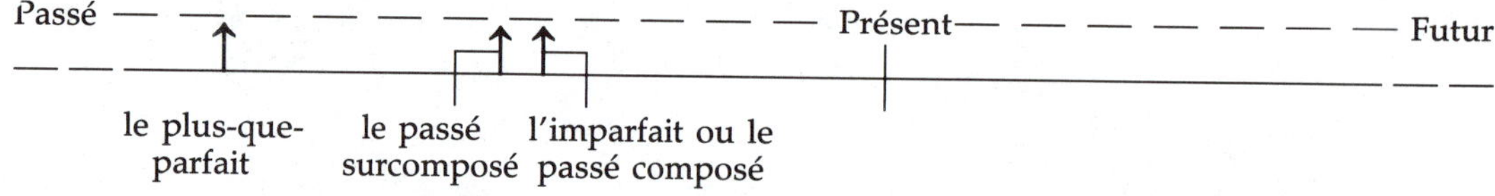

I. Le passé composé

C'est un temps composé: deux mots.

A. Formes

Il est formé du *présent de l'auxiliaire **avoir** ou **être** + le participe passé du verbe en question.*

Ex. Nous **avons aimé** ton cadeau.
Ils **sont allés** au cirque.

(Revoir les formes des participes passés réguliers et irréguliers, leçon 16, p. 364-366, + appendice, p. 451-467.)

L'auxiliaire est un verbe qui *aide* à former les temps composés. Il constitue le premier mot du temps composé.

Les règles qui s'appliquent aux temps simples (négation, interrogation, place des pronoms objets et de l'adverbe) s'appliquent maintenant à l'auxiliaire, car c'est l'auxiliaire qui est *conjugué* dans la forme composée.

Ex. Vous **n'**avez **pas** fini votre travail. (négation)
As-**tu** acheté tes livres? (interrogation)
Je **les y** ai mis. (place des pronoms)
Je suis **souvent** rentré tard. (place de l'adverbe)

Voici le passé composé du verbe **aimer**:

j'ai	aimé	nous	avons aimé
tu as	aimé	vous	avez aimé
il, elle, on a aimé		ils, elles ont aimé	

1. Verbes conjugués avec *avoir*

a. Les verbes avoir et être

Comme le verbe **avoir** est conjugué avec lui-même, ajoutez **eu** à un temps simple pour obtenir le temps composé correspondant.

Ex. j'ai → j'ai **eu** nous avons → nous avons **eu**

Le participe passé de **être** est **été**.

Ex. Je suis → J'ai **été**

b. Les verbes *transitifs*

Ces verbes ont un objet direct ou indirect; l'action faite par le sujet passe sur l'objet directement ou indirectement.

Ex. J'**ai fait** mon travail. J'**ai répondu** à la question.

c. Les verbes *intransitifs* (excepté ceux conjugués avec **être**) (voir 2a, p. 65)

Ces verbes n'ont pas d'objet direct ou indirect mais peuvent avoir un complément circonstanciel (voir leçon 2, p. 41).

Ex. J'ai marché **très vite**.

Accord du participe passé. Il s'accorde (excepté **été** de **être**, qui est invariable) avec *l'objet direct du verbe* si cet objet direct précède le verbe. L'objet direct précède le verbe dans les trois cas suivants:

— *c'est un pronom personnel objet direct* (voir définition d'un objet direct, leçon 2, p. 38):

Ex. Il **nous** a vu**s**.
J'ai lu la leçon et puis je **l'**ai relu**e**.

mais il n'y a pas d'accord avec le pronom partitif **en**.

Ex. Elle aime les fleurs alors il lui **en** a **offert**.

— *c'est le pronom relatif **que*** (il est toujours objet direct du verbe et précède toujours ce verbe).

Ex. Voilà les feuilles **que** vous m'avez demandé**es**.
Regardez la revue **qu'**il a reçu**e**.

Si l'antécédent de **que** est *un mot collectif + un nom pluriel,* le participe passé s'accorde selon le sens.

Ex. Voilà le groupe d'étudiants **que** j'ai **vu** (**vus**).

— *c'est l'adjectif interrogatif **quel*** ou *le pronom interrogatif **lequel*** (toujours placés devant le verbe dans une interrogation directe).

Ex. **Quelle robe** a-t-elle choisi**e**?
Quelles difficultés avez-vous eu**es**?
Lesquels a-t-il acheté**s**?

Application immédiate

Écrivez correctement le participe passé du verbe.

1. Aimez-vous la machine à coudre que vous avez __________ (acheter) récemment?
2. Le fleuve a __________ (inonder) la ville et l'a __________ (couvrir) de boue.
3. Lesquels a-t-il __________ (finir) d'abord?
4. Voilà les photos que j'ai __________ (faire). Je les ai __________ (montrer) à ma mère.
5. Je pense que mes peintures seront finies demain. Je me rappelle que je vous en ai __________ (promettre) une.

réponses p. 83

2. Verbes conjugués avec *être*

a. *Les verbes intransitifs* de la liste suivante (et seulement ces verbes)

Ce sont des verbes de mouvement ou de changement d'état. Apprenez-les par cœur; ils sont groupés de façon à aider la mémoire.

aller
arriver ≠ partir
entrer ≠ sortir
monter ≠ descendre
naître ≠ mourir
passer
rentrer
rester
retourner
tomber
venir; revenir; devenir; parvenir; intervenir; survenir

Ex. Passé composé du verbe **aller**:

je suis allé(e)*	nous sommes allés(es)
tu es allé(e)	vous êtes allé(e, s, es)
il, elle, on est allé(e)	ils, elles sont allés(es)

* **J'ai été** peut signifier **je suis allé(e)**.
Ex. Hier, **j'ai été** à Los Angeles.

Accord du participe passé. Il s'accorde avec *le sujet du verbe,* comme un adjectif.

Ex. **Elle** est all**ée** en ville cet après-midi.
Ils sont mort**s** dans un accident d'auto.
Nous sommes parti**s(es)** très tôt.

Distinction de sens entre **rentrer, retourner, revenir**
rentrer = retourner à la maison.

Ex. Nous **sommes rentrés** tôt parce que nous étions fatigués.

retourner («to go back»).

Ex. Elle a beaucoup aimé l'Espagne et elle y **retournera** bientôt.

revenir («to come back»).

Ex. Je **reviendrai** vous voir bientôt pour vous parler davantage.

REMARQUE

Les verbes intransitifs suivants peuvent avoir *un objet direct*:
monter; descendre; sortir; passer; rentrer; retourner.
Ils sont alors conjugués avec **avoir**, et suivent les règles des verbes transitifs.

Ex. Elle **a monté sa valise** dans sa chambre.
J'ai descendu les escaliers quatre à quatre.
Elle a lu la lettre **qu'**elle **a sortie** de son sac.
Quelles bonnes vacances nous **avons passées** à la montagne!
Elle **a retourné le tapis** pour qu'il sèche de l'autre côté.
J'ai rentré ta bicyclette dans le garage.

Application immédiate

Écrivez correctement le participe passé.

1. Nous sommes __________ (passer) vous voir, mais vous n'étiez pas là.
2. Elle a __________ (retourner) les crêpes très habilement.
3. Ils sont __________ (rester) à la maison.
4. Elles sont __________ (revenir) à trois heures.
5. Les fauteuils étaient dehors; nous les avons __________ (rentrer) avant la pluie.

réponses p. 83

---

b. *Tous les verbes pronominaux*

Ils se conjuguent avec un pronom réfléchi (voir leçon 6, p. 130).

Ex. Je me **suis** levé tôt.

B. Emplois

TABLEAU 3.1

PASSÉ COMPOSÉ	IMPARFAIT
Formes anglaises équivalentes (verbe «to do»)	
I did, I have done, I did do	I did, I was doing, I used to do, I would do, how about doing, if only I did
La forme commune «I did» demande un choix entre les deux temps. Les autres formes demandent clairement le passé composé *ou* l'imparfait.	

Le passé composé («I did, I have done, I did do») est employé:

1. pour *un* fait passé et achevé:

a. *à un moment indéterminé* du passé.

Ex. Il **a disparu**. On ne sait pas où il est. («has disappeared»)
J'**ai étudié** l'allemand mais je n'**ai** jamais **appris** le latin. («studied, never did learn»)
Je **suis allé** le voir la semaine dernière. («went»)

b. *à un moment précis* du passé.

Le moment précis est indiqué:

— quand l'heure est donnée.

Ex. Hier j'**ai vu** Robert à trois heures.

— avec les adverbes **tout à coup**, **soudain**, **immédiatement**, **tout de suite**.

Ex. Tout à coup, il m'**a frappé**.

— avec certains mots dans la phrase qui indiquent un moment précis.

Ex. Quand je suis arrivé, j'**ai vu**...

— en réaction à une autre action.

Ex. Quand il est entré dans la salle, je **suis parti**.
Qu'avez-vous fait quand elle a dit ça? — J'**ai éclaté** de rire.

— *ou* à la conclusion d'une situation.

Ex. Après réflexion, j'**ai décidé** de partir.

c. *dans un espace de temps pas encore écoulé.*

Ex. Aujourd'hui, j'**ai écrit** deux lettres.
(la journée n'est pas finie)
Cette semaine je ne l'**ai** pas **vu**.
(la semaine n'est pas finie)
Ce soir je **me suis** bien **amusé**.
(la soirée n'est pas encore terminée)

2. pour *une série d'actions* terminées qui font progresser la narration (et après?).

Ex. Il s'**est levé** tôt, il **a pris** son petit déjeuner et puis il **est parti** à son premier cours.
(Il s'est levé tôt. Et après, qu'est-ce qu'il a fait? Il a pris son petit déjeuner.
Et après? Il est parti à son premier cours.)

3. pour *un fait qui a eu lieu dans des limites de temps précises.*

a. la durée précise est *exprimée.*

Ex. J'**ai voyagé** pendant deux mois.
Tu lui **as parlé** (pendant) quelques minutes.

b. la durée précise est *implicite* dans la phrase.

Ex. L'enfant **a été** sage pendant la messe. (L'action a duré depuis le commencement de la messe jusqu'à la fin.)
Pendant que tu lui parlais, elle **a préparé** le repas.

c. *le commencement (ou la fin)* de l'action est indiqué précisément.

Ex. Aussitôt après avoir fini son projet, elle en **a commencé** un autre. (aussitôt après = début précis)

Il **a cherché** la vérité jusqu'à sa mort. (fin précise)

d. *pour indiquer un changement de situation.* L'action s'est arrêtée à un certain moment du passé et a changé.

Ex. Comment allez-vous? — Bien, mais j'**ai eu** des ennuis de santé. (J'ai été malade mais maintenant c'est fini, je vais bien.)
Elle **a été** riche, vous savez. (mais la situation a changé)

4. pour *un fait répété* dans le passé:

a. *un nombre de fois déterminé.*

Ex. Je le lui **ai demandé** trois fois.

b. *régulièrement* (une habitude) *dans un espace de temps défini.*

Ex. Je l'**ai vu** tous les jours la semaine dernière. (7 fois)

5. *à la place d'un futur antérieur:*

a. *après un* ***si*** *de condition,* dans une phrase conditionnelle au futur (voir leçon 8, p. 194).

Ex. Si tu **as compris** ce texte, tu me l'**expliqueras**.

b. *dans un sens futur.*

Ex. Attendez-moi, j'**ai fini** dans une minute. (= j'aurai fini)

6. avec *depuis* dans une phrase négative (voir leçon 1, p. 15).

REMARQUES

— Le passé composé des verbes suivants a un sens spécial.
devoir → **J'ai dû** = j'ai été obligé(e) de
pouvoir → **J'ai pu** = j'ai réussi à, j'ai eu la possibilité de
savoir → **J'ai su** = j'ai appris, j'ai découvert

— À la fin d'un examen, dites: «J'**ai fini**», à votre professeur. N'employez pas le verbe **être**. Un travail est fini, pas une personne.

Application immédiate

Mettez le verbe au passé composé et justifiez cet emploi.

1. Quand je lui ai donné votre réponse, il ________ (sourire).
2. Hier, je ________ (prendre) une décision importante.
3. Soudain, il me ________ (demander) de l'accompagner.
4. Si tu ________ (ne pas finir) bientôt, je vais m'en aller.
5. Je ________ (naître) en mai 1958.
6. Je lui ________ (parler) pendant une demi-heure.

réponses p. 83

II. L'imparfait

C'est un temps simple: un mot.

A. Formes

nous travaillons → je travaillais
nous finissons → je finissais

La terminaison **ons** de la 1re personne du pluriel (nous) du présent de l'indicatif est remplacée par les terminaisons:

ais	ions
ais	iez
ait	aient

La formation de l'imparfait est régulière pour tous les verbes, réguliers et irréguliers, excepté le verbe **être** qui a un radical irrégulier: j'**étais**.

Voici l'imparfait des trois conjugaisons régulières:

aimer	finir
(nous aimons) → j' aim**ais**	(nous finissons) → je finiss**ais**
tu aim**ais**	tu finiss**ais**
il, elle, on aim**ait**	il, elle, on finiss**ait**
nous aim**ions**	nous finiss**ions**
vous aim**iez**	vous finiss**iez**
ils, elles aim**aient**	ils, elles finiss**aient**

vendre

(nous vendons) → je vend**ais**	nous vend**ions**
tu vend**ais**	vous vend**iez**
il, elle, on vend**ait**	ils, elles vend**aient**

Voici aussi l'imparfait de quelques verbes *irréguliers*:

boire	(nous buvons)	→	je buvais
craindre	(nous craignons)	→	je craignais
croire	(nous croyons)	→	je croyais
faire	(nous faisons)	→	je faisais
prendre	(nous prenons)	→	je prenais
venir	(nous venons)	→	je venais
voir	(nous voyons)	→	je voyais

REMARQUES

— Aux 1re et 2e personnes du pluriel (**nous** et **vous**) du présent, il suffit généralement d'ajouter un **i** pour avoir la forme de l'imparfait.

Ex. présent: nous parl**ons** imparfait: nous parl**ions**

Si le radical du verbe se termine par **i**, il y a *deux* **i** à l'imparfait.

Ex. présent: nous étud**ions** imparfait: nous étud**iions**

— Les trois terminaisons: **ais**, **ait**, **aient** ont la même prononciation.

Ex. je voy**ais**, tu voy**ais**, il voy**ait**, ils voy**aient**

— Les verbes en **cer** et **ger** ont des changements orthographiques avec les terminaisons **ais**, **ait**, **aient** (voir leçon 1, p. 4).

Ex. Je commençais

ATTENTION

Rappelez-vous qu'un verbe ne se termine jamais par un **t** à la 1re personne du singulier **je**.

Ex. Je voulais. mais: il voulai**t**

Application immédiate

Écrivez l'imparfait des verbes à la personne indiquée.

1. être; nous __________
2. répondre; il __________
3. comprendre; je __________
4. pâlir; elle __________
5. rire; on __________
6. écrire; tu __________
7. connaître; ils __________
8. travailler; vous __________
9. manger; ils __________
10. placer; tu __________

réponses p. 83

B. Emplois

L'imparfait («I did, I was doing, I used to do, I would do, how about doing, if only I did») (voir aussi tableau 3.1, p. 67) est employé:

1. pour *une action non achevée*:

a. *à un moment indéterminé* du passé.

Ex. Ce matin, ma voiture ne **marchait** pas. («did not work»)
Il ne **souriait** jamais quand il **était** petit. («never smiled, was»)
L'enfant **pleurait** parce qu'il **avait** faim. («was crying, was»)

— c'est souvent le cas avec les verbes d'état d'esprit qui expriment des actions généralement vues dans leur continuité:

avoir	penser	aimer	espérer	pouvoir
être	croire	désirer	regretter	vouloir
	trouver	préférer		
	songer	détester		
	savoir			

Ex. Autrefois, on **croyait** qu'il **était** impossible d'aller à la lune.
Il **pensait** que tu **voulais** rester à la maison.
Nous **savions** qu'il **était** malade, mais nous ne **pensions** pas que c'**était** si grave.
Je **croyais** que tu le **trouvais** sympathique.

Mais ces verbes sont au passé composé quand le fait est accompli ou a des limites précises.

Ex. Quand il m'a dit ça, j'**ai cru** mourir.
J'**ai** bien **pensé** à vous pendant votre absence.
Tu **as regretté** de ne pas pouvoir rester avec nous.

b. *à un moment précis* du passé.

Ex. Ce matin, à neuf heures, il **faisait** déjà chaud et humide.
Hier soir, quand je suis sorti, le ciel **était** plein d'étoiles.
(moment précis: quand je suis sorti)
Quand je me suis réveillé, j'**avais** mal à la tête.
À la fin de la course, son cœur **battait** très fort et il **suait** à grosses gouttes.

2. pour *décrire les circonstances, le décor, les personnages d'une scène, l'aspect physique et mental, le temps qu'il faisait* dans le passé. Ces imparfaits ne font pas progresser la narration.

Ex. Comme la nuit **arrivait** et qu'il **commençait** à faire frais, nous avons décidé de partir.

Madame la baronne, qui **pesait** trois cent cinquante livres, **s'attirait** par là une très grande considération, et **faisait** les honneurs de la maison avec une dignité qui la **rendait** encore plus respectable. Sa fille Cunégonde, âgée de dix-sept ans, **était** haute en couleur, fraîche, grasse, appétissante. Le fils du baron **paraissait** en tout digne de son père. Le précepteur Pangloss **était** l'oracle de la maison, et le petit Candide **écoutait** ses leçons avec toute la bonne foi de son âge et de son caractère.

Voltaire, *Candide*

3. *quand deux actions sont simultanées:*

a. pour une action *en cours* («I was doing») quand une autre action a eu lieu (passé composé).

Ex. Quand tu as téléphoné, j'**écoutais** les nouvelles à la radio.

L'expression **être en train de** (leçon 1, p. 11) est à l'imparfait dans le passé.

Ex. Qu'est-ce que vous **faisiez** lorsque je suis arrivé? — J'**étais en train** de me reposer.

b. pour deux actions *simultanément en cours* dans le passé.

Ex. Il **lisait** pendant que j'**écrivais**.
Je le **connaissais** bien quand il **habitait** à côté de chez moi.

4. pour *une action répétée un nombre indéterminé de fois* ou *à intervalles réguliers dans un espace de temps indéterminé* («I used to do, I would»). Ne confondez pas avec «would» conditionnel.

Ex. Chaque fois qu'elle **pleurait**, j'**essayais** de la consoler.
Quand il **allait** à la bibliothèque, il la **rencontrait** de temps en temps.
À cette époque-là, il **fréquentait** les bars régulièrement.
Quand j'**étais** en France, je **prenais** un café au lait et un croissant tous les matins.

5. après *si*:

a. *dans une phrase conditionnelle au conditionnel présent* (voir leçon 8, p. 203).

Ex. Si tu m'**appelais**, j'**irais** te voir immédiatement.

b. *pour un souhait, un désir* («If only I did, How about doing»).

Ex. **Si seulement** on **était** en vacances!
Je suis si inquiète; **si seulement** il **arrivait**!
Si nous **allions** prendre un coca!

6. *à la place d'un présent* dans le style indirect au passé (voir leçon 15, p. 343).

Ex. Il **dit** qu'il **faut** partir. → Il **a dit** qu'il **fallait** partir.
Je **pensais** que vous **étiez** malade.
Elle **a remarqué** qu'il y **avait** beaucoup de fumée dans la salle.

7. avec ***depuis*** pour *une action commencée dans le passé* et *qui continuait à un certain moment du passé*. («I had been doing... for, since...») Comparez avec «I have been (do)ing...for, since...» et le présent (voir leçon 1, p. 12).

Ex. Il **attendait depuis** un quart d'heure quand je suis arrivée. («for»)
Depuis sa chute, il ne **se sentait** plus aussi bien qu'avant. («since»)
Il **pleuvait depuis** quelques jours; alors la terre était boueuse. («for»)

Expressions équivalentes à **depuis** («for»): **il y avait... que..., cela (ça) faisait... que..., voilà... que....**

Ex. **Il y avait** longtemps **qu'**il avait envie d'y aller.
Ça faisait longtemps **qu'**il **avait** envie d'y aller.
Voilà longtemps **qu'**il **avait** envie d'y aller.

Quand le verbe est *au négatif*, on emploie généralement *le plus-que-parfait* (voir p. 85, #5).

Ex. Je **n'avais pas dormi depuis** deux jours quand vous m'avez vu.

Application immédiate

Mettez les phrases suivantes à l'imparfait, quand ce temps convient.

1. Vous ne m'avez pas compris; je __________ (ne pas vouloir) dire ça.
2. Quand il m'a attaqué, je __________ (vouloir) m'enfuir.
3. Il __________ (pleuvoir) quand nous sommes partis.
4. Si vous __________ (être) gentil, vous m'aideriez.
5. À cette époque-là, nous __________ (jouer) souvent aux cartes.
6. Chaque fois qu'elle venait, nous __________ (se disputer).

réponses p. 83

REMARQUE

Le futur proche ***aller*** + *infinitif* et le passé récent ***venir de*** + *infinitif* sont *toujours à l'imparfait* dans le passé.

Ex. J'**allais vous dire** quelque chose et puis j'ai oublié.
Quand la cloche a sonné, le professeur **venait** juste **de finir** son explication.

Note

Le choix entre le passé composé et l'imparfait est généralement clair. Cependant, dans certains cas, il est difficile de déterminer si le temps indiqué est défini ou non. Les expressions suivantes ne sont pas précises.

Ex. quelquefois; de temps en temps; à cette époque-là; pendant les vacances

L'emploi du passé composé ou de l'imparfait dépend alors de ce que l'on veut exprimer.

Ex. Je **jouais** au tennis **tous les matins** pendant les vacances.
J'**ai joué** au tennis tous les matins **pendant les vacances**.

On emploie *l'imparfait* si on veut *se replacer dans le passé* («flashback»), au moment des vacances; alors c'est seulement la répétition de l'action — **tous les matins** — qui est importante.

On emploie *le passé composé* si l'action est *vue du présent*; on veut alors insister sur la durée totale — **pendant les vacances** — de la répétition de l'action dans le passé.

Application immédiate

Faites le même raisonnement avec la phrase suivante.

Pendant la guerre, les avions __________ (venir) bombarder la ville à la même heure chaque jour.

réponses p. 83

Exercices

Exercice I (oral)

Mettez les phrases suivantes au passé composé. Attention à la place des pronoms objets, négations, et adverbes.

1. Il travaille bien.
2. Comprends-tu ma question?
3. Je ne le veux pas.
4. Vous n'avez pas encore votre note.
5. Robert et moi nous y entrons.
6. Ils passent la voir tous les jours.

Exercice II (oral)

Donnez l'imparfait et le passé composé des formes suivantes à la personne indiquée.

1. nous commençons
2. vous nagez
3. j'entre
4. nous voyons
5. ils s'arrêtent
6. vous appelez
7. tu es
8. elle reste
9. vous buvez
10. j'envoie
11. il atteint
12. ils font
13. je connais
14. tu finis
15. je souris

Exercice III (oral)

Mettez les phrases suivantes au passé: passé composé ou imparfait. Expliquez oralement les différents cas en classe.

1. Aujourd'hui le professeur .... (faire) un cours intéressant. Si seulement ça .... (pouvoir) toujours être le cas!
2. La semaine dernière, il .... (pleuvoir) chaque jour.
3. Je le .... (voir) de temps en temps quand il .... (travailler) à la cafétéria. Mais il .... (quitter) son emploi hier parce que les nombreuses heures de travail le .... (empêcher) d'étudier suffisamment.
4. Je .... (vouloir) lui tenir compagnie pendant quelques instants, mais quand il .... (exprimer) le désir d'être seul, je .... (comprendre) qu'il .... (falloir) que je m'en aille.
5. Robert .... (être) absent deux semaines quand il .... (avoir) la grippe.
6. Comme le film .... (manquer) d'intérêt, ils .... (s'ennuyer) jusqu'à la fin de la représentation.
7. Elle .... (sortir) les fruits du réfrigérateur pour en faire une salade.
8. Ils arriveront dans une heure environ; en attendant, si nous .... (faire) une petite promenade!
9. Il .... (attendre) un donneur depuis un an quand on lui .... (faire) une greffe du cœur.
10. Je .... (venir de) rentrer et puis je .... (aller) me reposer quand vous .... (sonner).

Exercice IV (oral)

Mettez au passé les phrases suivantes contenant les mots temporels fois, moment, heure, temps.

1. Il me .... (falloir) une heure pour achever ce travail que je .... (croire) presque terminé.
2. La première fois que je le .... (voir), il me .... (sembler) normal.
3. Au moment où il .... (entrer) dans la salle, elle .... (s'évanouir).
4. Vous .... (venir) à quatre heures et votre rendez-vous .... (être) à trois heures. Qu'est-ce qui .... (causer) cette erreur?

5. Nous .... (prendre) le thé ensemble cet après-midi et nous .... (passer) un moment très agréable. Nous .... (décider) que nous .... (se revoir) bientôt.
6. Pendant les vacances, je .... (se baigner) trois fois seulement, mais je .... (aller) souvent à la plage.
7. Si vous me .... (accorder) plus de temps, je pourrais faire un meilleur travail.
8. Je .... (avoir) un *C* pour ce devoir et pourtant je .... (mettre) beaucoup de temps à le faire. Mon professeur me .... (dire) que je .... (pouvoir) le voir demain à ce sujet.

Exercice V (oral)

Dans les phrases suivantes tirées de l'Étranger *de Camus, les temps du passé sont soulignés. Justifiez l'emploi de chaque temps.*

1. J'ai voulu voir maman tout de suite.
2. Maman passait son temps à me suivre des yeux en silence.
3. Cela me prenait mon dimanche.
4. Je suis resté longtemps à regarder le ciel.
5. À cinq heures, des tramways sont arrivés dans le bruit.
6. Ils hurlaient et chantaient à pleins poumons que leur club ne périrait pas.
7. J'ai pris appui le premier et j'ai sauté au vol. Puis j'ai aidé Emmanuel à s'asseoir.
8. Pour la première fois depuis bien longtemps, j'ai pensé à maman. Il m'a semblé que je comprenais pourquoi à la fin d'une vie elle avait pris un «fiancé».

Exercice VI (oral)

Complétez avec ***rentrer, retourner,*** *ou* ***revenir,*** *au temps correct.*

1. Chaque fois que nous .... à notre ancienne demeure, nous avions le cafard.
2. Je .... très tard hier soir parce que nous avons dansé après le dîner.
3. Elle se sentait mieux dès que le printemps ....

Exercice VII (oral)

Complétez avec le passé composé d'un des verbes ***devoir, pouvoir,*** *ou* ***savoir*** *et expliquez le sens du verbe.*

1. Sa voiture est tombée en panne au milieu de la campagne, alors il .... faire deux kilomètres à pied pour trouver une station d'essence.
2. Nous n'avions pas de leurs nouvelles depuis longtemps; et puis hier nous .... qu'ils avaient déménagé.
3. Pendant que les autres invités étaient occupés à parler ensemble, j' .... prendre Robert à part un instant pour lui demander comment allaient ses parents.

Exercice VIII (oral)

Complétez les phrases suivantes avec le passé composé ou l'imparfait du verbe donné, selon le cas. Expliquez votre choix.

1. Venir
   a. D'habitude, elle .... me voir à trois heures.
   b. Elle .... me voir à trois heures hier.
2. Aller
   a. Je .... au cinéma deux fois la semaine dernière.
   b. Je .... quelquefois lui dire bonjour quand je passais près de chez elle.
3. Falloir
   a. Autrefois, il .... beaucoup de temps pour aller en Europe.
   b. Il .... travailler toute la journée pour finir ce projet.
4. Faire
   a. Aujourd'hui Jeanne .... la cuisine.
   b. Il .... froid quand nous sommes partis.
5. Répondre
   a. Voyant cela, il .... qu'il n'avait pas le temps de s'en occuper.
   b. Chaque fois qu'on l'appelait, il .... gentiment.

Exercice IX (oral)

Exposé oral. Donnez, au passé, vos impressions sur un film que vous venez de voir.

Exercice X

Écrivez le participe passé du verbe entre parenthèses. Y a-t-il un accord?

1. Je sais que tu lui as (rendre) _______ son disque.
2. Il n'est pas satisfait de la part qu'il a (avoir) _______ .
3. Il regrette la ville qu'il a (quitter) _______ .
4. Il sont (tomber) _______ dans l'eau.
5. Quels cours avez-vous (suivre) _______ le trimestre (le semestre) dernier?
6. Tu as (acheter) _______ des provisions et tu les as (mettre) _______ dans le réfrigérateur.
7. Est-ce que vous avez (pouvoir) _______ partir à l'heure?
8. Nous avons (croire) _______ l'histoire et nous l'avons (répéter) _______ .
9. Il y a des musées intéressants dans cette ville; j'en ai (visiter) _______ plusieurs.
10. Lesquelles avez-vous (prendre) _______ , les vertes ou les noires?
11. Il est victime de la situation qu'il a (créer) _______ .
12. Son alcoolisme a (nuire) _______ à sa réputation.

Exercice XI

Écrivez trois phrases contenant le pronom relatif **que** *et un verbe transitif au passé composé.*

Ex. J'aime la fleur **que** vous m'**avez donnée**.

Exercice XII (écrit)

Qu'est-ce que vous avez fait aujourd'hui? Donnez une série de petites phrases avec des verbes au passé composé.

Exercice XIII (écrit)

Replacez-vous dans un certain moment du passé et faites en quatre ou cinq lignes la description d'une famille que vous avez connue. Employez seulement l'imparfait, *comme dans l'exemple de* Candide (voir p. 73). *Il n'est pas nécessaire de rendre votre description aussi amusante...*

Exercice XIV

Écrivez une phrase avec chaque verbe.

1. retourner
2. revenir

Exercice XV

Écrivez une phrase avec chacun des passés composés suivants.

1. j'ai dû (j'ai été obligé)
2. j'ai pu (j'ai réussi à)
3. J'ai su (j'ai appris)

Exercice XVI (écrit)

Terminez l'histoire en donnant l'explication demandée. (cinq lignes au passé)

Un changement d'humeur

«Pourquoi as-tu l'air si maussade aujourd'hui, hein? Quand je t'ai vu hier tu semblais si heureux; tu venais de passer une très bonne journée avec tes amis. Est-ce que quelque chose est arrivé depuis que je t'ai parlé? As-tu reçu de mauvaises nouvelles de quelqu'un? L'événement qui s'est produit devait être important pour t'avoir mis dans un état pareil. Allons, explique-moi!»
— Eh bien! Voilà ce qui s'est passé:

Exercice XVII (écrit)

Mettez ce passage au passé.

Un séjour à l'étranger

1. Une fois arrivé dans ce nouveau pays, il _______ (se rendre compte) que la
2. situation _______ (être) tout à fait différente de celle à laquelle

il ______ (s'attendre); au lieu d'être désagréables, la plupart des gens lui ______ (faire) un signe de bonjour quand ils ______ (passer) à côté de lui, et même lui ______ (sourire) et lui ______ (dire) quelques mots dans leur langue qu'il ______ (ne pas comprendre). Peut-être ______ (ils, savoir) qu'ils ______ (avoir) affaire à un étranger.

Voyant cela, il ______ (décider) de ne pas suivre les conseils que ses amis lui ______ (donner) avant son départ. Il ______ (essayer) de rendre à ces gens la gentillesse qu'ils lui ______ (démontrer). Il ______ (accepter) leurs invitations et ______ (apprendre) quelques mots de leur langue.

Il ______ (rester) un an dans ce pays; puis il ______ (revenir) dans le sien. Il ______ (garder) un très bon souvenir de son séjour à l'étranger, disant même souvent qu'il ______ (aimer) y retourner un jour.

Exercice XVIII (écrit)

Mettez au passé.

Un orage d'été

En deux minutes le temps ______ (changer). Le ciel qui ______ (être) si bleu ______ (devenir soudainement) noir comme de l'encre à cause de l'orage qui ______ (approcher). Bientôt une grosse pluie ______ (commencer) à tomber. Le vent ______ (se lever). Le tonnerre et les éclairs ______ (se joindre) à la scène. Dans la rue la circulation ______ (se mettre) à aller plus vite, car chacun ______ (vouloir) rentrer chez soi rapidement.

L'orage ______ (passer) juste au-dessus de la petite ville; un éclair ______ (tomber) sur un des clochers de l'église et le ______ (endommager). Heureusement, un orage d'été ______ (ne pas durer généralement). Le soleil ______ (revenir donc) et sa chaleur ______ (sécher rapidement) les flaques d'eau. Les enfants ______ (pouvoir) retourner dehors aux jeux qu'ils ______ (abandonner).

Exercice XIX (écrit)

Mettez ce passage au passé.

Scène à un restaurant

Nous ______ (être) assises depuis quelques minutes à une petite table de restaurant quand nous ______ (remarquer) un homme qui ______ (dîner) seul à une autre petite table non loin de nous. En le voyant, nous le ______ (trouver tout de suite) singulier; mais nous ______ (comprendre) pourquoi seulement plus tard.

Il ______ (être) assez jeune, très gras pour son âge, et ______ (sembler) très préoccupé de lui-même au point de ne pas voir les gens autour de lui. Surtout il ______ (appeler constamment) le garçon et à chaque fois lui (commander) un autre vin ou un autre plat, lui ______ (poser) des ______ questions concernant des détails culinaires ou le ______ (complimenter) sur son service. Quand le garçon ______ (venir) lui demander son choix de dessert,

12. nous _______ (penser) qu'il _______ (aller) en prendre un léger en raison de
13. la quantité de nourriture qu'il _______ (déjà ingurgiter). Mais nous _______ (être)
14. ébahies quand il _______ (demander) une omelette norvégienne pour deux
15. qu'il _______ (avaler ensuite) sans difficulté.
16. Des glaces _______ (couvrir) les murs du restaurant. Après le dessert,
17. il _______ (se tourner) vers celle qui _______ (se trouver) à sa droite
18. et _______ (se sourire), visiblement très satisfait de son repas et de lui-même.

Exercice XX (écrit)

Complétez les phrases en expliquant les circonstances qui ont causé les actions suivantes. Employez des imparfaits.

1. Suzanne s'est mise à pleurer _______________ .
2. Le facteur m'a rapporté une lettre que j'avais déjà envoyée _______________ .
3. J'ai changé de place pendant la conférence _______________ .
4. Vous n'avez pas compris ce texte _______________ .
5. Le chien a aboyé _______________ .

Exercice XXI (écrit)

Complétez les phrases suivantes en employant des imparfaits et des passés composés.

1. Je résoudrais ce problème si _______________ .
2. En dépit de tous mes efforts, _______________ .
3. Quand il m'a vu(e), _______________ .
4. Il se rendait compte que _______________ .
5. Voyant son attitude, _______________ .
6. Lorsque j'étais petit(e) _______________ .
7. Vous étiez en train de _______________ .
8. Si seulement _______________ .
9. Tout à coup _______________ .
10. Un soir d'automne, _______________ .
11. Il (Elle) avait échoué bien des fois et pourtant _______________ .
12. Les deux amis sentaient que _______________ .
13. Il l'a appelé(e) au téléphone, lui a dit bonjour, lui a posé une question, _____ _______________ .
14. Il faisait un temps superbe. C'était le matin. L'air était embaumé. Les oiseaux chantaient déjà _______________ .
15. J'ai parlé au conférencier à la fin de sa conférence et il m'a dit que _______ _______________ .

Exercice XXII

Écrivez cinq ou six lignes sur:

le jour où vous avez reçu votre lettre d'admission à l'université de votre choix. (Employez différents temps du passé.)

Exercice XXIII

Écrivez cinq ou six lignes sur:

la plus grande peur que vous ayez jamais eue. (Employez différents temps du passé.)

Réponses aux applications immédiates

p. 65
1. achetée
2. inondé, couverte
3. finis
4. faites, montrées
5. promis

p. 66
1. passés(ées)
2. retourné
3. restés
4. revenues
5. rentrés

p. 70
1. a souri
2. j'ai pris
3. m'a demandé
4. n'as pas fini
5. suis né(e)
6. ai parlé

p. 72
1. étions
2. répondait
3. comprenais
4. pâlissait
5. riait
6. écrivais
7. connaissaient
8. travailliez
9. mangeaient
10. plaçais

p. 75
1. ne voulais pas
2. (impossible)
3. pleuvait
4. étiez
5. jouions
6. nous disputions

p. 76 imparfait: **venaient**, on se replace dans le passé pendant la guerre; répétition de l'action.
passé composé: **sont venus**, on pense à la durée totale de la répétition de l'action.

III. Le plus-que-parfait

C'est un temps composé: deux mots.

A. Formes

Le plus-que-parfait est le temps composé de l'imparfait (voir p. 450).

Il est formé de *l'imparfait de l'auxiliaire **avoir** ou **être** + le participe passé du verbe en question.*

Ex. aimer
J'avais aimé
Tu avais aimé
Il, elle, on avait aimé
Nous avions aimé
Vous aviez aimé
Ils, elles avaient aimé

arriver
J'étais arrivé(e)
Tu étais arrivé(e)
Il, elle, on était arrivé(e)
Nous étions arrivés(es)
Vous étiez arrivé(e, s, es)
Ils, elles étaient arrivés(es)

se reposer
Je m'étais reposé(e)
Tu t'étais reposé(e)
Il, elle, on s'était reposé(e)
Nous nous étions reposés(es)
Vous vous étiez reposé(e, s, es)
Ils, elles s'étaient reposés(es)

Le participe passé suit les mêmes règles d'accord que celles du passé composé (voir p. 64 et 66).

Application immédiate

Écrivez le plus-que-parfait des verbes suivants à la personne indiquée.

1. finir; j' __________
2. vivre; il __________
3. partir; nous __________
4. se lever; vous __________

réponses p. 88

B. Emplois

1. L'antériorité exprimée par le plus-que-parfait («I had done») est souvent indiquée par une conjonction temporelle, mais pas toujours.

Ex. Après que tu **étais partie**, il a téléphoné à ses amis.
Vous **aviez terminé** votre travail quand nous sommes arrivés.
J'**avais** toujours **eu** confiance en lui.

2. Il exprime aussi *une action habituelle, antérieure à une autre action habituelle à l'imparfait.*

Ex. Quand il **avait fini** de lire, il dormait un peu.

3. Il est employé *après* ***si***:

— *dans une phrase conditionnelle au conditionnel passé* (voir leçon 8, p. 206).

Ex. Si vous **étiez venu**, vous **auriez vu** cette personne.

— pour exprimer *un regret*. (Comparez avec **si** + *imparfait* pour un désir, voir p. 74).

Ex. Si j'**avais su**!
Si seulement vous **aviez pu** lui parler!

4. On le trouve *au style indirect au passé,* à la place du passé composé du style indirect au présent (voir leçon 15, p. 343).

Ex. Il me dit que j'**ai menti**. → Il m'a dit que j'**avais menti**.

5. Il est employé avec ***depuis*** pour une action *négative* commencée dans le passé et qui a continué jusqu'à un certain moment du passé.

Ex. Je n'**avais** pas **vu** Robert **depuis** deux mois quand je l'ai rencontré.

Application immédiate

Justifiez l'emploi des plus-que-parfaits suivants.

1. Généralement, quand il avait expliqué quelque chose, c'était clair. ________
2. Il a ajouté que j'avais fait de mon mieux. ________
3. Quand j'ai reçu ta lettre, il y avait quelques mois que je n'avais pas eu de tes nouvelles. ________
4. J'aurais déjà fini si j'avais commencé à temps. ________
5. Elle vous a renvoyé la feuille que vous lui aviez donnée. ________

réponses p. 88

ATTENTION

En anglais:

— une action antérieure à une action passée n'est pas toujours au plus-que-parfait.

Ex. Le professeur voulait savoir qui **avait triché**. («had cheated» ou «cheated»)

— le plus-que-parfait n'est pas employé pour un état.

Ex. Vous **étiez sorti** quand j'ai appelé. («you **were** out»)

Exercices

Exercice XXIV (oral)

Mettez les verbes des propositions principales au passé et faites les changements nécessaires.

Ex. Je pense que vous avez menti. → Je **pensais** que vous **aviez menti**.

1. Tu dis qu'il a fini son exercice.
2. Savez-vous qu'elle est arrivée?
3. Vous parlez beaucoup lorsque vous avez trop bu.
4. La faute que tu as faite n'est pas grave.
5. Tu oublies ce que je t'ai dit.

Exercice XXV

Écrivez trois regrets.

1. Si seulement ______________________________ !
2. Si ______________________________ !
3. Si seulement ______________________________ !

Exercice XXVI (écrit)

Complétez les phrases suivantes en utilisant des plus-que-parfaits.

1. Vous auriez été satisfait(e) si ______________________________ .
2. L'herbe était très sèche parce que ______________________________ .
3. Généralement elle se reposait quand ______________________________ .
4. Nous avons acheté la voiture que ______________________________ .

Exercice XXVII

Écrivez une phrase exprimant une action habituelle antérieure à une autre action habituelle à l'imparfait.

Ex. Elle **était** fatiguée parce qu'elle **avait fait** ses exercices quotidiens de gymnastique.

IV. Le passé surcomposé

C'est un temps composé deux fois: trois mots.

A. Formes

Le passé surcomposé est le temps composé du passé composé (voir tableau des modes et temps, p. 450), généralement employé avec les verbes conjugués avec **avoir**, rarement avec ceux conjugués avec **être**. Il est formé du *passé composé de l'auxiliaire **avoir** ou* **être** + *le participe passé du verbe en question.*

Ex. J'ai eu fini
Tu as eu fini
Il, elle, on a eu fini
Nous avons eu fini
Vous avez eu fini
Ils, elles ont eu fini

J'ai été sorti(e)
Tu as été sorti(e)
Il, elle, on a été sorti(e)
Nous avons été sortis(es)
Vous avez été sorti(s, e, es)
Ils, elles ont été sortis(es)

Application immédiate

Écrivez le passé surcomposé des verbes suivants.

1. manger; nous ___________
2. partir; elle ___________
3. ralentir; il ___________
4. vendre; ils ___________

réponses p. 88

B. Emploi

Dans la langue parlée, il s'emploie seulement après les conjonctions temporelles d'antériorité **quand**, **lorsque**; **dès que**, **aussitôt que**; **après que**; **une fois que**; **à peine**... **que**, pour exprimer une action *immédiatement antérieure* à une action *au passé composé.*

Ex. Dès que j'**ai eu écrit** la lettre, je l'ai envoyée.
À peine **a**-t-elle **eu pris** sa décision qu'elle a commencé à pleurer.

Exercice

Exercice XXVIII (écrit)

Mettez les verbes suivants au passé surcomposé quand il convient, ou au plus-que-parfait.

1. Aussitôt que vous _______ (prononcer) ces mots, il a eu une réaction bizarre.
2. Une fois que tu _______ (finir) d'expliquer ton projet, ils ont eu l'air perplexe.
3. Après qu'il _______ (trouver) la solution au problème, il a pu se reposer.
4. À peine le professeur _______ (sortir) de la classe que les étudiants se sont mis à rire.
5. Comme il _______ (ne pas comprendre) la question, il a donné une mauvaise réponse.

Réponses aux applications immédiates

p. 84
1. j'avais fini
2. il avait vécu
3. nous étions partis(es)
4. vous vous étiez levé(s, e, es)

p. 85
1. habitude
2. style indirect au passé
3. verbe négatif avec: il y avait... que (synonyme de depuis)
4. après **si** de condition
5. action antérieure à l'action passée

p. 87
1. nous avons eu mangé
2. elle a été partie
3. il a eu ralenti
4. ils ont eu vendu

• LES NOMBRES
• LA DATE
• L'HEURE

I. Les nombres

Les nombres sont représentés par des chiffres.
Ex. 25 est un nombre formé des chiffres 2 et 5.

A. Les nombres cardinaux (voir liste dans l'appendice, p. 468)

Les nombres (ou adjectifs numéraux) cardinaux indiquent un nombre précis. Ils sont invariables, généralement.

Particularités

1. **Un** a le féminin **une**.

   Ex. J'ai acheté **un** sweater et **une** paire de souliers.

2. Attention! **quatre** n'a jamais de **s**.

   Ex. Voilà les **quatre** dollars que je vous dois.

3. Les adjectifs numéraux composés, *en dessous de* **cent**, ont un trait d'union.

   Ex. vingt-cinq; soixante-dix; cent quarante-deux

Exceptions

Il n'y a pas de trait d'union dans *les nombres suivants avec* **et**:

21 vingt et un
31 trente et un
41 quarante et un
51 cinquante et un
61 soixante et un
71 soixante et onze

Il n'y a pas de **et** dans les nombres quatre-vingt-un (81), quatre-vingt-onze (91), cent un (101), cent onze (111). Il n'y a pas de liaison avec le **t**.

---

4. **Vingt** et **cent** prennent un **s** au pluriel s'ils ne sont *pas suivis d'un autre nombre*.

   Ex. quatre-vingts — cinq cents
   mais: quatre-vingt-cinq — cinq cent vingt

5. **Mille** est invariable.

   Ex. six **mille** personnes

   Entre 1000 et 2000, on peut dire **mille** cinq cent vingt (1520) ou **quinze cent** vingt.

6. On n'emploie pas **un** devant **cent** ou **mille**.

   Ex. 100 000: cent mille — 1300: mille trois cents

7. **Un million** et **un milliard** prennent un **s** au pluriel, et **de** s'ils sont suivis d'un nom.

   Ex. trois million**s** **d'**habitants — cinq milliard**s** quatre cent mille francs

8. Quand on écrit les nombres avec des chiffres, *la virgule marque les décimaux* alors qu'on laisse un espace après chaque groupe de trois chiffres en allant vers la gauche. Les nombres de quatre chiffres peuvent s'écrire avec ou sans espace.

   Ex. dix mille huit cent vingt-deux: 10 822
   un dixième: 0,1
   cinq cent francs cinquante: 500,50 FF

9. Le chiffre 7 a une barre en français dans l'écriture ordinaire: 7.

10. Certains nombres ont une prononciation particulière.

— Le **f** de **neuf** se prononce **v** avec les mots commençant par une voyelle ou un **h** muet.

Ex. Il a neuf ans. [nœvɑ̃]
Il est neuf heures.

— **Six** et **dix** se prononcent: [**sis**], [**dis**]; et on prononce la consonne finale de **cinq**, **sept**, **huit**.

Quand ils sont suivis d'un mot qui commence par une consonne, on ne prononce pas la consonne finale.

Ex. cinq livres; six livres; huit livres; dix livres

Avec un mot qui commence par une voyelle, la liaison est normale.

Ex. six éléphants (z)   huit enfants

Application immédiate

Écrivez les nombres suivants en toutes lettres.

1. (98) ______________________
2. (377) ______________________
3. (1111) ______________________
4. (5561) ______________________

réponses p. 101

B. Les nombres ordinaux (voir liste dans l'appendice, p. 468)

Ils indiquent l'ordre, le rang. Ils sont variables.

Ils se forment en ajoutant **ième** au nombre cardinal correspondant. Le **e** final du nombre cardinal disparaît.

Ex. sept → sept**ième**   quatre → quatr**ième**
vingt et un → vingt et **unième**   vingt-deux → vingt-**deuxième**
vingt-trois → vingt-trois**ième**

Exceptions

premier (1er), **première** (1re)

deuxième se dit aussi **second(e)** [səgɔ̃(d)]
cinq → cinquième (avec **u**)
neuf → neuvième (avec **v**)

REMARQUES

— Quand **premier** et **dernier** accompagnent un nombre cardinal, on les place *après le nombre cardinal.*

Ex. les **deux premiers** exercices

— «First» peut être un adverbe (= «at first») qui se traduit par **d'abord** ou **premièrement**.

— Un nombre cardinal remplace un nombre ordinal pour le rang des souverains d'une dynastie, excepté **premier**. Il n'y a pas d'article.

Ex. François 1er → François premier
Charles X → Charles dix
Louis XIV → Louis quatorze

— On dit: page 5, à la page 5.

Ex. **Page cinq**, il y a une expression intéressante à la ligne dix.
Ouvrez votre livre **à la page cinq**.

Application immédiate

Écrivez les nombres ordinaux correspondant aux questions 1 à 4; puis répondez à la question 5.

1. six ________ 2. trente _____ 3. soixante-cinq _____ 4. cent quatre-vingt-un ___

5. Placez ces mots dans l'ordre convenable: derniers, noms, cinq, les; les, premières, pages, trois. ________________________________

____

réponses p. 101

C. Les nombres collectifs

1. **Formes.** On ajoute **aine** *au nombre cardinal.* Ce sont des mots féminins, suivis de **de** + nom. Le **e** du nombre cardinal disparaît et **x** se change en **z**.

   En voici quelques-uns:

   dix → une dizaine (de)
   douze → une douzaine (de)
   quinze → une quinzaine (de)
   vingt → une vingtaine (de)
   trente → une trentaine (de)
   cent → une centaine (de)

   Exception: mille → un millier (de)

2. **Emploi.** Ces nombres indiquent *l'approximation*:
   une centaine de = à peu près (environ) cent.

   Ex. Combien de personnes y avait-il à la conférence?
   Il y **en** avait **une centaine**. (avec **en** = «of them»)

   Mais **une douzaine** signifie généralement douze exactement.

   Ex. J'ai reçu une **douzaine de** roses. (12)
   J'ai acheté **une demi-douzaine d'**œufs. (6)

Application immédiate

Écrivez les nombres collectifs suivants.

1. à peu près huit jours ____________
2. environ trois mille morts ____________
3. environ quinze pages ____________
4. à peu près dix élèves ____________

réponses p. 101

D. Les fractions

1. Fractions courantes

$\frac{1}{4}$: un quart (25 %, 25 pour cent)
$\frac{1}{3}$: un tiers
$\frac{1}{2}$: un demi, une demie
$\frac{2}{3}$: deux tiers
$\frac{3}{4}$: trois quarts

$2\frac{1}{4}$: deux et quart (*ou* deux un quart)
$5\frac{1}{2}$: cinq et demi(e)

— **Demi(e)** est variable après le nom, invariable devant le nom (voir leçon 7, p. 155).

Ex. J'ai répondu à une question et **demie** en une **demi**-heure.

Le nom correspondant est **la moitié (de).**

Ex. As-tu répondu à toutes les questions? — Non, seulement à **la moitié**.

2. Pour les autres fractions

le nominateur est le nombre cardinal;
le dénominateur est le nombre ordinal.

Ex. $\frac{5}{7}$: cinq septièmes
$3\frac{2}{5}$: trois et deux cinquièmes

Application immédiate

Écrivez les fractions en toutes lettres.

1. $\frac{3}{5}$ ______________________ 3. $\frac{1}{8}$ ______________________

2. $\frac{5}{4}$ ______________________ 4. $4\frac{5}{6}$ ______________________

réponses p. 101

II. La date (voir les noms des jours et des mois dans l'appendice, p. 468)

Pour les dates, on emploie les nombres cardinaux excepté pour le premier jour du mois qu'on appelle **premier**. Une date est précédée de **le**, y compris devant **huit** (le **h** est aspiré) et devant **onze** dont le **o** est traité comme une consonne.
Ex. le 8 mai   le 11 avril   le 1er mars   le 16 juin

A. Les mois

Le nom du mois est masculin et n'a pas de majuscule.

On dit: **au mois de** septembre *ou* **en** septembre.

B. Les jours

En France, dans une date, on écrit jour, mois, année. Ex. 30/12/90. Au Québec, l'ordre est décroissant: année, mois, jour. Ex. 90/12/30. Le nom des jours est masculin et n'a pas de majuscule. La bonne façon d'écrire une date quand le jour est indiqué est: le jeudi 3 mai 1967.

Application immédiate

Écrivez les dates suivantes en français. Les nombres seront en chiffres.

1. «February 1st» ______________________________
2. «October 31st, 1980» ______________________________
3. «23/6/72 ou, au Québec, «72/6/23» ______________________________
4. «Friday, August 15, 1991» ______________________________

réponses p. 101

C. L'année

Pour une année de l'ère chrétienne, on peut écrire **mil**.

1957 { mil(le) neuf cent cinquante-sept
dix-neuf cent cinquante-sept }

On dit: **en** 1957.

Ex. **En** quelle année êtes-vous né(e)? — Je suis né(e) **en** 1957.

D. Le siècle

À quel siècle vivons-nous? — Nous vivons **au** vingtième siècle.

E. Les saisons

Les saisons sont le **printemps**, l'**été**, l'**automne** et l'**hiver**. Les noms des saisons sont masculins mais le mot **saison** est féminin.

Ex. **Le** printemps est **une** saison.
On dit: **au** printemps, **en** été, **en** automne, **en** hiver.

F. Jour-journée, an-année, matin-matinée, soir-soirée

Les mots **jour**, **an**, **matin**, **soir** sont masculins et désignent des divisions de temps.

Les mots **journée**, **année**, **matinée**, **soirée** sont féminins et sont généralement employés pour la durée de ces périodes de temps:

Ex. Je l'ai vu **ce matin**.
mais: J'ai travaillé toute **la matinée**. (la longueur de temps)
Je vous téléphonerai **demain soir**.
mais: **La soirée** a été très agréable.

REMARQUES

— **An** est généralement employé avec *un nombre cardinal non modifié* (sans adjectif):

Ex. trois **ans**

mais: trois bonnes **années**

— On dit **chaque** année, **plusieurs** années, **quelques** années, **cette** année.
Quelquefois **an** et **année** sont interchangeables.

Ex. l'**an** dernier, l'**année** dernière

— On dit: **tous les** jours («every day»), tous les ans, tous les matins, tous les soirs; mais chaque jour («each day»).

— **Une matinée** est aussi la représentation, de cinéma ou de théâtre, de l'après-midi.

— On dit: **le matin** («in the morning»), l'après-midi, le soir («in the evening, at night»).

Ex. **Le matin**, j'ai trois cours.
L'après-midi, je fais du sport.
Le soir, je suis fatigué.

G. Expressions utiles

1. Quelle est la date aujourd'hui? — C'**est** le 5 septembre.
ou: **C'est aujourd'hui** le 5 septembre.
ou: Le combien sommes-nous aujourd'hui? — Aujourd'hui, **nous sommes** le 5 septembre.

2. Quel jour est-ce aujourd'hui? — Aujourd'hui, **c'est** mercredi.
ou: Quel jour sommes-nous aujourd'hui? — Aujourd'hui, **nous sommes** mercredi.

3. Dans une semaine, dans huit jours, en huit (on compte huit jours pour une semaine).

Ex. Je vous reverrai **samedi en huit** (dans une semaine à partir de samedi).
Je pars en voyage pour **huit** jours (une semaine).

4. Dans deux semaines, dans quinze jours (on compte quinze jours pour deux semaines).

Ex. Nous reviendrons **dans quinze jours**.
Nous allons prendre **quinze jours** de vacances.

5. Tous les deux jours, tous les trois jours, etc.

Ex. J'y vais **tous les deux jours**. («every other day»)
Il faut lui donner un médicament **toutes les deux heures**.

ATTENTION

Les mots **an**, **heure** et **cent** sont toujours exprimés en français pour l'âge, l'heure (voir plus loin) et l'année.

Ex. Il a seize **ans**.
Il est trois **heures** et demie.
Nous sommes en dix-neuf **cent** cinquante-quatre.

III. L'heure

Quelle heure est-il? — **Il est** trois heures.
Quelle heure avez-vous? (à votre montre) — J'ai trois heures **dix**. (3:10)
Savez-vous quelle heure il est? — Il est trois heures et **quart** (ou: **un quart**). (3:15)
À quelle heure doivent-ils arriver? — À trois heures **et demie**. (3:30)
Arriveront-ils **à l'heure**? — Non, probablement pas avant quatre heures **moins le quart**. (3:45) Ils sont toujours un peu **en retard**.
J'espère qu'ils arriveront **à temps** (pas trop tard) pour entendre le début de la conférence. Elle commence à quatre heures **moins cinq**. (3:55)

REMARQUES

— N'oubliez pas que **midi** (**le** milieu du jour) et **minuit** (**le** milieu de la nuit) sont masculins. On écrit donc midi et **demi**, minuit et **demi**.

— **du matin, de l'après-midi, du soir.**

Ex. Il est **trois heures du matin** et je ne peux pas dormir.
Je vous verrai à **cinq heures de l'après-midi**.
La réunion a duré jusqu'à **dix heures du soir**.

— Pour *l'heure officielle* (horaires de train, d'autobus, etc.) on compte de 0 à 24.

Ex. Mon train part à 22:15. (à dix heures et quart du soir)

— Approximation et heure précise.

À quelle heure voulez-vous que je vienne?
Approximation: **Vers** deux heures.
Heure précise: À deux heures **précises**.
ou: À deux heures **juste(s)**.

Application immédiate

Écrivez les heures suivantes en toutes lettres.

1. 2:25 a.m. Il est ____ .
2. 5:45 p.m. Il est ____ .
3. 12:10 p.m. Il est ____ .

réponses p. 101

Exercices

Exercice I (oral)

Lisez les nombres suivants.

16 22 31 44 55 67 78 81 93 105 111 123 132
146 271 304 1001 2614 10 359 3 000 000
trois enfants six étudiants dix livres huit pages neuf crayons

Exercice II (oral)

Lisez les opérations suivantes. (+ = plus, – = moins, × = multiplié par, : = divisé par, = égale(nt).

1. 6 – 6 = 0
2. 32 × 2 = 64
3. 50 × 10 = 500
4. 75 – 15 = 60
5. 144:12 = 12
6. 11 + 13 + 40 = 64
7. 10 000:2 = 5000
8. 131 – 111 = 20
9. 10,8:4 = 2,7
10. 1000 × 1000 = 1 000 000

Exercice III (oral)

Lisez les fractions et les pourcentages suivants.

1. $\frac{4}{3}$
2. $\frac{3}{6} = \frac{1}{2}$ *ou* 50 %
3. $\frac{3}{4}$ *ou* 75 %
4. $8\frac{1}{9}$
5. $5\frac{1}{4}$

Exercice IV (oral)

Répondez aux questions suivantes.

1. Quelle est la date de votre anniversaire? En quelle saison êtes-vous né(e)?
2. Quelle est la date de la fête nationale française?
3. Quelle est la date aujourd'hui?
4. Quel jour de la semaine préférez-vous? Pourquoi?
5. Quel jour sommes-nous?
6. Quel jour êtes-vous le (la) plus occupé(e)?
7. Quelle heure est-il maintenant? (Regardez votre montre.) Quelle heure sera-t-il dans une demi-heure?
8. À quelle heure dînez-vous habituellement?
9. En quelle année aurez-vous votre diplôme de l'université?
10. À quel siècle vivez-vous?

Exercice V

Écrivez les nombres cardinaux suivants en toutes lettres.

1. 31 ______________________
2. 91 ______________________
3. 200 ______________________
4. 263 ______________________
5. 1842 ______________________
6. 111 715 ______________________

Exercice VI (écrit)

Complétez les phrases en écrivant les nombres donnés en toutes lettres.

1. Sa thèse a _______ pages. (61)
2. Les _______ enfants jouent ensemble. (4)
3. Cette voiture coûte _______ francs. (60 000)
4. La Révolution française a eu lieu en _______ . (1789)
5. Ce pays a _______ habitants. (5 000 000)
6. _______ ans, c'est un bel âge. (80)

Exercice VII

Écrivez les nombres ordinaux suivants en toutes lettres.

1. 3e ______________________
2. 100e ______________________
3. 1er ______________________
4. 21e ______________________
5. 2e ______________________
6. 39e ______________________
7. 248e ______________________
8. 1000e ______________________

Exercice VIII

Écrivez les nombres collectifs suivants en toutes lettres.

1. environ 150 ______________________
2. à peu près 20 étudiants ______________________
3. 12 mouchoirs ______________________
4. environ mille personnes ______________________

Exercice IX (écrit)

a) *Complétez en employant* ***demi****(e) ou* ***moitié****.*

1. Vous avez bu _______ de la bouteille de vin.
2. J'ai passé une semaine et _______ chez eux.
3. Tu as mangé _______ du gâteau.
4. Nous avons mis une _______ -heure à faire ce travail.

b) *Traduisez le mot* «first» *dans les phrases suivantes (adjectif ou adverbe).*

1. Vous êtes _______ à me le dire.
2. _______ , il faut aller à la banque. (2 réponses)

c) *Traduisez les mots entre parenthèses.*

1. Faites _______ exercices pour demain. («the first three»)
2. J'y vais _______ . («every other week»)
3. Vous travaillez tard _______ . («at night»)

d) *Complétez avec un des mots* ***nombre*** *ou* ***numéro****.*

1. Il y a un _______ considérable de gens dans la rue en ce moment.
2. Quel _______ avez-vous tiré pour une place dans une résidence?

e) *Complétez avec* ***jour*** *ou* ***journée****,* ***an*** *ou* ***année****.*

1. Elle travaille tous les _______ et je vous assure que sa _______ est bien remplie. (jour, journée)
2. Chaque _______ nous allons à la montagne; il y a plusieurs _______ que nous le faisons, depuis cinq _______ exactement. (an, année)

Exercice X

Écrivez une phrase avec chacune des expressions suivantes.

1. la moitié ____________________
2. une dizaine ____________________
3. premier(ère) ____________________
4. des milliers ____________________

Réponses aux applications immédiates

p. 91
1. quatre-vingt-dix-huit
2. trois cent soixante-dix-sept
3. mille cent onze, onze cent onze
4. cinq mille cinq cent soixante et un

p. 92
1. sixième
2. trentième
3. soixante-cinquième
4. cent quatre-vingt-unième
5. les cinq derniers noms
   les trois premières pages

p. 93
1. une huitaine de jours
2. trois milliers de morts
3. une quinzaine de pages
4. une dizaine d'élèves

p. 94
1. trois cinquièmes
2. cinq quarts
3. un huitième
4. quatre et cinq sixièmes

p. 95
1. le 1er février
2. le 31 octobre 1980
3. le 23 juin 1972
4. le vendredi 15 août 1991

p. 98
1. deux heures vingt-cinq du matin
2. six heures moins le quart du soir
3. midi dix

• LES ARTICLES
• LES DÉMONS-TRATIFS

I. Les articles

Le rôle d'un article est d'indiquer le genre (masculin ou féminin) et le nombre (singulier ou pluriel) d'un nom et de déterminer ce nom. Il y a trois sortes d'articles:
l'article défini, l'article indéfini, l'article partitif.

TABLEAU 5.1 Les articles

	Singulier *masculin*	*féminin*	**Pluriel** *masculin et féminin*
L'article défini	**le (l')**	**la (l')**	**les**
L'article indéfini	**un**	**une**	**des**
L'article partitif	**du (de l')**	**de la (de l')**	**des**

A. L'article défini

1. Formes: le, la, les (voir aussi tableau 5.1, ci-dessus)

a. Le et **la** se changent en **l'** devant un mot commençant par **une voyelle** ou un **h** muet.

Ex. l'**o**melette, l'**h**onneur

REMARQUES

— **L'** n'indique pas le genre d'un nom.

— **L'** devant un mot qui commence par un **h** indique que ce **h** est *muet*.

Ex.	l'homme l'hôpital l'heure l'héroïne	h muets	la haine la hauteur la honte le héros	h aspirés

Application immédiate

Indiquez si le **h** est muet ou aspiré.

1. l'habit ___________
2. la harpe ___________
3. l'herbe ___________
4. l'histoire ___________

réponses p. 118

b. Le et **les** se contractent avec les prépositions **à** et **de**:

avec **à**: à + le = **au** à + les = **aux**
avec **de**: de + le = **du** de + les = **des**

Ex. Je vais **au** cinéma. Nous sommes **aux** États-Unis.
Je vois le livre **du** professeur. Voilà les tables **des** étudiants.

mais **l'** et **la** n'ont pas de formes contractées: **à l', à la**; **de l', de la**.

Ex. Nous sommes **à la** bibliothèque. Nous profitons **de l'**expérience.

2. Emplois. L'article défini est employé:

a. devant *une personne ou une chose déterminée.*

(En général, il y a un article défini en français quand il y en a un en anglais.)

Ex. Voici **le** livre que nous employons.
Le docteur m'a dit que j'étais très malade.
La lecture **des** romans est intéressante.

On le répète dans une série de noms.

Ex. Elle a acheté **la** robe, **le** manteau et **le** chapeau qu'elle aimait.

b. devant *un nom pris dans le sens général* (l'article est souvent omis en anglais dans ce cas).

Ex. **La** vie est courte. («Life is short.»)
Le dîner est servi à six heures.
L'argent est nécessaire pour vivre.

Il est employé en particulier avec les verbes **aimer**, **adorer**, **préférer**, **détester**.

Ex. J'aime **la** musique, mais je déteste **la** peinture.
Elle n'aime pas **le** café, elle préfère **le** thé.

c. devant *les noms abstraits.*

Ex. **Le** silence est d'or. (proverbe)
La patience est utile dans la vie.

d. devant *les titres.*

Ex. **Le** gouverneur de la Californie vit à Sacramento.
J'aime la classe **du** professeur Smith.
Le président des États-Unis est à Washington.
L'excellent docteur Dupont est à son bureau.
Bonjour, monsieur **le** directeur.

mais: On ne l'emploie pas devant monsieur, madame, mademoiselle, suivis du nom de la personne, ou lorsqu'on s'adresse directement à une personne en lui donnant son titre.

Ex. Monsieur Lancelot est de bonne humeur.
J'ai vu madame Lenoir hier matin.
Bonjour, professeur Dupont.

e. devant *les saisons.*

Ex. **Le** printemps est agréable, mais **l'**hiver est froid.

f. devant *les noms de langues ou de disciplines.*

Ex. J'étudie **le** français, **la** biologie et **les** mathématiques.

mais: Quand un nom de langue suit immédiatement le verbe **parler**, l'article n'est pas nécessaire.

Ex. Je parle français, mais je ne parle ni (le) russe ni (l')italien.

g. devant *les noms de peuples* et *les noms géographiques* de pays, de provinces, de grandes îles, de montagnes, de fleuves, de rivières, de bâtiments célèbres.

Ex. **Les** Français aiment le bifteck avec frites.
La France n'est pas très grande. (Voir leçon 18, p. 403 et 408 pour *préposition + nom de pays*.)
La Normandie est une province connue.
La Corse est une grande île.
Les Pyrénées sont entre la France et l'Espagne.
La Loire est le plus long fleuve de France.
Le Louvre est un musée célèbre.

L'article est quelquefois inclus dans un nom de ville.

Ex. **Le Mans** est une ville connue pour ses courses d'autos.
Nous sommes arrivés **au Havre** hier soir.

h. pour indiquer le prix d'un objet *par unité de mesure ou de poids*.

Ex. Le lait coûte cinq francs **le** litre.
Les œufs coûtent dix francs **la** douzaine.
Les cerises coûtent six francs cinquante **la** livre.

mais: Pour *l'unité de temps*, on emploie généralement **par**.

Ex. Il gagne 500 dollars **par** mois.

i. pour *remplacer l'adjectif possessif* quand le possesseur est indiqué ou évident (voir leçon 6, p. 142 et leçon 11, p. 254).

Ex. Je me lave **les** mains. (possesseur **me** → **je**)
Vous haussez **les** épaules. (possesseur **vous**)
Vous lui soignez **les** yeux. (possesseur **lui**)

j. dans *les dates* (voir leçon 4, p. 94).

Ex. Aujourd'hui, c'est **le** 28 août.

k. devant les noms *des jours* de la semaine *quand l'action est habituelle*.

Ex. Je me promène toujours **le** dimanche. («on Sundays»)
J'ai des cours **le** lundi, **le** mercredi et **le** vendredi, mais pas **le** mardi ni **le** jeudi.

Pour un jour particulier, on omet généralement l'article.

Ex. J'irai vous voir mardi. (mardi prochain)
Je pars mardi en huit.

mais: J'irai vous voir **le** mardi avant mon départ.

l. devant *le superlatif* (voir leçon 9, p. 216).

Ex. Voilà **la** plus belle fille du monde.
Voilà **l'**étudiant **le** plus brillant de la classe.

Application immédiate

Complétez avec une forme de l'article défini, quand il est nécessaire.

1. __________ notes de __________ étudiant sont bonnes.
2. __________ remarque __________ professeur est intéressante.
3. J'aime __________ soupe, __________ salade, __________ légumes, __________ pain et __________ café.
4. __________ honnêteté devient-elle rare?
5. Il pense que __________ docteur Lebrun est sympathique.
6. __________ cigarettes ne sont pas bonnes pour __________ santé.
7. __________ Mississippi est __________ plus long fleuve d'Amérique.
8. Parlez-vous __________ espagnol?
9. Qu'allez-vous étudier l'année prochaine, __________ mathémathiques ou __________ économie?
10. Combien coûte ce ruban? Deux francs __________ mètre.
11. Viendrez-vous __________ lundi prochain?

réponses p. 118

B. L'article indéfini

1. Formes: un, une, des (voir aussi tableau 5.1, page 102)

Ex. **un** cahier — **des** cahiers («some»)
une serviette — **des** serviettes

2. Emplois

a. L'article indéfini s'emploie *devant des noms de personnes ou de choses indéterminées.*
On le répète dans une série de noms.

Ex. Il y a **un** tapis sur le plancher.
Une fourmi se promène par terre.
Je vois **des** enfants qui courent.
Nous avons **un** chien, **un** chat et **un** cheval.

Note

Un, une sont aussi des adjectifs numéraux: un (une), deux, trois, etc.

b. Des se change en **de** (ou **d'**) *devant un nom précédé d'un adjectif.* (Remarquez bien que **de** est l'article indéfini dans ce cas, pas une préposition.)

Ex. Voici **des** roses. Voici **de** belles roses.
J'ai fait **des** erreurs. J'ai fait **d'**autres erreurs.

REMARQUE

Quand l'adjectif *fait partie d'un nom,* on garde **des**.

Ex. **des** jeunes gens; **des** grands magasins; **des** petits pois; **des** petits pains.

c. Après une négation absolue (= aucune quantité de), **un**, **une**, **des** se changent en **de** (ou **d'**).

Ex. J'ai **un** stylo. → Je **n'**ai **pas de** stylo.
Vous avez **une** voiture. → Vous **n'**avez **pas de** voiture.
Nous avons fait **des** courses. → Nous **n'**avons **pas** fait **de** courses.
Vous allez lire **un** roman. → Vous **n'**allez **pas** lire **de** roman.

mais: Il n'y a jamais de changement avec le verbe **être**.

Ex. C'est **un** livre. → Ce **n'**est **pas un** livre.
C'étaient **des** excuses. → Ce **n'**étaient **pas des** excuses.

Application immédiate

Complétez avec l'article indéfini de 1 à 4 et écrivez au singulier de 5 à 7.

1. Ils ont __________ garçon et __________ fille.
2. Il y a __________ enfants dans le parc.
3. J'ai __________ autres idées.
4. Nous n'avons pas écrit __________ composition.
5. Elle a des plantes. ______________________________
6. Il a des stylos. ______________________________
7. Il a de petites difficultés. ______________________________

réponses p. 118

Note

On garde **un**, **une**, **des**:

— dans une négation limitée (non absolue).

Ex. Je n'ai pas acheté **des** pêches pour en faire de la confiture.

— aussi pour insister.

Ex. Je ne veux pas **un** crayon; je veux un stylo.

ATTENTION

Il y a souvent des confusions entre **les** et **des**, et aussi entre **aux** et **à des**. Pour les éviter, mettez le nom au singulier. Il sera alors facile de voir si c'est l'article défini ou indéfini qui convient pour le sens.

Ex.
- J'ai vu des avions. → J'ai vu un avion.
- J'ai vu les avions partir. → J'ai vu l'avion partir.
- Nous écrivons aux auteurs. → Nous écrivons à l'auteur.
- Nous écrivons à des auteurs. → Nous écrivons à un auteur.

C. L'article partitif

1. Formes: du, de la, des (voir aussi tableau 5.1, page 102)

Il est formé de *de* + *l'article défini:*

du (**de l'**)
de la (**de l'**)
des

Ex. Je fais **du** français, **de la** biologie, **de l'**art et **des** mathématiques.

2. Emplois

a. L'article partitif est employé devant des noms de choses qu'on ne peut pas compter, pour indiquer une partie ou une quantité indéterminée de ces choses. («some, any»)

Ex. J'ai **du** travail à faire pour demain.
Vous voulez **de la** soupe, n'est-ce pas?
Un article de cette revue montre **de la** discrimination.
Avez-vous **de la** chance aux examens?
Il faut que j'achète **du** pain, **de la** viande et **de l'**huile.
J'ai **de la** monnaie, si vous en voulez.

REMARQUES

— **Des** est partitif seulement avec des mots toujours pluriels.

Ex. les vacances, les mathématiques, les épinards, les frais.

Il est généralement le pluriel de **un**, **une**.

Ex. Il me faut **des** vacances. (article partitif)
J'ai mangé **des** noix. (article indéfini)

— Le partitif anglais «some, any» n'est pas toujours exprimé; il est toujours exprimé en français.

b. Après une négation absolue, **du**, **de la**, **de l'** se changent en **de** (ou **d'**),

Ex. J'ai **de la** chance. → Je **n'**ai **pas de** chance.
Il a **de l'**argent. → Il **n'**a **pas d'**argent.
Elle veut faire **du** bateau. → Elle **ne** veut **pas** faire **de** bateau.
Apportez **du** vin. → N'apportez **pas de** vin.

excepté avec le verbe **être** (comme pour l'article indéfini).

Ex. C'est **du** pain. → Ce **n'**est **pas du** pain.

Les deux cas de la note p. 108 s'appliquent aussi à l'article partitif:

Ex. Je n'ai pas mangé **du** gâteau qui est sur la table.
Il ne veut pas **du** vin mais de la bière.

RÉCAPITULATION: L'ARTICLE DANS UNE PHRASE NÉGATIVE

Rappelez-vous que l'article défini (**le**, **la**, **les**) ne change jamais au négatif, mais que l'article indéfini et le partitif (**un**, **une**, **du**, **de la**, **de l'**, **des**) se changent en **de** (ou **d'**) dans une négation absolue, excepté avec le verbe **être**.

Ex. J'ai **la** clé de ma voiture. → Je **n'**ai **pas la** clé de ma voiture.
Je cherche **un** crayon. → Je **ne** cherche **pas de** crayon.
Il a **du** courage. → Il **n'**a **pas de** courage.
Vous êtes **des** idiots. → Vous **n'**êtes **pas des** idiots.

Note

À l'interrogatif négatif, on emploie *de* ou *de* + *article* selon le sens.

Ex. **Ne** mangez-vous **pas de** légumes? (Ne mangez-vous **aucun** légume?)
Ne mangez-vous **pas des** légumes quelquefois? (Ne mangez-vous pas **quelques** légumes quelquefois?)

Application immédiate

Complétez avec une forme du partitif.

1. Vous avez __________ patience et __________ ambition.
2. Y a-t-il __________ espoir?
3. J'ai renversé __________ encre sur mon papier.
4. Tu as acheté __________ viande, mais pas __________ poisson.
5. Ce n'est pas __________ bruit qu'il faut; c'est __________ silence.
6. N'as-tu pas mangé __________ gâteau que je t'ai apporté?

réponses p. 118

REMARQUE

Ne confondez pas le partitif **du**, **de la**, **de l'**, **des** et l'indéfini pluriel **des** avec les formes **du**, **de la**, **de l'**, **des** de l'article défini contracté (préposition **de** + **le**, **la**, **l'**, **les**).

Ex. Le professeur corrige les devoirs **des** étudiants. (article défini contracté; prép. **de** + **les**)
Aujourd'hui **des** étudiants sont absents. (article indéfini; pluriel de **un**)
Nous avons parlé **du** passé. (prép. **de** + **le**)
Vous aurez **du** beau temps. (article partitif)
Les exercices **des** autres étudiants sont bons. (prép. **de** + **les**)
J'ai vu **d'**autres étudiants. (pluriel de **un** autre)

Application immédiate

Indiquez s'il s'agit de l'article indéfini, partitif, ou de la préposition **de** + article.

1. Il y a des fruits dans le panier. ______________________
2. Je m'occupe de la maison. ______________________
3. Vous avez du courage pour entreprendre le tour du monde. __________
4. Voilà le résultat des examens. ______________________
5. Il faut de l'amour dans la vie. ______________________

réponses p. 118

D. Omission de l'article

L'article n'est pas employé:

1. *après les mots de quantité.*

adverbes: beaucoup de, trop de, assez de, un peu de, peu de, combien de, autant de, pas mal de, etc.

noms: une tasse de, une boîte de, une bouteille de, un bouquet de, une douzaine de, un tas de, etc.

adjectifs: couvert de, plein de, orné de, garni de, quelques, plusieurs, etc.

Ex. Nous avons fait **beaucoup d'**efforts pour y arriver.
Nous n'avons pas **assez de** temps.

Combien d'argent as-tu?
Il y a **pas mal de** travail à faire. (= une assez grande quantité de)
Voulez-vous **une tasse de** thé?
La boîte est **pleine de** bonbons.
Tu as **plusieurs** bons amis.

Note

L'adjectif **plein** est souvent employé comme *adverbe* dans le langage parlé.

Ex. Il gagne **plein d'**argent. (= beaucoup de)
Il y a **plein de** taches sur ta robe.

Exceptions

On garde l'article dans les expressions **bien des, la plupart des** et **encore du (de la, des)**.

Ex. **Bien des** gens ne comprennent pas cela. (= Beaucoup de)
La plupart des signatures sont illisibles. («Most of»)
Il me faut **encore du** papier; je n'en ai pas assez. («more»)

Employez **la plupart des** avec *un nom pluriel.*

Ex. **La plupart des** étudiants sont présents. (le verbe est pluriel)
(exception: *la plupart du temps*)

Employez **la plus grande partie de** avec *un nom singulier*.

Ex. **La plus grande partie de** la classe est présente.

Application immédiate

Ajoutez **la plus grande partie de** ou **la plupart des**.

1. J'ai fini __________ la leçon.
2. __________ gens se sont bien amusés.

réponses p. 118

---

2. *dans certaines expressions verbales suivies d'un nom pris dans le sens général* (mais il faut l'article quand le nom est spécifique).

Ex. J'ai besoin **d'**argent.
mais: J'ai besoin **de l'**argent qui est dans la boîte.

Il a envie **de** coca-cola.
mais: Il a envie **du** café que vous lui offrez.
ou: Il n'a pas envie **du** café que vous lui offrez.

et après les prépositions **sans**, **avec**, ou **en**.

Ex. Vous êtes **sans** cœur. Il faut agir **avec** patience.
Nous sommes **en** vacances.

3. *devant un nom objet d'un autre nom* (complément déterminatif).

Ex. le laboratoire **de** français — le livre **de** français
notre salle **de** lecture — sa table **de** travail

4. *dans certaines énumérations.*

Ex. Hommes, femmes, enfants, tous voulaient me voir. (Montesquieu)

5. *dans des proverbes.*

Ex. Œil pour œil, dent pour dent.

6. *dans des appositions.*

Ex. Paris, capitale de la France.

Application immédiate

Complétez les phrases suivantes.

1. Ils ont beaucoup __________ ennuis avec leurs enfants.
2. Nous avons besoin __________ machine qui se trouve là-bas.
3. J'ai compris la plupart __________ explications.
4. Passez-moi la boîte __________ allumettes, s'il vous plaît.
5. Le professeur a un carnet __________ notes.
6. Il me faut encore __________ patience.

réponses p. 118

Exercices

Exercice I (oral)

*Ajoutez l'article défini (ou contracté avec à ou **de**) quand il est nécessaire.*

1. Tous .... jours, il se plaint .... temps qu'il fait.
2. Aujourd'hui c'est .... 5 octobre.
3. .... restaurants sont souvent fermés .... lundi.
4. J'ai besoin .... livre que je vous ai prêté.
5. Pourquoi hausses-tu .... épaules?
6. Vous avez écrit .... gouverneur de votre état?
7. .... Écosse est verte et .... Irlande aussi.
8. J'adore .... chocolat.
9. .... bonheur existe-t-il?
10. .... pain coûte trois francs .... baguette.
11. Voici .... meilleurs renseignements qui existent.
12. Je vous téléphonerai .... mercredi prochain.
13. .... heures, ... jours, ... semaines, ... mois passent rapidement.
14. Avez-vous vu .... madame Legrand?
15. .... sommets .... Alpes sont très hauts.

Exercice II (oral)

Lisez le texte suivant, et identifiez les articles définis ou contractés, et indéfinis.

Femmes

Dans l'après-midi, elles sortaient ensemble, menaient la vie des femmes. Ah! cette vie était extraordinaire!...

Elles allaient dans des thés. Elles restaient là, assises pendant des heures, pendant que des après-midi entières s'écoulaient.

Elles parlaient: «Il y a entre eux des scènes lamentables, des disputes à propos de rien. Je dois dire que c'est lui que je plains dans tout cela quand même. Combien? Mais au moins deux millions. Et rien que l'héritage de la tante Joséphine... Non... comment voulez-vous? Il ne l'épousera pas. C'est une femme d'intérieur qu'il lui faut, il ne s'en rend pas compte lui-même. Mais non, je vous le dis. C'est une femme d'intérieur qu'il lui faut... D'intérieur qu'il lui faut... D'intérieur... D'intérieur...» On le leur avait toujours dit. Cela, elles l'avaient bien toujours entendu dire, elles le savaient: les sentiments, l'amour, la vie, c'était là leur domaine... Il leur appartenait.

Et elles parlaient, parlaient toujours, répétant les mêmes choses, les retournant, puis les retournant encore, d'un côté puis de l'autre.

Nathalie Sarraute, *Tropisme*

Exercice III (oral)

Mettez ***l'***, ***le*** *ou* ***la*** *devant le nom, suivant qu'il commence par une voyelle ou un h muet ou aspiré.*

1. .... autobus
2. .... hausse
3. .... espérance
4. .... Hollande
5. .... hasard
6. .... héros
7. .... hâte
8. .... humour
9. .... humeur

Exercice IV (oral)

Dites si ***des*** *est un article indéfini ou l'article défini contracté (prép.* ***de*** *+* ***les****).*

1. Le long *des* quais, il y a *des* bouquinistes.
2. Quand on va *des* États-Unis en France, on prend l'avion.
3. *Des* vagues se brisaient sur les rochers.
4. Avez-vous besoin *des* clous qui sont là?

Exercice V (oral)

Dites si ***de*** *est un article indéfini ou une préposition.*

1. *De* nombreux avions s'envolaient *de* la piste.
2. Au bord *de* l'eau, *de* petits crabes s'agitaient.
3. Au fond *de* votre verre, je vois *de* nombreuses particules noires.
4. Il avait mis *de* gros souliers sales.

Exercice VI (oral)

Mettez des articles entre les mots donnés, où il en faut, pour faire des phrases correctes. (Les mots sont dans l'ordre correct.)

Ex. nous / avons / dictées / tous / jours / dans / cours de français.
Nous avons des dictées tous les jours dans le cours de français.

1. êtres humains / ont / qualités / et / défauts.
2. je / bois / thé / parce que / je / n'aime / pas / café. J'y / ajoute / citron / et / sucre.
3. vendredi / je / participe / à / discussions / sur / sujets / intéressants.
4. elle / fait / belles / peintures. C'est / artiste incomparable.
5. je / prends / médicaments / avec / moi / au cas où / j'aurais mal / à / tête.
6. voilà / étudiant / plus / sympathique / de / classe.
7. il / ne / veut / pas / vacances. Il / dit / qu'il / préfère / travail / sans / repos.
8. il / nous / donne / autres / exercices / à / faire / pour / semaine / prochaine.
9. il / faut / patience / dans / vie. / professeur / dit / toujours / ça / étudiants.

Exercice VII (oral)

Vous avez très faim et vous allez commander le repas dont vous avez envie. Employez les verbes ***vouloir, boire, manger, prendre, demander****, etc.*

Exercice VIII (oral)

*Expliquez comment vous vous y prenez pour préparer votre boisson favorite. Employez des verbes comme **prendre, ajouter, mélanger, battre, mettre,** etc.*

Exercice IX (écrit)

Mettez au singulier.

1. J'entends des bruits suspects.
2. Il y a des personnes endormies dans cet auditoire.
3. Tu portes de belles bagues aujourd'hui.
4. Vous avez de jolies photos.

Exercice X (écrit)

*Mettez les mots soulignés au pluriel (**aux** ou **à des**).*

1. Nous avons parlé **à la** personne que nous connaissions.
2. Il est allé **à une** réunion du club.
3. Vous vous êtes adressé **à un** étudiant brillant.
4. Il faut penser **à l'**enfant non privilégié.

Exercice XI (écrit)

*Complétez avec **de (d')** ou **des**.*

1. _______ jeunes filles chantaient en chœur.
2. Nous avons vu _______ autres personnes.
3. Il y a bien _______ jours que je pense à cette question.
4. Vous avez _______ mauvaises idées en tête.
5. _______ nuages noirs montaient rapidement dans le ciel.
6. Je n'ai pas _______ instructions à vous donner.
7. Beaucoup _______ gens se posent cette question.

Exercice XII (écrit)

Placez l'adjectif dans la phrase et faites les changements nécessaires.

1. Venez voir; j'ai des cartes à vous montrer. (jolies)
2. Nous avons entendu des concerts meilleurs que celui-ci. (autres)
3. On raconte des histoires à son sujet. (drôles de)
4. «Voilà des compositions», a dit le professeur. (très bonnes)

Exercice XIII (écrit)

*Complétez avec la forme de l'article nécessaire: défini, indéfini ou partitif, ou avec **de**.*

1. _______ poésie est intéressante à étudier. Dans ce recueil, il y a _______ poème que j'aime bien.

2. Il n'y a plus _______ espoir de retrouver _______ deux alpinistes qui se sont perdus récemment.
3. Vous avez montré beaucoup _______ patience et bien _______ gens n'en auraient pas eu autant.
4. Nous avons tous besoin _______ compréhension envers _______ autres.
5. Il manque _______ importants détails à votre travail. Ce ne sont pas _______ choses à négliger, pourtant.
6. Avez-vous _______ papier collant spécial pour cela?
7. Je n'ai jamais _______ argent liquide sur moi. Je paie toujours avec _______ chèques.
8. Il n'y a plus _______ lait ni _______ œufs dans le réfrigérateur; il faudrait en acheter, ainsi que _______ fromage et _______ bouteille _______ vin.
9. Voulez-vous encore _______ café? — Oui, volontiers, il est très bon.
10. La plupart _______ temps, je suis heureux.
11. Nous avons plein _______ travail pour lundi prochain.
12. Avez-vous _______ allumette? Il faut que je mette _______ feu à ce tas de papiers.
13. Vous avez mis _______ peinture _______ endroits difficiles à atteindre.
14. Il ne peut pas vivre sans _______ livres. _______ lecture est essentielle pour lui.
15. J'aime étudier _______ français, mais je ne suis pas _______ étudiant _______ plus studieux.

Exercice XIV (écrit)

Mettez les phrases à la forme affirmative.

1. Ne versez pas d'eau sur le feu.
2. Je ne mange pas d'épinards ni de gigot d'agneau.
3. Il n'y a pas de bonnes recettes dans ce livre de cuisine.
4. On n'a pas de force quand on ne fait pas d'exercice physique.
5. Nous n'avons pas de croissants et nous n'avons pas faim.

Exercice XV

Écrivez une phrase avec chacune des expressions suivantes.

1. la plupart des
2. beaucoup de
3. à des
4. des (article défini contracté)
5. du *ou* de la (partitif)

Exercice XVI (écrit)

Dites en quelques lignes ce que vous possédez et ce que vous aimeriez posséder: animaux ou choses. Employez les verbes ***avoir, posséder, acheter, avoir envie*** *ou* ***besoin de, je voudrais,*** *etc.*

Exercice XVII

*Écrivez quelques phrases sur vos goûts. Employez les verbes **aimer, aimer mieux, préférer, détester,** etc. à l'affirmatif et au négatif.*

Réponses aux applications immédiates

p. 103
1. muet
2. aspiré
3. muet
4. muet

p. 106
1. Les, l'
2. La, du
3. la, la, les, le, le
4. L'
5. le
6. Les, la
7. Le, le
8. (rien)
9. les, l'
10. le
11. (rien)

p. 108
1. un, une
2. des
3. d'
4. de
5. Elle a une plante.
6. Il a un stylo.
7. Il a une petite difficulté.

p. 110
1. de la, de l'
2. de l'
3. de l'
4. de la, de
5. du, du
6. du

p. 111
1. article indéfini
2. préposition **de** + article
3. partitif, article contracté
4. article contracté
5. partitif

p. 112
1. la plus grande partie de
2. La plupart des

p. 113
1. d'
2. de la
3. des
4. d'
5. de
6. de la

II. Les démonstratifs

On distingue *les adjectifs* et *les pronoms démonstratifs* (voir le tableau 5.2, p. 119).

TABLEAU 5.2 Les démonstratifs

		singulier		**pluriel**		
		masculin	*féminin*	*masculin*	*féminin*	*neutre*
ADJECTIFS	formes simples	**ce, cet**	**cette**	**ces**		
ADJECTIFS	formes composées	**ce (cet)...-ci** **ce (cet)...-là**	**cette...-ci** **cette...-là**	**ces...-ci** **ces...-là**		
PRONOMS VARIABLES	formes simples	**celui**	**celle**	**ceux**	**celles**	
PRONOMS VARIABLES	formes composées	**celui-ci** **celui-là**	**celle-ci** **celle-là**	**ceux-ci** **ceux-là**	**celles-ci** **celles-là**	
PRONOMS INVARIABLES	formes simples					**ce (c', ç')**
PRONOMS INVARIABLES	formes composées					**ceci** **cela (ça)**

A. Les adjectifs démonstratifs

1. Formes simples: ce, cet, cette, ces (voir aussi tableau ci-dessus)

L'adjectif démonstratif s'accorde en genre et en nombre avec le nom qu'il modifie et sur lequel *il attire l'attention*.

Ex. **ce** professeur, **cette** salle de classe, **ces** étudiants («this, that, these, those»)

— La deuxième forme du masculin singulier **cet** s'emploie devant un nom qui commence par *une voyelle* ou un **h** *muet*.

Ex. cet oiseau; cet honneur

— Il n'y a qu'une forme au pluriel: **ces**.

2. Formes composées: avec ci et là

Quand on veut faire la distinction entre deux noms (pour les séparer ou les opposer), on ajoute **ci** après un des noms et **là** après l'autre: **ci** et **là** sont réunis aux noms par un trait d'union.

Ex. Je voudrais essayer **cette** robe-**ci**, mais pas **ce** manteau-**là**.

En principe, **ci** indique l'objet le plus proche et **là** indique l'objet le plus éloigné.

Application immédiate

Écrivez l'adjectif démonstratif qui convient.

1. ______ travail est mal fait.
2. Donnez-lui ______ feuille ______ et ______ crayon ______ .
3. Regardez ______ arbre magnifique!
4. ______ idées sont très intéressantes.
5. À qui appartient tout ______ or?
6. ______ onzième enfant n'est pas le bienvenu dans la famille.

réponses p. 128

REMARQUE

L'adjectif démonstratif peut avoir *un sens temporel.*

ce soir (dans le futur proche) («tonight»)

Ex. Je vous appellerai **ce soir.**

cette nuit (la nuit dernière ou la nuit prochaine)

Ex. J'ai bien dormi **cette nuit.** J'espère ne pas rêver **cette nuit.**

en ce temps-là (pour un temps passé)

Ex. **En ce temps-là**, les choses étaient différentes.

ces jours-ci (pour un temps non fini ou récent)

Ex. **Ces jours-ci**, il ne se sent pas bien.

B. Les pronoms démonstratifs variables

1. **Formes simples: celui, celle, ceux, celles** (voir aussi tableau 5.2, page 119)

Ils s'accordent en genre et en nombre avec le nom qu'ils remplacent. Ils ne s'emploient généralement *pas seuls;* ils sont suivis de:

— *la préposition* **de** pour marquer la possession.

Ex. Je préfère mon jardin à **celui de** mon voisin. («my neighbor's»)

— *un pronom relatif*: **qui**, **que**, **dont**, **où**, **auquel**. («the one, the ones»)

Ex. Il nommera **ceux qui** auront le mieux réussi.
J'ai vu **celui auquel** vous vous êtes adressé.

Note

Ne traduisez *jamais* «the one» devant un pronom relatif par **l'un**.

2. Formes composées: avec **ci** et **là**

a. Pour faire la distinction entre deux pronoms démonstratifs, on ajoute **ci** après un des pronoms et **là** après l'autre; **ci** et **là** sont réunis aux pronoms par un trait d'union. Un pronom composé remplace *un adjectif démonstratif + nom*.

Ex. Je vais m'occuper de **cette affaire-ci** et vous vous occuperez de **celle-là**. (de cette affaire-là)

b. Celui-ci et **celui-là** sont employés dans une même phrase pour signifier respectivement «the latter» et «the former» parce que **ci** représente le mot le plus proche du pronom démonstratif dans la phrase et **là** le mot le plus éloigné.

Ex. L'Élysée et la Maison-Blanche sont des demeures présidentielles; **celle-ci** est à Washington, **celle-là** est à Paris.

c. Celui-ci sert à préciser une possession, à la place d'un adjectif possessif (voir leçon 11, p. 252).

Ex. La maison de **celui-ci**.

d. Le pronom démonstratif a quelquefois un sens péjoratif en parlant de personnes.

Ex. Oh! **celui-là**, il me fatigue! **Celle-là**, elle exagère toujours!

Application immédiate

Complétez en utilisant un pronom démonstratif et un autre mot nécessaire.

1. La Porsche et la Triumph sont des voitures de sport; __________ est anglaise et __________ est allemande.

2. Apportez-moi les légumes, je veux dire __________ sont sur la table.
3. De ces deux tableaux, préférez-vous __________ ou __________ ?
4. Ce ne sont pas mes affaires, ce sont __________ Pierre.

réponses p. 128

C. Les pronoms démonstratifs invariables

1. Forme simple: ce (**c'** devant **e**, **ç'** devant **a**) (voir aussi tableau 5.2, page 119)

C'est un pronom *neutre*.

a. Ce est employé comme *sujet du verbe* **être** *quand ce verbe est suivi*:

— *d'un nom* (ou *nom* + adjectif).

Ex. **C'**est un mur. **C'**est un grand mur.

Exception

Avec un nom de *profession* ou de *nationalité* sans article, on emploie **il**, **elle** devant **être** (nom employé comme adjectif).

Ex. **Elle** est secrétaire. mais: **C'**est une bonne secrétaire.
Il est Français. mais: **C'**est un Français.

— *d'un nom propre.*

Ex. **C'**est Mme Durand.

— *d'un pronom* placé directement après le verbe **être**.

Ex. Est-**ce** vous, Jean? —Oui, **c'**est moi.
C'est celui-là que je veux.
Qui est-**ce**?

— *d'un superlatif.*

Ex. **Ce** sont les moins chères.
C'est la plus jolie rose.

- excepté quand on insiste sur le sujet.

Ex. **Il** est le meilleur de tous.

Ce est aussi employé comme sujet du verbe **être**:

— pour *reprendre un sujet* qui précède (voir aussi leçon 12, p. 281).

Ex. Ces couchers de soleil, **c'**était splendide!
Prenez ceci, **c'**est pour vous.
Ça, **c'**est vraiment dommage.
Si tu avais pu venir, **ç'**aurait été épatant!
Vous êtes fatigué, **c'**est facile à voir.

— pour *annoncer un sujet*.

Ex. Écoutez. **C'**est beau, cette musique!
Ce serait bizarre, ça.
C'est intéressant de visiter des musées.
C'est utile que vous soyez venu.
Ç'aurait été bien si vous aviez pu y aller.
C'est rare que cet enfant pleure.

b. On le trouve aussi *comme antécédent du pronom relatif*: **ce** qui, **ce** que, **ce** dont, **ce** à quoi (leçon 13, p. 299). Il est quelquefois répété devant le verbe **être** qui suit.

Ex. **Ce** qu'il veut, **c'**est pouvoir vous parler.
Prenez **ce** que vous voulez.

REMARQUES

- Quand l'attribut du verbe **être** (le nom qui suit le verbe **être**) est pluriel, on emploie **ce sont**. On emploie aussi **c'est** dans le langage parlé.

  Ex. **Ce** sont (ou **C'**est) des gens sympathiques.

- Devant une énumération, on emploie **ce sont**.

  Ex. Voilà des fruits; **ce sont** des mangues et des papayes.

- Avec un temps composé du verbe **être**, ou les verbes semi-auxiliaires **devoir** et **pouvoir**, on emploie **ce**; mais **ça** est employé dans la langue populaire ou familière.

  Ex. **Ce** (**Ça**) doit être intéressant de travailler avec lui.
  Ç' (**Ça**) aurait été facile d'y passer.

- Quand il y a un pronom objet devant le verbe **être**, employez **ça** à la place de **ce**.

  Ex. **Ça** m'est égal.

2. Formes composées: ceci, cela (ça) (voir aussi tableau 5.2, p. 119)

Ce sont des pronoms *neutres*. Ils sont formés de **ce + ci** et **ce + là** (sans l'accent). Ils se rapportent à des idées ou faits.

Note

Çà (avec accent) est un adverbe de lieu, employé dans l'expression: **çà** *et* **là**. Ne le confondez pas avec le pronom **ça** sans accent.

a. En principe, **ceci** s'applique *à une chose plus proche* et **cela** *à une chose plus éloignée.* En réalité, ils sont employés pour contraster **deux** choses ou **deux** groupes de choses.

Ex. **Ceci** est bien, mais **cela** ne l'est pas. («This, that»)

Mais quand il s'agit d'*une* chose seulement, on emploie plus souvent **cela**, ou **ça** dans le langage familier.

Ex. Comment **ça** va? **Ça** ne fait rien.

b. Ceci *introduit les mots qui suivent.*

Ex. Dites-lui **ceci**: il est toujours facile de donner des conseils.

Cela (ça) *reprend* ce qui a été dit avant.

Ex. Il est toujours facile de donner des conseils; dites-lui **cela (ça)**.

c. Cela (Ça) est employé comme *sujet* d'un verbe *autre que* **être** (on emploie **ce** avec **être**, p. 122), ou comme *objet d'un verbe*, ou *d'une préposition*:

— pour *reprendre un sujet* qui précède (un nom, **ceci**, **cela** (ou **ça**), ou *une proposition*).

Ex. Les nouvelles, **ça** intéresse tout le monde.
L'argent qu'il m'a donné, **ça** ne suffira pas pour acheter un cadeau.
Ceci, **ça** va, mais cela, **ça** ne va pas.
Êtes-vous toujours heureux? —**Ça** dépend.

Ne riez pas sans arrêt, je n'aime pas **ça**.
Nous devrions d'abord aller le voir; il faut commencer par **ça**.

— pour *annoncer un sujet*.

Ex. **Cela** me plaît que nous soyons d'accord sur ce point.
Ça ne fait rien qu'il pleuve.
Ça vaudra la peine d'y aller.
Ça m'ennuie de te voir dans un état pareil.
Est-ce que **ça** vous dérangerait de m'emmener chez moi?

d. Le pronom **ça** peut avoir *un sens péjoratif* (en parlant d'une personne).

Ex. **Ça** veut faire croire que **ça** sait tout!

Application immédiate

Complétez avec **ce**, **ceci**, **cela** (**ça**).

1. __________ qui m'étonne, __________ est que je ne puisse pas trouver ce papier.
2. __________ commence bien!
3. __________ est surtout pour vous qu'il a fait __________ .
4. Mettez __________ dans ma serviette.
5. Expliquez-moi __________ que __________ veut dire.
6. Une gifle, __________ ne fait pas de bien.
7. __________ le dérange d'aller chez le dentiste.

réponses p. 128

Exercices

Exercice I (oral)

Ajoutez l'adjectif démonstratif qui convient, simple ou composé.

1. .... jour heureux restera longtemps dans ma mémoire.
2. .... petite rivière, ... arbres touffus, ... herbe épaisse rendaient .... petit coin de la vallée très pittoresque.
3. .... rose- .... va s'épanouir, mais .... œillet- .... est déjà fané.

4. Depuis .... soir- .... , il se couchait toujours tôt.
5. Nous n'aimons pas .... gens- ....

Exercice II (oral)

Mettez les phrases au pluriel.

1. Cette cathédrale est magnifique.
2. Ce jeune homme a amené cette jeune fille à la soirée.
3. Cet honneur a été accordé à cet homme.

Exercice III (oral)

Traduisez les mots entre parenthèses pour compléter les phrases suivantes.

1. Je devais choisir entre le film américain et le film français; je suis allé voir .... pour améliorer mon français. («the latter»)
2. Je ne veux pas cette feuille; donnez-moi .... est là-bas. («the one which»)
3. J'ai perdu mon stylo; alors j'ai emprunté .... («my brother's»)
4. Il y avait de nombreuses personnes à la réunion; j'ai parlé à .... je connaissais. («the ones whom»)

Exercice IV (oral)

*Complétez avec **ce** ou **ça**.*

1. Liberté, égalité, fraternité, ... est la devise de la France.
2. Si tu avais pu venir, ... m'aurait fait plaisir.
3. .... n'a l'air de rien, mais .... n'est pas si facile à faire.
4. Comment .... va? — .... dépend des jours.
5. .... m'occupe, ce travail. .... est bien de ne pas s'ennuyer.
6. Est-ce que ton projet avance? —Oui, ... marche bien, mais .... a été dur.
7. .... aurait été plus simple de lui dire immédiatement.
8. .... peut être utile d'y aller.

Exercice V (oral)

Soulignez les pronoms démonstratifs qui se trouvent dans ces maximes de La Rochefoucauld et expliquez leurs emplois.

1. Ceux qui s'appliquent trop aux petites choses deviennent ordinairement incapables des grandes.
2. Qui vit sans folie n'est pas si sage qu'il croit. (pronom sous-entendu)
3. La parfaite valeur est de faire sans témoins ce qu'on serait capable de faire devant tout le monde.
4. La véritable éloquence consiste à dire tout ce qu'il faut et à ne dire que ce qu'il faut.
5. Nous pardonnons souvent à ceux qui nous ennuient, mais nous ne pouvons pardonner à ceux que nous ennuyons.

6. Le plus grand effort de l'amitié n'est pas de montrer nos défauts à un ami, c'est de lui faire voir les siens.
7. En amour, celui qui est guéri le premier est toujours le mieux guéri.

Exercice VI (écrit)

Complétez en utilisant un adjectif démonstratif ou un pronom démonstratif accompagné d'un autre mot si c'est nécessaire.

1. Le temps, _______ est de l'argent.
2. _______ est lui qui m'en a parlé et _______ pourrait être grave.
3. Quand on est toujours malade, est- _______ une vie?
4. Nous avons fait tirer les photos et je t'envoie _______ nous sommes ensemble.
5. Tout le monde se plaint; _______ dit qu'il voudrait plus de liberté, _______ dit qu'il voudrait vivre ailleurs. _______ n'en finit pas.
6. Sa pelouse n'est pas très verte; alors il envie _______ son voisin.
7. Le Canada et le Brésil sont deux pays d'Amérique. _______ est en Amérique du Sud et _______ est en Amérique du Nord.
8. La Marseillaise, _______ est l'hymne national français.
9. Avec _______ , madame, vous faut-il autre chose? (dans un magasin)
10. _______ qui est dommage, _______ est que _______ ne vous intéresse pas.
11. Annoncez-lui _______ : je ne pourrai pas venir avant dix heures demain.
12. Je ne sais pas exactement _______ il faut faire.
13. Je vous présenterai à _______ seront présents.
14. _______ exercices- _______ sont faciles, mais _______ sont très durs.
15. Le pire, _______ est quand on ne peut pas faire _______ on veut.
16. Vous avez besoin d'argent? —Non, je n'ai pas dit _______ .
17. _______ n'est pas la peine d'essayer; _______ ne marchera pas.
18. Tout _______ que je vois, _______ est que _______ empire.
19. _______ après-midi- _______ , il avait eu une dispute avec son ami.
20. Je prendrai _______ boîte- _______ , mais pas _______ .

Exercice VII

Écrivez une phrase avec chacune des expressions suivantes.

1. ceux de
2. celui qui (que, dont, où)
3. ça
4. ce + être + nom
5. en ce temps-là
6. ces jours-ci

Exercice VIII

*Écrivez une phrase avec **ceci** pour introduire les mots qui suivent.*

Exercice IX (écrit)

Complétez les phrases suivantes en employant des pronoms démonstratifs.

Ex. Quand je ne vous téléphone pas, **ça veut dire que j'ai le cafard.**
1. Ce journal-ci est bon ______________________________.
2. Venez me voir, ______________________________.
3. Quand vous n'êtes pas gentil avec moi, ______________________________.
4. Ce qui est ennuyeux, ______________________________.
5. Si vous me le disiez ______________________________.

Exercice X (écrit)

Vous avez une photo (photo de famille ou photo prise dans un endroit que vous avez visité) et vous la montrez à un(e) ami(e) en lui indiquant les différentes personnes ou choses qui s'y trouvent et en expliquant les circonstances. «Cet été, je suis allé à... et nous avons pris cette photo. Regarde... (*Écrivez cinq à six lignes et employez beaucoup de démonstratifs.*)

Exercice XI (écrit)

Vous faites visiter un bâtiment neuf à quelqu'un et vous lui expliquez à quoi servent les différentes salles. (Employez beaucoup de démonstratifs.)

Réponses aux applications immédiates

p. 120
1. Ce
2. cette feuille-ci, et ce crayon-là
3. cet
4. Ces
5. cet
6. Ce (le **o** de onze est traité comme une consonne; voir aussi leçon 4, p. 94)

p. 121
1. celle-ci, celle-là
2. ceux qui
3. celui-ci ou celui-là?
4. celles de

p. 125
1. Ce, c'
2. Ça
3. C', ça
4. ça
5. ce; cela (ça)
6. ça
7. Ça

LES VERBES PRONOMINAUX 6

Un verbe pronominal se reconnaît au pronom personnel réfléchi **se** (ou **s'**) qui accompagne l'infinitif.

Ex. se lever, **s'**habituer

I. Formes

A. Conjugaison

Dans la conjugaison d'un verbe pronominal, le pronom réfléchi **se** change aux différentes personnes; *il est toujours à la même personne que le sujet*.

TABLEAU 6.1 Les pronoms réfléchis

pronom sujet	*pronom réfléchi*
je	**me (m')**
tu	**te (t')**
il, elle, on	**se (s')**
nous	**nous**
vous	**vous**
ils, elles	**se (s')**

Voici le présent du verbe pronominal **se lever**:

je me lève	nous nous levons
tu te lèves	vous vous levez
il, elle, on se lève	ils, elles se lèvent

B. À l'infinitif et au participe présent

Le pronom **se** change aussi avec le sujet de l'infinitif ou du participe présent.

Ex. **Nous** allons **nous** promener. (Qui se promène? **Nous**, sujet de **allons**)
Vous allez **vous** ennuyer. (Qui s'ennuie? **Vous**, sujet de **allez**)
Vous **les** forcez à **se** plaindre. (Qui se plaint? **les**, objet direct de **forcez**)
Me rendant compte qu'il était tard, **je** suis parti. (Qui se rend compte? **Je**, sujet de **suis parti**)

Application immédiate

Écrivez le verbe pronominal à la forme correcte de l'infinitif ou du participe présent.

1. Nous allons __________ aujourd'hui. (se reposer)
2. Tu vas __________ les mains. (se laver)
3. En __________ , vous vous êtes dit bonjour. (se rencontrer)
4. Ils veulent __________ tôt demain. (se lever)
5. Je les encourage à __________ . (s'exprimer)
6. __________ perdu, je lui ai demandé de m'aider. (se voir)

réponses p. 148

C. Aux temps composés

Tous les verbes pronominaux sont conjugués avec **être**, sans exception. Voici le passé composé du verbe **se lever**:

Je me suis levé(e)	Nous nous sommes levés(es)
Tu t'es levé(e)	Vous vous êtes levé(s, e, es)
Il, elle, on s'est levé(e)	Ils, elles se sont levés(es)

Voici *l'infinitif passé*: **s'être levé**
et *le participe présent composé*: **s'étant levé**
(Pour l'accord du participe passé, voir p. 139)

D. À l'impératif

Le pronom réfléchi accompagne toujours l'impératif:
après le verbe à l'impératif affirmatif: **toi (te), nous, vous**
devant le verbe à l'impératif négatif: **te, nous, vous**

Ex. **se regarder**

affirmatif	négatif
regarde-toi	ne te regarde pas
regardons-nous	ne nous regardons pas
regardez-vous	ne vous regardez pas
s'en aller	
va-t'en	ne t'en va pas
allons-nous-en	ne nous en allons pas
allez-vous-en	ne vous en allez pas

E. Place du pronom réfléchi

La place du pronom réfléchi est la même que pour les autres pronoms personnels objets directs et indirects (voir leçon 2, p. 39 et 41).

Ex. Tu ne **te** reposes pas. (verbe à la forme négative)
Se rappelle-t-il? (verbe à la forme interrogative)
Nous **nous** sommes bien amusés. (verbe à un temps composé)
Vous **vous y** plairez. (ordre des pronoms quand il y en a plusieurs)
Lève-**toi**. (impératif affirmatif)

Application immédiate

Placez les mots entre parenthèses avec les verbes pronominaux.

1. Ils ne s'inquiéteront pas. (en) ____________________
2. Elles se sont perdues. (ne… pas) ____________________
3. Vous êtes-vous amusé? (y) ____________________
4. Rappelez-vous. (le) ____________________

réponses p. 148

ATTENTION

Quand un pronom objet n'est pas à la même personne que le sujet, le verbe n'est pas pronominal.

Ex. **Tu te** promènes. (verbe pronominal: **se promener**)
Tu nous promènes. (verbe *non* pronominal: **promener**)
Ma sœur nous regarde. (verbe *non* pronominal: **regarder**)
Ma sœur se regarde. (verbe pronominal: **se regarder**)

Application immédiate

Est-ce que les verbes suivants sont pronominaux? Écrivez l'infinitif.

1. Lave-toi les mains. __________
2. Lave-lui les mains. __________
3. Ils se cherchent. __________
4. Tout le monde se parle. __________
5. Elle nous appelle. __________
6. Ne me dérange pas. __________
7. Ne te dérange pas. __________
8. Je lui écris. __________
9. Nous ne nous aimons pas. __________
10. Vous vous disputez. __________

réponses p. 148

II. Catégories

Il y a trois catégories de verbes pronominaux:
— les verbes pronominaux *réfléchis* ou *réciproques*;
— les verbes pronominaux *non réfléchis*;
— les verbes pronominaux *à sens passif*.

A. 1re catégorie

Les verbes pronominaux réfléchis ou réciproques

Un verbe de cette catégorie se forme en ajoutant le pronom réfléchi **se** à *un verbe transitif dont le sens reste le même quand il passe à la forme pronominale*.

Ex. Le verbe **regarder** est un verbe *transitif*.
Le verbe **se regarder** est le verbe *pronominal* correspondant.
Le sens du verbe **regarder** ne change pas à la forme pronominale.

1. On distingue:

a. *les verbes pronominaux réfléchis.* Le verbe pronominal est réfléchi quand l'action faite par le sujet est *renvoyée* par le pronom réfléchi *sur le même sujet,* directement ou indirectement.

Ex. Je **me** lèverai à sept heures. (**me** renvoie *directement* à **je**)
Elle **se** pose des questions. (**se** renvoie *indirectement* à **elle**)

b. *les verbes pronominaux réciproques.* Le verbe pronominal est réciproque quand l'action est faite par *au moins deux personnes* (ou *choses*) qui exercent cette action *l'une sur l'autre* (ou *les unes sur les autres*). L'action est à la fois faite et reçue par chacune d'elles. Le verbe est *toujours pluriel.*

Ex. Ils **se battaient** souvent.
Vous **vous téléphonez** constamment.

REMARQUE

Pour insister sur la réciprocité ou pour la rendre plus claire, on ajoute **l'un l'autre**, **les uns les autres**, au verbe pronominal. Si le verbe est suivi d'une préposition, on la place entre **l'un** et **l'autre** (ou entre **les uns** et **les autres**).

Ex. Ils se cherchent **les uns les autres**. (se chercher)
Ils vont se remarier **l'un à l'autre**. (se remarier à)
Nous nous sommes approchés **les uns des autres**. (s'approcher de)

Application immédiate

Ajoutez une préposition quand elle est nécessaire.

1. Nous nous plaisons __________ . (l'un l'autre)
2. Vous vous accusez __________ . (les uns les autres)
3. Ils s'éloignent __________ . (l'un l'autre)

réponses p. 148

Note

Un verbe pronominal *au pluriel* peut avoir ou *le sens réfléchi* ou *le sens réciproque.*

Ex. Ils **se regardent**. (**dans un miroir**: sens *réfléchi*)
(**l'un l'autre**: sens *réciproque*)

Le contexte indique si c'est l'un ou l'autre sens.

2. **Le pronom réfléchi**. Comme le verbe transitif garde son sens à la forme pronominale, le pronom réfléchi *peut être analysé.* Il est objet direct ou indirect, d'après son rôle dans la construction active.

Ex. s'aider Dans la construction active, on dit **aider quelqu'un**; **se** est donc objet *direct.*

Ex. Ils **s'**aident beaucoup.

se téléphoner Dans la construction active, on dit **téléphoner à quelqu'un**; **se** est donc objet *indirect.*

Ex. Ils **se** téléphonent souvent.

Exemples de verbes:

à pronom réfléchi objet direct	*à pronom réfléchi objet indirect*
s'accuser	se demander
s'aider	se dire
s'aimer	s'écrire
s'arrêter	se faire mal (**mal** est l'objet direct)
se battre	se nuire
se blesser	se parler
se cacher	se plaire
se chercher	se promettre
se comprendre	se ressembler
se fiancer	se sourire
se laver	se succéder
se lever	se téléphoner
se marier	
se perdre	
se regarder	
se rencontrer	
se voir	

REMARQUE

Quand le verbe pronominal a un objet direct *autre que le pronom réfléchi,* le pronom réfléchi est alors indirect.

Ex. Tu **te** laves. (objet direct: **te**)
Tu te laves **les mains**. (objet direct: les mains; **te** est objet indirect)

ou: Tu te **les** laves. (objet direct: les; **te** est objet indirect)

Application immédiate

Le pronom réfléchi est-il direct ou indirect? Considérez la construction active du verbe pour le déterminer.

1. Je me suis fait mal à la main. ______________________
2. Elle ne se demande pas pourquoi. ______________________
3. Nous nous cherchions depuis longtemps. ______________________
4. Vous vous ressemblez beaucoup. ______________________
5. Ils se sont imposés à nous. ______________________

réponses p. 148

ATTENTION

Ne confondez pas:

s'asseoir	et	**être assis(e)**
se lever	et	**être levé(e)** (être debout)
s'allonger	et	**être allongé(e)**
se coucher	et	**être couché(e)** (être au lit)

Le verbe pronominal **s'asseoir** indique *l'action* de s'asseoir; mais **être assis** indique *un état,* le résultat de cette action.

Ex. Il **s'est assis** à côté d'elle. (action)
Quand je l'ai vu, il **était** confortablement **assis** dans son fauteuil. (état)

Je **me couche** à onze heures du soir généralement. (action)
J'**étais** déjà **couché** à dix heures. (état)

B. 2e catégorie

Les verbes pronominaux non réfléchis (à sens idiomatique)

1. On distingue:

a. Les verbes qui se forment en ajoutant le pronom réfléchi **se** à *un verbe actif dont le sens change un peu ou complètement en passant à la forme pronominale.*

Ex. agir («to act») → s'agir de («to be about») (sujet: **il** impersonnel)
aller («to go») → s'en aller («to leave»)
apercevoir («to perceive») → s'apercevoir de («to realize»)
attendre («to wait») → s'attendre à («to expect»)
douter («to doubt») → se douter de («to suspect»)
ennuyer («to annoy») → s'ennuyer («to be bored»)
entendre («to hear») → s'entendre avec («to get along»)
faire («to do») → se faire à («to get used to»)
imaginer («to imagine») → s'imaginer («to fancy»)
jouer («to play») → se jouer de («to deride»)
mettre («to put») → se mettre à («to begin»)
passer («to pass») → se passer de («to do without»)
plaindre («to pity») → se plaindre de («to complain»)
plaire («to please») → se plaire à («to enjoy»)
prendre («to take») → s'y prendre («to go about»)
rappeler («to remind») → se rappeler («to remember»)
rendre compte («to give an account») → se rendre compte de («to realize»)
servir («to serve») → se servir de («to use»)
tromper («to deceive») → se tromper de («to be mistaken»)
trouver («to find») → se trouver («to be found»)
vouloir («to want») → s'en vouloir («to be angry with oneself, each other»)

Ex. Nous **nous rappelons** bien ce voyage.
Il **s'attendait à** la voir.
Dans ce poème il **s'agit d'**un oiseau. («This poem is about...»)
Je **m'entendrai** bien avec vous.
Allez-vous-en tout de suite.

b. Les verbes qui *existent seulement à la forme pronominale.* Voici quelques verbes.

Ex. s'écrier («to exclaim»)
s'écrouler («to collapse»)
s'efforcer de («to strive»)
s'empresser de («to hasten»)
s'enfuir («to flee»)
s'envoler («to fly away»)
s'évanouir («to faint»)
se méfier de («to distrust»)
se moquer de («to make fun of»)
se soucier de («to mind»)
se souvenir de («to remember»)
se suicider («to kill oneself»)
se taire («to be silent»)

2. Le **pronom réfléchi** de ces verbes *ne peut pas être analysé* parce que le verbe actif change de sens quand il passe à la forme pronominale, ou il n'existe pas. *Le pronom fait corps avec le verbe; il n'a pas de rôle grammatical.*

3. Étude de quelques verbes pronominaux non réfléchis

se mettre à = commencer à

Ex. Il **se met à** rire. (= Il commence à rire.)

s'en aller = partir

Ex. Au revoir! Je **m'en vais**. (= Je pars.)
Allez-vous-en. (= Partez.)

se souvenir de = se rappeler

Ex. Je **me souviens de** tout. (= Je me rappelle tout.)

se rendre* = aller

Ex. Maintenant je vais **me rendre** à la conférence.

se trouver = être

Ex. La Tour Eiffel **se trouve** à Paris.

se faire à = s'habituer à

Ex. Il est facile de **se faire au** confort.

se passer de = vivre sans

Ex. Je ne peux pas **me passer de** musique.

se passer = arriver

Ce qui **se passe** est troublant.

* L'impératif de ce verbe est employé comme nom: **un rendez-vous** est un endroit où il faut aller à une certaine heure.

Application immédiate

Complétez avec un verbe pronominal au temps convenable.

1. La Maison-Blanche __________ à Washington.
2. Mes amis vont __________ ; il faut que je leur dise au revoir.
3. Il est temps que je __________ à travailler. Il est déjà neuf heures.
4. J'ai entendu une sirène. Qu'est-ce qui __________ ?
5. Il faut qu'il __________ à l'étranger le mois prochain.

réponses p. 148

Note

Un verbe pronominal peut appartenir à deux catégories selon son sens et sa construction.

Ex. se mettre (**mettre** ne change pas de sens: catégorie 1)

Ex. Ils **se sont mis** là.

se mettre à (**mettre** change de sens: catégorie 2)

Ex. Elles **se sont mises à** chanter.

se faire (**faire** ne change pas de sens: catégorie 1)

Ex. Ils **se sont faits** prêtres.

se faire à (**faire** change de sens: catégorie 2)

Ex. Ils **se sont faits** à l'idée.

C. 3e catégorie

Les verbes pronominaux à sens passif

1. Ils sont employés à la place d'un verbe au passif (**être** + le participe passé d'un verbe transitif) *dont l'agent n'est pas exprimé*. Ces verbes expriment *une action habituelle ou une coutume*. Le sujet du verbe *est une chose*; le verbe est donc toujours à la troisième personne. Le temps du verbe pronominal est le même que le temps du verbe **être** de la forme passive (voir aussi leçon 16, p. 373).

Ex. Le français **est parlé** dans beaucoup de pays. (verbe au passif)
Le français **se parle** dans beaucoup de pays. (verbe pronominal à sens passif)

Ce mot **s'emploie** souvent.
Ça **se faisait** autrefois.
Ce plat **se mange** froid.

2. Le ***pronom réfléchi*** est incorporé au verbe; il *ne peut donc pas être analysé.*

Application immédiate

Traduisez les verbes suivants.

1. Ça __________ encore. («is done»)
2. Ce mot __________ par un verbe pronominal. («is translated»)
3. C'est une langue qui __________ autrefois. («was spoken»)
4. Cette expression __________ depuis longtemps. («is no longer used»)

réponses p. 148

III. Accord du participe passé

L'accord du participe passé aux temps composés dépend de la catégorie du verbe.

A. 1re catégorie

Les verbes pronominaux réfléchis ou réciproques

Le participe passé s'accorde avec l'objet direct s'il précède le verbe, comme pour les verbes conjugués avec **avoir**.

Pour trouver l'objet direct, substituez *le verbe transitif* (*conjugué avec* ***avoir***) au verbe pronominal.

Ex. Elle s'est maquillé**e**.
Question: Elle a maquillé **qui**? *Réponse*: **se**.
Se est l'objet direct. Il y a un accord.

Elle s'est maquill**é** **les yeux**.
Question: Elle a maquillé **quoi**? *Réponse*: **les yeux**.
S' est maintenant indirect. Il n'y a pas d'accord.

Ils se sont écrit.
Question: Ils ont écrit **à qui**? *Réponse*: **se**.
Se est objet indirect. Il n'y a pas d'accord.

Application immédiate

Substituez *le verbe transitif* au verbe pronominal pour déterminer s'il y a un accord du participe passé.

1. Hélène s'est ________ (coucher).
2. Hélène s'est ________ (couper) le doigt.
3. Elles se sont ________ (promettre) de se revoir.
4. Je (fém.) me suis ________ (asseoir) au premier rang.

réponses p. 148

B. 2e catégorie

Les verbes pronominaux non réfléchis

Le pronom réfléchi ne pouvant pas être analysé (voir 2, p. 137), le *participe passé s'accorde avec le sujet du verbe.*

Ex. **Nous** nous en sommes allé**s**. (s'en aller)
Elle s'est évanoui**e**. (s'évanouir)
Elles se sont aperçu**es** de leur erreur. (s'apercevoir de)
Je (fém.) ne me suis pas souvenu**e** de la réponse. (se souvenir de)
Ils se sont trompé**s** de route. (se tromper de)
Elle s'y est mal pris**e**. (s'y prendre)
Vous vous êtes tu**s**. (se taire)

Exceptions

---

s'imaginer se plaire (à) se rendre compte (de)	dont le participe passé est *invariable*

Ex. Nous nous étions imagin**é** que c'était facile à faire. (s'imaginer)
Elle s'était pl**u** à le taquiner. (se plaire)
Ils se sont rend**u** compte de l'importance de la tâche. (se rendre compte)

Application immédiate

Écrivez les participes passés des verbes entre parenthèses.

1. Elle s'est __________ (souvenir) qu'il fallait partir.
2. Ils se sont bien __________ (entendre) pendant le voyage.
3. Elles se sont __________ (imaginer) être dans un pays de rêve.
4. Les étudiants se sont __________ (ennuyer) dans ce cours.

réponses p. 148

C. 3e catégorie

Les verbes pronominaux à sens passif

Le pronom réfléchi ne pouvant pas être analysé (voir 2, p. 139), *le participe passé s'accorde avec le sujet du verbe.*

Ex. **Quelques objets d'art** se sont vendu**s** tout de suite.
Une route s'est ouvert**e** ici récemment.

Application immédiate

Remplacez le verbe passif par le verbe pronominal à sens passif. Attention au temps du verbe.

1. Les tableaux __________ à un bon prix. (ont été vendus)
2. Le problème __________ tout seul. (a été résolu)
3. Le changement __________ sans obstacle. (avait été fait)

réponses p. 148

EN RÉSUMÉ

Le participe passé des verbes pronominaux s'accorde avec:

— *l'objet direct du verbe s'il précède le verbe* pour les verbes pronominaux *réfléchis ou réciproques.*

— *le sujet du verbe* pour les verbes pronominaux *non réfléchis* et *à sens passif.*

Exceptions: s'imaginer, se plaire, se rendre compte (dont le participe passé est invariable)

IV. Emplois

Les verbes pronominaux sont beaucoup *plus employés en français qu'en anglais*.

A. Un verbe pronominal anglais correspond généralement à un verbe pronominal français.

Ex. Il **s'est blessé** hier. «He *hurt himself*...» (réfléchi)
Il **s'aiment**. «They *love each other*.» (réciproque)

B. Le pronom réfléchi du verbe anglais est quelquefois sous-entendu, mais il est exprimé en français.

Ex. Je **me fatigue** facilement. «I *tire*...»
Elle **s'est noyée**. «She *drowned*.»

C. Quand le sujet fait l'action sur une partie de son corps, on emploie un verbe pronominal et l'article défini (voir leçon 5, p. 105 [i] et leçon 11, p. 254) à la place du possessif.

Ex. Je **me brosse** les dents. «I *brush my* teeth.»

D. Les constructions «*get*» + *participe passé* et «*get*» + *adjectif* sont souvent traduites par des verbes pronominaux.

Ex. Il **s'est perdu** dans la forêt. «He *got lost*...»
Nous allons **nous marier**. «We're going to *get married*.»
Je **me fâche** souvent. «I *get angry*...»
Il faut **vous préparer**. «You must *get ready*.»

E. Le passif anglais est souvent traduit par un verbe pronominal français (voir C, p. 138).

Ex. Ce mot **s'employait** autrefois. «... *was used*...»
Ma maison **se voit** de loin. «... *can be seen*...»
Cela ne **se dit** pas. «... is not said»

Application immédiate

Traduisez les expressions suivantes.

1. Il __________ d'avoir fait ça. («is angry with himself»)
2. Ils __________ . («accuse each other»)
3. Elle __________ . («brushed her hair»)
4. Il __________ . («killed himself»)
5. Ce travail __________ rapidement. («can be done»)
6. __________ à partir. («Get ready»)

réponses p. 148

Exercices

Exercice 1 (oral)

Changez la phrase de façon à ce que l'action soit faite sur le sujet.

Ex. Elle lave son bébé. → **Elle se lave.**

1. Vous brossez les cheveux de l'enfant.
2. J'interroge l'élève.
3. L'homme posera des questions à cette personne.
4. Nous demandions la réponse au candidat.
5. Elle a lavé les mains de sa mère.

Exercice II (oral)

Répondez aux questions suivantes par des phrases complètes. Si l'exercice est fait en groupes, employez tu.

1. Comment vous appelez-vous? Comment s'appelle votre camarade de chambre? Se trouvait-il (ou elle) déjà dans la chambre quand vous êtes arrivé(e) le premier jour? Vous entendez-vous bien avec lui (ou elle)? Vous disputez-vous quelquefois? De quoi vous plaignez-vous à son sujet?
2. Quand vous êtes-vous inscrit(e) à cette université?
3. Vous êtes-vous facilement habitué(e) à la vie universitaire? Vous ennuyez-vous dans certains cours? Pourquoi?
4. Avez-vous le temps de vous reposer? Que vous dépêchez-vous de faire quand vous avez un moment de libre?
5. Que préférez-vous, vous coucher tard et vous lever tard ou vous coucher tôt et vous lever tôt?
6. Comment vous distrayez-vous pendant le week-end?

Exercice III (oral)

a) *Donnez le participe passé des verbes pronominaux réfléchis ou réciproques suivants. Substituez le verbe actif avec **avoir** quand c'est nécessaire pour trouver l'objet direct.*

1. Marie était en retard parce qu'elle s'était .... (lever) trop tard.
2. Ils se sont .... (frotter) les mains dans la neige pour se réchauffer.
3. Avez-vous vu la robe qu'elle s'est .... (acheter)?
4. Ils se sont .... (rencontrer), ils se sont .... (parler), ils se sont .... (revoir), ils se sont .... (fréquenter) pendant un an, ils se sont .... (fiancer), mais ils se sont .... (lasser) l'un de l'autre et ils ne se sont jamais .... (marier).
5. Il voulait avoir les bandes de la méthode Assimil pour apprendre l'anglais; alors il se les est .... (procurer).
6. Ta camarade de chambre s'est .... (demander) si tu étais vraiment une gentille fille.

b) *Donnez le participe passé des verbes pronominaux non réfléchis et à sens passif suivants. Attention aux exceptions.*

1. Elle s'est .... (rendre compte) de son erreur, mais il était trop tard.
2. Je ne voulais pas lui dire que je n'allais pas bien, mais elle s'en est .... (apercevoir).
3. Nous pensions l'avoir fait, mais nous nous le sommes .... (imaginer), sans doute.
4. Des usines se sont .... (établir) dans cette jolie région, malheureusement.
5. Elle s'est .... (mettre) à pleurer quand elle s'est .... (trouver) seule.
6. L'assistance s'est .... (taire) quand le conférencier est arrivé.

Exercice IV (oral)

Dans les phrases suivantes indiquez:

a) *si le verbe est pronominal ou non, en donnant son infinitif.*

b) *à quelle catégorie il appartient s'il est pronominal:*
   — *réfléchi ou réciproque,*
   — *non réfléchi,*
   — *à sens passif.*

1. Aide-moi à m'enfuir.
2. Ils ne se sont pas vus depuis très longtemps.
3. Je te laverai la figure et les mains.
4. Je me suis plainte au directeur.
5. Ne vous en allez pas tout de suite.
6. Avez-vous rendu compte de votre visite à votre chef?
7. Les billets s'obtiendront au guichet du théâtre.
8. Voilà le résultat; nous nous en doutions.
9. Cette serveuse nous servira pendant le dîner.

10. Je me demande pourquoi vous vous efforcez de me nuire.
11. Le piano ne s'apprend pas en un jour.
12. Ils se sont cherchés pendant une heure.

Exercice V (oral)

Mettez les impératifs à la forme affirmative.

1 Ne vous levez pas.
2. Ne te lave pas les cheveux.
3. Ne nous méfions pas des autres.
4. Ne vous dites pas bonjour.
5. Ne t'arrête pas de parler.
6. Ne vous en allez pas.

Exercice VI (oral)

Racontez en quatre ou cinq lignes une rencontre imprévue que vous avez faite récemment ou une dispute que vous avez eue avec quelqu'un. (Employez un grand nombre de verbes pronominaux.)

Exercice VII (écrit)

Traduisez les verbes entre parenthèses.

1. ________________ à ma place. («Put yourself»)
2. Vous ________________ vite. («dressed»)
3. Mon vase ________________ en tombant. («got broken»)
4. Cette coutume ________________ de génération en génération. («is transmitted»)
5. Je ________________ la main. («burned»)
6. Ils ________________ . («hate each other»)
7. Il ________________ souvent. («gets angry»)
8. Le soleil ________________ à l'est. («rises»)

Exercice VIII

Écrivez une phrase avec chacune des expressions.

1. se coucher
2. être couché(e)
3. s'asseoir
4. être assis(e)

Exercice IX

Écrivez le participe passé des verbes pronominaux suivants. (cas mélangés)

1. Les militaires se sont _______ (emparer) du pouvoir par un coup d'État.
2. Les enfants se sont _______ (cacher) pour jouer à cache-cache.
3. Nous nous sommes _______ (dire) des mots doux dans le cours de français (en français, naturellement!).

4. Robert et sa sœur se sont beaucoup _______ (ressembler) pendant quelques années.
5. Elles se sont _______ (poser) des tas de questions à son sujet.
6. Ils se sont _______ (plaire) dès qu'ils se sont _______ (regarder).
7. Nous nous en sommes _______ (vouloir) de vous avoir fait de la peine.
8. De nombreux bâtiments se sont _______ (écrouler) pendant le tremblement de terre.
9. Deux criminels se sont _______ (enfuir) de la prison. Comment s'y sont-ils _______ (prendre)? Personne ne sait comment ils se sont _______ (échapper), mais ils se sont probablement _______ (jouer) des gardes.
10. Les étudiants se sont _______ (souvenir) de l'explication du professeur.

Exercice X (écrit)

Complétez avec le temps convenable du verbe pronominal entre parenthèses.

1. Pour qui _______ -vous (se prendre)? Vous avez l'air si fier.
2. Dès que je serai rentré, je _______ (se mettre) au travail.
3. Le vin rouge _______ (se boire) chambré.
4. En jouant au football, il _______ (se faire mal) quand lui et un autre joueur _______ (se heurter).
5. _______ (ne pas se fâcher), voyons! Pourquoi es-tu de mauvaise humeur?
6. D'un côté vous avez tort de _______ (se blâmer) pour cet accident, mais d'un autre côté je vois pourquoi vous _______ (s'en vouloir).
7. Si nous avions eu assez de temps, nous _______ (se promener) un peu.
8. Ils _______ (se rencontrer) il y a six mois.
9. Elle _______ (se faire) à l'idée qu'elle allait partir pour trois mois.
10. Quand elle était petite, elle _______ (s'obstiner) à penser qu'elle serait une étoile de cinéma un jour. Mais cela _______ (ne pas se concrétiser).
11. Nous allons _______ (se renvoyer) les lettres que nous _______ (s'écrire).
12. Je _______ (s'en aller) quand je serai sûr que tu _______ (se sentir) mieux.
13. J'ai fait ma toilette. Je _______ (se laver) la figure et les mains, je _______ (se brosser) les dents et les cheveux et je _______ (se mettre) du fond de teint et du rouge à lèvres. Puis je _______ (s'habiller) rapidement parce qu'il faut toujours que je _______ (se dépêcher) le matin. En _______ (se regarder) dans la glace je _______ (se rendre compte) que j'étais satisfaite de moi-même, alors je _______ (s'écrier): «La journée commence bien!»
14. La situation n'a jamais été comme vous la décrivez; vous _______ (se faire) des idées quand vous avez pensé ça.
15. Le soleil _______ (se coucher) dans quelques instants.
16. Autrefois la France _______ (s'appeler) la Gaule.
17. Les cours de première année de français _______ (se réunir) cinq fois par semaine.
18. Le maître dit à ses élèves: « _______ (se taire) quand je parle. Vous _______ (se livrer) à la joie de la récréation plus tard.»

19. Après la leçon sur les verbes pronominaux, ils ______ (se quitter) rapidement.

Exercice XI (écrit)

Répondez aux questions suivantes par des phrases longues et complètes.

1. À quoi vous intéressez-vous? À quoi ne vous intéressez-vous pas?
2. Vous demandez-vous quelquefois ce que vous ferez plus tard? Vers quoi allez-vous vous diriger?
3. Quand vous vous trompez, vous excusez-vous? Vous conduisez-vous bien généralement?
4. Si on se moquait de vous, réagiriez-vous ou vous tairiez-vous?
5. Vous imaginez-vous quelquefois dans un autre monde?
6. Vous dépêchez-vous quand vous êtes pressé(e)?
7. Quand votre avion s'envole, comment vous sentez-vous? Que vous mettez-vous à faire?
8. À quelle heure vous êtes-vous levé(e) ce matin? À quelle heure vous coucherez-vous ce soir? Vous reposez-vous en ce moment?
9. Où se trouve votre résidence? Où se trouve votre chambre dans la résidence? Où vous trouviez-vous hier soir à neuf heures?
10. S'est-il passé quelque chose d'intéressant ou d'amusant hier sur le campus?

Exercice XII (écrit)

Complétez les phrases suivantes en employant les verbes pronominaux suggérés entre parenthèses ou d'autres... selon votre imagination.

Ex. (se rendre compte, se tromper) Comme nous ne reconnaissions pas notre chemin, <u>nous nous sommes rendu compte que nous nous étions trompés de route</u>.

1. (se faire mal, se casser quelque chose) Quand je suis tombé(e) ______________
2. (s'aimer, se comprendre, s'écrire, se téléphoner) Je me demandais s'ils ______________________________
3. (s'efforcer, se changer les idées) Il (Elle) était un peu déprimé(e), alors ______________________________
4. (s'occuper, se mettre à) Pour ne plus vous ennuyer, ______________
5. (s'enfuir, s'empresser) Après s'être emparés du sac de la vieille dame, ils ______________________________
6. (se plaindre, s'inquiéter) ______________________________ parce qu'ils s'ennuyaient dans son cours.
7. (se servir de, s'en vouloir) Comme j'avais oublié ma clé, ______________
8. (s'attendre à, se douter) L'enfant n'avait pas été obéissant, alors ______________________________

Exercice XIII (écrit)

Quand vous rencontrerez la personne de vos rêves, que vous promettrez-vous? (Répondez en employant le plus de verbes pronominaux possible.)

Exercice XIV (écrit)

*Expliquez en quelques lignes comment vous vous comportez généralement. Employez des verbes comme: **se sentir, s'énerver, se fâcher, se calmer, s'entendre, se plaire à, se passer de, se plaindre, se lamenter, etc.***

Réponses aux applications immédiates

p. 130
1. nous reposer
2. te laver
3. vous rencontrant
4. se lever
5. s'exprimer
6. Me voyant

p. 131
1. Ils ne s'en inquiéteront pas.
2. Elles ne se sont pas perdues.
3. Vous y êtes-vous amusé?
4. Rappelez-le-vous.

p. 132
1. se laver
2. laver
3. se chercher
4. se parler
5. appeler
6. déranger
7. se déranger
8. écrire
9. s'aimer
10. se disputer

p. 133
1. l'un à l'autre
2. les uns les autres
3. l'un de l'autre

p. 135
1. indirect
2. indirect
3. direct
4. indirect
5. direct

p. 138
1. se trouve
2. s'en aller
3. me mette à
4. se passe
5. se rende

p. 139
1. se fait
2. se traduit
3. se parlait
4. ne s'emploie plus

p. 140
1. couchée
2. coupé
3. promis
4. assise

p. 141
1. souvenue
2. entendus
3. imaginé
4. ennuyés

p. 141
1. se sont vendus
2. s'est résolu
3. s'était fait

p. 143
1. s'en veut
2. s'accusent (l'un l'autre)
3. s'est brossé les cheveux
4. s'est suicidé
5. se fait
6. Préparez-vous (Prépare-toi)

• L'ADJECTIF QUALIFICATIF
• LE NOM
• L'ADVERBE

I. L'adjectif qualificatif

Un adjectif qualificatif est *variable*: il a le genre *masculin* ou *féminin* et le nombre *singulier* ou *pluriel*. Il qualifie *un nom* ou *un pronom*.

A. Formes

1. Le féminin de l'adjectif

a. On ajoute généralement un **e** au masculin pour avoir le féminin.

Ex. grand → grande
court → courte
courtois → courtoise
fermé → fermée
intelligent → intelligente
vrai → vraie

REMARQUE

Il faut mettre *un tréma** sur le **e** du féminin des adjectifs en **gu** pour conserver le son [y] du masculin.

aigu → aiguë; contigu → contiguë

* Un tréma sépare les sons de deux voyelles consécutives.

b. Quand l'adjectif se termine déjà par un **e** au masculin, il ne change pas au féminin.

Ex. riche → riche
utile → utile
étrange → étrange
calme → calme
tranquille → tranquille
moderne → moderne

c. Les adjectifs **beau**, **nouveau**, **fou**, **mou**, **vieux** ont une autre forme au masculin singulier: **bel**, **nouvel**, **fol**, **mol**, **vieil**. Cette forme est employée devant un nom commençant par une voyelle ou un **h** muet.

Ex. un bel **h**omme, le nouvel **a**n, un fol **a**mour, un vieil **a**rbre

Le féminin est formé sur cette deuxième forme du masculin: **belle**, **nouvelle**, **folle**, **molle**, **vieille**

Application immédiate

Écrivez la forme correcte de l'adjectif.

1. (nouveau) un __________ espoir
2. (vieux) un __________ homme
3. (fou) une __________ passion
4. (beau) une __________ femme
   un __________ âge
5. (mou) un __________ oreiller

réponses p. 165

---

d. La terminaison **er** devient **ère**.

Ex. premier → première
dernier → dernière
cher → chère
étranger → étrangère

e. La terminaison **f** devient **ve**.

Ex. actif → active
vif → vive
neuf → neuve
bref → brève

f. La terminaison **x** devient **se**.

Ex. heureux → heureuse
amoureux → amoureuse
douloureux → douloureuse
jaloux → jalouse

g. La terminaison **eur** devient généralement **euse**.

Ex. voleur → voleuse
flatteur → flatteuse
trompeur → trompeuse

— Quelquefois la terminaison est **eresse**.

pécheur → pécheresse
enchanteur → enchanteresse

— Les adjectifs en **eur** qui viennent du latin prennent un **e** (ce sont des comparatifs latins).

antérieur(e) ≠ postérieur(e) inférieur(e) ≠ supérieur(e),
meilleur(e) majeur(e) ≠ mineur(e) intérieur(e) ≠ extérieur(e)

— La terminaison **teur** peut aussi avoir la forme **trice**.

Ex. admirateur → admiratrice créateur → créatrice

h. Des adjectifs qui se terminent par *une consonne précédée d'une voyelle doublent la consonne* avant le **e** final:

Ex. ancien → ancienne
bon → bonne

épais → épaisse
gras → grasse
gros → grosse
las → lasse

muet → muette
net → nette
sot → sotte

cruel → cruelle
gentil → gentille
naturel → naturelle
nul → nulle
pareil → pareille
vermeil → vermeille

mais la consonne n'est pas toujours doublée avant le **e** final.

Ex. complet → complète
concret → concrète
discret → discrète
inquiet → inquiète
replet → replète

féminin → féminine
fin → fine
opportun → opportune

mauvais → mauvaise
ras → rase

final → finale
général → générale

i. Certains adjectifs ont *un féminin irrégulier*.

Ex. blanc → blanche
grec → grecque
public → publique
sec → sèche

doux → douce
faux → fausse
roux → rousse

favori → favorite
frais → fraîche
long → longue
malin → maligne

j. Certains adjectifs sont *invariables*: chic (pas de féminin), bon marché, et les noms employés pour désigner des couleurs: orange, marron, cerise, crème, etc.

Ex. Regardez comme cette robe est **chic**.
Elle aime acheter des articles **bon marché**.
Tes souliers sont-ils **marron** ou noirs?
Ces sacs ne sont pas blancs, mais **crème**.

Application immédiate

Écrivez le féminin des adjectifs suivants.

1. joli ____________
2. vieux ____________
3. exceptionnel ____________
4. veuf ____________
5. menteur ____________
6. turc (comme public) ____________
7. supérieur ____________
8. portatif ____________
9. joyeux ____________
10. franc ____________
11. rouge ____________
12. familier ____________
13. beau ____________
14. satisfait ____________
15. bénin (comme malin) ____________
16. bas ____________
17. chic ____________
18. ambigu ____________
19. oral ____________
20. quotidien ____________
21. conservateur ____________

réponses p. 165

---

2. Le pluriel de l'adjectif

a. On ajoute généralement un **s** au singulier (masculin ou féminin) pour avoir le pluriel.

Ex.
{ *masc.* / *fém.* } large → larges
{ *masc.* bleu → bleus / *fém.* bleue → bleues }
{ *masc.* content → contents / *fém.* contente → contentes }

b. Quand il y a déjà un **s** ou un **x** au singulier, l'adjectif ne change pas au masculin pluriel (mais le pluriel du féminin est régulier).

Ex. *masc.* mauvais → mauvais malheureux → malheureux
fém. mauvaise → mauvaises malheureuse → malheureuses

c. La terminaison **al** devient **aux** au masculin pluriel.

Ex. général → généraux principal → principaux normal → normaux

---

Exceptions

final(s), fatal(s), glacial(s), naval(s), natal(s),
idéal → idéals ou idéaux

---

d. On ajoute **x** à la terminaison **eau**.

Ex. beau → beaux nouveau → nouveaux

Application immédiate

Donnez les autres formes des adjectifs suivants.

1. bon ________ 2. religieux ________ 3. normal ________ 4. nouveau ________
________ ________ ________

réponses p. 165

B. Accord

1. L'adjectif s'accorde *en genre et en nombre* avec *le nom* ou *le pronom* qu'il qualifie.

Ex. Le livre est **ouvert**.
Il y a des feuilles **blanches** sur le bureau.
Ils sont **satisfaits**.
La page est **marquée**.

2. Quand un adjectif qualifie *plusieurs* noms ou pronoms, il est

— *masculin pluriel* si les noms ou pronoms sont masculins:

Ex. Le livre et le cahier sont **ouverts**.
Pierre et lui sont **absents**.

— *féminin pluriel* si les noms ou pronoms sont féminins:

Ex. La poire et la pêche sont **bonnes**.
Hélène et elle sont **gentilles**.

— *masculin pluriel* si les noms ou pronoms sont de genres différents (le masculin l'emporte sur le féminin):

Ex. Robert et Marie étaient **contents** de vous avoir vu.
Le vase et les fleurs sont **blancs**.

3. Deux adjectifs *au singulier* peuvent qualifier *un nom pluriel.*

Ex. Les langues **française** et **espagnole** sont populaires dans les écoles.
Les **première** et **deuxième** personnes du pluriel sont irrégulières.

4. L'adjectif s'accorde avec *un nom collectif* ou avec *son complément,* d'après le sens.

Ex. Un groupe d'étudiants **bruyant** (ou **bruyants**).
Un groupe d'étudiants **important**.

5. Avec l'expression **avoir l'air**, l'adjectif s'accorde:

— avec le sujet s'il s'agit d'une chose:

Ex. Votre machine a l'air **usée**. Ces propositions ont l'air **sérieuses**.

— avec le sujet ou le mot **air** s'il s'agit d'une personne:

Ex. **Elle** a l'air **gentille**. (Elle a l'air d'être gentille).
Elle a l'air **inquiet**. (Elle a un air inquiet.)

6. L'adjectif est *invariable* (toujours masculin singulier) dans les cas suivants:

a. après **ce** + **être**, même si **ce** représente des noms féminins ou pluriels:

Ex. Écoutez cette musique qui vient de l'église; **c**'est vraiment **beau**!
Cette pièce critique la société d'une façon efficace parce que **c**'est **exagéré**, **humoristique** et **absurde**.
Je suis allé à une conférence ce soir, mais **ce** n'était pas **intéressant**.

b. quand il est employé *adverbialement* (parce qu'il modifie le verbe) dans des expressions courantes: **coûter (valoir) cher**; **parler fort**, **haut**, **bas**; **voir clair**; **chanter faux** ou **juste**; **travailler dur**, etc.:

Ex. Votre robe coûte **cher**, n'est-ce pas?
Les étudiants travaillent **dur** au moment des examens.
Elle parle toujours **fort**, ce qui est gênant.

Note

Fort devant un autre adjectif devient un adverbe et signifie *très*.
Ex. Vous êtes **fort** intelligente. (= Vous êtes très intelligente.)

c. Les adjectifs **demi** et **nu** sont invariables *quand ils précèdent le nom* (il y a un trait d'union entre l'adjectif et le nom):

Ex. Écrivez un paragraphe d'une **demi**-page.
Il est **nu**-tête.

mais: une page **et demie**, la tête **nue**.

— **Mi** est aussi invariable et signifie ***au milieu***:

Ex. à la **mi**-août, à **mi**-jambe, au **mi**-trimestre

d. L'adjectif **possible** est invariable avec le superlatif **le plus**, **le moins**.

Ex. Faites le plus d'efforts **possible**.

mais: Vos prédictions sont **possibles**.

e. après **quelqu'un de**, **personne de**, **quelque chose de**, **rien de** (voir aussi leçon 14, p. 318).

Ex. J'ai vu quelqu'un d'**important**.
Je n'ai vu personne d'**important**.
mais: J'ai vu une personne **importante**.

J'ai vu quelque chose de **joli**.
mais: J'ai vu une **jolie** chose.
Je n'ai rien vu de **joli**.

f. dans un adjectif de couleur composé, c'est-à-dire qualifié par un autre adjectif: **foncé**, **clair**, **pâle**, etc. ou complété par un nom.

Ex. une veste **bleu foncé**
mais: une veste **bleue**
des souliers **beige clair**
mais: des souliers **beiges**

des yeux **bleu vert**
des tissus **vert pomme**

Application immédiate

Écrivez correctement les adjectifs entre parenthèses.

1. (intéressant) J'ai entendu des histoires ________ .
2. (content) Robert et moi nous sommes ________ .
3. (heureux) Voilà un père et une mère ________ .
4. (beau) Allez voir les montagnes de cette région. C'est si ________ !
5. (cher) Ses chaussures coûtent très ________ .
6. (premier, dernier) Ne faites pas les ________ et ________ parties de l'exercice.
7. (demi) J'ai passé trois semaines et ________ à voyager.
8. (confus) Est-elle toujours aussi ________ ?

réponses p. 165

C. Place de l'adjectif

La place de l'adjectif est une question complexe, car il y a des exceptions aux règles. Généralement l'adjectif suit le nom.

1. L'adjectif est placé *après le nom*:

a. quand il donne au nom *une qualité distinctive* (de couleur, forme, nationalité, religion, goût, profession, classe sociale, groupe politique, etc.) qui place le nom *dans une catégorie*.

Ex. une robe **jaune**
une table **ronde**
des écrivains **français**
(les adjectifs de nationalité n'ont pas de lettre majuscule)

un prêtre **catholique**
le cidre **doux**
une famille **bourgeoise**
le parti **socialiste**

b. quand *un participe présent* ou *un participe passé* est employé comme adjectif.

Ex. une situation **inquiétante** une porte **ouverte**

un film **fascinant**
un parfum **enivrant**
une personne bien **élevée**
un signe **peint**

c. quand il est modifié par *un complément* ou par *un long adverbe.*

Ex. un conférencier **intéressant à écouter**
un travail **agréable à faire**
un étudiant **très bon en mathématiques**
un site **vraiment merveilleux**
une femme **singulièrement belle**

2. L'adjectif est placé *devant le nom*:

a. quand il est *court* et *très usité* (voir le tableau suivant).

TABLEAU 7.1 Adjectifs courts précédant le nom

petit ≠ grand moindre (comparatif) jeune ≠ vieux	joli, beau ≠ vilain bon ≠ mauvais meilleur (comparatif) ≠ pire (comparatif)	gros gentil	long autre

Ex. une **longue** histoire
une **vieille** église
un **joli** bouquet
une **mauvaise** note
la **moindre** chose
mon **autre** frère

b. quand il forme *un mot composé* avec un nom ou est *souvent employé avec un nom.*

Ex. { un **jeune** homme
des **jeunes** gens
(les **jeunes gens** peut aussi désigner un groupe de garçons et de filles)
des **petits** pois

un **grand** magasin
des **petits** pains
une **violente** tempête
faire la **grasse** matinée
recevoir les **sincères** condoléances
dire un **bon** mot

c. quand il qualifie *un nom propre.*

Ex. le **sympathique** M. Durand
la **célèbre** Mme Curie

Exception

---

quand il fait partie du nom.

Ex. Charles **le Chauve**, Louis **le Bien Aimé**, Ivan **le Terrible**

---

d. quand il est *descriptif avec un sens affectif* (en opposition au sens strictement distinctif de 1a) ou pour le rendre *plus poétique*, en poésie et quelquefois en prose.

Ex. quelle **merveilleuse sensation**! une **incroyable** histoire
cette **charmante** personne une **magnifique** réception
de **ravissants** villages

Application immédiate

Placez l'adjectif entre parenthèses à la place et à la forme convenables.

1. C'est une place. (carré) ______________________
2. Je ne veux pas boire ce vin. (aigre) ______________________
3. Regardez la personne là-bas. (assis) ______________________
4. Voilà une fille. (gentil) ______________________
5. C'est un film. (particulièrement bon) ______________________
6. Je fais un travail. (énervant) ______________________
7. Vous connaissez M. Dubonnet. (extraordinaire) ______________________
8. De quelles actions vous êtes capable! (merveilleux) ______________________

réponses p. 166

---

3. Adjectifs multiples

a. Si un adjectif est placé devant le nom et un autre après le nom, ils peuvent garder leur place habituelle *devant* et *après* le nom;

Ex. une **grosse** pluie **pénétrante**
une **belle** maison **rouge**

même quand le nom forme déjà une unité avec un autre adjectif.

Ex. de **beaux** jeunes gens **sympathiques**

b. Quand les deux adjectifs sont placés ou devant le nom ou après le nom, ils gardent leur place et on ajoute **et** entre les deux adjectifs.

Ex. C'est un **beau** garçon. C'est un **grand** garçon.
C'est un **beau et grand** garçon.
C'est un garçon **intelligent**. C'est un garçon **fort**.
C'est un garçon **intelligent et fort**.

— Quand un des adjectifs précède généralement le nom, il n'y a pas de **et** entre les deux adjectifs.

Ex. une petite fille → une **jolie** petite fille
une jeune femme → une **belle** jeune femme

— Quand deux adjectifs précèdent normalement un nom et sont reliés par **et**, ils peuvent aussi le suivre.

Ex. une **grande et belle** fille *ou* une fille **grande et belle**

Application immédiate

Placez les adjectifs entre parenthèses à la place et à la forme convenables.

1. un jardin (fleuri, joli) ____________
2. une pluie (bon, persistant) ________
3. un travail (long, mauvais) ________
4. mon frère (aîné, gentil) ___________
5. un jeune homme (grand, mince, élégant) ____________________
6. vos enfants (beau, petit) ___________

réponses p. 166

---

4. Changement de sens de l'adjectif d'après sa place

Certains adjectifs ont *le sens propre* (objectif) quand ils sont placés *après le nom* et *le sens figuré* (affectif) quand ils sont placés *devant le nom.*

TABLEAU 7.2 Changement de sens d'après la place

Adjectif	**Sens propre** (suit le nom)	**Sens figuré** (précède le nom)
ancien	l'histoire **ancienne** (d'une autre époque)	mon **ancien** professeur (que j'avais avant)
brave	un soldat **brave** (courageux)	un **brave** homme (gentil, bon, simple)
certain	un résultat **certain** (sûr, assuré)	un **certain** sourire (d'une sorte spéciale)
cher	un vêtement **cher** (dont le prix est élevé)	mon **cher** ami (tendrement aimé)
dernier	l'année **dernière** (qui précède cette année)	le **dernier** mois de l'année (dans une série)
différent	une question **différente** (non semblable, pas la même)	**différentes** personnes (quelques, diverses, variées)
drôle	une histoire **drôle** (amusante)	une **drôle d'**histoire (bizarre)

(suite p. 160)

grand	*un homme* **grand** (≠ petit)	un **grand** homme (important, célèbre)
même	la simplicité **même** (pure, exacte)	la **même** explication (identique)
nouveau	une façon **nouvelle** (pas connue depuis longtemps, récente)	une **nouvelle** robe (autre, supplémentaire)
pauvre	un homme **pauvre** (qui n'est pas riche)	un **pauvre** homme (malheureux, infortuné)
prochain	la semaine **prochaine** (qui suit cette semaine)	la **prochaine** fois (suivante dans une série)
propre	une maison **propre** *ou* le sens **propre** (≠ sale)(réel, intrinsèque)	ma **propre** maison (qui m'appartient)
sale	des mains **sales** (≠ propres)	une **sale** affaire (mauvaise)
seul	une personne **seule** (non accompagnée)	mon **seul** souci (seulement un)

Application immédiate

Remplacez le mot souligné par l'adjectif entre parenthèses. Placez-le devant ou après le nom, d'après le sens du mot souligné.

1. Il y a plusieurs façons de voir la chose. (différent) ____________
2. L'été passé, nous étions au bord de la mer. (dernier) ____________
3. Il a un air bizarre aujourd'hui. (drôle) ____________
4. Vous vous êtes mis dans une mauvaise aventure. (sale) ____________
5. Il a écrit ça de sa main à lui. (propre) ____________
6. C'est une mode récente. (nouveau) ____________
7. Le général de Gaulle était un homme important. (grand) ____________
8. C'est un fait sûr. (certain) ____________

réponses p. 166

D. Observations sur quelques adjectifs

1. **différent.** Quand cet adjectif est placé devant le nom dans le sens de *certains* ou *divers*, il est pluriel et il n'y a pas d'article (voir aussi leçon 17, p. 384).

   Ex. **Différentes** (Certaines, Diverses) personnes me l'ont dit.

2. **étranger, étrange.** Ne confondez pas **étranger** (qui est d'une autre nation) et **étrange** (bizarre).

   Ex. Pour vous, le français est une langue **étrangère**.
   Voilà un phénomène **étrange**. (bizarre, drôle de)

3. **horrible.** Signifie très laid, très mauvais.

   Ex. Il fait un temps **horrible**.

   terrible. Signifie effrayant, violent.

   Ex. Il fait un vent **terrible**.

ATTENTION

N'employez pas **très** avec un adjectif qui a déjà un sens superlatif, comme *merveilleux, formidable, extraordinaire, magnifique, épatant, horrible, délicieux*, etc.

Ex. magnifique = très très... beau

4. **mauvais**

   — **mauvais ≠ bon**

   Ex. Votre dictée est **mauvaise**; elle est pleine de fautes.

   — **mauvais** est l'équivalent du mot anglais «wrong».

   Ex. Je ne peux pas ouvrir la porte; j'ai pris la **mauvaise** clé.

5. **nouveau, neuf**

   — **nouveau** signifie *récent, connu depuis peu*, ou *autre, supplémentaire* (voir p. 160).

   Ex. Venez voir ma **nouvelle** maison. (autre)
   Voilà un esprit **nouveau**. (d'innovation)

   — **neuf** signifie *fait depuis peu, qui n'a pas ou presque pas servi* («brand new»).

   Ex. C'est une maison **neuve**. (qui vient d'être finie)

6. **rendre** + *adjectif.* Le verbe anglais «to make» se traduit par **rendre** quand il est construit avec *un adjectif.* N'employez jamais le verbe **faire** dans ce cas.

   Ex. Si vous mangez trop, ça va vous **rendre malade**.
   Cette situation le **rendra nerveux** à la longue.
   Pour **rendre** votre long séjour **agréable**, il faudrait le préparer activement.

Exercices

Exercice I (oral)

Remplacez le nom souligné par le nom donné entre parenthèses et faites les changements nécessaires.

Ex. (une poire) Voici un fruit vert et peu appétissant. Il a l'air véreux et il est petit.
Voici une poire verte et peu appétissante. Elle a l'air véreuse et elle est petite.

1. (cette tomate) Ce légume doit être excellent parce qu'il est bien rouge et mûr à point; il est assez gros et a l'air délicieux.
2. (mon oncle) Ma tante favorite est grande, distinguée et très active. C'est une femme généreuse et aimée de tout le monde.
3. (la rue) Le boulevard est long, large et bordé d'arbres. Il est toujours plein de monde.
4. (mon amie) J'aime mon ami parce qu'il est discret, honnête et calme. Il est aussi ordonné, gentil et courageux. Il est franc et direct avec moi.
5. (cette colline) Regardez ce petit mont. Il n'est pas haut, mais il est assez pointu. En ce moment il est sec, alors il est jaune foncé.
6. (la fille) Le garçon peureux était tremblant, pâle, effrayé, silencieux et confus.

Exercice II (oral)

Placez les adjectifs correctement et accordez-les avec le nom.

Ex. une cheminée (grand, noir) → une grande cheminée noire

1. une conférence (endormant, long)
2. une porte (grand, fermé)
3. une femme (seul, abandonné)
4. un homme (sympathique, brun)
5. une composition (clair, bien présenté)
6. un vin (rouge, petit, bon)

7. un bâtiment (solide, vieux)
8. un visage (ridé, vilain)
9. une femme (jeune, ivre de joie)
10. les exercices (premiers, deux)

Exercice III (oral)

Placez l'adjectif avant ou après le nom d'après le sens donné par les mots d'explication.

Ex. chère / ma tante **que j'aime beaucoup** → ma **chère** tante

1. dernière / la semaine **des examens finals**
2. même / la chose **identique**
3. ancienne / mon amie **que j'avais l'année dernière**
4. brave / ma sœur **si gentille**
5. propre / sa maison **impeccable**
6. prochaine / l'année **qui vient**
7. pauvre / son chien **malheureux**
8. drôle / un costume **bizarre**
9. nouveau / un **autre** manteau
10. seul / son fils **unique**

Exercice IV (oral)

Dans le texte suivant, substituez le mot **fait** *au mot* **chose** *et faites les changements nécessaires.*

Je m'en vais vous mander la chose la plus étonnante, la plus surprenante, la plus merveilleuse, la plus miraculeuse, la plus triomphante, la plus étourdissante, la plus inouïe, la plus singulière, la plus extraordinaire, la plus incroyable, la plus imprévue, la plus grande, la plus petite, la plus rare, la plus commune, la plus éclatante, la plus secrète jusqu'aujourd'hui, la plus brillante, la plus digne d'envie...

Lettre de Madame de Sévigné

Exercice V (oral)

Relevez tous les adjectifs du texte suivant et cherchez leur sens.

L'ours

Cet animal à la fourrure épaisse, aux pattes trop courtes malgré les longues griffes qui les prolongent, a l'aspect d'un lourdeau bourru; mais son intelligence est vive, son odorat subtil, son flair exceptionnel. Ce solitaire, rusé et prudent, n'aime aucun séjour autant que les forêts profondes et les cavernes. Il est si indépendant qu'il n'habite pas le même domicile que son épouse à laquelle il se contente d'aller rendre visite. Quand cette dernière a des petits, elle interdit au père l'entrée de sa bauge, car Monsieur Ours est tellement vorace, qu'avec la désinvolture d'un dégustateur chez le pâtissier, il

9. lui est arrivé de croquer, comme un chou glacé, un de ses propres enfants...
10. Très gourmand de sucre, il est avide de miel et n'est guère aimé des abeilles.

d'après Buffon

Exercice VI (oral)

Faites une phrase en employant chacun des adjectifs suivants à la forme ou place indiquée.

1. cher (employé adverbialement)
2. drôle (avant le nom)
3. dernier (après le nom)
4. différent (avant le nom)
5. sale (avant le nom)
6. demi (après le nom)
7. beau (+ nom masc. commençant par une voyelle)
8. bleu foncé

Exercice VII

Écrivez l'adjectif correctement dans les phrases suivantes.

1. (attentif, normal)	Les étudiants sont _______ en classe. C'est _______ .
2. (frais, mauvais)	Cette viande n'est pas _______ . Elle sent _______ .
3. (aigu)	Ces notes _______ me font mal aux oreilles.
4. (favori)	Ce sont ses chansons _______ .
5. (extérieur, blanc)	La partie _______ est _______ .
6. (incorrect, vain)	Votre réponse est _______ et vos efforts sont _______ .
7. (bénin, sûr)	La tumeur était _______ heureusement. Nous en sommes _______ .
8. (local)	Nous sommes arrivés à huit heures du matin, heure _______ .
9. (vrai, dur)	C'est la vérité _______ , je vous assure. Elle est _______ à accepter.
10. (libéral, conservateur)	Vos idées sont-elles _______ ou _______ ?

Exercice VIII (écrit)

Traduisez les deux phrases suivantes.

1. «This book will make you famous.» ______________________________
2. «The appointment I have makes me nervous.» ______________________________

Exercice IX (écrit)

Décrivez un animal que vous trouvez très curieux. Faites un bon choix d'adjectifs et employez-en le plus possible. (cinq lignes)

Exercice X (écrit)

*Ajoutez **des** ou **de (d')** selon la position de l'adjectif, et si c'est nécessaire.*

1. Dans cette rue, il y a _______ magasins magnifiques.
2. Connaissez-vous _______ autres poèmes de cet auteur?
3. Nous avons vu _______ différentes choses qui pourraient nous intéresser.
4. Elle a reçu _______ roses rouges, _______ superbes roses rouges.
5. Je n'ai pas _______ idées intéressantes en ce moment.
6. _______ jeunes gens vont le voir pour lui apporter _______ très bonnes revues.

Exercice XI

Écrivez une phrase avec chacune des expressions suivantes.

1. quelqu'un de (+ adj.)
2. quelque chose de (+ adj.)
3. avoir l'air (+ adj.)
4. ce (+ adj.) (représente un nom fém. ou plur.)
5. un groupe de personnes (+ adj.)
6. horrible, terrible
7. étranger, étrange
8. nouveau, neuf

Réponses aux applications immédiates

p. 150
1. nouvel
2. vieil
3. folle
4. belle
   bel
5. mol

p. 152
1. jolie
2. vieille
3. exceptionnelle
4. veuve
5. menteuse
6. turque
7. supérieure
8. portative
9. joyeuse
10. franche
11. rouge
12. familière
13. belle
14. satisfaite
15. bénigne
16. basse
17. chic
18. ambiguë
19. orale
20. quotidienne
21. conservatrice

p. 153
1. bon bonne
   bons bonnes
2. religieux religieuse
   religieux religieuses
3. normal normale
   normaux normales
4. nouveau nouvelle
   nouveaux nouvelles

p. 156
1. intéressantes
2. contents

3. heureux
4. beau
5. cher
6. première, dernière
7. demie
8. confuse

p. 158 1. une place carrée
2. ce vin aigre
3. la personne assise là-bas
4. une gentille fille
5. un film particulièrement bon
6. un travail énervant
7. l'extraordinaire M. Dubonnet
8. De quelles merveilleuses actions

p. 159 1. un joli jardin fleuri
2. une bonne pluie persistante
3. un long et mauvais travail (*ou* un travail long et mauvais)
4. mon gentil frère aîné
5. un grand jeune homme mince et élégant
6. vos beaux petits enfants

p. 160 1. Il y a différentes façons
2. L'été dernier
3. Il a un drôle d'air
4. dans une sale aventure
5. de sa propre main
6. une mode nouvelle
7. un grand homme
8. un fait certain

II. Le nom

On l'appelle aussi un substantif.
Un nom est un mot qui sert à désigner un être animé (personne ou animal) ou une chose.

A. Le genre des noms

Les noms ont un genre: **masculin** ou **féminin**.

1. Il faut toujours savoir le genre d'un nom, mais cette connaissance n'est pas immédiate. Quand vous rencontrez un nom, apprenez-le toujours avec son article.

Ex. **la** table, **le** respect, **la** nation

— **L'** n'indiquant pas le genre, employez alors l'article indéfini.

Ex. **une** heure, **un** appareil

Dans un texte, si l'article qui accompagne un nom n'indique pas son genre (**l'**, **les**, **des**), il peut y avoir un autre mot qui l'indique: adjectif, participe passé, pronom.

2. Bien qu'il y ait des exceptions, une liste des terminaisons aidera à savoir le genre des noms (voir la liste suivante).

Sont **masculins** les noms:	Sont **féminins** les noms:
de personnes ou d'animaux de sexe masculin: un homme, un garçon, un roi, un enfant, un élève, un coq, un lion, etc.	*de personnes ou d'animaux de sexe féminin*: une femme, une fille, une reine, une enfant, une élève, une poule, une lionne, etc.
	en **ade**: une promenade, une salade, etc.
en **age**: un garage, un langage, un camouflage, un coquillage, un voisinage, etc.	en **age**: une cage, une image, la nage, une page, une plage, etc.
en **aire**: un anniversaire, le contraire, un dictionnaire, un itinéraire, etc. **Exceptions**: une grammaire, une affaire	
	en **aison**: une maison, une liaison, une comparaison, une terminaison, une raison, etc.
	en **ance** et **ence**: la chance, l'enfance, la confiance, la substance, l'excellence, la science, l'absence, la patience, etc. **Exception**: le silence
	en **ande**: la viande, une demande, etc.
en **asme** et **isme**: un pléonasme, le sarcasme, le romantisme, le communisme, le féminisme, etc.	
en **e**, quand **e** est *précédé d'une consonne*: un problème, un groupe, un rire, un exercice, un collège, un suicide, un sexe, etc.	en **e**, *les noms de pays, continents et états:* la France, la Belgique, l'Afrique, la Normandie, la Champagne, etc.

(suite p. 168)

Sont **masculins** les noms:	Sont **féminins** les noms:
	en **e**, quand **e** est *précédé d'une voyelle* (**ie, ée, ue**) ou *d'une double consonne*: la poésie, la pluie, la rue, la journée, une bouteille, une serviette, la guerre, la famille, la vitesse, etc. **Exceptions**: le génie, un musée, le Cambodge, le Zaïre, le Mexique, etc.
en **é** (excepté **té** et **tié**): un bébé, un exposé, un résumé, un défilé, le café, etc. **Exception**: une clé	
en **eau**: un bureau, un tableau, un chapeau, un gâteau, etc. **Exceptions**: une eau, la peau	
en **et**: un objet, un sujet, un secret, un sommet, un ballet, un paquet, etc.	
en **euil**: un fauteuil, un écueil, un écureuil, etc.	en **euille**: une feuille
en **eur**: *les professions*: un acteur, un ingénieur, un docteur, un professeur, etc. un honneur, un ordinateur, le bonheur, un accélérateur, etc.	en **eur**: une fleur, la chaleur, la valeur, la longueur, une erreur, une horreur, une odeur, etc.
en **ien**: un lien, un rien, un bien, etc.	
en **ier**: un papier, un cahier, un panier, etc.	**en ière:** une prière, une manière, etc. **Exception**: un cimetière
en **in**: le pain, un magasin, le vin, un bouquin, etc. **Exception**: la fin	

(suite p. 169)

Sont **masculins** les noms:	Sont **féminins** les noms:
	en **ion**: la possession, la télévision, la réflexion, une division, une discussion, la religion, une réunion, une question, la prononciation, etc. **Exceptions**: un avion, un camion
	en **ise**: une surprise, une chemise, une valise, etc.
en **nt**: un appartement, un département, un agent, le présent, un élément, le vent, un changement, l'argent, etc. **Exception**: une dent	
en **oir**: un trottoir, l'espoir, le soir, un devoir, etc.	
en **oire**: un laboratoire, un territoire, un auditoire, un accessoire, etc.	en **oire**: une histoire, une poire, une foire, une balançoire, la gloire, la mémoire, etc.
	en **son**: une prison, une boisson, une chanson, etc. **Exceptions**: le son, etc.
	en **té**, **tié**: la santé, l'unité, la qualité, la beauté, une amitié, la pitié, etc. **Exceptions**: l'été, un côté, un comité, etc.
	en **tude**: la certitude, une étude, une habitude, une inquiétude, etc.
	en **ture**: la nature, une ceinture, une peinture, l'architecture, l'agriculture, etc.

(suite p. 170)

Sont **masculins** les noms:	Sont **féminins** les noms:
les participes passés masculins employés comme noms (voir aussi leçon 16): un traité, un compromis, le passé, etc.	*les participes passés féminins* employés comme noms: une allée, une prise, une revue, etc.
les participes présents masculins employés comme noms (voir aussi leçon 16): un commerçant, un fabricant, etc.	*les participes présents féminins* employés comme noms: une commerçante, une débutante, etc.
avec *une voyelle finale* autre que **e**: le cinéma, un piano, un trou, le lundi, le mardi, un genou, etc. **Exceptions**: la foi, etc.	
avec *une consonne finale*: un vers, un outil, le but, l'amour, le cognac, un bar, un pied, un nez, un nom, un adjectif, un résultat, un jour, un an, un mois le nord, le sud, l'est, l'ouest et *les noms de pays*: le Brésil, le Japon, le Portugal, le Danemark, le Vietnam, etc. **Exceptions**: la forêt, la paix, etc.	

3. *Le féminin des noms* se forme généralement comme *le féminin de l'adjectif* (voir p. 149-151):

Ex. un ami, une amie; un acteur, une actrice; un cousin, une cousine; un pharmacien, une pharmacienne

mais le féminin est *quelquefois irrégulier*:

Ex. un maître, une maîtresse
un héros, une héroïne
un oncle, une tante
un mari, une femme
un loup, une louve
un bœuf, une vache
un coq, une poule
un fils, une fille

REMARQUES

— Une tendance est de penser que les noms en **e** sont tous féminins. (Cette erreur de pensée vient sans doute de ce que les adjectifs forment leur féminin avec un **e**.) Ces noms sont masculins *ou* féminins (voir la liste, p. 167).

Ex. un groupe, un problème (*masculins*)
une table, une lampe (*féminins*)

— Dites **un homme**, **une femme**; n'employez pas **mâle** ou **femelle** en parlant de personnes.

B. Observations sur quelques noms

1. Certains noms ont un double genre, *et des sens différents*.

Ex. un livre, une livre
un manche, une manche
un mode, une mode
un poste, la poste
un vase, la vase
un voile, une voile

2. Un nom est *concret* quand il désigne un être ou une chose qui existe.

Ex. une table, un chien, une femme, un livre

Un nom est *abstrait* quand il désigne une qualité.

Ex. la bonté, la force, la vieillesse, la misère

3. On dit: **une** langue, *mais* **le** français, **le** russe, etc.
Le français est **une** langue, **le** russe aussi.
Le français est **joli**; c'est **une jolie** langue.

une saison, *mais* **le** printemps, **l'**été, etc.
L'été est **chaud**. L'été est une saison **chaude**.

une couleur, *mais* **le** rouge, **le** bleu, etc.
Le rouge est **brillant**; c'est une couleur **brillante**.

4. *Les noms de nationalité* prennent une majuscule: les **F**rançais, les **A**méricains, etc. (L'adjectif de nationalité ne prend pas de majuscule; voir p. 156 et leçon 5, p. 122.)

Ex. Un Français est un homme français.
Une Française est une femme française.

mais: Il est Français. (= C'est un homme français.)

5. *On vulgarise* des noms propres:

Ex. le cognac

et *on personnifie* des mots communs:

Ex. le Petit Prince

6. *Certains noms sont identiques* au masculin et au féminin.

Ex. un élève, une élève
un enfant, une enfant
un camarade, une camarade

C. Le pluriel des noms

1. Le pluriel des noms se forme généralement comme celui des adjectifs, en ajoutant un **s** au singulier.

Ex. l'hôtel, les hôtel**s**; une pomme, des pomme**s**; un trou, des trou**s**

a. Les noms qui ont déjà un **s**, **x**, ou **z** ne changent pas au pluriel.

Ex. un fils → des fils
une toux → des toux
un nez → des nez

b. Les noms en **eu**, **au**, **eau**, **œu** prennent généralement un **x**.

Ex. un cheveu → des cheveux
l'eau → des eaux
un vœu → des vœux

Exception

un pneu → des pneus

c. Sept noms en **ou** prennent un **x**:

bijou, caillou, chou, genou, hibou, joujou, pou.

d. Les noms en **al** se changent généralement en **aux**.

Ex. un canal → des canaux   un journal → des journaux

Exceptions

un bal → des bals
un carnaval → des carnavals
un festival → des festivals
etc.

e. Les noms en **ail** prennent un **s**.

Ex. un éventail → des éventails un détail → des détails

Exceptions

Bail, corail, émail, soupirail, travail, vitrail changent **ail** en **aux**.

f. En français, *les noms de famille ne prennent pas d'***s** *au pluriel.*

Ex. les Dupont, les Renoir

g. Certains noms sont *toujours pluriels.*

Ex. les gens, les vacances, les mathématiques, les épinards, les frais

h. Certains pluriels sont *complètement irréguliers.*

Ex. un œil → des yeux
un ciel → des cieux (ou ciels)
un jeune homme → des jeunes gens
un aïeul → des aïeux

2. Pluriel des *noms composés.* Les verbes et les prépositions qui se trouvent dans un nom composé ne changent pas au pluriel.

Les adjectifs et les noms se mettent au pluriel, sauf quand le sens l'interdit.

Ex. un gratte-ciel → des gratte-ciel
un grand-père → des grands-pères
un hors-d'œuvre → des hors-d'œuvre

Exercices

Exercice I (oral)

Indiquez le genre de chaque nom en utilisant **il** *ou* **elle**, *ou si vous préférez,* **un** *ou* **une**. *Le sens du mot n'est pas important.*

1. chimie, équité, étudiant, voyage, musée, poulet, garantie, bouteille, saveur,
2. firmament, probité, vendredi, ambiance, démolition, écueil, effet, hauteur,
3. capitalisme, balle, pierre, utopie, feuille, bonté, présence, nation, fil, parc,
4. gouvernement, Amérique, totalité, addition, opinion, toiture, absence, palefrenier,
5. oiseau, château, enlèvement, douceur, armature, moitié, parti, partie, carreau,
6. litière, analogie, maladie, menton, ferveur, caoutchouc, égalité, société, baignoire,
7. pouvoir, existence, exception, connaissance, terminaison, ver, animal, dent,
8. saccage, bouche, liberté, prix, présence, permission, maison, presse, intensité,
9. été, pas, hérésie, appareil, pou, licence, différence, signification, dragon, cheval,
10. développement, oreille, largeur, sentiment, limitation, tercet, dénouement,
11. voiture, silence

Exercice II

Écrivez les phrases suivantes au féminin.

1. Voilà un hôte hospitalier.
2. Le héros est courageux.
3. Son mari est aimable et riche.
4. Ce chien est rapide et doux.
5. Le jeune homme est sincère.

Exercice III

Écrivez les phrases suivantes au pluriel.

1. Regardez ce vitrail coloré.
2. Il a l'œil vif.
3. Un fil électrique est bleu.
4. C'est un animal rusé.
5. Mon bijou est cher et luxueux.
6. C'est un bel homme.
7. Le pneu est usé.
8. Voilà un vieil ami.

Exercice IV (écrit)

Mettez les noms composés au pluriel.

1. un arc-en-ciel
2. un timbre-poste
3. un ouvre-boîte
4. un après-midi
5. un haut-parleur
6. un coffre-fort
7. un chef-d'œuvre
8. un pique-nique

III. L'adverbe

A. Rôle

Un adverbe est un mot invariable dont la fonction est de modifier le sens du *verbe*, de l'*adjectif* ou de l'*autre adverbe* auquel il est joint.

Ex. Le professeur **est debout**. (modifie un verbe)
Il est **très gentil**. (modifie un adjectif)
Il n'est **pas souvent** en retard. (modifie un adverbe)

Un adverbe peut aussi modifier *une préposition*.

Ex. Le mot se place **immédiatement après** le verbe.

B. Catégories

On distingue les adverbes:

de manière: **bien**, **mal**, **ensemble**, **constamment**, **convenablement**, **aisément**, etc.
de temps: **aujourd'hui**, **tôt**, **longtemps**, **quelquefois**, **souvent**, **toujours**, etc.
de lieu: **devant**, **derrière**, **où**, **près**, **loin**, **dehors**, **ici**, **là**, etc.
de quantité: **beaucoup**, **trop**, **aussi**, **assez**, **tout**, **très**, **moins**, etc.
d'affirmation et *de doute:* **oui**, **si**, **naturellement**, **probablement**, **peut-être**, etc.
d'interrogation et *de négation* (voir leçons 14 et 15);
et *des locutions adverbiales:* **en attendant**, **petit à petit**, **à la longue**, **à peu près**, **à propos**, **en même temps**, **quelque part**, **par hasard**, **bien sûr**, **tout de suite**, **sans doute**, **à moitié**, etc.

Note

L'adverbe de quantité n'est pas suivi de **de** quand il modifie *un verbe*;

Ex. J'ai **beaucoup de patience**.

mais: **J'aime beaucoup** les langues.

REMARQUE

À la place d'un adverbe, on peut aussi employer des expressions comme: **d'un air content**, **d'un ton méchant**, **d'une façon bizarre**,

d'une manière spéciale, ou **avec joie**, **avec résolution**, **sans pitié**, etc.

C. Formation

1. Les adverbes de manière

a. Ils se forment en ajoutant **ment** au féminin de l'adjectif.

Ex. heureux, heureuse → **heureusement**
vif, vive → **vivement**
naturel, naturelle → **naturellement**
facile, facile → **facilement**
fou, folle → **follement**
premier, première → premièrement

b. Quelquefois le **e** du féminin se change en **é**.

Ex. profond, profonde → **profondément**
aveugle, aveugle → **aveuglément**
précis, précise → **précisément**
énorme, énorme → **énormément**

c. On ajoutent **ment** au masculin de l'adjectif qui se termine par les voyelles **ai**, **é**, **i**, **u** (car le **e** du féminin a disparu dans l'orthographe au XVIIe siècle).

Ex. vrai → **vraiment** résolu → **résolument** aisé → **aisément**

Exception

gai → **gaiement** ou **gaîment**

Application immédiate

Écrivez les adverbes formés sur les adjectifs suivants.

1. rare __________
2. entier __________
3. frais __________
4. réel __________
5. relatif __________
6. poli __________

7. profond ____________ 9. doux ____________

8. chaleureux ____________ 10. mou ____________

réponses p. 185

---

d. La terminaison **ant** d'un adjectif se change en **amment** et **ent** en **emment**. (Les deux terminaisons se prononcent [amɑ̃].)

Ex. savant → **savamment** prudent → **prudemment**

Exception

---

lent, lente → **lentement** (formation régulière)

Application immédiate

Écrivez les adverbes formés sur les adjectifs suivants et prononcez-les.

1. constant ____________ 3. évident ____________

2. méchant ____________ 4. récent ____________

réponses p. 185

---

e. Certains adverbes se forment *irrégulièrement*.

Ex. gentil → **gentiment** bref → **brièvement**

2. D'autres adverbes sont vaguement reliés à des adjectifs.

Ex. bon → **bien** meilleur → **mieux** mauvais → **mal** petit → **peu**

3. Beaucoup d'autres adverbes ne sont pas formés à partir d'adjectifs.

Ex. ainsi, maintenant, tard, loin, d'abord, ensuite

D. Place de l'adverbe

1. Un adverbe qui modifie *un adjectif* ou *un autre adverbe* précède ce mot.

Ex. Vous êtes **mal** habillée. *(devant un adjectif)*
Il va **probablement** mieux. *(devant un adverbe)*

2. Un adverbe qui modifie *un verbe conjugué* ne se trouve jamais devant ce verbe.

a. S'il modifie un verbe à *temps simple, il suit* le verbe.

Ex. Je le crois **généralement**.
Parlez-moi **franchement**.
Il n'était **jamais** à l'heure.

b. S'il modifie un verbe à un *temps composé,* l'adverbe se place *entre l'auxiliaire et le participe passé* quand il est court ou commun: **toujours**, **souvent**, **déjà**, etc.

Ex. Vous avez **mal** jugé la situation.
J'ai **presque** fini.
Vous avez **déjà** pris votre décision?

c. Si l'adverbe est long (comme beaucoup d'adverbes en **ment**) et *non commun,* on le place *après le participe passé;*

Ex. Il vous a parlé **gentiment**.
Elle a agi **généreusement**.

mais le rythme de la phrase importe aussi pour la place de l'adverbe.

3. Les adverbes *de temps* et *de lieu* se placent au commencement de la phrase, après le participe passé, ou à la fin de la phrase.

Ex. **Aujourd'hui** j'ai des courses à faire.
Je l'ai rencontré **là-bas**.
Je n'ai pas fait grand-chose **hier**.
Tu t'es levé **tard** ce matin.

4. On place des adverbes au commencement ou à la fin de la phrase pour *les mettre en relief.*

Ex. **Très lentement** il a levé sa canne pour montrer quelque chose au loin.

5. L'adverbe se place *après* ou *avant l'infinitif.* L'adverbe **bien** se place devant l'infinitif.

Ex. Je vous demande de parler **souvent** et de **bien** écouter aussi.

Application immédiate

Placez l'adverbe dans la phrase donnée.

1. Je pars. (immédiatement) ______________________
2. Il lui a répondu. (insolemment) ______________________
3. Vous avez compris. (bien) ______________________
4. Ils sont venus me voir. (avant-hier) ______________________
5. Vous essayez de faire. (trop) ______________________
6. Tu es fort. (extrêmement) ______________________
7. Nous avons parlé de vous. (souvent) ______________________
8. Tu parles français couramment. (très) ______________________

réponses p. 185

---

6. Certains adverbes placés au commencement de la phrase sont suivis de *l'inversion du verbe et du pronom sujet*: **peut-être**, **aussi**, **à peine**, **sans doute**, **encore** (voir E et leçon 2, p. 37).

7. Certains adjectifs sont employés adverbialement: parler **fort**, chanter **faux**, coûter **cher**, etc. (voir p. 154).

E. Observations sur quelques adverbes

1. à la longue («in the long run»):

Ex. **À la longue** on s'en fatigue.

2. à plusieurs reprises = plusieurs fois:

Ex. Je l'ai vu **à plusieurs reprises**.

3. auparavant = avant:

Ex. Je vais vous donner ceci, mais je voudrais vous en parler **auparavant**.

4. aussi se place après le verbe qu'il modifie comme les autres adverbes:

Ex. J'ai besoin de mon livre et j'ai **aussi** besoin d'un stylo.

— Si **aussi** modifie le sujet, il se place après le sujet:

Ex. Robert **aussi** est parti.

5. **autrement** = d'une autre façon ou sinon («otherwise»):

   Ex. Si vous n'y arrivez pas de cette façon, faites-le **autrement**. (d'une autre façon)
   Aidez-moi, **autrement** je ne pourrai pas y arriver. (sinon)

6. **beaucoup plus**, **beaucoup moins** + adjectif (**bien** s'emploie aussi à la place de **beaucoup**)

   Ex. Tu es **beaucoup** (**bien**) **plus** gentille qu'elle.
   Tu es **bien** meilleur en grammaire. (Employez **bien** devant **meilleur**.)

7. **bien** + adjectif = tout à fait, très:

   Ex. Tu es **bien** gentille.

   — **être bien = être à l'aise, être mieux**:

   Ex. Mettez-vous là, vous **serez bien**. Vous **serez mieux** dans ce fauteuil.

8. **comme il faut** = bien, convenablement:

   Ex. Allons! Faites ça **comme il faut**.

9. **en même temps** = ensemble, à la fois, au même moment
   en ce moment = maintenant

10. **fort** bien = **très** bien (voir aussi b, p. 155)

11. **même** («even»):

    Ex. **Même** malade, elle pense encore aux autres. (précède un adjectif)
    Il a été impoli et il a **même** refusé de répondre. (modifie un verbe)
    Il n'est **même** pas allé jusqu'au bout. (modifie un adverbe)
    Même sa mère ne le comprend pas. (modifie un nom ou un pronom)

12. **par moments** («at times»):

    Ex. **Par moments** il est assez découragé.

13. **peut-être** a trois positions possibles (voir aussi leçon 2, p. 37):

    Ex. **Peut-être** es-tu fatigué. **Peut-être que** tu es fatigué.
    Tu es **peut-être** fatigué.

14. plutôt = de préférence; **plus tôt** (deux mots) ≠ plus tard

15. si, tant, tellement

Si s'emploie seulement avec un adjectif ou un adverbe. **Tant** s'emploie avec un verbe. **Tellement** s'emploie dans tous les cas.

Ex. Je suis **si** (**tellement**) content de vous voir. (+ *adjectif*)
Vous travaillez **si** (**tellement**) bien. (+ *adverbe*)
mais: Il travaille **tant** (**tellement**). Il a **tant** (**tellement**) travaillé. (+ *verbe*)

16. si oui (deux mots); **sinon** (un mot)

17. «**so**»

Dans une conclusion, traduisez «so» («then») par **alors**:

Ex. J'avais nagé tout l'après-midi; **alors** j'étais fatigué.

18. souvent = fréquemment, bien des fois («many times»):

Ex. Vous êtes **souvent** en retard.

19. surtout = principalement (traduisez «more important» par **surtout** quand c'est un adverbe):

Ex. Il faut être naturel avec lui et **surtout** ne pas l'irriter.

20. tôt = de bonne heure; **très tôt** = de très bonne heure

21. tout = entièrement, complètement:

Ex. Il est **tout** petit.

Il est *invariable*, excepté devant un adjectif féminin singulier (**toute**) ou féminin pluriel (**toutes**) qui commence par *une consonne* ou *un* **h** *aspiré*, par raison d'euphonie:

Ex. Elle est **tout** essoufflée. Elles sont **tout** heureuses. (**h** muet)
mais: Elle est **toute** contente et **toute** humble de son succès. (**h** aspiré)
Elles semblent **toutes** préoccupées par cette affaire. (consonne)

22. vite = rapidement (**vite** est un adverbe; **rapide** est l'adjectif correspondant):

Ex. Partez **vite**.

Note

Vite peut aussi être employé comme adjectif.

Ex. C'est le coureur le plus **vite**.

23. volontiers = avec plaisir, de bon gré:

Ex. Voulez-vous me rendre service? — **Volontiers**.

Exercices

Exercice I (oral)

Dites si le mot souligné est un adverbe, un adjectif, une préposition ou une conjonction.

1. Allez-y avant moi. J'irai après.
2. Si je le savais si bien, je n'aurais pas besoin de le relire.
3. Il s'est présenté devant la classe; il était fort courageux.
4. Faites-le avant qu'il ne vous le demande.
5. Parlez plus fort. On ne vous entend pas.
6. Ce mur est très haut.

Exercice II (oral)

Dites quelles sortes de mots les adverbes soulignés modifient.

1. On pensait qu'il était malade parce qu'il était tout pâle.
2. Cette fleur sent si bon!
3. Il raconte toujours des histoires extraordinaires.
4. Vous n'êtes même pas allé jusqu'en haut?
5. Il est arrivé bien avant moi.
6. J'ai trop peu de temps pour y penser.

Exercice III (oral)

Placez l'adverbe dans la phrase.

1. Vous lui avez donné du travail. (aussi)
2. N'oubliez pas de vérifier vos réponses. (bien)
3. Ils ont affirmé ça. (toujours)
4. Il parle trois langues. (très couramment)
5. Tu es revenue de ton voyage. (hier)
6. Ce n'est pas possible. (malheureusement)
7. La vie était-elle plus facile? (autrefois)
8. Ils feront un voyage cet été. (probablement)

9. Il vient de sortir. (juste)
10. Le conférencier a parlé et il est fatigué. (beaucoup)

Exercice IV (oral)

Placez les adverbes au début de la phrase et faites les changements nécessaires.

1. Elle va **peut-être** subir une opération. (deux possibilités)
2. Vous avez **sans doute** reçu ma lettre.
3. Tu étais **à peine** parti **qu**'il a téléphoné.

Exercice V (oral)

Complétez avec un synonyme de l'adverbe donné.

1. Dites-moi .... de quoi il s'agit. (rapidement)
2. Je suis .... inquiète de son état de santé. (très)
3. Ils sont arrivés .... (ensemble)
4. Je l'ai .... rencontré. (fréquemment)
5. Elle vous le préparera .... (de bon gré)
6. .... tu es méchant! (Comme)
7. Venez .... à trois heures. (de préférence)
8. J'ai .... marché que j'ai mal aux pieds. (tellement)
9. Il l'avait déjà dit quelques jours .... (avant)
10. Êtes-vous .... plus heureux maintenant? (beaucoup)
11. Nous partirons .... demain matin. (tôt)
12. .... vous comprendrez que c'était pour le mieux. (avec le temps)
13. Elle va un peu mieux physiquement; mais c'est .... son attitude mentale qui s'améliore. (principalement)
14. .... elle est très indécise. (par intervalles)
15. Il faut montrer de la patience; .... ça va aller mal. (sinon)

Exercice VI (oral)

Traduisez les mots entre parenthèses.

1. Vous arriverez à oublier .... («in the long run»)
2. Je le rencontrais .... quand il y travaillait. («many times»)
3. Il est nécessaire d'avoir de très bonnes notes, naturellement, mais il faut .... avoir d'autres activités. («more important»)
4. Vous avez l'air très heureux; .... je pense que vous avez pu faire tout ce que vous vouliez. («so»)

Exercice VII (oral)

*L'adverbe **doucement** peut signifier **lentement**. Faites une phrase avec ce sens de l'adverbe.*

Ex. Allez plus **doucement**; il y a une limitation de vitesse sur cette route.

Exercice VIII

Écrivez les adverbes de manière correspondant aux adjectifs suivants.

1. long
2. sot
3. patient
4. docile
5. absolu
6. particulier
7. faux
8. gentil
9. sec
10. élégant
11. naïf
12. lent
13. extrême
14. courageux
15. franc
16. net

Exercice IX

Écrivez une phrase avec chacune des locutions adverbiales suivantes.

1. par hasard
2. pas mal de
3. autrement (sinon)
4. peut-être
5. beaucoup plus (+ adjectif)
6. en même temps
7. tout de suite
8. beaucoup de

Exercice X

Écrivez une phrase contenant chacune les deux mots suivants.

1. mauvais, mal
2. rapide, vite
3. bon, bien

Exercice XI

Écrivez l'adjectif à partir duquel l'adverbe est formé.

1. suffisamment
2. décemment
3. élégamment
4. apparemment
5. bruyamment
6. patiemment

Exercice XII (écrit)

*Substituez à l'adverbe de manière donné des mots équivalents en utilisant **avec, sans, d'une façon, d'une manière, d'un air,** ou **d'un ton**.*

Ex. soigneusement → avec soin

1. méchamment
2. brusquement
3. chaleureusement
4. bizarrement
5. aisément
6. impitoyablement

Exercice XIII

Écrivez une phrase avec chacune des expressions suivantes pour montrer la différence de sens et de construction entre elles.

1. un peu de (+ nom singulier)
2. quelques (+ nom pluriel)
3. peu de (+ nom singulier ou pluriel)

Exercice XIV (écrit)

Faites une phrase en choisissant un des deux adverbes de temps.

1. autrefois, jadis
2. désormais, dorénavant

Réponses aux applications immédiates

p. 176
1. rarement
2. entièrement
3. fraîchement
4. réellement
5. relativement
6. poliment
7. profondément
8. chaleureusement
9. doucement
10. mollement

p. 177
1. constamment
2. méchamment
3. évidemment
4. récemment

p. 179
1. Je pars immédiatement.
2. Il lui a répondu insolemment.
3. Vous avez bien compris.
4. Ils sont venus me voir avant-hier.
5. Vous essayez de trop faire.
6. Tu es extrêmement fort.
7. Nous avons souvent parlé de vous.
8. Tu parles français très couramment.

• LE FUTUR
• LE CONDITIONNEL

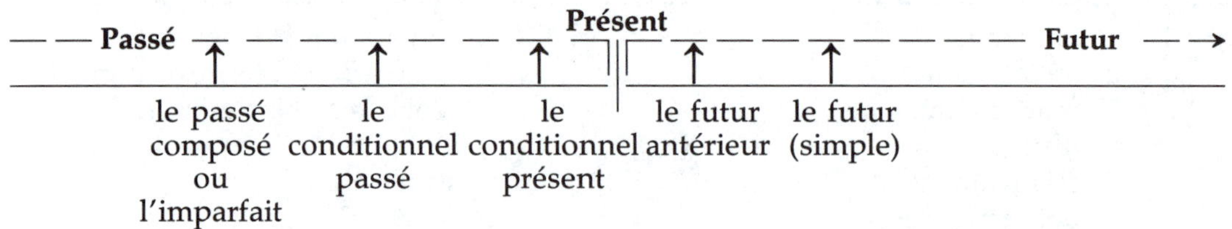

I. Le futur

Il est employé pour exprimer des faits à venir. Il a deux temps: le futur (simple) et le futur antérieur.

A. Le futur

C'est un temps simple: un mot.

1. Formes

a. Verbes réguliers. *À l'infinitif du verbe* on ajoute *les terminaisons du présent* du verbe **avoir**. On laisse tomber le **e** des verbes en **re**. Voici le futur des trois conjugaisons de verbes réguliers.

terminaisons du présent du verbe **avoir**	**aimer**	**finir**	**vendre**
ai →	j'aimer**ai**	je finir**ai**	je vendr**ai**
as →	tu aimer**as**	tu finir**as**	tu vendr**as**
a →	il, elle, on aimer**a**	il, elle, on finir**a**	il, elle, on vendr**a**
ons →	nous aimer**ons**	nous finir**ons**	nous vendr**ons**
ez →	vous aimer**ez**	vous finir**ez**	vous vendr**ez**
ont →	ils, elles aimer**ont**	ils, elles finir**ont**	ils, elles vendr**ont**

REMARQUES

— *La lettre caractéristique du futur* est la lettre **r**, à cause de sa formation sur l'infinitif. On la trouve *immédiatement avant la terminaison du futur* de tous les verbes, réguliers et irréguliers, à toutes les personnes. Elle n'est pas présente dans les autres temps de l'indicatif.

Ex. **finir:** je finis, je finissais, j'ai fini, etc.

mais: je fini**r**ai

vendre: je vends, je vendais, j'ai vendu, etc.

mais: je vend**r**ai

— Quand il y a déjà un **r** *avant* la terminaison de l'infinitif, il y a alors *deux r* dans les deux dernières syllabes du futur.

Ex. prépa**r**er: je prépa**r**erai
péri**r**: je péri**r**ai

— Normalement, la terminaison **ai** de la première personne du singulier (**je**) du futur se prononce [e] et la terminaison **ais** du conditionnel présent se prononce [ɛ]. Prononcez:

j'aimer**ai**, j'aimer**ais**; je finir**ai**, je finir**ais**, etc.

Mais dans la conversation courante, cette distinction se remarque peu.

— Dans les verbes en **ier**, **uer**, **éer**, **ouer**, seuls **i**, **u**, **é**, **ou** se prononcent, car le **e** de la terminaison **er** est maintenant muet dans la syllabe. Prononcez-les clairement.

Ex. remerc**ier**: je remerc**ie**/rai   cr**éer**: je cr**ée**/rai
contin**uer**: je contin**ue**/rai   av**ouer**: j'av**oue**/rai

Application immédiate

Écrivez le futur des verbes suivants et prononcez-le.

1. obéir; nous __________
2. répondre; vous __________
3. aimer; ils __________
4. rencontrer; tu __________
5. étudier; il __________
6. louer; je __________

réponses p. 199

Note

À cause de sa formation à partir de l'infinitif, le verbe **haïr** a *un tréma à toutes les personnes* du futur.

je haïrai	nous haïrons
tu haïras	vous haïrez
il, elle, on haïra	ils, elles haïront

CHANGEMENTS ORTHOGRAPHIQUES DE CERTAINS VERBES EN **ER** AU FUTUR

Les changements effectués au présent de l'indicatif (voir leçon 1, p. 4) se retrouvent à toutes les personnes du futur de ces verbes:

Ex.

lever	**appeler**	**jeter**
je l**è**verai	j'appe**ll**erai	je je**tt**erai
tu l**è**veras	tu appe**ll**eras	tu je**tt**eras
il l**è**vera	il appe**ll**era	il, elle, on je**tt**era
nous l**è**verons	nous appe**ll**erons	nous je**tt**erons
vous l**è**verez	vous appe**ll**erez	vous je**tt**erez
ils l**è**veront	ils appe**ll**eront	ils, elles je**tt**eront

acheter	**peler**
j'ach**è**terai	je p**è**lerai
tu ach**è**teras	tu p**è**leras
il ach**è**tera	il p**è**lera
nous ach**è**terons	nous p**è**lerons
vous ach**è**terez	vous p**è**lerez
ils ach**è**teront	ils p**è**leront

mais il n'y a *pas de changement* avec un **é**:

Ex. **répéter**
je rép**é**terai
tu rép**é**teras
il rép**é**tera
nous rép**é**terons
vous rép**é**terez
ils rép**é**teront

payer	**nettoyer**	**essuyer**
je pa**i**erai	je netto**i**erai	j'essu**i**erai
tu pa**i**eras	tu netto**i**eras	tu essu**i**eras
il pa**i**era	il, elle, on netto**i**era	il, elle, on essu**i**era
nous pa**i**erons	nous netto**i**erons	nous essu**i**erons
vous pa**i**erez	vous netto**i**erez	vous essu**i**erez
ils pa**i**eront	ils, elles netto**i**eront	ils, elles essu**i**eront

---

Application immédiate

Écrivez le futur des verbes suivants à la personne indiquée.

1. jeter; je __________
2. espérer; on __________
3. mener; elle __________
4. se promener; nous __________
5. rappeler; je __________
6. ennuyer; tu __________

réponses p. 199

---

b. Verbes irréguliers. Certains verbes irréguliers forment leur futur *régulièrement*, par exemple les verbes irréguliers en **re** (excepté **être** et **faire**):

Ex. boire; je boirai   naître; je naîtrai   écrire; j'écrirai

et quelques verbes irréguliers en **ir**.

Ex. ouvrir; j'ouvrirai   fuir; je fuirai

D'autres ont *un radical irrégulier* qu'il faut savoir par cœur. *Les terminaisons* sont toujours celles *du présent du verbe* ***avoir***.

Futur irrégulier de verbes courants

aller → j'irai	mourir → je mourrai
avoir → j'aurai	pleuvoir → il pleuvra
courir → je courrai	pouvoir → je pourrai

cueillir → je cueillerai
devoir → je devrai
envoyer → j'enverrai
être → je serai } à ne pas confondre
savoir → je saurai }
faire → je ferai
il faut → il faudra

recevoir → je recevrai
s'asseoir → je m'assiérai
ou je m'assoirai
tenir → je tiendrai
valoir → je vaudrai } à ne pas confondre
vouloir → je voudrai }
venir → je viendrai
voir → je verrai

Note

Aller et **envoyer** sont les seuls verbes en **er** qui sont irréguliers au futur.

Application immédiate

Donnez le futur des verbes suivants, à la personne indiquée.

1. comprendre; il __________
2. faire; nous __________
3. devenir; je __________
4. vivre; tu __________
5. aller; vous __________
6. voir; elle __________
7. accueillir; j' __________
8. connaître; ils __________

réponses p. 199

---

2. Emplois. Le futur est employé:

a. pour exprimer un fait *futur par rapport au présent* («shall, will») (voir diagramme, p. 186):

Ex. Il lui **écrira** bientôt. (action)
Ce soir, je **serai** fatigué après ma longue journée. (état)

Note

On exprime *le futur proche* avec le *présent de* ***aller*** + *l'infinitif* du verbe.

Ex. Je **vais parler** dans un instant.
Elle **va étudier** le français le trimestre prochain.
Je **vais** vous **raconter** cette anecdote.
Cher ami, (dans une lettre)
Je **vais** te **donner** des nouvelles de nous tous…

b. *après les conjonctions temporelles:*

quand, lorsque; aussitôt que, dès que; pendant que, tandis que; tant que («as long as») pour exprimer un fait futur (en anglais le verbe reste au présent).

Le verbe de la proposition principale est *au futur* ou *à l'impératif.*

Ex. **Quand** (**Lorsque**) vous **voudrez** me parler, je vous écouterai. («When you want...»)
Téléphonez-moi **dès que** (**aussitôt que**) vous **arriverez**.
Pendant que (**Tandis que**) je **me reposerai**, tu pourras lire un peu.
Tant que vous n'**aurez** pas tous les éléments de la situation, vous ne pourrez pas tirer de conclusion.

c. *pour donner des ordres oraux atténués,* au lieu de l'impératif (voir aussi leçon 12, p. 269):

Ex. Vous me **direz** combien je vous dois.
Pour demain, vous **étudierez** la leçon numéro 3 et vous **écrirez** les deux premiers exercices. (au lieu de: étudiez... et écrivez...)

d. *dans une phrase conditionnelle avec* ***si*** *+ présent.*

Ex. **Si** on **passe** un bon film, j'**irai** le voir.

Une phrase conditionnelle comprend deux propositions: *la proposition conditionnelle* qui commence par **si** et qui exprime la condition ou l'hypothèse et *la proposition principale* qui exprime le résultat ou la conséquence. *Il n'y a jamais de futur après un* ***si*** *de condition.*

Rappelons que:

si + il = s'il **si + elle = si elle**
si + ils = s'ils **si + elles = si elles**
si + on = si on

Voici les trois cas courants de phrase conditionnelle avec **si** + *présent*:

Si je **dis** oui, il **dit** non. (présent)
Si vous ne **pouvez** pas venir, **faites**-le moi savoir. (impératif)
S'il **fait** beau demain, nous **pourrons** sortir. (futur)

TABLEAU 8.1 Phrase conditionnelle courante avec **si** + *présent*

verbe avec **si** de condition	verbe principal
PRÉSENT	PRÉSENT, IMPÉRATIF, FUTUR

(Voir tableau 8.5, p. 207 pour une autre possibilité de phrase avec **si** + *présent*.)

ATTENTION

Il est important de faire la distinction entre un **si** *de condition* et un **si** *d'interrogation indirecte* («whether») avec lequel *on peut employer* un futur.

Ex. Je ne sais pas **si** je **pourrai** aller vous voir. (ne pas savoir si)
Il se demande **s'**il **saura** jamais la raison de son départ. (se demander si)

Note

Le mot «will» se traduit par **vouloir** quand il indique une volonté.

Ex. **Voulez**-vous m'aider? «Will you help me?»

Application immédiate

Mettez les verbes au futur, ou à un autre temps si le futur ne convient pas.

1. Tant que je ne le __________ (voir) pas, je ne le croirai pas.
2. Si vous __________ (se dépêcher), vous ne manquerez pas votre avion.
3. S'il se jette à tes genoux, lui __________ (pardonner)-tu?
4. Je me demande s'ils __________ (arriver) à le convaincre.
5. Donnez-moi de vos nouvelles dès que vous le __________ (pouvoir).
6. Comme tu as peur de te perdre, que vas-tu faire? Je __________ (te suivre).

réponses p. 199

B. Le futur antérieur

C'est un temps composé: deux mots.

1. Formes. Le futur antérieur est la forme composée du futur (voir aussi le tableau des modes et temps, p. 450). Formation: *le futur de l'auxiliaire **avoir** ou **être** + le participe passé du verbe en question.*

Ex. aimer (transitif)
j'aurai aimé
tu auras aimé
il, elle, on aura aimé
nous aurons aimé
vous aurez aimé
ils, elles auront aimé

aller (transitif)
je serai allé(e)
tu seras allé(e)
il, elle, on sera allé(e)
nous serons allés(ées)
vous serez allé(e,s,es)
ils, elles seront allés(ées)

se lever (pronominal)
je me serai levé(e)
tu te seras levé(e)
il, elle, on se sera levé(e)
nous nous serons levés(ées)
vous vous serez levé(e, s, es)
ils, elles se seront levés(ées)

Application immédiate

Écrivez le futur antérieur des verbes suivants.

1. finir; j' __________
2. partir; vous __________
3. se tromper; ils __________
4. comprendre; tu __________

réponses p. 199

---

2. Emplois

a. Comme son nom l'indique, le futur antérieur exprime une action future *antérieure à une autre action future*. Pour montrer cette séquence, on utilise généralement *une conjonction temporelle qui montre l'antériorité*: ***quand, lorsque***; ***après que***; ***tant que***; ***aussitôt que, dès que***; ***à peine... que***. (Voir diagramme, p. 186.)

Ex. **Quand** (**Lorsque**) tu **auras fini** ton travail, tu pourras jouer. («When you have finished...»)
Après que vous **aurez écrit** la phrase au tableau, je la corrigerai.

Tant qu'il n'**aura** pas **répondu**, ils attendront.
Aussitôt que (**Dès que**) tu lui **auras téléphoné**, elle se sentira mieux.
À peine serez-vous **arrivé que** vous devrez déjà penser à repartir.

REMARQUE

Dès que, **aussitôt que** et **à peine... que** indiquent des actions *immédiatement antérieures* à l'action principale. Si les deux actions ne peuvent pratiquement pas être distinguées l'une de l'autre, les deux verbes sont *au futur* (simple).

Ex. **Dès que** (**Aussitôt que**) le départ **sera** donné, les chevaux **se mettront** à courir.
À peine sera-t-il sur la route **qu'**il **se rendra** compte de son oubli.

b. Le futur antérieur peut aussi indiquer qu'*une action sera accomplie à un certain moment à venir*. Ce moment est généralement indiqué.

Ex. J'**aurai** certainement **fini** ça quand tu partiras.
Demain, à cette heure-ci, il **sera arrivé** à Paris.
À ce moment-là, il **aura eu** le temps de se reposer.

c. Il peut exprimer *un fait passé imaginé* (une supposition, une probabilité).

Ex. Elle est en retard; elle **aura eu** un accident!
Il n'est pas dans le train; il l'**aura manqué**.
Espérons qu'ils **se seront** bien **amusés** à la fête.
Elle a l'air contente; elle **aura réussi** à son examen.

d. Il est aussi employé *dans une phrase conditionnelle* avec **si** + *passé composé*.

Ex. **Si** Robert **a pu** travailler ce matin, il **aura été** content.

Autres cas courants avec **si** + *passé composé*:

Si tu **as** bien **compris**, tu **pourras** continuer. (futur)
Si vous **avez fini** avant moi, attendez-moi. (impératif)

TABLEAU 8.2 Phrase conditionnelle avec **si** + *passé composé*

verbe avec **si** de condition	verbe principal
PASSÉ COMPOSÉ	FUTUR ANTÉRIEUR FUTUR IMPÉRATIF

(Voir tableau 8.5, p. 207 pour autres possibilités de phrases avec **si** + *passé composé*.)

(Cependant le futur antérieur peut être employé après un *si d'interrogation indirecte* («whether»).

Ex. Je me demande **s'il aura pu** y aller.
Il ne sait pas **si** elle **aura réussi** à le convaincre.)

Application immédiate

Complétez avec le futur antérieur, ou un autre temps si le futur antérieur ne convient pas.

1. Il __________ (lire) tout le livre avant que j'arrive.
2. Vous recopierez votre dictée quand vous en __________ (corriger) les fautes.
3. Le coquin, il __________ (encore faire) des siennes!
4. On ne sait pas si l'été __________ (être) assez chaud pour produire une bonne récolte.
5. Si tu __________ (bien suivre) la recette, ton gâteau sera délicieux.

réponses p. 199

Exercices

Exercice I (oral)

*Donnez le futur des verbes suivants à la 1re personne du singulier (**je**).*

1. servir
2. voir
3. faire
4. pouvoir
5. saluer
6. venir
7. avoir
8. savoir
9. courir
10. créer
11. s'asseoir
12. dire
13. mourir
14. mener
15. nouer
16. envoyer
17. répondre
18. offrir
19. céder
20. prouver
21. ouvrir
22. prendre
23. serrer
24. haïr
25. vouloir
26. recevoir
27. étudier

Exercice II (oral)

Mettez les phrases suivantes au futur.

Ex. Quand il **part** en voyage, il **prépare** ses valises.
Quand il **partira** en voyage, il **préparera** ses valises.
Elle **rentre** après que les enfants **ont dîné**.
Elle **rentrera** après que les enfants **auront dîné**.

1. Il se sent bien quand il est en vacances.
2. On est fatigué lorsqu'on arrive du travail.
3. Le conférencier commence son discours dès que l'auditoire s'est tu.
4. Le professeur s'en va aussitôt qu'il a fini son cours.
5. Je peux le prouver, si vous le voulez.
6. Dis-tu bonjour à mon frère quand tu le rencontres?
7. À peine entendent-ils la cloche qu'ils se précipitent dehors.
8. Vous finissez votre travail après que j'ai fini le mien.
9. Elle plante des fleurs dès que la saison le permet et puis elle les cueille quand elles sont épanouies.
10. Ils viennent dîner après que les enfants sont couchés.
11. Tant qu'il fait beau, il faut en profiter.
12. La marée démolit le château de sable dès que les enfants l'ont bâti.
13. Les étudiants font attention en classe tant qu'ils ne sont pas trop fatigués.
14. Nous voyons beaucoup de choses intéressantes pendant que nous voyageons.
15. S'il ne vient pas, c'est qu'il a eu un empêchement.

Exercice III (oral)

Changez le futur en futur proche dans les phrases suivantes.

1. Je vous dirai cela dans un instant.
2. Il racontera l'histoire aux membres du groupe.
3. Je pense que vous serez content de le savoir.

Exercice IV (oral)

Dans les phrases suivantes, employez le futur avec ***dans;*** *puis le passé composé avec* ***il y a*** («ago»).

Ex. (aller) J'**irai** le voir **dans** quelques jours.
Je **suis allé** le voir **il y a** quelques jours.

1. (partir) Ils .... à la campagne .... un mois.
2. (parler) Nous leur .... quelques minutes.
3. (assister) J' .... à un tournoi de tennis .... trois semaines.

Exercice V (oral)

Finissez les phrases suivantes en employant un futur quand c'est possible.

1. J'irai à Paris quand ....
2. J'irai à Paris si ....
3. Je vous verrai quand ....
4. Je vous verrai si ....
5. Je ne sais pas quand ....
6. Je ne sais pas si ....

Exercice VI (oral)

Atténuez les ordres à l'impératif en les mettant au futur.

Ex. **Prenez** cette feuille et **rapportez**-la-moi demain.
Vous **prendrez** cette feuille et vous me la **rapporterez** demain.

1. Dessine-moi un mouton.
2. Fais-moi plaisir. Admire-moi quand même.
3. Soyez mes amis, je suis seul, dit-il.
4. Va revoir les roses.
5. Laisse-moi faire, lui dis-je, c'est trop lourd pour toi.
6. Regardez le ciel. Demandez-vous: le mouton oui ou non a-t-il mangé la fleur?
7. Regardez attentivement ce paysage afin d'être sûrs de le reconnaître, si vous voyagez un jour en Afrique, dans le désert. Et, s'il vous arrive de passer par là, je vous en supplie, ne vous pressez pas, attendez un peu juste sous l'étoile! Si alors un enfant vient à vous, s'il rit, s'il a des cheveux d'or, s'il ne répond pas quand on l'interroge, vous devinerez bien qui il est. Alors soyez gentils! Ne me laissez pas tellement triste: écrivez-moi vite qu'il est revenu.

Saint-Exupéry, *Le Petit Prince* (extraits)

Exercice VII (oral)

*Répondez aux questions suivantes. La réponse contient un **si** d'interrogation indirecte.*

Ex. Auront-ils le temps de dîner? — On ne sait pas s'<u>ils en auront le temps</u>.

1. Irez-vous au cinéma ce soir? — Je ne sais pas encore si ____________________ .
2. Aura-t-elle pu se reposer un peu? — Je me demande si ____________________ .
3. Pourra-t-il venir avec nous à la plage? — Nous ne savons pas si ____________ .

Exercice VIII (écrit)

Complétez avec le futur ou le futur antérieur après la conjonction temporelle.

1. Lorsque vous ________ (ne plus avoir) besoin de ce papier, jetez-le.
2. Tu lui liras une histoire pendant qu'elle ________ (s'endormir).

3. Quand vous _______ (finir) d'écouter ce programme, il sera temps de vous coucher.
4. Je me coucherai dès que j' _______ (avoir) envie de dormir.
5. Je te dirai mon secret après que tu me _______ (dire) le tien.
6. Tant que tu y _______ (penser), tu en souffriras.
7. À peine _______ (ils, monter) dans le bateau qu'ils auront le mal de mer.

Exercice IX (écrit)

Finissez ces phrases en employant le futur quand c'est possible.

Ex. Je serai très fatigué quand j'aurai fini de travailler à mon ordinateur.
Elle vous verra si elle va mieux.

1. Tu écouteras bien pendant que _______________ .
2. Vous vous fâcherez lorsque _______________ .
3. Nous irons déjeuner quand _______________ .
4. Il se demande si _______________ .
5. Je continuerai à le dire tant que _______________ .
6. Il faudra faire de l'exercice physique si _______________ .
7. Faites-le aussitôt que _______________ .
8. À six heures ce soir _______________ .
9. Vous visiterez Paris après que _______________ .
10. Mon Dieu! Avec deux heures de retard, _______________ .

Exercice X

Écrivez un paragraphe de quatre ou cinq lignes expliquant ce que vous ferez demain. Employez des futurs et futurs antérieurs, des phrases avec des **si** *d'interrogation indirecte et de condition, et des conjonctions temporelles.*

Exercice XI

Écrivez une phrase au futur avec chacune des conjonctions temporelles suivantes.

1. après que
2. à peine... que...
3. tant que
4. lorsque

Exercice XII (écrit)

Complétez les phrases avec un fait passé imaginé: supposition, probabilité, au futur antérieur.

Ex. Elle a mal à l'estomac; elle aura encore mangé trop vite.

1. Son chien est de nouveau perdu; _______________ .
2. La boîte de gâteaux secs est vide; _______________ .
3. Ils devaient me donner un coup de fil; _______________ .
4. Le paquet n'est jamais arrivé à destination; _______________ .

Exercice XIII

Écrivez un paragraphe de cinq ou six lignes pour donner une idée de ce que vous ferez plus tard (votre carrière et votre vie). Employez beaucoup de futurs.

Exercice XIV

Écrivez une phrase avec un ***si*** *d'interrogation indirecte et une avec un* ***si*** *de condition.*

Exercice XV

Écrivez quelques lignes sur le sujet suivant: Comment sera ce monde dans vingt ans? *Employez beaucoup de futurs.*

Exercice XVI (écrit)

Décrivez en quelques lignes une visite à une cartomancienne qui prédit tout votre avenir. Employez le style direct. (N'oubliez pas le futur proche.)

Réponses aux applications immédiates

p. 188
1. obéirons
2. répondrez
3. aimeront
4. rencontreras
5. étudiera
6. louerai
7. accueillerai
8. connaîtront

p. 189
1. jetterai
2. espérera
3. mènera
4. nous promènerons
5. rappellerai
6. ennuieras

p. 190
1. comprendra
2. ferons
3. deviendrai
4. vivras
5. irez
6. verra

p. 192
1. verrai
2. vous dépêchez
3. pardonneras
4. arriveront
5. pourrez
6. vais te suivre

p. 193
1. aurai fini
2. serez parti (s, e, es)
3. se seront trompés
4. auras compris

p. 195
1. aura lu
2. aurez corrigé
3. aura encore fait
4. aura été
5. as bien suivi

II. Le conditionnel

C'est le mode de l'action éventuelle qui dépend d'une condition énoncée ou non. Le conditionnel a deux temps: le présent et le passé.

A. Le conditionnel présent

C'est un temps simple: un mot.

1. Formes

a. Verbes réguliers

Il est formé à partir de *l'infinitif*, comme le futur, mais avec *les terminaisons de l'imparfait*. On laisse tomber le **e** des verbes en **re**. Voici le conditionnel présent des trois conjugaisons de verbes réguliers.

Terminaisons de l'imparfait	**aimer**
ais	j'aimer**ais**
ais	tu aimer**ais**
ait	il, elle, on aimer**ait**
ions	nous aimer**ions**
iez	vous aimer**iez**
aient	ils, elles aimer**aient**

finir	**vendre**
je finir**ais**	je vendr**ais**
tu finir**ais**	tu vendr**ais**
il, elle, on finir**ait**	il, elle, on vendr**ait**
nous finir**ions**	nous vendr**ions**
vous finir**iez**	vous vendr**iez**
ils, elles finir**aient**	ils, elles vendr**aient**

REMARQUE

Comme pour le futur, la lettre caractéristique du conditionnel est la lettre **r**, pour la même raison.

CHANGEMENTS ORTHOGRAPHIQUES DE CERTAINS VERBES EN **ER** AU CONDITIONNEL PRÉSENT

Ce sont les mêmes que ceux du futur (voir p. 188).

b. Verbes irréguliers

Formation: *le radical du futur + les terminaisons de l'imparfait.*

Ex. je voudrais, j'irais, je ferais, je viendrais, je serais

Application immédiate

Écrivez le conditionnel présent des verbes réguliers et irréguliers suivants.

1. révéler; je ___________
2. craindre; nous ___________
3. revenir; il ___________
4. rendre; tu ___________
5. savoir; tu ___________
6. ouvrir; vous ___________
7. envoyer; ils ___________
8. se lever; elle ___________

réponses p. 211

2. Emplois

a. Le conditionnel présent traduit généralement les formes anglaises «should, would», pour exprimer, comme en anglais, *une possibilité* ou *une éventualité.*

Ex. Il **pourrait** encore venir.
Comment **saurais**-je la vérité?
Ce **serait** une folie de le faire.
Je lui **expliquerais** le poème avec plaisir.

En particulier, la locution ***au cas où*** (ou ***pour le cas où***) est *toujours suivie du conditionnel* puisqu'elle exprime une éventualité.

Ex. **Au cas où** vous **voudriez** lui écrire, parlez-moi d'abord.
J'ai pris mes lunettes **au cas où** il **faudrait** lire des sous-titres pendant le film.

b. Il est employé quand *un fait rapporté semble douteux* ou *n'a pas encore été confirmé.*

Ex. D'après ce qu'on vient de me dire, le conférencier **serait** malade.
Selon vous, il y **aurait** moins de travail pour certains cours de cinq unités que pour des cours de trois unités.
Il y a eu un meurtre. Il **s'agirait** d'un règlement de compte.

c. Il est employé pour *atténuer l'expression, la rendre plus polie* (en particulier à la place de l'indicatif présent des verbes **devoir**, **pouvoir**, **vouloir** qui a un sens plus fort).

Ex. **Pourriez**-vous m'indiquer la rue Lepic?
Auriez-vous la bonté de me passer le sel?

Vous **devriez** peut-être vous excuser.
Je **voudrais** bien pouvoir y aller.

d. L'expression anglaise «I wish you would do it» se traduit par *le conditionnel présent du verbe **vouloir** + **que** + subjonctif* (littéralement «**I** would wish that you do it.»).

Ex. Je **voudrais** que vous veniez avec moi. («I wish you would come with me.»)

— Quand les deux verbes ont le même sujet, «I wish I could do it» se traduit par: ***Je voudrais** + l'infinitif.*

Ex. Je **voudrais** aller avec vous.
(«I wish I could go with you.»)

Application immédiate

Traduisez les phrases suivantes.

1. «He wishes you would come.» ______________________________

2. «I wish I could understand.» ______________________________

réponses p. 211

---

e. Le conditionnel présent est aussi employé pour exprimer ce qui était futur et est maintenant passé (le futur du passé) (voir aussi leçon 15, p. 344). (Voir diagramme, p. 186.)

Ex. { Elle sait qu'il **viendra**. (le futur du présent)
Elle savait qu'il **viendrait**. (le futur du passé) }
{ Il dit que ce travail **sera** facile.
Il a dit que ce travail **serait** facile. }

Note

Pour exprimer *le futur proche du passé,* on emploie *l'imparfait de **aller** + l'infinitif* du verbe.

Ex. { Elle sait qu'il **va venir**. (dans le présent)
Elle savait qu'il **allait venir**. (dans le passé) }

Application immédiate

Mettez les phrases au passé.

1. Tout le monde est sûr que vous serez d'accord. ____________________

2. Tout le monde est sûr que vous allez être d'accord. ____________________

réponses p. 211

f. Il est employé *dans une phrase conditionnelle avec* **si** + *imparfait* (Il n'y a jamais de futurs ni de conditionnels après un **si** de condition.);

Ex. **Si** j'**avais** envie de dormir, j'**irais** me coucher.
Que **feriez**-vous **si** vous **étiez** riche?
Si vous **tourniez** la page, vous **trouveriez** la suite de l'exercice.
Si nous **savions** mieux le français, nous **saurions** la différence entre un saut, un seau, un sceau et un sot.

(mais le conditionnel présent peut être employé après le *si d'interrogation indirecte* («whether»).

Ex. Je ne savais pas **si** je **pourrais** aller vous voir.
Il se demandait **s'il saurait** jamais la raison de son départ.
Je me demande **s'il hésiterait** à l'accuser.)

TABLEAU 8.3 Phrase conditionnelle courante avec **si** + *imparfait*

verbe avec **si** de condition	verbe principal
IMPARFAIT	CONDITIONNEL PRÉSENT

(Voir tableau 8.5, p. 207 pour une autre possibilité de phrase avec **si** + *imparfait*.)

Application immédiate

Complétez avec le conditionnel présent, ou avec un autre temps s'il ne convient pas.

1. J'emporte un tricot au cas où j' __________ (avoir) froid.

2. Il ferait un temps formidable si le vent __________ (être) moins fort.

3. Nous savions qu'ils __________ (déménager) bientôt.

4. __________ (Pouvoir)-vous me dire où se trouve l'Arc de Triomphe?

5. Nous lui avons demandé s'il __________ (aller) au match de football ce jour-là.
6. Ça lui __________ (plaire) de voyager beaucoup.

réponses p. 212

REMARQUES

— «Would» se traduit par *un imparfait* quand il indique une action répétée dans le passé (voir leçon 3, p. 74).

Ex. L'été dernier, il me **parlait** souvent. («he would speak...»)

Quelquefois «would» indique une volonté et se traduit par *l'imparfait de* **vouloir**.

Ex. Il ne **voulait** pas bouger. («He would not move.»)

— «Should» se traduit par le conditionnel présent de **devoir** quand il indique un conseil (voir aussi leçon 20, p. 435).

Ex. Vous **devriez** voyager davantage. («You should travel...»)

— «Could» se traduit par le verbe **pouvoir** *au conditionnel présent,* selon le sens de la phrase:

Ex. Faites attention, il **pourrait** devenir méchant. («he could become...»)

ou *au passé composé* ou *à l'imparfait* d'après le contexte.

Ex. Je voulais venir, mais je n'**ai** pas **pu**. («I could not»)
Je voulais venir, mais je ne **pouvais** pas le laisser seul. («I could not...»)

B. Le conditionnel passé

C'est un temps composé: deux mots.

1. Formes. Le conditionnel passé est la forme composée du conditionnel présent. Il a deux formes.

a. Première forme

Formation: *le conditionnel présent de l'auxiliaire* ***avoir*** *ou* ***être*** *+ le participe passé du verbe* en question.

Ex. aimer (transitif)
j'aurais aimé
tu aurais aimé
il, elle, on aurait aimé
nous aurions aimé
vous auriez aimé
ils, elles auraient aimé

aller (intransitif)
je serais allé(e)
tu serais allé(e)
il, elle, on serait allé(e)
nous serions allés(es)
vous seriez allé(e, s, es)
ils, elles seraient allés(es)

se lever (pronominal)
je me serais levé(e)
tu te serais levé(e)
il, elle, on se serait levé(e)
nous nous serions levés(es)
vous vous seriez levé(e, s, es)
ils, elles se seraient levés(es)

b. Deuxième forme

C'est *la forme littéraire,* exprimée avec *le plus-que-parfait du subjonctif* (voir leçon 19, p. 431).

Ex. aimer
j'eusse aimé

aller
je fusse allé

se lever
je me fusse levé

Application immédiate

Écrivez le conditionnel passé (1re forme) des verbes suivants.

1. emmener; j' __________
2. créer; nous __________
3. mourir; il __________
4. se rendre compte; ils __________

réponses p. 212

---

2. Emplois. On trouve le conditionnel passé («should have, would have») dans des constructions analogues à celles du conditionnel présent, pour exprimer:

a. *une éventualité, une possibilité.*

Ex. Il **aurait été** content de le voir.

— avec la locution ***au cas où*** (*ou* ***pour le cas où***).

Ex. **Au cas où** vous **auriez vu** mon sac, dites-le moi.

b. *un fait rapporté qui semble douteux* ou *qui n'a pas été confirmé.*

Ex. Il paraît qu'il **se serait enfui**.
Le pilote **aurait fait** une fausse manœuvre.

c. *une forme polie.*

Ex. J'**aurais** bien **aimé** vous parler.

d. l'expression anglaise «I wish you had done it»: *j'**aurais voulu** + **que** + subjonctif,* et «I wish I had done it»: *j'**aurais** (**bien**) **voulu** + l'infinitif.*

Ex. J'**aurais bien voulu** que Robert vienne avec moi. («I wish Robert had come with me.»)
J'**aurais voulu** vous aider. («I wish I had helped you.»)

e. *le futur antérieur du passé.* (Voir diagramme, p. 186.)

Ex. Il pense que vous **aurez fini** bientôt. (futur antérieur du présent)
Il pensait que vous **auriez fini** bientôt. (futur antérieur du passé)

f. *une phrase conditionnelle avec **si** + plus-que-parfait* (Il n'y a jamais de futurs ni de conditionnels après un ***si*** de condition.).

Ex. Vous **auriez entendu** le bruit **si** vous **aviez écouté**.
Vous **auriez vu** l'accident **si** vous **aviez regardé**.
Vous **auriez dit** des choses intéressantes **si** vous **aviez parlé**.

(mais après le ***si*** *d'interrogation indirecte,* on peut employer le conditionnel passé.

Ex. On se demandait **s'il aurait pu** le deviner.)

TABLEAU 8.4 Phrase conditionnelle courante avec **si** + *plus-que-parfait*

verbe avec **si** de condition	verbe principal
PLUS-QUE-PARFAIT	CONDITIONNEL PASSÉ

(Voir tableau 8.5, p. 207 pour autre possibilité de phrase avec **si** + *plus-que-parfait*.)
(Voir Application immédiate, p. 208.)

TABLEAU 8.5 Tableau complet des phrases conditionnelles
(Les cas les plus courants sont indiqués par un astérisque.)

VERBE AVEC **SI** DE CONDITION (condition, hypothèse)	VERBE PRINCIPAL (conséquence, résultat)	Exemples
présent	*présent	**Si** vous **voulez** jouer au tennis, vous **pouvez** le faire.
	*impératif	**Si** vous **avez** une question, **venez** me voir à mon bureau.
	*futur	**Si** nous **partons** maintenant, nous **arriverons** tôt.
	futur antérieur	**Si** vous **travaillez** bien, vous **aurez fini** ce soir.
passé composé	*futur antérieur	**S'il** **a fait** une promenade, ça lui **aura fait** du bien.
	*futur	**Si** le brouillard **a commencé** à se dissiper, il y **aura** du soleil tout à l'heure.
	*impératif	**Si** vous **avez écrit** un poème, **lisez**-le.
	présent	**Si** vous **avez** trop **bu**, il ne **faut** pas conduire votre voiture.
	imparfait	**S'il** vous **a révélé** cela, c'**était** pour vous troubler.
	passé composé	**Si** vous **êtes parti**, vous **avez eu** raison.
imparfait	*conditionnel présent	**Si** elle **avait** froid, elle **mettrait** un manteau.
	conditionnel passé	**Si** tu **étais** gentil, tu n'**aurais** pas **prononcé** ces paroles.
plus-que-parfait	*conditionnel passé	**Si** vous lui **aviez écrit**, il **aurait répondu**.
	conditionnel présent	**Si** vous **aviez dit** ça, il le **saurait**.
PAS DE FUTURS NI DE CONDITIONNELS		

Application immédiate

Complétez avec le conditionnel passé ou avec un autre temps s'il ne convient pas.

1. Je vous __________ (parler) si je vous avais vu.
2. Il __________ (vouloir) que vous l'écoutiez attentivement.
3. On se demande si elle y __________ (aller) toute seule.
4. Vous seriez maintenant chez eux si vous __________ (partir) ce matin.
5. On dit qu'il __________ (prendre) sa décision il y a longtemps.

réponses p. 212

Exercices

Exercice I (oral)

Donnez: a) *le futur,* b) *le conditionnel présent,* c) *le futur antérieur,* d) *le conditionnel passé des verbes suivants à la personne indiquée. (Prononcez bien la lettre* **r** *et insistez sur la différence de prononciation des terminaisons* **ai** *et* **ais** *du futur et du conditionnel à la 1re personne du singulier* **je**.*)*

1. tu es
2. vous buvez
3. ils savent
4. on voit
5. nous faisons
6. on peut
7. il perd
8. elle travaille
9. j'ai
10. vous haïssez
11. il veut
12. elles vont
13. il espère
14. j'envoie
15. vous courez
16. nous partons
17. tu viens
18. je me lave
19. tu tombes
20. ils connaissent
21. je remercie
22. ils appellent
23. nous descendons
24. vous écrivez
25. je crois

Exercice II (oral)

Mettez les phrases suivantes au passé pour obtenir des futurs (ou futurs proches ou antérieurs) du passé.

Ex. Je pense que vous **viendrez**.
Je pensais que vous **viendriez**.

1. Je suis certain que vous pourrez lui parler.
2. Ils disent que l'incident aura beaucoup de répercussions.
3. Il affirme qu'il va venir.
4. Vous pensez qu'il faudra lui téléphoner.
5. Nous déclarons qu'elle aura fini à trois heures.

Exercice III (oral)

Remplacez le futur du passé (conditionnel présent) *par le futur proche du passé* (imparfait de **aller** + infinitif).

Ex. Il a dit qu'il **pourrait** le faire.
Il a dit qu'il **allait pouvoir** le faire.

1. Nous avons vu qu'il **pleuvrait** bientôt.
2. Je savais que tu lui **écrirais**.
3. Tu avais dit qu'il **arriverait** à trois heures.
4. En entendant la musique, j'ai réalisé que nous **danserions**.

Exercice IV (travail oral)

*Reproduisez le schéma de la page 186 au tableau et composez de petites phrases qui illustrent toutes les possibilités du futur du présent et du futur du passé; employez des verbes suivis de **que**: **dire que, penser que,** etc.*

Ex. Nous **pensons** qu'il **sera** satisfait.
Tu **crois** qu'il **va** te le **dire**.
Je **pense** qu'il **aura compris**.
} futurs du présent

J'**ai compris** qu'il **allait venir**.
Il **avait dit** qu'il **aurait fini** à trois heures.
Elle **avait déclaré** qu'elle **viendrait**.
} futurs du passé

Exercice V (oral)

Faites des phrases conditionnelles avec les mots suivants en vous servant du tableau 8.5, p. 207.

Ex. être prêt — partir.
Si tu es prêt, partons.

1. avoir du talent — connaître le succès
2. avoir un meilleur professeur — travailler davantage
3. arriver en retard — manquer l'avion
4. avoir un rendez-vous avec elle (lui) — avoir de la chance
5. se dépêcher — finir avant le déjeuner
6. aller en France — dépenser beaucoup d'argent
7. s'entendre avec tout le monde — être heureux
8. donner un renseignement — être au courant

Exercice VI (oral)

Traduisez les mots anglais pour compléter les phrases suivantes.

1. .... («I wish it would rain.»)
2. Je sais que je .... lui écrire, mais je n'en ai pas le courage. («should»)
3. .... -vous m'aider, s'il vous plaît? («could»)

4. Chaque fois que je le rencontrais, il .... la tête de l'autre côté. («would turn»)
5. J'ai fait tout ce que je .... pour elle. («could»)

Exercice VII (oral)

Lisez le texte suivant et trouvez les conditionnels. Cherchez le sens des mots difficiles.

Si j'étais riche...

Je n'irais pas me bâtir une ville en campagne, et mettre au fond d'une province les Tuileries devant mon appartement. Sur le penchant de quelque agréable colline bien ombragée, j'aurais une petite maison rustique, une maison blanche avec des contrevents verts; et quoique une couverture de chaume soit en toute saison la meilleure, je préférerais magnifiquement, non la triste ardoise, mais la tuile, parce qu'elle a l'air plus propre et plus gai que le chaume, qu'on ne couvre pas autrement les maisons dans mon pays, et que cela me rappellerait un peu l'heureux temps de ma jeunesse. J'aurais pour cour une basse-cour, et pour écurie une étable avec des vaches, pour avoir du laitage que j'aime beaucoup. J'aurais un potager pour jardin, et pour parc un joli verger semblable à celui dont il sera parlé ci-après. Les fruits, à la discrétion des promeneurs, ne seraient ni comptés ni cueillis par mon jardinier; et mon avare magnificence n'étalerait point aux yeux des espaliers superbes auxquels à peine on osât toucher. Or, cette petite prodigalité serait peu coûteuse, parce que j'aurais choisi mon asile dans quelque province éloignée où l'on voit peu d'argent et beaucoup de denrées, et où règnent l'abondance et la pauvreté.

Jean-Jacques Rousseau, *Émile*

Exercice VIII (écrit)

Écrivez un paragraphe du même titre que celui de Rousseau «Si j'étais riche» où vous définirez, comme l'auteur, l'existence dont vous rêvez. Employez beaucoup de conditionnels.

Exercice IX (écrit)

Complétez les phrases suivantes avec les temps convenables des verbes entre parenthèses.

1. J'aimerais écrire un livre si j'en _______ (avoir) le temps.
2. Au cas où vous ne _______ (pouvoir) pas venir, prévenez-moi.
3. S'il avait compris l'explication, il _______ (ne pas demander) au professeur de la répéter.
4. Si vous _______ (s'asseoir) ici, vous verriez très bien l'écran.
5. Elle a expliqué qu'elle lui _______ (envoyer) bientôt un cadeau.
6. Tu ne te serais pas trompé si tu _______ (réfléchir).

7. S'ils ______ (être) riches, ils auraient acheté cette maison.
8. Il prend son parapluie pour le cas où il ______ (pleuvoir).

Exercice X (écrit)

*Finissez les phrases suivantes en employant des conditionnels quand c'est possible. Distinguez le **si** d'interrogation indirecte du **si** de condition.*

1. J'aurais été content(e) si ______________________________.
2. On se demandait bien si ______________________________.
3. Si j'enviais mes amis, ______________________________.
4. Vous ne savez pas si ______________________________.
5. Si tu nous avais prévenus, ______________________________.
6. Je t'inviterais si ______________________________.

Exercice XI

Écrivez une phrase où le conditionnel présent ou passé est employé pour exprimer la politesse et une phrase où il est employé pour exprimer un fait rapporté douteux.

Exercice XII

*Écrivez cinq phrases illustrant cinq des huit cas courants de phrases conditionnelles avec **si** de condition* (voir tableau 8.5, p. 207).

Exercice XIII

*Écrivez deux phrases avec l'expression **au cas où** (ou **pour le cas où**).*

Exercice XIV

Écrivez un paragraphe de cinq lignes sur le sujet suivant: Que feriez-vous si on vous donnait immédiatement quinze jours de vacances?

Réponses aux applications immédiates

p. 201
1. révélerais
2. craindrions
3. reviendrait
4. rendrais
5. saurais
6. ouvririez
7. enverraient
8. se lèverait

p. 202
1. Il voudrait que vous veniez.
2. J'aimerais (*ou* **Je** voudrais) comprendre (*ou* pouvoir comprendre).

p. 203
1. Tout le monde était sûr que vous seriez d'accord.
2. Tout le monde était sûr que vous alliez être d'accord.

p. 203
1. aurais
2. était
3. déménageraient
4. Pourriez
5. irait
6. plairait

p. 205
1. aurais emmené
2. aurions créé
3. serait mort
4. se seraient rendu compte

p. 208
1. aurais parlé
2. aurait voulu
3. serait allée
4. étiez parti(e, s, es)
5. aurait pris

LA COMPARAISON 9

On compare les adjectifs, les noms et les adverbes à l'aide du comparatif et du superlatif.

I. La comparaison des adjectifs et des noms

A. Le comparatif

Il est employé pour la comparaison de deux personnes, choses, ou groupes.

1. Il y a trois sortes de comparatif: de supériorité, d'infériorité, d'égalité. On les forme de la façon suivante.

— *pour un adjectif*:

supériorité: ***plus*** + adj. + ***que***

Ex. Une montagne est **plus** haute **qu**'une colline.

infériorité: ***moins*** + adj. + ***que***

Ex. Une automobile est **moins** rapide **qu**'un avion.

égalité: ***aussi*** + adj. + ***que***

Ex. Je suis **aussi** grand **que** mon père.

TABLEAU 9.1 Comparatif irrégulier de quelques adjectifs

Adjectifs	Comparatif de *supériorité*
bon	meilleur
mauvais	plus mauvais (*ou* pire)
petit	plus petit (*ou* moindre)

Les autres comparatifs de ces adjectifs sont réguliers:

infériorité:	moins bon	moins mauvais	moins petit
égalité:	aussi bon	aussi mauvais	aussi petit

REMARQUES

- **Plus mauvais** et **pire** peuvent s'employer l'un pour l'autre, excepté dans le sens de «défectueux» où l'on emploie **plus mauvais**.

  Ex. C'est un remède qui est **plus mauvais** (**pire**) que le mal.
  Sa vue est **plus mauvaise** qu'avant.

- **Plus petit** s'emploie dans un sens concret, et **moindre** dans un sens abstrait.

  Ex. Elle est **plus petite** que son frère.
  De deux maux, il faut choisir le **moindre**. (proverbe)

— *pour un nom*:

supériorité: ***plus de*** + nom + ***que***

Ex. J'ai eu **plus de** chance **que** vous.

infériorité: ***moins de*** + nom + ***que***

Ex. Robert a **moins d'**amis **que** Marc.

égalité: ***autant de*** + nom + ***que***

Ex. Elle a **autant de** travail **que** Régine.

Application immédiate

Complétez les comparaisons.

1. La confiture est ______________ les fruits. (sucré)
2. Un âne est ______________ un cheval. (rapide)
3. Une personne de trente ans n'est pas ______________ une personne de quarante ans. (âgé)
4. Il y a ______________ de gens. (opinions)
5. Il y a ___________ dans une demi-douzaine que dans une douzaine. (œufs)
6. Un travail qui a un A est ______________ un travail qui a un B. (bon)

réponses p. 224

2. Quand la comparaison *n'a pas de deuxième partie,* il n'y a pas de ***que***.

Ex. Cette route est **plus** rapide.
Il y a **moins de** soleil maintenant.

3. *Après un nombre,* employez ***de plus que, de moins que***.

Ex. J'ai trois dollars **de plus que** vous.
Je gagne mille dollars **de moins que** lui par an.

4. Quand il y a *une grande différence* entre les deux personnes ou choses, on ajoute ***bien, beaucoup, tellement, de loin, infiniment***.

Ex. Odette est **bien plus** travailleuse qu'Hélène. (Voir aussi leçon 7, p. 180.)
Vous avez **beaucoup moins d'**ennuis que votre ami.
Vous êtes **bien meilleur** que lui, **de loin**. (*Beaucoup* ne s'emploie pas avec *meilleur*.) (Voir aussi leçon 7, p. 180.)
Elle est **tellement plus** jolie que la gagnante!
Tu as **infiniment plus de** naturel qu'elle.

5. *Les adjectifs tirés des comparatifs latins* (supérieur, inférieur, antérieur et postérieur) sont suivis de ***à***.

Ex. Ce travail est infiniment **supérieur à** celui-ci.
Cette période de l'histoire est **antérieure à** celle-là.

Note

Les adjectifs qui impliquent une comparaison (**Ex.** pareil, semblable, identique) sont également suivis de à. **Exception:** différent **de**

6. *Répétez* le comparatif devant chaque adjectif.

Ex. Tu es **plus sérieux** et **plus modeste** que Pierre.

7. Quand la deuxième partie d'une comparaison d'*inégalité* (supériorité ou infériorité) est *une proposition,* il faut employer un ***ne*** explétif (voir leçon 10, p. 232) ou ***le***, ou ***ne le***, devant le verbe de cette proposition. Avec la comparaison d'*égalité* on emploie seulement ***le***.

Ex. Il est *plus* (*moins*) méchant que je **ne** croyais.
que je **le** croyais.
que je **ne le** croyais.

mais: Vous avez fait *autant d'*efforts que je **l'**espérais.

Note

Même + nom + *que* indique l'égalité.

Ex. J'ai le **même** poids **que** vous.

B. Le superlatif

Il sert à comparer plus de deux personnes, choses, ou groupes.

1. Il y a deux sortes de superlatif: de supériorité et d'infériorité. On les forme de la façon suivante.

— *pour un adjectif*:

supériorité: ***le*** (***la***, ***les***) ***plus*** + adj. + ***de***

Ex. Voilà **la plus** haute note **de** l'examen.

infériorité: ***le***, (***la***, ***les***) ***moins*** + adj. + ***de***

Ex. C'est le sujet **le moins** fascinant **du** monde.

Le (**la**, **les**) est un article qui s'accorde avec le nom modifié par l'adjectif.

TABLEAU 9.2 Superlatif irrégulier de quelques adjectifs

Les superlatifs de supériorité irréguliers sont les mêmes que les comparatifs irréguliers correspondants mais précédés de l'article défini. **Ex.** bon → le meilleur mauvais → le plus mauvais (*ou* le pire) petit → le plus petit (*ou* le moindre)

Les superlatifs d'infériorité de ces adjectifs sont aussi réguliers:

le moins bon, le moins mauvais, le moins petit

— *pour un nom*: (**le** est invariable)

supériorité: ***le plus de*** + nom + ***de***

Ex. C'est lui qui a eu **le plus de** points **de** toute l'équipe.

infériorité: ***le moins de*** + nom + ***de***

Ex. C'est ce trimestre-ci que j'ai **le moins de** travail.

Note

De correspond au mot anglais «in».

2. Le superlatif est *devant le nom* si l'adjectif est *devant le nom*, et inversement. Quand il est *devant* le nom il y a *un* article.

Ex. C'est **la** plus belle pelouse du parc.

Quand il est *après* le nom il y a *deux* articles.

Ex. C'est **l'**étudiant **le** plus intelligent de la classe.

Application immédiate

Complétez les comparaisons avec des superlatifs.

1. S'il pleut ou s'il fait beau, c'est ______________ mes soucis. (petit)
2. Les émissions de sport à la télévision sont ______________ toutes pour ce jeune homme sportif. (intéressant)
3. Vous êtes la personne ______________ groupe, car vous ne vous plaignez jamais. (patient)
4. La Chine est le pays qui a ______________ . (habitant)

réponses p. 224

---

3. Quand la comparaison n'a *pas de deuxième partie*, il n'y a pas de **de**.

Ex. C'est toi **la plus** gentille.

4. Quand l'adjectif est *précédé d'un adjectif possessif*, il n'y a pas d'article.

Ex. J'ai mis **ma plus jolie** robe.

5. *Répétez* le superlatif devant chaque adjectif.

Ex. C'est la fleur **la plus** grosse et **la plus** rouge du jardin.

6. *Le superlatif absolu* est exprimé avec *très, extrêmement*.

Ex. Vous êtes **très** gentil et **extrêmement** indulgent!

II. La comparaison des adverbes

L'adverbe se compare comme l'adjectif.

A. Le comparatif

de *supériorité* → **Ex.** Je le vois **plus** souvent **que** vous.
d'*infériorité* → **Ex.** Il agit **moins** sagement **que** son partenaire.
d'*égalité* → **Ex.** Vous répondez **aussi** calmement **que** lui.

B. Le superlatif (l'article **le** est *invariable*)

de *supériorité* → **Ex.** **Le plus** souvent, je reste chez moi pendant le week-end.
d'*infériorité* → **Ex.** Il court **le moins** vite **de** tous.

C. Comparatifs et superlatifs irréguliers de certains adverbes (voir le tableau suivant)

TABLEAU 9.3 Comparaison d'adverbes irréguliers

adverbes	**Comparatif** de *supériorité*	**Superlatif** de *supériorité*
beaucoup	plus, davantage	le plus
bien	mieux	le mieux
mal	plus mal, pis	le plus mal, le pis
peu	moins	le moins

REMARQUES

— **Davantage** = plus (employé surtout à la fin de la phrase).

Ex. Il est aussi intelligent que son frère, et même **davantage**.

— **Plus mal** est employé plus souvent que **pis**.

Pis est employé dans certaines expressions: **de mal en pis** et **tant mieux**, **tant pis**.

Ex. Ça va **de mal en pis**.
Si je peux l'obtenir, **tant mieux**! Si je ne peux pas, **tant pis**!

D. Expressions utiles

1. ***D'autant plus... que*** exprime une proportion («all the more») ou une cause (surtout parce que).

   Ex. Je suis **d'autant plus** contente que vous soyez venu **que** j'avais justement besoin de vous parler. («all the more»)
   Je n'aurai aucun regret, **d'autant plus qu**'il n'a fait aucun effort de son côté. (surtout parce que)

2. ***De plus en plus*** («more and more»), ***de moins en moins*** indiquent le progrès en bien ou en mal.

   Ex. Je suis **de plus en plus** convaincu qu'il fallait le lui dire.
   Elle parle **de moins en moins** bien.

3. ***Encore plus, encore moins, encore mieux*** («even more... less... better»).

   Ex. Quand on lui dit de ne pas se salir, il le fait **encore plus**.
   Vous avez peu de chance et j'en ai **encore moins**.

4. ***Faire de son mieux*** = faire tout son possible.

   Ex. Êtes-vous certain que vous **avez fait de votre mieux**?

5. ***Plus... plus..., moins... moins..., plus... mieux..., moins... plus...***, etc.

   Ex. **Plus** vous mangerez, **plus** vous grossirez. («The more, the more»)
   Plus on fait d'exercice, **mieux** on se porte. («The more, the better»)
   Moins tu feras cela, **plus** tu seras respecté. («The less, the more»)

Application immédiate

Ajoutez **plus**, **moins** ou **mieux**.

1. __________ on est de fous, __________ on rit. (proverbe)
2. __________ on s'inquiète, __________ ça vaut.

réponses p. 224

6. ***Valoir mieux*** = être préférable.

Ex. Il **vaudrait mieux** partir maintenant.

Exercices

Exercice I (oral)

Faites des comparaisons avec les adjectifs entre parenthèses. Y a-t-il une grande différence?

1. En juillet, les jours sont .... les nuits. (long)
2. Le train est .... l'avion. (rapide)
3. Un chat est .... un chien. (utile)
4. La grammaire française est .... la grammaire anglaise. (difficile)
5. Le climat de la Sibérie est .... celui de la France. (dur)
6. L'huile est .... l'eau. (lourd)
7. Une plume est .... un rocher. (léger)
8. La note A est .... un F. (bon)

Exercice II (oral)

Faites des comparaisons avec les noms entre parenthèses. (plus de..., moins de..., autant de...) Y a-t-il une grande différence?

1. Il y a .... dans un cours de français que dans un cours de biologie. (travail)
2. Il y a .... en Floride qu'en Californie. (soleil)
3. On a .... le matin qu'à minuit. (courage)
4. Le travail donne .... que l'amusement. (satisfaction)
5. Les États-Unis ont .... que la Russie. (habitants)

Exercice III (oral)

Faites des comparaisons avec les adverbes entre parenthèses. Y a-t-il une grande différence?

1. Une personne nerveuse se fâche .... qu'une personne calme. (souvent)
2. Il pleut .... en Californie qu'en Oregon. (peu)

3. Un coiffeur coiffe .... que vous. (bien)
4. Il faut travailler .... pour un exercice que pour une composition. (longtemps)
5. On revient .... à onze heures du soir qu'à vingt-trois heures. (tard)

Exercice IV (oral)

Complétez les comparaisons suivantes.

1. Si j'ai vingt dollars et que vous en ayez vingt-cinq, vous avez cinq dollars .... moi.
2. Si elle pèse cent cinquante livres et que vous en pesiez cent soixante-cinq, elle pèse quinze livres .... vous.

Exercice V (oral)

a) *Dans chaque cas, faites une phrase contenant un superlatif de supériorité.*

Ex. un élève (bon) / la classe. C'est **le meilleur** élève **de** la classe.

1. une pièce (grand) / la maison.
2. des maisons (neuf) / le quartier.
3. un vêtement (cher) / le magasin.
4. une réunion (mauvais) / l'année.

b) *un superlatif d'infériorité.*

1. un enfant (doué) / la famille.
2. un film (bon) / la saison.
3. des poires (mûr) / la corbeille.
4. des biscuits (salé) / la boîte.

Exercice VI (oral)

Complétez en employant ***que, de,*** *ou* ***à,*** *avec l'article s'il est nécessaire.*

1. C'est la plus belle cathédrale .... pays.
2. C'est le moindre .... mes soucis.
3. Les habitants sont plus heureux .... avant.
4. Ton travail est meilleur .... le mien.
5. Votre total est supérieur .... mien?
6. Elle n'a pas autant de talent .... vous.
7. Vous avez les mêmes goûts .... moi.
8. C'est la meilleure plaisanterie .... la soirée.

Exercice VII (oral)

Faites une phrase avec chacun des adjectifs à valeur superlative.

1. magnifique
2. délicieux
3. extraordinaire

Exercice VIII (écrit)

a) *Complétez avec le comparatif de supériorité de l'adjectif ou du nom donné et ajoutez* ***que*** *ou* ***à*** *quand c'est nécessaire.*

1. J'aime cette soupe-ci, mais je trouve celle-là ___________ (bon) .
2. En Californie certains arbres sont ___________ (haut) dans les autres états.
3. Il suit ___________ (des cours) moi ce trimestre.
4. Cet enfant est ___________ (mauvais) je ne pensais.
5. Vous avez une température ___________ (haut) (2 possibilités) la normale.

b) *même exercice mais avec le comparatif d'infériorité.*

1. Votre examen final était ___________ (bon) votre travail habituel.
2. La dernière partie de votre composition est ___________ (intéressant) .
3. Vous avez ___________ (intérêt) lui dans ce projet.
4. Je n'ai pas beaucoup de chance; j'ai ___________ (succès) vous.

c) *même exercice mais avec le comparatif d'égalité.*

1. Vos problèmes sont ___________ (compliqué) les miens.
2. Cette jeune fille a ___________ (charme) sa mère.
3. À la soirée, Mme Durand portait la ___________ (robe) Mme Dubois. Quelle mauvaise surprise!
4. Je ne suis pas ___________ (vulnérable) vous.

Exercice IX (écrit)

Complétez avec le superlatif qui convient.

1. Le gagnant est celui qui prend _______ pour la course. (temps)
2. Le meilleur élève est celui qui a _______ . (notes A)
3. C'est juste avant les examens que les étudiants ont _______ . (travail)

Exercice X (écrit)

Complétez avec une forme de ***plus, moins, bien, mieux, mal*** *ou* ***pis****.*

1. _______ vous parlez, _______ vous vous fatiguez.
2. La leçon est devenue de _______ en _______ claire quand le professeur l'a expliquée une autre fois.
3. Ça va vraiment mal; en fait ça va de _______ en _______ .
4. J'ai _______ dormi, j'ai fait de mauvais rêves.
5. Il a _______ parlé; tout le monde l'a applaudi.

6. Faites de votre _______ ; c'est tout ce que l'on vous demande.
7. Vous avez oublié mon livre! Tant _______ , je me débrouillerai autrement.
8. Asseyez-vous dans ce fauteuil; vous serez _______ que dans cette chaise.
9. Comment va-t-il aujourd'hui? — Il va _______ ; sa température a baissé.
10. Il vaut _______ que vous partiez tout de suite.
11. De toutes ces voitures, voici celle que j'aime _______ .
12. Ce n'est pas la peine que je vous l'explique. Vous le savez _______ que moi.
13. Je ne comprends pas! Ma nouvelle montre marche _______ que mon ancienne.
14. Son manque d'action est _______ grave qu'il savait que c'était urgent.
15. C'est sa faute si elle a raté son examen. _______ pour elle!

Exercice XI (écrit)

Faites une phrase avec chacune des expressions suivantes.

1. plus... moins...
2. de plus en plus
3. tant mieux
4. d'autant plus que (surtout parce que)
5. encore moins
6. davantage

Exercice XII

Écrivez deux phrases contenant chacune une comparaison d'inégalité (une avec un adjectif et l'autre avec un nom) et dont la deuxième partie est une proposition.

Ex. Tu es plus poli que je ne (le) croyais.

Exercice XIII (écrit)

Comparez deux personnes qui vous semblent très différentes. Employez des comparaisons avec des adjectifs et des noms.

Exercice XIV (écrit)

Expliquez en quelques lignes vos frustrations quand vous ne faites pas de progrès malgré vos efforts. Employez le plus d'expressions possible avec des comparaisons d'adverbes.

Exercice XV (écrit)

Quelle est l'occupation la plus intéressante à votre avis? Employez le plus de superlatifs possible. (quatre lignes)

Réponses aux applications immédiates

p. 214
1. plus sucrée que
2. moins rapide qu'
3. aussi âgée qu'
4. autant d'opinions que
5. moins d'œufs
6. meilleur qu'

p. 217
1. le moindre de
2. les plus intéressants de
3. la plus patiente du
4. le plus d'habitants

p. 220
1. Plus, plus
2. Moins, mieux

LE SUBJONCTIF présent et passé 10

Les emplois du mode subjonctif, peu fréquents en anglais et très fréquents en français, ne sont pas comparables.

Ce mode est surtout employé dans une relation de dépendance avec un autre verbe auquel il est soumis pour exprimer un doute, un sentiment ou une volonté, une possibilité, un jugement. L'attitude est subjective. Le subjonctif peut aussi être introduit par des conjonctions ou par un pronom relatif pour exprimer le but, la restriction, le temps, etc. Il est aussi employé dans des propositions indépendantes pour exprimer un souhait, un ordre, une éventualité.

Comparez: Est-ce tout ce que tu **as** à faire? *(indicatif)*
Est-ce tout ce que tu **aies** à faire? *(subjonctif)*

Dans la première phrase, la question est directe et objective. La réponse est oui, ou non. Dans la seconde phrase, la personne qui pose la question exprime une surprise ou un doute. L'attitude est subjective et le subjonctif permet d'exprimer ces sentiments.

Temps du subjonctif
Le subjonctif a quatre temps: *le présent, l'imparfait, le passé* et *le plus-que-parfait* (voir le tableau des modes et temps, p. 450).

L'imparfait et le plus-que-parfait sont des temps littéraires (voir leçon 19, p. 428).

I. Formes

A. Le subjonctif présent

C'est un temps simple: un mot.

1. **Verbes réguliers.** La terminaison **ent** de la troisième personne du pluriel (ils) du présent de l'indicatif est remplacée par **e es e ions iez ent**. Voici le présent du subjonctif des trois groupes de verbes réguliers en **er**, en **ir**, en **re**:

aimer (ils aim/ent)	finir (ils finiss/ent)	vendre (ils vend/ent)
que j'aim**e**	que je finiss**e**	que je vend**e**
que tu aim**es**	que tu finiss**es**	que tu vend**es**
qu'il, elle, on aim**e**	qu'il, elle, on finiss**e**	qu'il, elle, on vend**e**
que nous aim**ions**	que nous finiss**ions**	que nous vend**ions**
que vous aim**iez**	que vous finiss**iez**	que vous vend**iez**
qu'ils, elles aim**ent**	qu'ils, elles finiss**ent**	qu'ils, elles vend**ent**

REMARQUES

— On donne une forme du subjonctif avec la conjonction **que**, car un subjonctif est généralement introduit par **que**. Mais l'inverse n'est pas vrai; **que** n'introduit pas toujours un subjonctif.

Ex. Je suis content **que** vous **soyez** là. (subjonctif)
Je vois **que** vous **allez** bien. (indicatif)

— Les formes **nous** et **vous** du présent du subjonctif sont identiques à celles de l'imparfait de l'indicatif. (Les terminaisons **ions** et **iez** sont les mêmes aux deux temps et le radical du verbe est le même aux 1re et 3e personnes du pluriel [nous, ils] du présent de l'indicatif qui forment ces deux temps.)

Ex. finir

présent indic.
- nous finiss**ons** → imparfait: nous finiss**ions**
  vous finiss**iez**
- ils finiss**ent** → présent du subj.: que nous finiss**ions**
  que vous finiss**iez**

— Les verbes en **er** qui ont des changements orthographiques aux terminaisons muettes **e**, **es**, **ent** du présent de l'indicatif (voir leçon 1, p. 4) ont les mêmes changements orthographiques aux terminaisons muettes du subjonctif présent.

Ex. lever (ils lèv/ent)
que je **lève**
que tu **lèves**
qu'il, elle, on **lève**
que nous levions
que vous leviez
qu'ils, elles **lèvent**

appeler (ils appell/ent)
que j'app**elle**
que tu app**elles**
qu'il, elle, on app**elle**
que nous appelions
que vous appeliez
qu'ils, elles app**ellent**

espérer (ils espèr/ent)
que j'esp**ère**
que tu esp**ères**
qu'il, elle, on esp**ère**
que nous espérions
que vous espériez
qu'ils, elles esp**èrent**

acheter (ils achèt/ent)
que j'ach**è**te
que tu ach**è**tes
qu'il, elle, on ach**è**te
que nous achetions
que vous achetiez
qu'ils, elles ach**è**tent

nettoyer (ils nettoi/ent)
que je netto**ie**
que tu netto**ies**
qu'il, elle, on netto**ie**
que nous nettoyions
que vous nettoyiez
qu'ils, elles netto**ient**

jeter (ils jett/ent)
que je je**tte**
que tu je**tt**es
qu'il, elle, on je**tte**
que nous jetions
que vous jetiez
qu'ils, elles je**tt**ent

2. **Verbes irréguliers.** Il faut distinguer les verbes irréguliers à formation régulière du subjonctif et ceux à formation irrégulière.

a. *À formation régulière:*

— les verbes irréguliers qui ont le même radical aux 1re et 3e personnes du pluriel du présent de l'indicatif.

Ex. craindre (nous craignons, ils craignent)
que je craigne
que tu craignes
qu'il, elle, on craigne
que nous craignions
que vous craigniez
qu'ils, elles craignent

— les verbes irréguliers qui ont *des radicaux différents* aux 1re et 3e personnes du pluriel du présent de l'indicatif (mais dont les formes **nous**, **vous** sont celles de l'imparfait).

Ex. boire (nous buvons, ils boivent)
que je boive
que tu boives
qu'il, elle, on boive
que nous b**uvions**
que vous b**uviez**
qu'ils, elles boivent

b. *À formation irrégulière* (il y en a neuf):

— cinq verbes *avec un seul radical irrégulier à toutes les personnes du subjonctif*:

faire (ils font)
que je **fasse**
que tu **fasses**
qu'il, elle, on **fasse**
que nous **fassions**
que vous **fassiez**
qu'ils, elles **fassent**

pouvoir (ils peuvent)
que je **puisse**
que tu **puisses**
qu'il, elle, on **puisse**
que nous **puissions**
que vous **puissiez**
qu'ils, elles **puissent**

savoir (ils savent)
que je **sache**
que tu **saches**
qu'il, elle, on **sache**
que nous **sachions**
que vous **sachiez**
qu'ils, elles **sachent**

falloir (il faut)
qu'il f**aille**

pleuvoir (il pleut)
qu'il pl**euve**

— deux verbes *à radical irrégulier* (excepté les formes **nous**, **vous** qui sont celles de l'imparfait):

aller (ils vont)
que j'**aille**
que tu **ailles**
qu'il, elle, on **aille**
que nous allions
que vous alliez
qu'ils, elles **aillent**

vouloir (ils veulent)
que je v**euille**
que tu v**euilles**
qu'il, elle, on v**euille**
que nous voulions
que vous vouliez
qu'ils, elles v**euillent**

— les verbes **avoir** et **être** qui ont un *radical irrégulier* et des *terminaisons irrégulières:*

avoir (ils ont)
que j'**aie**
que tu **aies**
qu'il, elle, on **ait**
que nous **ayons**
que vous **ayez**
qu'ils, elles **aient**

être (ils sont)
que je **sois**
que tu **sois**
qu'il, elle, on **soit**
que nous **soyons**
que vous **soyez**
qu'ils, elles **soient**

Application immédiate

Écrivez le subjonctif présent des verbes réguliers et irréguliers suivants à la personne indiquée.

1. donner; que je ________________
2. réfléchir; que tu ________________
3. vendre; que nous ________________
4. se rappeler; qu'ils ________________
5. comprendre; que vous ________________
6. croire; que je ________________
7. craindre; qu'on ________________
8. savoir; qu'elles ________________

réponses p. 247

B. Le subjonctif passé

C'est un temps composé: deux mots.

Il est formé *du présent du subjonctif de l'auxiliaire* ***avoir*** *ou* ***être*** + *le participe passé du verbe en question.*

Ex. faire (transitif)
que j'aie fait
que tu aies fait
qu'il, elle, on ait fait
que nous ayons fait
que vous ayez fait
qu'ils, elles aient fait

aller (intransitif)
que je sois allé(e)
que tu sois allé(e)
qu'il, elle, on soit allé(e)
que nous soyons allés(es)
que vous soyez allé(s, e, es)
qu'ils, elles soient allés(es)

se souvenir (pronominal)
que je me sois souvenu(e)
que tu te sois souvenu(e)
qu'il, elle, on se soit souvenu(e)
que nous nous soyons souvenus(es)
que vous vous soyez souvenu(s, e, es)
qu'ils, elles se soient souvenus(es)

Application immédiate

Écrivez le subjonctif passé des verbes suivants à la personne indiquée.

1. étudier; que j' ________________ 3. recevoir; qu'il ________________

2. aller; qu'il ________________ 4. se rendre compte; que vous ______

réponses p. 247

II. Emplois

A. Dans des propositions indépendantes

On trouve le subjonctif dans des propositions indépendantes:

1. *comme impératif,* aux personnes qui n'existent pas au mode impératif (voir aussi leçon 1, p. 28);

Ex. **Qu'il parte** tout de suite!
Qu'ils y **aillent** s'ils le veulent!

2. *pour exprimer un souhait.*

Ex. **Vive** la France! (Je désire que la France vive.)
Que Dieu vous **bénisse**! (Je prie que Dieu vous bénisse.)
Honni **soit** qui mal y pense! (Je souhaite que celui qui mal y pense soit honni.)
Ainsi **soit**-il! (à la fin d'une prière)

B. Dans des propositions subordonnées complétives

Le subjonctif se trouve surtout **dans des propositions subordonnées complétives** introduites par la conjonction **que** et soumises à un verbe principal.

Ex. Je veux qu'elle vienne. («I want her to come.»)

1. *Le subjonctif est employé après les verbes et expressions* qui suivent.

Verbes ou expressions	Exemples
de doute, d'improbabilité: douter, il est douteux	Je doute que vous **sachiez** cette nouvelle.

(suite p. 231)

il semble	Il semble que la situation **ait empiré**.
il est peu probable, il est improbable	Il est peu probable que je **puisse** venir.
de volonté, de désir, de défense:	
vouloir	Elle veut que vous **écoutiez**.
vouloir bien, consentir à	Ils veulent bien que tu **ailles** avec eux.
commander, demander, ordonner, exiger, compter	Il ordonne que le travail **soit** fait.
dire, écrire (pour un ordre seulement)	Dites-lui qu'il **vienne**.
attendre	J'attends que vous **répondiez**.
s'attendre à	T'attends-tu à ce que je te le **dise**?
souhaiter, désirer	Nous souhaitons que tu **réussisses**.
permettre, proposer, recommander	Je vais lui proposer que vous **fassiez** le voyage.
s'opposer à, empêcher, refuser	Elle s'oppose à ce qu'on **boive** ici.
défendre, interdire	Il défend qu'on **marche** sur l'herbe.
tenir à	Il tient à ce que vous lui **parliez**.
de sentiments, d'émotions:	
être triste, content, heureux, désolé, ravi, furieux, fâché, en colère, étonné, surpris, honteux, etc.	Comme je suis contente que vous **soyez arrivé**!
s'étonner	Les gens s'étonnent qu'il **veuille** continuer.
craindre (+ne), avoir peur (+ne)	On craint que vous **ne refusiez**.
regretter	Je regrette que vous **ayez** mal **compris**.
aimer, aimer mieux, préférer	J'aime mieux que vous lui **disiez** vous-même la vérité.
Expressions impersonnelles	
de nécessité:	
il faut, il ne faut pas, il est nécessaire, obligatoire, essentiel	Il ne faut pas que tu **partes**.
ce n'est pas la peine	Ce n'est pas la peine que vous **téléphoniez**.
il suffit	Il suffit que tu **remplisses** cette feuille.
de possibilité:	
il est possible, il se peut, il n'est pas possible, il est impossible	Il se peut (Il est possible) qu'elle **ait oublié** la date.

(suite p. 232)

de jugement:	
il est regrettable, il (c')est dommage	Il est dommage que vous n'**ayez** pas de vacances.
il convient	Il convient que tu l'**appelles**.
il vaut mieux, il est préférable	Il vaut mieux que nous **restions** à la maison.
il est bon, juste, utile, rare, etc.	Il serait bon que tu la **revoies**.
il est temps	Il est temps que vous **preniez** une décision.
il est important, il importe	Il importe (Il est important) que tu t'en **souviennes**.

REMARQUES

— *Le* **ne** *explétif (ou pléonastique)*
C'est un **ne** qui est ajouté devant le verbe dans certaines constructions; il n'a pas de valeur négative et il n'est pas traduit.

On le rencontre:

- dans une phrase affirmative d'*inégalité* avec **plus... que**, **moins... que** (voir aussi leçon 9, p. 215).

Ex. Elle est **moins** jolie **que** je **ne** pensais.

- avec les verbes **craindre**, **avoir peur** et les conjonctions **de peur que**, **de crainte que** (voir p. 235).

Ex. Nous **avons peur** qu'il **ne** soit trop tard.

- avec les conjonctions **à moins que**, **avant que** (voir p. 235).

Ex. **À moins que** vous **ne** veniez avec moi, je resterai à la maison.

Le **ne** explétif est de moins en moins employé dans le langage parlé. Il n'est jamais employé avec un verbe à l'infinitif.

— *Quand un verbe construit avec* **à** *est suivi du subjonctif,* on ajoute **ce que**.

Ex. tenir **à**: Est-ce que vous tenez **à ce que** j'aille vous voir?
s'attendre **à**: Nous nous attendons **à ce qu'**il fasse beau.

— On ajoute aussi **ce que** à **jusqu'à** devant un subjonctif (p. 235).

Ex. Je vais rester ici **jusqu'à ce que** tu reviennes.

Application immédiate

Ajoutez les mots entre parenthèses devant la phrase donnée, oralement, et employez le subjonctif.

Ex. Tu réponds à la question. (Je veux...)
Je veux que tu répondes à la question.

1. Nous partons. (Il faut...); (Vous voulez...); (Il craint...); (Tu attends...)
2. Vous allez au laboratoire. (Je souhaite...); (Il est nécessaire...); (Il est bon...); (Il semble...); (Il tient à...)
3. Elle fait la sieste. (Nous désirons...); (Il est improbable...); (Je doute...); (Il s'oppose à...)
4. Je crains l'orage. (Il ne faut pas...); (Il est dommage...); (Vous doutez...); (Tu t'étonnes...)

réponses p. 247

---

2. *Le subjonctif est aussi employé après:*

les verbes de pensée et de déclaration à la forme **négative** ou **interrogative**, *si l'attitude est subjective*. Le fait est alors considéré dans la pensée. Quand l'attitude n'est pas subjective, on emploie l'indicatif: c'est alors la réalité du fait qui domine. (À l'affirmatif, ces verbes sont suivis de l'indicatif, excepté le verbe **nier**.)

Ex. Il **ne pense pas** que j'en **sois** capable. (subjonctif)
(À son avis, je n'en suis pas capable. C'est l'opinion qui est considérée.)

Il **ne pense pas** que j'en **suis** capable. (indicatif)
(J'en suis capable, mais il pense que non. La certitude du fait est marquée.)

Autres ex. **Je ne trouve pas** que ce travail **soit** mauvais. (À mon avis, ce travail n'est pas mauvais.)

Penses-tu qu'il **aurait été** préférable de le lui dire? (Il est probable qu'il aurait été préférable de le lui dire. Le penses-tu aussi?)

Vous souvenez-vous qu'il **a parlé**? (Le fait certain: il a parlé. Est-ce que vous vous en souvenez?)

	À l'affirmatif (+ indicatif)	**Au négatif ou à l'interrogatif** (+ subjonctif ou indicatif, selon l'attitude)
Verbes de pensée		
penser, croire, trouver	Je crois qu'il **a** raison.	Je ne crois pas qu'il **ait** raison.
être sûr, certain	Vous êtes sûr qu'il vous **a vu**.	Êtes-vous sûr qu'il vous **a vu**?
espérer	Tu espères qu'il **obtiendra** ce poste.	Espères-tu qu'il **obtienne** ce poste?
il me semble	Il me semble que tu **as grossi**.	Il ne me semble pas que tu **aies grossi**.
voir	Je vois que c'**est** possible.	Je ne vois pas que ce **soit** possible.
se souvenir	Je me souviens qu'il **a** un violon.	Te souviens-tu qu'il **a** un violon?
Verbes de déclaration		
dire, affirmer, déclarer, annoncer, il paraît que	Je dis que tu **es** fou de le penser.	Je ne dis pas que tu **sois** fou de le penser.
nier (+ subj.)	Il nie que vous **ayez** dit ça.	Il ne nie pas que vous **ayez dit** ça. *ou* Il ne nie pas que vous **avez dit** ça.

REMARQUE

Dans le langage parlé on dit souvent: Je ne crois pas que... Je ne pense pas que... Comme ces mots expriment une opinion, ils sont généralement suivis du subjonctif.

Ex. Je ne crois pas que l'auteur **ait voulu** dire cela.

Application immédiate

Mettez le verbe principal à la forme négative. Employez le subjonctif ou l'indicatif et expliquez oralement le sens de la phrase dans chaque cas.

1. Il croit que vous êtes malade. ______________________

2. Nous pensons qu'il pourra se débrouiller tout seul. ______________________

réponses p. 247

C. Après les conjonctions suivantes

Conjonctions	Exemples	mais il faut l'indicatif après
de but:		
pour que, afin que	Il fait tout **pour qu**'elle **soit** heureuse.	
[de peur que (+ ne) de crainte que (+ ne)	Il s'est caché **de peur qu**'elle **ne** le **voie**.	
[de façon que de manière que de sorte que	Dites-le-leur **de sorte qu**'ils **soient** avertis.	[de façon que de manière que de sorte que (résultat, conséquence, fait réel) Il est venu **de sorte que** j'**ai pu** lui parler.
de restriction:		
à moins que (+ ne)	Nous allons partir, **à moins qu**'il **n'arrive** tout de suite.	
sans que	Il est parti **sans qu**'on s'en **aperçoive**.	
de condition:		
[à condition que à supposer que pourvu que	Vous y arriverez **pourvu que** vous **travailliez**.	
pourvu que (souhait)	**Pourvu qu**'il **arrive** bientôt!	
de temps:		
avant que (+ ne facultatif)	**Avant qu**'elle n'**aille** à l'université, il était déjà inquiet.	≠ après que Il a plu **après que** vous **êtes parti**.
jusqu'à ce que	Je poserai la question **jusqu'à ce que** vous **répondiez**.	
en attendant que	**En attendant que** tu **arrives**, je préparerai le repas.	
de concession:		
[bien que, quoique malgré que	**Quoiqu**'il **ait fait** de son mieux, il n'a pas réussi.	
soit que… soit que…	Il n'a pas voté, **soit qu**'il **ait oublié** de le faire, **soit qu**'il n'**ait** pas **pu** choisir de candidat.	

(Il y a une liste de conjonctions suivies de l'indicatif dans la leçon 18, p. 416.)

Application immédiate

Complétez avec la conjonction nécessaire d'après le sens.

1. ________ je sois content, il faudrait qu'il fasse beau.
2. Je n'en ai pas parlé ________ il ne me gronde.
3. Vous n'êtes pas passé me voir ________ je vous l'aie demandé.
4. Mettez-le dans ma boîte ________ ça ne vous dérange.
5. Elle veut bien s'en occuper ________ vous la laissiez libre de faire son choix.

réponses p. 247

REMARQUES

— **Jusqu'à ce que, avant que** («until»)
Le mot anglais «until» se traduit par **jusqu'à ce que**, *excepté* s'il a le sens de «before» *dans une phrase négative*; il se traduit alors par **avant que**.

Ex. Je resterai ici **jusqu'à ce que** tu arrives.
mais: Je **ne** prendrai **pas** de décision **avant que** nous en ayons parlé.

Application immédiate

Employez **jusqu'à ce que** ou **avant que** selon le sens de «until».

1. Restez ici ________ je revienne.
2. Ne commencez pas ________ je vous fasse signe.
3. Il ne reviendra pas ________ on le lui dise.
4. Je ne veux pas rester ici ________ il fasse nuit.

réponses p. 247

— **Il faut que** est plus simple à employer et plus courant que **il est nécessaire que.**

Il ne faut pas que: quand la phrase est négative, la négation porte sur **il faut**.

Ex. Aujourd'hui, **il faut que** j'étudie quelques pages de psychologie; **il faut** aussi **que** j'aille à la bibliothèque. **Il ne faut pas** que je travaille très tard ce soir parce que je suis fatigué.

— **Bien que, quoique** («even though»)
L'expression anglaise «even though» a généralement le sens de «although» et se traduit par **bien que** ou **quoique**.

Ex. Je vais t'emmener au cinéma **bien que** tu n'aies pas été gentil.

D. Dans des propositions relatives

1. *Le subjonctif dans la proposition relative* indique que l'existence du fait exprimé n'est pas certaine, mais qu'elle est *souhaitée*. L'attitude est subjective.

Ex. Je cherche une église qui **soit** près de chez moi.
(Je souhaite qu'il y ait une église près de chez moi; alors je cherche s'il y en a une.)

L'indicatif dans la proposition relative indique que le fait exprimé est *une réalité*.

Ex. Je cherche une église qui **est** près de chez moi.
(Il y a une église près de chez moi; je la cherche.)

2. Quand l'antécédent du pronom relatif est *un superlatif* ou un des mots superlatifs ***le premier, le seul, le dernier, il n'y a que***, le subjonctif est aussi employé pour une attitude subjective.

Ex. C'est **le plus beau** musée que j'**aie visité**.
(À mon avis, je n'ai jamais visité un musée plus beau.)

mais: C'est **le plus beau** musée que j'**ai visité**.
(J'ai visité le musée qui est le plus beau.)

E. Comment éviter le subjonctif

On évite le subjonctif de plusieurs façons.

— On peut utiliser **un participe présent** à la place d'une subordonnée relative.

Ex. Je cherche une machine **qui puisse** faire ce travail.
Je cherche une machine **pouvant** faire ce travail.

— On remplace le subjonctif par **un nom**, quand un nom existe.

Ex. Nous partirons **avant qu'il n'arrive**.
Nous partirons **avant son arrivée**.

— On peut aussi utiliser **une autre proposition** qui a presque le même sens et qui n'exige pas le subjonctif.

Ex. J'irai vous voir **à moins qu'il ne pleuve**.
J'irai vous voir **s'il ne pleut pas**.

III. Emplois du présent et du passé du subjonctif

A. Comme il n'y a pas **de temps futur** au subjonctif, on le remplace par **le présent du subjonctif**.

Ex. Je pense qu'il **viendra**. (indicatif)
Je ne pense pas qu'il **vienne**. (subjonctif)

Le **futur proche** est aussi remplacé par le présent du subjonctif.

Ex. Je **vais** vous **raconter** cette histoire.
Il faut que je vous **raconte** cette histoire.

Le **futur antérieur** est remplacé par **le passé du subjonctif**.

Ex. Je crois qu'il **aura fini**. (indicatif)
Je ne crois pas qu'il **ait fini**. (subjonctif)

B. On emploie **le présent du subjonctif** quand l'action du verbe subordonné est **simultanée** ou **postérieure** à celle du verbe principal.
On emploie **le passé du subjonctif** quand l'action du verbe subordonné est **antérieure** à celle du verbe principal.

Le temps du verbe principal (présent, futur, passé composé, imparfait, conditionnel) n'importe pas — *seule la chronologie des actions importe* (voir le tableau ci-dessous).

TABLEAU 10.1 Emploi du présent et du passé du subjonctif

Verbe principal	Verbe subordonné au subjonctif	
	Action **simultanée** ou **postérieure** à l'action principale	Action **antérieure** à l'action principale
présent futur passé composé imparfait ou conditionnel	↓ Présent du subjonctif	↓ Passé du subjonctif

— Action simultanée ou postérieure à l'action principale → *présent du subjonctif*.

Ex. Je **veux** que tu **saches** l'histoire.
Tu **as insisté** pour qu'elle **réponde**.
Vous **proposerez** qu'elle **vienne**.
Le professeur **voudrait** que vous **réfléchissiez** davantage.

— Action antérieure à l'action principale → *passé du subjonctif*.

Ex. Je **doute** qu'ils **aient compris** la leçon.
Il **regrettera** que vous ne **soyez** pas **venue**.
Il **niait** que vous **soyez allé** avec lui.

Application immédiate

Complétez avec le présent ou le passé du subjonctif.

1. Il faudrait que vous __________ (apprendre) à épeler correctement. Vous faites trop de fautes.
2. Je suis content que vous __________ (apprécier) ma plaisanterie tout à l'heure.
3. Penses-tu qu'il y __________ (avoir) une grande différence d'âge entre eux?
4. Il est dommage que tu __________ (être) obligé de travailler hier soir.

5. Pour qu'elle __________ (recevoir) cette lettre rapidement, il faudrait que je __________ (se dépêcher) de l'envoyer.
6. Il regrette que personne __________ (pouvoir) participer à la dernière discussion.

réponses p. 247

IV. La proposition infinitive

A. Une proposition infinitive *remplace une proposition subordonnée complétive* à l'indicatif ou au subjonctif, introduite par **que**, quand *le sujet* du verbe subordonné est *le même que* celui du verbe principal. Il y a un changement de sens.

On emploie l'infinitif avec **à**, **de**, ou *sans préposition* d'après la construction du verbe principal (voir p. 469-470).

L'infinitif *présent* remplace *les temps simples* des verbes subordonnés. L'infinitif *passé* remplace *les temps composés* des verbes subordonnés.

Ex. { **Il** prétend que **vous** mentez. (deux sujets différents)
Il prétend **mentir**. (le même sujet)

{ **Il** regrette que **vous** ayez mal compris. (deux sujets différents)
Il regrette **d'avoir** mal **compris**. (le même sujet)

REMARQUE

Avec les verbes *de déclaration* et *de pensée*, comme: dire, espérer, penser, etc., on peut aussi garder la proposition subordonnée avec le même sujet.

Ex. **J'**espère qu'**il** partira tôt. (deux sujets différents)
J'espère partir tôt. *ou* **J'**espère que **je** partirai tôt. (le même sujet)

Application immédiate

Faites une seule phrase avec les deux propositions. Attention à la construction du verbe principal.

Ex. Nous avons hâte/nous sommes en vacances.
Nous avons hâte d'être en vacances.

1. Je tiens/je pars tôt. ______
2. Les voyageurs espèrent/ils n'auront pas trop chaud pendant le voyage. ______
3. Il regrette/il a dit un mensonge. ______
4. Ma camarade de chambre a décidé/elle mettra ses affaires en ordre. ______

réponses p. 247

B. Dans le cas de **la proposition subordonnée introduite par une conjonction**, on remplace la conjonction par **la préposition correspondante**, suivie de l'infinitif (voir tableau 10.2 ci-dessous).

TABLEAU 10.2 Conjonctions (+ subjonctif) et prépositions correspondantes

Conjonctions (+ subjonctif)	**Prépositions** (+ infinitif)
pour que	pour
afin que	afin de
de peur que (+ ne)	de peur de
de crainte que (+ ne)	de crainte de
bien que, quoique	
malgré que	
jusqu'à ce que, en attendant que	jusqu'à, en attendant de
(but) { de façon que, de manière que	de façon à, de manière à
(but) { de sorte que, en sorte que	en sorte de
à moins que (+ ne)	à moins de
sans que	sans
à condition que, pourvu que	à condition de
avant que (+ ne facultatif)	avant de

Ex. **Je** vous appellerai **avant que vous** ne partiez. (deux sujets différents)
Je vous appellerai **avant de** partir. (le même sujet)

Quand une conjonction n'a pas de préposition correspondante (comme **bien que**, **quoique**), on garde la conjonction avec le subjonctif et on répète le sujet.

Ex. **Tu** veux sortir bien que **tu** aies mal à la tête.
Quoiqu'**elle** aime la ville, **elle** vit à la campagne.

Application immédiate

Utilisez dans la proposition subordonnée au subjonctif le même sujet que celui de la proposition principale, et effectuez les changements nécessaires pour en faire une proposition infinitive. Remarquez le changement de sens.

Ex. J'irai faire des courses **à moins que** tu n'aies la fièvre.
J'irai faire des courses **à moins d**'avoir la fièvre.

1. J'ai fait ça de peur qu'ils ne se trompent. ______________________
2. Nous parlerons français avant qu'ils finissent l'école. ______________
3. J'ai écrit cette lettre pour que tu puisses expliquer la situation. _________
4. Je veux bien y aller à condition que nous ne restions pas tard. _________

réponses p. 248

Exercices

Exercice I (oral)

Donnez le subjonctif présent des verbes suivants aux personnes indiquées.

Verbes réguliers:

1. travailler	que je	que nous ....
2. mener	qu'il	qu'ils ....
3. appeler	que tu	que nous ....
4. jeter	qu'elle	que vous ....
5. rougir	qu'il	que nous ....
6. attendre	que j'	que vous ....

Verbes irréguliers:

7. venir	qu'il ....
8. faire	que je ....
9. être	que tu ....
10. pouvoir	qu'elle ....
11. savoir	que nous ....
12. avoir	qu'il ....

Verbes réguliers ou irréguliers:

13. rire	que vous ....
14. décevoir	qu'on ....
15. aller	que tu ....
16. répondre	qu'ils ....
17. répéter	que je ....

18. vouloir — que nous ....
19. courir — que je ....
20. haïr — qu'elle ....

Exercice II (oral)

Donnez le subjonctif passé des verbes suivants aux personnes indiquées.

1. mettre — que vous ....
2. s'asseoir — que tu ....
3. sortir — qu'elle ....
4. s'apercevoir — que nous ....
5. répondre — qu'il ....
6. revenir — qu'ils ....

Exercice III (oral)

Remplacez la proposition subordonnée complétive par une substantive (un nom) objet du verbe principal.

Ex. Nous voulons qu'il meure. → Nous voulons sa mort.

1. Il a attendu que nous partions.
2. Je ne veux pas qu'on me complimente.
3. Elle souhaite que je sois sincère.
4. Nous demandons que tu viennes tout de suite.
5. Je ne m'attendais pas à ce que vous arriviez si vite.

Exercice IV (oral)

Substituez les mots donnés aux mots soulignés dans la phrase et faites les changements nécessaires selon le cas: subjonctif, indicatif, ou infinitif dans la subordonnée.

Ex. Il demande que vous veniez. Il convient. → Il convient que vous veniez.

1. Il faut que vous sachiez cela.
   a. Nous doutons
   b. Je veux
   c. Il espère
   d. Vous désirez
2. Elle souhaite que tu écrives.
   a. Elle s'oppose à
   b. Ce n'est pas la peine
   c. Il est improbable
   d. Tu veux
3. Je préfère que vous partiez.
   a. Il est regrettable
   b. Il défend
   c. Il est temps
   d. Vous voulez bien
4. Il est bon que tu fasses tes comptes.
   a. J'aimerais mieux
   b. Nous recommandons
   c. Il tient à
   d. Je suis content

5. Il est possible qu'elle soit malade.
   a. Il se peut
   b. Il est probable
   c. Elle craint
   d. Il est dommage
6. Je permets qu'on remplisse cette feuille.
   a. Il s'attend à
   b. Il suffit
   c. J'attends
   d. Il est obligatoire
7. Je ne pense pas qu'il ait fini son travail.
   a. Il semble
   b. Nous sommes surpris
   c. Il importe
   d. Il est important
8. Je suis étonné qu'il ne soit pas arrivé.
   a. Il me semble
   b. Il est possible
   c. Nous pensons
   d. Nous sommes sûrs

Exercice V (oral)

Complétez la phrase avec une proposition subordonnée au subjonctif ou à l'indicatif, selon le mode nécessaire.

Ex. Ils sont contents que...
Ils sont contents que **leur fils ait obtenu une bourse pour continuer ses études.**

1. Le professeur n'est pas certain que...
2. J'espère que...
3. Il paraît que...
4. Il aurait fallu que...
5. Je ne crois pas que...
6. Il a interdit que...
7. Je voudrais bien que...
8. Il se peut que...
9. Il me semble que...
10. Pour avoir sa permission, il suffit que...
11. Nous sommes heureux que...
12. Il est probable que...

Exercice VI (oral)

Liez les deux phrases en employant la conjonction ou la préposition, selon le cas.

Ex. Venez. Je pourrai vous parler. (afin que, afin de)
Venez **afin que** je puisse vous parler.

1. J'ai fini mon travail. Je suis allé au cinéma. (avant que, avant de)
2. Il faut travailler dur. Les résultats seront bons. (pour que, pour)
3. Il est sorti. Il n'a pas fait de bruit. (sans que, sans)
4. Nous ferons du ski. La neige sera bonne. (à condition que, à condition de)

Exercice VII (oral)

Trouvez la conjonction de subordination (+ subjonctif ou indicatif) qui permet de lier les deux phrases.

Ex. Je vais vous attendre; et puis vous arriverez.
Je vais vous attendre **jusqu'à ce que** vous arriviez.

1. Il est parti; et après Jean est arrivé.
2. Nous nous sommes mis en route; pourtant il faisait mauvais temps.
3. Tu m'as tout dit; maintenant je sais la vérité.
4. Le travail sera fait ce soir; excepté s'il a été malade.
5. Je passe souvent dans le couloir; mais il ne s'en aperçoit pas.

Exercice VIII (oral)

Complétez les phrases suivantes avec le subjonctif présent ou passé du verbe entre parenthèses, selon le sens.

1. Le professeur a demandé que je .... (aller) le voir à son bureau.
2. Quel dommage que vous .... (ne pas pouvoir) vous sortir de cette situation à temps.
3. Il serait utile que nous .... (ne pas oublier) ses conseils à l'avenir.
4. Je regrette que tout .... (se passer mal); nous avions tellement d'espoir.
5. Vous voulez qu'on .... (faire) une promenade ensemble?
6. Nous sommes heureux que vous .... (recevoir enfin) de leurs nouvelles.

Exercice IX (oral)

Finissez les phrases suivantes en employant le subjonctif.

1. Je ne crois pas que...
2. Nous ne sommes pas sûrs que...
3. Il nie que...
4. Ils ne se souviennent pas que...

Exercice X

Écrivez une phrase avec le subjonctif employé comme impératif et une autre où il est employé pour exprimer un souhait.

Ex. Qu'elle dise tout de suite ce qu'elle a à dire.
Que vos désirs soient exaucés!

Exercice XI (écrit)

Liez les deux phrases. Faut-il le subjonctif ou l'infinitif dans la proposition subordonnée?

Ex. Je partirai bientôt./Il le faut. → Il faut que je parte bientôt.

1. Ils ont oublié de venir./Ils le regrettent.
2. Je sors avec lui./Il le veut.
3. Nous irons au parc./Nous en sommes contents.
4. Est-ce absolument nécessaire?/Je ne le pense pas.
5. Je vous appellerai./Attendez.
6. Vous avez perdu vos clés./C'est dommage.

Exercice XII (écrit)

Faites une phrase avec chacune des conjonctions suivantes:

1. pourvu que (condition)
   pourvu que (souhait)
2. avant que (dans le sens de «until»)
3. quoique («even though»)
4. de peur que

Exercice XIII

Écrivez une phrase pour chacun des emplois suivants:

1. un subjonctif présent (employé à la place d'un futur)

   Ex. Il attendra./Il sera trop tard.
   Il attendra qu'il soit trop tard.

2. un subjonctif présent (action simultanée ou postérieure)

   Ex. Je voudrais que vous veniez avec nous.

3. un subjonctif passé (action antérieure)

   Ex. Nous regrettons que vous ayez perdu le match de tennis.

Exercice XIV (écrit)

Complétez les propositions relatives suivantes avec le subjonctif ou l'indicatif, selon le sens.

1. Je cherche quelqu'un qui me _______ (comprendre).
2. Je n'ai trouvé personne qui _______ (vouloir) venir avec moi.
3. J'ai trouvé quelqu'un qui _______ (savoir) le faire.
4. Il y a quelque chose que je _______ (pouvoir) faire pour vous. C'est de vous causer.
5. Je ne vois rien qui _______ (être) comparable à cela.
6. C'est l'appartement le plus confortable que je _______ (trouver).

Exercice XV (écrit)

Finissez les phrases suivantes avec une proposition subordonnée au subjonctif expliquant la circonstance ou le souhait en question.

Ex. Mes notes ne sont pas très bonnes ce trimestre; <u>je m'attendais à ce qu'elles soient meilleures. Pourvu que je puisse faire des progrès</u>!

1. Je ne suis jamais satisfait(e); ____ .
2. Le pêcheur n'a pris aucun poisson ____ .
3. Le voleur a réussi à s'évader de la prison ________________________________ .
4. Il pleut à torrents et elle n'a pas pris son parapluie; ______________________ .

5. J'espère que vous allez m'attendre; ______________________________ .
6. Vous avez fait exprès de crier ______________________________ .

Exercice XVI (écrit)

*Vous avez peur de ne pas réussir un projet. Expliquez en quelques lignes quel est ce projet et la raison de vos craintes. Employez beaucoup de subjonctifs et les verbes **craindre, avoir peur, espérer, souhaiter,** etc.*

Exercice XVII (écrit)

*Vous rêvez de votre avenir. Décrivez votre rêve en employant **je veux (je voudrais bien) que..., je désire que..., je souhaite que...,** etc.*

Réponses aux applications immédiates

p. 229
1. donne
2. réfléchisses
3. vendions
4. se rappellent
5. compreniez
6. croie
7. craigne
8. sachent

p. 230
1. aie étudié
2. soit allé
3. ait reçu
4. vous soyez rendu compte

p. 233
1. Il faut que nous partions.
   Vous voulez que nous partions.
   Il craint que nous ne partions.
   Tu attends que nous partions.
2. Je souhaite que vous alliez...
   Il est nécessaire que vous alliez...
   Il est bon que vous alliez...
   Il semble que vous alliez...
   Il tient à ce que vous alliez...
3. Nous désirons qu'elle fasse la sieste.
   Il est improbable qu'elle fasse la sieste.
   Je doute qu'elle fasse la sieste.
   Il s'oppose à ce qu'elle fasse la sieste.
4. Il ne faut pas que je craigne l'orage.
   Il est dommage que je craigne l'orage.
   Vous doutez que je craigne l'orage.
   Tu t'étonnes que je craigne l'orage.

p. 234
1. Indic.: Vous êtes malade, mais il ne le croit pas.
   Subj.: À son avis, vous n'êtes pas malade.
2. Indic.: réalité du fait.
   Subj.: doute sur le fait.

p. 236
1. Pour que (Afin que)
2. de peur qu' (de crainte qu')
3. bien que (quoique)
4. à moins que
5. à condition que (pourvu que)

p. 236
1. jusqu'à ce que
2. avant que
3. avant qu'
4. jusqu'à ce qu'

p. 239
1. appreniez
2. ayez apprécié
3. ait
4. aies été
5. reçoive, me dépêche
6. n'ait pu

p. 240
1. ... à partir tôt.
2. ... ne pas avoir trop chaud pendant le voyage.

3. … d'avoir dit un mensonge.
4. … de mettre ses affaires en ordre.

p. 242
1. J'ai fait ça de peur de me tromper.
2. Nous parlerons français avant de finir l'école.
3. J'ai écrit cette lettre pour pouvoir expliquer la situation.
4. Je veux bien y aller à la condition de ne pas rester tard.

LA POSSESSION les adjectifs et les pronoms possessifs

11

Un adjectif possessif détermine le nom en lui donnant une notion de possession.

Un pronom possessif représente le nom en faisant connaître à qui appartient la personne ou la chose dont on parle.

I. L'adjectif possessif

A. Formes (voir le tableau ci-dessous)

TABLEAU 11.1 Les adjectifs possessifs

		un seul OBJET POSSÉDÉ		*plusieurs* OBJETS POSSÉDÉS
	personnes	*masculin*	*féminin*	*masculin et féminin*
un seul possesseur	je	**mon**	**ma**	**mes**
	tu	**ton**	**ta**	**tes**
	il, elle	**son**	**sa**	**ses**
		masculin et féminin		*masculin et féminin*
plusieurs possesseurs	nous	**notre**		**nos**
	vous	**votre**		**vos**
	ils, elles	**leur**		**leurs**

B. Accord

Regardons la phrase: Robert a apporté **sa** composition.

On remarque que l'adjectif possessif s'accorde *en personne avec le possesseur*, **Robert** (3e personne du singulier), et *en genre et en nombre avec l'objet possédé*, **composition** (féminin singulier).

L'objet possédé se trouvant *après l'adjectif possessif*, il faut toujours savoir *le genre de ce nom* pour le donner à l'adjectif possessif.

Est-il masculin ou féminin?

En français, le genre du possesseur n'est pas indiqué par un adjectif possessif.

Autre ex. Elle aime **son** mari.

ATTENTION

Par raison d'euphonie, **mon**, **ton**, **son** sont utilisés devant *un mot féminin* qui commence par *une voyelle* ou *un* **h** *muet*.

Ex. mon **a**uto
ton **é**norme maison
son **a**mie
son **h**istoire (h muet) mais: sa **h**aute estime (h aspiré)

Note

Vous savez déjà que le **o** de **onze** est traité comme une consonne (leçon 4, p. 94). C'est le même cas pour **onzième**.

Ex. J'en suis à m**a** **o**nzième semaine à l'université.

Application immédiate

Donnez l'adjectif possessif qui convient, à la personne indiquée. Le genre du nom est indiqué.

1. (mon) __________ cravate (*fém.*)
2. (son) __________ poème (*masc.*)

3. (ton) __________ bonne histoire (*fém.*)
4. (son) __________ autre chemise (*fém.*)
5. (son) __________ opinion (*fém.*)
6. (son) __________ mauvaise habitude (*fém.*)
7. (mon) __________ haute taille (*fém.*)
8. (mon) __________ onzième page (*fém.*)

réponses p. 265

C. Emplois

L'adjectif possessif indique quel est *le possesseur* de la chose (ou de la personne) désignée par le nom qu'il accompagne.

Ex. **Je** suis contente d'avoir **mes** propres idées.
Avez-**vous** écrit **votre** biographie?

1. *Avec le pronom indéfini* ***on*** (ou un autre mot indéfini ou impersonnel sujet du verbe), on emploie généralement **son**, **sa**, **ses**, quelquefois **notre**, **nos** ou **votre**, **vos**.

Ex. **On** n'est pas toujours satisfait de **son** sort.
Chacun a **ses** défauts.
Il faut emporter **son** parapluie quand il pleut.
Il est évident qu'une bonne odeur dans la cuisine excite **notre** appétit.
Quand **quelqu'un** frappe à **votre** porte, il est quelquefois imprudent d'ouvrir.

2. L'*ambiguïté* avec **son**, **sa**, **ses**, *pour trouver le possesseur.*

Considérons la phrase: Paul est content parce que Suzanne n'a pas oublié **son** livre.

Comme le possessif n'indique pas le genre du possesseur, on ne sait pas si **son** indique le livre de **Paul** ou celui de **Suzanne**. Il y a une ambiguïté. Pour la faire disparaître, on peut:

— ajouter **à lui**, **à elle** (en gardant l'adjectif possessif).

Ex. Paul est content parce que Suzanne n'a pas oublié **son** livre **à lui** (**à elle**).

ou:

— renforcer le possessif avec l'adjectif **propre**: son propre livre.

— utiliser le pronom démonstratif **celui-ci**, **celle-ci**: le livre de celui-ci (celle-ci).

— répéter le nom du possesseur: le livre de Paul (de Suzanne).

3. *Son, sa, ses* ou *leur, leurs*?

À la 3ᵉ personne, quand il n'y a qu'**un** possesseur, il faut utiliser **son, sa, ses**.

Leur, **leurs** s'emploient pour **deux** possesseurs au moins:

Ex. **Elle** voit **son** problème. (un possesseur)
Il se rend compte de **ses** responsabilités. (un possesseur)

mais: **M. et Mᵐᵉ Dupont** sont allés voir **leurs** enfants. (deux possesseurs)
Les enfants sont en train de promener **leur** chien. (plusieurs possesseurs)

Application immédiate

Complétez avec **leur(s)** ou **son, sa, ses.**

1. Ils rient de __________ propres fautes.
2. Cet étudiant veut savoir __________ notes.
3. Le professeur a apporté __________ serviette et __________ papiers.
4. Elle a vu __________ amies et celles-ci ont vu __________ amie aussi.

réponses p. 265

---

4. *Particularité de* ***leur*** (singulier) et ***leurs*** (pluriel)

Dans la phrase: **M. et Mᵐᵉ Dupont** sont dans **leur** maison, **leur** est singulier parce que les deux possesseurs n'ont qu'une maison.

Dans la phrase: **Les oiseaux** font **leur(s)** nid(s), **leur** est singulier si on veut indiquer que **chaque** oiseau a **un** nid: **Les oiseaux** font (**chacun**) **leur** nid.

Mais si on veut insister sur *la pluralité*, on dira: **Les oiseaux** font **leurs** nids.
Il y a les deux possibilités en français dans ce cas.

Application immédiate

Faites le même raisonnement avec:

Les professeurs ont leur(s) façon(s) d'enseigner. ______________________

réponses p. 265

Note

L'adjectif possessif pluriel **leurs** a un **s**, mais le pronom personnel objet indirect pluriel **leur** n'en a pas.

Ex. J'ai vu **leurs** amis et je **leur** ai dit bonjour.
Robert a des amis; il m'a donné **leurs** numéros de téléphone et je **leur** ai téléphoné.

Application immédiate

Complétez avec **leurs** (*adjectif possessif*) ou **leur** (*pronom*).

Ils sont avec __________ amis et ils __________ parlent.

réponses p. 265

---

5. *Répétez l'adjectif possessif devant chaque nom:*

Ex. J'ai apporté **mon** livre, **mon** cahier et **mon** crayon. (trois objets différents)

excepté si ces noms représentent *le même* objet possédé.

Ex. Je vous présente **mon** collègue et cher ami Édouard Delon. (une personne)

6. L'adjectif possessif *fait partie du nom* dans des mots comme:

	madame	**ma**demoiselle	**mon**sieur
pluriel:	**mes**dames	**mes**demoiselles	**mes**sieurs

D. L'article à la place du possessif

On emploie l'article à la place du possessif *quand le possesseur est évident dans la phrase.*

1. L'objet possédé est:

a. *une partie du corps.* (Les parties du corps ne sont pas seulement la tête, le bras, la jambe, les cheveux, etc., mais aussi l'air, la mine, la mémoire, la vie d'une personne.) On emploie l'article défini:

— quand la partie du corps *n'est pas qualifiée* par un adjectif (excepté **droit** ou **gauche**)

- *dans des expressions courantes*: hausser les épaules, baisser (tourner) la tête, serrer la main, lever (baisser, fermer) les yeux, tirer la langue, ouvrir la bouche, perdre la tête (la mémoire, la vie, la vue, la voix), dresser les oreilles (pour un animal), retrouver la mémoire, recouvrer la vue, froncer les sourcils, etc.

  Ex. Il a haussé **les** épaules.
  Il n'est pas poli de montrer quelqu'un **du** doigt.
  Levez **la** main droite si vous savez la réponse.
  Avancez **le** pied gauche.
  Il a recouvré **la** vue après son opération.
  (recouvrer = retrouver)
  Le cheval a dressé **les** oreilles en entendant le bruit.

  mais: J'ai mis **mes** mains sur **mes** genoux. (Le possesseur n'est pas évident.)

- *dans des expressions idiomatiques exprimant des sensations*: avoir mal (à la gorge, à la tête, aux dents, etc.) et avoir chaud ou froid (aux pieds, aux mains, à la figure, dans le dos, etc.).

  Ex. J'ai mal **au** dos.
  Elle a froid **aux** pieds.

- *avec un verbe accompagné d'un objet indirect* qui indique le possesseur.

  Ex. Il a tiré **les** cheveux de **Lucie**. (Lucie est le possesseur.)
  Elle **m'**a essuyé **le** visage.
  Le docteur **lui** a soigné **le** bras et **lui** a sauvé **la** vie.

- *avec un verbe pronominal.* Le pronom réfléchi, toujours *indirect* dans ce cas, représente le possesseur.

  Ex. Elle **se** lave **les** mains.
  Il **s'**est cassé **la** jambe gauche en faisant du ski.
  Tu **t'**es coupé **le** doigt.

Je **me** suis mordu **la** langue.
J'espère ne plus **me** tordre **la** cheville.

— quand la partie du corps *est qualifiée* par un adjectif, dans une description physique ou mentale avec le verbe **avoir**.

Ex. J'**ai les** yeux noirs et **les** cheveux bruns et frisés.
Nous riions parce que le clown **avait** du blanc sur **le** front et autour **des** yeux.
Elle **avait la** mine fatiguée quand elle est arrivée.
Jean **a des** épaules larges et musclées.
Vous **avez un** long cou.
Il **a l'**esprit étroit et compliqué.
J'ai **le** nez rouge. (mais: **Mon** nez est rouge.)

— quand la partie du corps se trouve *dans une phrase adverbiale de manière* qui décrit l'aspect ou l'attitude physiques d'une personne.

Ex. Il est arrivé, **la** mine pâle et **la** démarche hésitante. (Comment était-il quand il est arrivé?)
Elle était assise, **l'**œil fixé sur lui.
Tu te tenais debout, **les** mains sur **les** hanches.

b. *un vêtement ou un autre objet.*

Avec un vêtement ou un autre objet, on emploie l'article défini *dans des phrases adverbiales de manière* qui décrivent l'aspect ou l'attitude physiques (comme dans le paragraphe précédent).

Ex. Il est entré, **le** manteau déchiré et **le** chapeau sale. (Comment est-il entré?)
Il marchait dans l'eau, **le** pantalon retroussé.
Il est arrivé, **le** chapeau sur **la** tête et **la** canne au bras. (partie du corps, vêtement et objet possédé)

2. On emploie aussi l'article défini (+ **en**) à la place du possessif quand *le possesseur est un objet;* **en** indique le possesseur.

Ex. Je voudrais bien acheter ce magnétoscope, mais **le** prix **en** est trop élevé. (= mais son prix est trop élevé)
Ce tableau est très beau, mais **les** couleurs **en** sont trop vives. (= mais ses couleurs sont trop vives)
J'aime Paris et j'**en** connais **les** monuments.

3. Après ***dont,*** il n'y a pas de possessif parce que ***dont*** indique le possesseur.

Ex. Voilà un monsieur **dont** je connais **la** femme.
J'ai lu une composition **dont la** longueur est insuffisante.

Application immédiate

Complétez avec l'adjectif possessif ou l'article, selon le cas.

1. Le petit garçon a tiré __________ langue au photographe.
2. En rentrant à la maison, il a enlevé __________ souliers et il s'est allongé sur __________ dos pour se reposer.
3. Le cheval a dressé __________ oreilles pointues.
4. Elle m'a parlé durement, __________ regard méchant et __________ doigt menaçant.
5. Voici votre devoir. Vous allez en corriger toutes __________ fautes.
6. Vous avez __________ mains froides.
7. Je vais lui mettre des gouttes dans __________ yeux.

réponses p. 265

E. Autres façons d'exprimer la possession

1. Avec *être à* (voir aussi leçon 2, p. 54)

Ex. **À** qui **est** ce manteau? — Il **est à** moi.
Est-ce que ces lunettes **sont à** vous? — Non, elles **ne sont pas à** moi; elle **sont à** elle.
Est-ce que cette serviette **est à** Robert? — Non, elle **n'est pas à** lui; elle **est à** son voisin.
Est-ce **à** vous? — Oui, c'**est à** moi. Et ça? — C'**est à** lui.

2. Avec ***appartenir à***

Ex. J'**appartiens à** un club de tennis.
Est-ce que ce livre **appartient à** Robert? — Oui, il **lui appartient**.
La clé qui est sur la table **m'appartient**.
À qui **appartiennent** ces balles? — Elles **leur appartiennent.**

3. Avec ***de*** + ***nom***

Ex. C'est le livre **de mon camarade**.
Ce n'est pas mon chapeau, c'est celui **de Robert**.

EN RÉSUMÉ

Voici les trois façons d'exprimer la possession.

Ex. C'est le manteau de Paul. Ce manteau est à Paul. Ce manteau appartient à Paul.

ou: C'est son manteau. Ce manteau est à lui. Ce manteau lui appartient.

Note

Voici la traduction de «He is a friend of mine.»
C'est un de mes amis. ou **C'est un ami à moi**.

Application immédiate

Donnez deux expressions équivalentes pour chaque phrase donnée.

1. C'est l'argent de Sylvie. ______________________

2. C'est son argent. ______________________

réponses p. 265

Exercices

Exercice I (oral)

Complétez avec l'adjectif possessif qui convient. Regardez bien le genre du nom qui est après le possessif.

1. L'étudiant a posé .... affaires sur .... bureau, c'est-à-dire .... serviette, ... livre, ... stylo, ... crayon, et .... feuilles de papier.
2. À l'université, vous prenez .... propres décisions.
3. Ce bâtiment est impressionnant; regardez .... hauteur vertigineuse!
4. Tout le monde fait de .... mieux dans cette classe.
5. Elle va essayer de parler à .... impossible mère.
6. Nous avons oublié d'apporter .... exercices écrits.

7. Les différentes saisons ont .... particularités; chacune a .... avantages et .... inconvénients.
8. Tu n'as rien dit et pourtant .... opinion était importante.
9. On se querelle parfois avec .... amis.
10. La petite fille joue avec .... poupée.
11. Je vais vous donner .... propre impression du voyage.
12. Il a du vocabulaire, mais .... accent est assez fort et .... articulation n'est pas très bonne.
13. Parle-moi de .... déplacement avec .... amis.
14. Odette est bien habillée aujourd'hui; j'aime .... manteau, ... robe et .... chaussures.
15. En voyant cela, nous n'avions pas pu cacher .... étonnement.
16. J'ai des voisins bizarres; .... garage est toujours ouvert et .... enfants jouent toujours dans la rue.
17. J'avais besoin de toute .... énergie.
18. Elle a eu dix ans le mois dernier; elle est maintenant dans .... onzième année.
19. Est-ce que c'est .... photo qui est sur la table? — Oui, et je suis avec .... sœur.
20. Mes amis sont intéressants; j'aime .... idées.
21. Vous êtes arrivés chacun à .... tour.
22. Passez-moi .... lunettes qui sont là-bas, s'il vous plaît.

Exercice II (oral)

Remplacez les mots soulignés par un adjectif possessif de la 3e personne: **son, sa, ses** *ou* **leur(s)**. *Combien de possesseurs y a-t-il?*

1. La chambre de mon frère est petite.
2. Les voitures de Robert sont rapides.
3. La gentillesse de mes amis me touche.
4. Les enfants de nos voisins sont insupportables.
5. Le livre du professeur est fermé.
6. Le manteau de Suzanne coûte très cher.

Exercice III (oral)

Utilisez ***être à*** *et* ***appartenir à*** *dans les phrases suivantes en faisant les changements nécessaires.*

Ex. C'est mon livre. → Ce livre est à moi. Ce livre m'appartient.

1. C'est le passeport de Jean.
2. Ce n'était pas ma valise.
3. Est-ce que c'est votre imperméable?
4. Ce sont leurs lettres.
5. Ce sera ton bijou un jour.

Exercice IV (oral)

Dans le texte suivant, expliquez l'emploi du possessif ou de l'article.

Giton et Phédon

Giton a le teint frais, le visage plein et les joues pendantes, l'œil fixe et assuré, les épaules larges, l'estomac haut, la démarche ferme et délibérée... S'il s'assied, vous le voyez... croiser les jambes l'une sur l'autre, froncer le sourcil, abaisser son chapeau sur ses yeux pour ne voir personne, ou... découvrir son front par fierté et par audace.

Phédon a les yeux creux, le teint échauffé, le corps sec et le visage maigre... Il est mystérieux sur ses affaires... Il marche les yeux baissés... Il va les épaules serrées, le chapeau abaissé sur les yeux pour n'être point vu; il se replie et se renferme dans son manteau... Il n'ouvre la bouche que pour répondre; ... il se mouche sous son chapeau.

La Bruyère

Exercice V (écrit)

Complétez avec l'adjectif possessif qui convient, ou l'article si le possessif n'est pas nécessaire. Faites bien la distinction entre parties du corps et vêtements ou autres objets possédés.

1. La bouteille m'a échappé parce que j'avais de l'huile sur _______ mains.
2. Le docteur lui a soigné _______ foie.
3. Elle est arrivée _______ cœur battant et _______ air effrayé.
4. Pour notre sortie à la plage, emportez _______ lunettes de soleil et _______ maillot de bain.
5. Je vais mettre _______ gants parce que j'ai froid _______ mains.
6. J'ai heurté _______ front contre la porte.
7. Mon neveu a _______ cheveux roux de _______ père et _______ nez retroussé de _______ mère.
8. Voilà un poète célèbre dont _______ œuvres sont très connues.
9. Monsieur Durand était présent au banquet; à _______ droite se trouvait _______ femme et à _______ gauche était assis _______ fils.
10. Avant de mettre l'enfant au lit, je lui ai lavé _______ figure et _______ mains et puis je lui ai mis _______ pyjama; j'ai aussi rangé _______ jouets.
11. Après être entrés, ils se sont essuyé _______ pieds et ont enlevé _______ manteau.
12. En vieillissant, elle commence à perdre _______ mémoire.
13. Regardez cette robe; _______ style en est très intéressant.
14. La jeune fille dont _______ robe est trop longue est mon amie.
15. Quand il ne sait pas quelque chose, il hausse toujours _______ épaules puissantes.
16. L'avaleur de sabres a enfoncé un sabre dans _______ gorge.
17. Il a chaud à _______ tête; il a certainement de la fièvre.
18. Ils se sont brûlé _______ doigts en touchant au feu.

19. Le chien s'enfuit, _______ queue entre _______ pattes.
20. Vous vous êtes fait raccourcir _______ long nez.

Exercice VI (écrit)

Répondez en incorporant dans votre phrase les mots entre parenthèses, et un adjectif possessif ou un article d'après le cas.

Ex. Que vous êtes-vous lavé? (figure) → Je me suis lavé la figure.

1. Que se maquille-t-elle? (yeux)
2. Où vous êtes-vous fait mal? (cou)
3. Qu'est-ce qu'elle lui a essuyé? (menton)
4. Qu'est-ce qu'elle a retrouvé? (sac)
5. Qu'est-ce que sa mère lui a lavé? (pieds sales)
6. Où avez-vous froid? (mains)
7. Que vous êtes-vous abîmé en lisant de trop près? (vue)
8. Qu'est-ce qu'elle s'est fait soigner? (jambe cassée)
9. Qu'est-ce qu'il a enlevé en arrivant? (veste)
10. Comment s'est-il présenté pour son interview? (cheveux longs, costume sale)
11. Comment êtes-vous revenu de Las Vegas? (portefeuille vide)
12. Connaissez-vous ce parc? (jolis coins)

Exercice VII (écrit)

Parlez d'une chose spéciale que vous possédez. Décrivez ses qualités et dites pourquoi vous l'aimez. Employez beaucoup d'adjectifs possessifs. (quatre lignes)

Exercice VIII (écrit)

Faites votre propre description en utilisant souvent le verbe **avoir**. *(cinq lignes) (Attention à la différence entre les constructions:* **J'ai un** long nez *et* **Mon** nez **est** long.)

Exercice IX (écrit)

Un jour vous avez porté un costume spécial pour une certaine occasion: pour jouer dans une pièce, pour une fête, ou simplement pour faire rire vos amis. Décrivez votre accoutrement et votre maquillage. (cinq ou six lignes)

II. Le pronom possessif

A. Formes (voir le tableau ci-dessous)

TABLEAU 11.2 Les pronoms possessifs

		un seul OBJET POSSÉDÉ		*plusieurs* OBJETS POSSÉDÉS	
	personnes	*masculin*	*féminin*	*masculin*	*féminin*
un seul possesseur	je	**le mien**	**la mienne**	**les miens**	**les miennes**
	tu	**le tien**	**la tienne**	**les tiens**	**les tiennes**
	il, elle	**le sien**	**la sienne**	**les siens**	**les siennes**
		masculin	*féminin*	*masculin et féminin*	
plusieurs possesseurs	nous	**le nôtre**	**la nôtre**	**les nôtres**	
	vous	**le vôtre**	**la vôtre**	**les vôtres**	
	ils, elles	**le leur**	**la leur**	**les leurs**	

1. Le pronom possessif est formé de *deux mots.*

Ex. le mien

Le premier mot est *l'article défini,* qui se contracte avec les prépositions **à** et **de.**

singulier: **au mien, du mien, au nôtre, du leur,** etc.

pluriel: **aux tiens, des miennes, aux vôtres,** etc.

2. Il y a *un accent circonflexe* sur le **o** des pronoms **le (la) nôtre, le (la) vôtre, les nôtres, les vôtres;** il y a donc une différence de prononciation avec l'adjectif possessif **notre, votre.**

Prononcez: notre [nɔtr(ə)], le nôtre [lə notr(ə)]
votre, le vôtre

B. Accord

Considérons la phrase: Votre sac est bleu, mais **le mien** est jaune. (mon sac)

On constate que le pronom possessif s'accorde, comme l'adjectif possessif, *en personne avec le possesseur*: **mon** (1re personne du sing.), et *en* *genre et en nombre avec l'objet possédé*: **sac** (masculin sing.). Le pronom possessif n'indique pas le genre du possesseur.

C. Emploi

Le pronom possessif remplace *un adjectif possessif + un nom*.

Ex. J'ai trouvé mon billet; avez-vous trouvé **le vôtre**? (votre billet)
Vous avez reçu des nouvelles de vos parents, mais je n'en ai pas reçu **des miens**. (de mes parents)

Application immédiate

Remplacez les adjectifs possessifs et les noms par des pronoms possessifs. Attention aux contractions avec les prépositions.

1. ma maison ________	4. son travail ________	7. de leur jardin ________
2. notre chien ________	5. ses impressions ________	8. à leurs parents ________
3. leur livre ________	6. ton opinion ________	9. à vos lettres ________

réponses p. 265

D. Expressions idiomatiques contenant le pronom possessif

Le pronom possessif a le sens d'un nom dans les expressions suivantes.

1. Y mettre du sien. ***Du sien*** remplace: de son effort, de son travail (masculin singulier).

Ex. Pour que nous ayons de bons résultats, il faut que chacun **y mette du sien**.
Il faudra **y mettre du vôtre**.

2. Les siens: les parents (masculin pluriel), la famille, un groupe auquel on appartient.

Ex. Il parle d'une façon bizarre et **les siens** ne le comprennent pas. (sa famille)
Serez-vous **des nôtres** demain soir? (Serez-vous avec nous demain soir?)

3. **Faire des siennes.** *Des siennes* remplace: de ses bêtises, de ses mauvaises actions (féminin pluriel).

   Ex. Robert a été méchant; il **a** encore **fait des siennes** cet après-midi.

4. **À la vôtre! À la bonne vôtre! À la tienne!** Quand on boit à la santé (féminin singulier) de quelqu'un. (À votre santé! À ta santé!)

   Ex. **À la vôtre**, chers amis!

Application immédiate

Complétez les phrases suivantes avec des expressions qui contiennent des pronoms possessifs.

1. La solitude ne lui va pas; elle aime vivre au milieu ________________ .
2. Nous allons goûter ce champagne; ______________________________ !
3. Il n'y a pas d'autre façon d'y arriver; il faut ______________________ .
4. Quand il aura fini de __________ , nous pourrons peut-être partir!

réponses p. 265

Exercices

Exercice X (oral)

Donnez le pronom possessif qui remplace les mots suivants. Attention aux contractions avec les prépositions.

1. mes amis
2. leur composition
3. notre situation
4. vos livres
5. son imagination
6. son erreur
7. votre groupe
8. mon problème
9. ses parents
10. leurs travaux
11. nos intentions
12. son courage
13. à votre place
14. de mon côté
15. de leurs opinions
16. à ses souhaits
17. de mes difficultés
18. à mon tour
19. celui de ma sœur
20. celles de mon frère
21. ceux de mon père
22. celles de ma mère

Exercice XI (oral)

Complétez les phrases avec les adjectifs possessifs et les pronoms possessifs qui conviennent.

1. Tout le monde a .... idées; vous avez .... , j'ai .... et mes amis ont ....
2. Parlez-nous de .... professeur et nous vous parlerons ....

3. Il faut que vous alliez à .... cours et il faut que j'aille à ....
4. J'ai .... parapluie; as-tu .... ?
5. Les Français parlent toujours de .... foie; les Américains ne mentionnent pas ....
6. Vous vous plaignez souvent de .... difficultés, mais il ne se plaint jamais de ....
7. J'ai parlé à mon père. Avez-vous parlé .... ?

Exercice XII (oral)

Répondez rapidement à la question.

1. À qui est ce manteau?
2. Est-ce ta ceinture? Non, ... À qui est-elle alors?
3. Est-ce que c'est ta calculatrice?
4. À qui est cette feuille? Et ça?
5. Est-ce le sac de votre amie?
6. À qui sont ces affaires par terre dans votre chambre?
7. Est-ce ta faute si c'est arrivé? Non, ...
8. À qui est l'auto qui est devant la maison de tes voisins?
9. Est-ce que ce sont tes notes?
10. Cette bicyclette est-elle à ton ami?

Exercice XIII (écrit)

Complétez les phrases suivantes avec le pronom possessif, ou le pronom démonstratif **celui (celle, ceux, celles) de,** *qui convient.*

1. J'aime bien cette maison, mais je préfère _______ Lucie.
2. Vous promenez votre petite chienne pendant que je promène _______ aussi.
3. Avez-vous vu le chapeau de notre voisin et _______ son fils?
4. Il y a des compositions sur le bureau; _______ Jean y est, mais Robert a oublié _______ . Il n'est pas le seul, car d'autres étudiants ont aussi oublié _______ .
5. Mes notes sont bonnes ce trimestre; et _______ , Guy?

Exercice XIV (écrit)

Faites une phrase avec chacune des expressions de D, p. 262.

Exercice XV (écrit)

Vous avez eu un accident et vous avez été blessé(e). Décrivez les circonstances. Employez des possessifs ou des articles.

Ex. «Je suis tombé et je me suis fait mal à...»

Exercice XVI (écrit)

Décrivez succinctement la maison où vous habitez et les personnes ou choses qui s'y trouvent. Employez beaucoup de possessifs. (six lignes)

Exercice XVII (écrit)

Décrivez une personne intéressante que vous connaissez: aspect physique, habitudes, etc. Employez beaucoup de possessifs. (cinq lignes)

Réponses aux applications immédiates

p. 250
1. ma
2. son
3. ta
4. son
5. son
6. sa
7. ma
8. ma

p. 252
1. leurs
2. ses
3. sa, ses
4. ses, leur

p. 253 Les professeurs ont leurs façons d'enseigner.
(Il y a beaucoup de façons d'enseigner. On insiste sur la pluralité.)
Les professeurs ont leur façon d'enseigner.
(Chaque professeur a sa façon d'enseigner.)

p. 253 leurs, leur

p. 256
1. la
2. ses, le
3. ses
4. le, le
5. les
6. les
7. les

p. 257
1. Cet argent est à Sylvie. Cet argent appartient à Sylvie.
2. Cet argent est à elle. Cet argent lui appartient.

p. 262
1. la mienne
2. le nôtre
3. le leur
4. le sien
5. les siennes
6. la tienne
7. du leur
8. aux leurs
9. aux vôtres

p. 263
1. des siens
2. à la vôtre!
3. y mettre du sien
4. faire des siennes

L'INFINITIF

12

L'infinitif est la forme nominale du verbe. Il exprime l'idée de l'action ou de l'état d'une manière indéterminée.

I. Formes

L'infinitif est un mode qui a deux temps: l'infinitif présent et l'infinitif passé (voir tableau des modes et temps, p. 450).

A. L'infinitif présent

Un verbe se donne à l'infinitif présent.

1. Les verbes *réguliers* se terminent par **-er**, **-ir** ou **-re**.

Ex. aimer, finir, vendre.

2. Les verbes *irréguliers* se terminent par **-er**, **-ir**, **-oir** ou **-re**.

Ex. aller, sortir, voir, prendre.

3. Tous les verbes, réguliers et irréguliers, se divisent en:

— *verbes transitifs* (qui ont un objet direct ou indirect),

— *verbes intransitifs* (qui n'ont pas d'objet direct ni indirect),

— *verbes pronominaux* (accompagnés du pronom réfléchi **se**).

B. L'infinitif passé

C'est une forme composée: deux mots.

1. Il est formé de *l'infinitif de l'auxiliaire **avoir** ou **être** + le participe passé du verbe en question.*

Ex. finir → avoir fini   aller → être allé   se lever → s'être levé

Le participe passé suit les mêmes règles d'accord que celles des autres temps composés.

Ex. Nous mangerons les fruits après les avoir pelé**s**.

2. L'infinitif passé indique une action *antérieure à* l'action du verbe principal:

Ex. Nous regrettons de vous **avoir donné** une mauvaise nouvelle. (L'action de **donner** est antérieure à l'action de **regretter**.) Robert a remercié Anne d'**être allée** au magasin avec lui.

—ou une action qui sera faite à un certain moment dans le futur.

Ex. Il faut **avoir lu** ce livre avant demain soir.

Application immédiate

Écrivez la forme de l'infinitif passé du verbe. Attention à l'accord du participe passé.

1. Elle est certaine de nous __________ à la conférence. (voir)
2. Lucie ne regrette pas d' __________ à la Tour Eiffel. (monter)
3. Ils sont contents de __________ cet après-midi. (se promener)
4. Il a remis les livres sur l'étagère après les __________ . (lire)

réponses p. 288

C. La forme négative

1. Avec l'infinitif présent

a. *Place de ne... pas...*

On place **ne pas** devant l'infinitif et devant les pronoms objets.

Ex. J'espère **ne pas** rencontrer les Dupont. J'espère **ne pas** les rencontrer.

Avec **être** et **avoir**, on trouve aussi: **n**'être **pas**, **n**'avoir **pas**.

Ex. Je regrette de **n**'avoir **pas** de photo de toi.

b. *Place des autres négations* (voir leçon 14, p. 311)

2. Avec l'infinitif passé

On place **ne pas** devant l'auxiliaire et devant les pronoms objets:

Ex. Il regrette de **ne pas** avoir vu le film. Il regrette de **ne pas** l'avoir vu.

ou: **ne** devant l'auxiliaire et les pronoms objets et **pas** après l'auxiliaire.

Ex. Il regrette de **n**'avoir **pas** vu le film. Il regrette de **ne** l'avoir **pas** vu.

Application immédiate

Mettez l'infinitif au négatif.

1. Vous m'avez dit de venir. ______________________________ .
2. Il m'accuse d'y être allé. (deux possibilités) ______________________ .

réponses p. 288

D. L'infinitif passif

C'est *l'infinitif* **être** + *le participe passé d'un verbe transitif direct* (conjugué avec **avoir**). Le participe passé s'accorde avec le mot auquel il se rapporte, comme un adjectif (voir aussi leçon 16, p. 371).

Ex. Il voulait **être choisi** par ses camarades.
Ces tableaux viennent d'**être vendus**.
(**Choisir** et **vendre** sont conjugués avec **avoir** à la forme active.)

Application immédiate

Écrivez la forme passive du verbe entre parenthèses.

1. Ses vêtements vont __________ par une couturière. (faire)
2. La décision venait d' __________ . (prendre)

réponses p. 288

II. Emplois

A. Certains infinitifs sont employés comme *noms*, avec un article.

Ex. le manger — le savoir-faire — le lever — un être humain
le boire — le savoir-vivre — le coucher

ou: l'infinitif fait partie d'un nom avec la préposition **à**, pour indiquer *la fonction* du nom.

Ex. une salle à manger — une machine à écrire, à laver, à coudre
une chambre à coucher — un fer à repasser

Application immédiate

Comment s'appelle:

1. une machine qui sert à faire des calculs? ____________________
2. une pomme que l'on doit faire cuire? ____________________
3. une aiguille pour faire du tricotage? ____________________

réponses p. 288

B. L'infinitif est *sans rapport avec un verbe principal.*

1. *Seul* dans une phrase.

Ex. **S'allonger** au soleil à la plage, quel bonheur!
M'excuser, moi? Vous n'êtes pas sérieux!

2. Pour donner *des instructions écrites d'une façon impersonnelle,* à la place d'un impératif ou d'un futur.

Ex. Un professeur écrit le travail à donner à ses étudiants: «Pour demain, *lire* la leçon 5, *écrire* les exercices et *préparer* une composition orale.» **Lire**, **écrire** et **préparer** sont des infinitifs parce que les mots **il faut** sont sous-entendus: il faut lire, écrire, etc. (Quand ce travail est indiqué *oralement* en classe, on utilise *des impératifs*: **lisez**, **écrivez**, **préparez**, ou *des futurs*: **vous lirez**, **écrirez**, **préparerez**.)

Dans les recettes de cuisine: «**Battre** les œufs avec le sucre, **ajouter** de la vanille, puis la farine et le beurre. Enfin, **verser** dans le moule et **cuire** au four à température moyenne.»

Dans des livres (de grammaire, par exemple): «**Voir** leçon 6, p. 72.»

Dans un autocar: «**Ne pas parler** au conducteur.»

Dans un train: «**Ne pas se pencher** au dehors. Danger de mort»

Sur la route: «**Ralentir**.»

Sur des flacons de médicaments: «**Agiter** le flacon avant de s'en servir.»

Application immédiate

Complétez les ordres du professeur avec un verbe à l'infinitif.

Pour demain, __________ aux questions de l'exercice A et __________ une composition de deux pages. Puis __________ le texte à haute voix pour la prononciation.

réponses p. 288

C. L'infinitif est *le sujet d'un verbe*, avec la fonction d'un nom (mais sans article).

Ex. **Partir** ne vous servira à rien. («To leave, Leaving»)
Vouloir, c'est pouvoir. (proverbe)

Application immédiate

Traduisez les verbes entre parenthèses.

1. __________ en ville par cette chaleur, c'est de la folie! («To go, Going»)
2. __________ une douche froide en hiver n'est pas normal. («To take»)

réponses p. 288

D. L'infinitif est *l'objet d'un verbe.*

Dans cette construction *verbe + verbe*, il y a trois possibilités:

— *pas de préposition* entre le verbe principal et l'infinitif,

— *la préposition* **à** entre le verbe principal et l'infinitif,

— *la préposition* **de** entre le verbe principal et l'infinitif.

1. Il n'y a *pas de préposition* (voir aussi liste page 469).

a. après les verbes:

— *de perception*: apercevoir, écouter, entendre, paraître, regarder, sembler, sentir, voir (voir leçon 20, p. 443 pour la place des pronoms).

Ex. On **entend** les oiseaux **chanter**.

— *de goût, de préférence*: aimer, aimer mieux, détester, préférer, valoir mieux.

Ex. Nous **préférons ne pas continuer** notre promenade.

— *de déclaration, de volonté, d'intention*: affirmer, compter, croire, déclarer, désirer, dire, espérer, nier, penser, prétendre, savoir, souhaiter, vouloir.

Ex. J'**espère pouvoir** y aller.
Que **penses-tu faire** cet été? — Je **compte aller** à la montagne.

— *de mouvement*: aller, courir, descendre, emmener, entrer, envoyer, mener, monter, partir, rentrer, retourner, revenir, sortir, venir.

Ex. Je **suis descendu** à la cuisine **boire** un verre de lait.
Venez nous **rejoindre** dans une heure.

ATTENTION

Ne confondez pas la construction **aller** (*mouvement*) + *infinitif* avec le futur proche **aller** + *infinitif*.

Ex. **Va étudier** maintenant. (deux actions: «Go and study»)
Tu **vas étudier** cet après-midi. («You are going to study...»)

Ne confondez pas la construction **venir** (*mouvement*) + *infinitif* avec le passé récent **venir de** + infinitif.

Ex. Vous **venez** la **voir**. («You are coming to see her.»)
Vous **venez de** la **voir**. («You have just seen her.»)

b. après les verbes ou expressions qui suivent:

- avoir beau: **Ex.** Vous **avez beau** me le **répéter**, je n'arrive pas à m'en souvenir. (en vain)
- devoir, pouvoir: **Ex.** Vous **devez vous tromper**.
- être censé: **Ex.** Vous n'**êtes** pas **censé** le **savoir**. (Vous n'êtes pas supposé...)
- faillir: **Ex.** J'**ai failli tomber** dans l'escalier. («I almost fell...»)
- faire, laisser: **Ex.** Il **a fait construire** un château. (Voir leçon 20, p. 441 et 443, pour place des pronoms.)
- falloir: **Ex.** Il **faut essayer** de comprendre la situation.
- oser: **Ex.** **Oserez**-vous y **aller** toute seule?
- s'imaginer, se figurer: **Ex.** Il **s'imaginait pouvoir** y aller en deux heures.
- se rappeler (+ infinitif passé): **Ex.** Il **se rappelle** vaguement **avoir parlé à** cette personne-là.

2. Il y a ***la préposition à*** (voir aussi liste page 469).

Voici les verbes les plus courants. Les verbes synonymes sont groupés ensemble.

	Exemples
aider à	Veux-tu que je t'**aide à** faire ton travail?
s'amuser à	L'enfant **s'amuse à** découper l'image.
apprendre à	Je vais vous **apprendre à** jouer au bridge.
[arriver à parvenir à réussir à	J'espère que vous **parviendrez à** la convaincre.
s'attendre à	Je ne **m'attendais** pas **à** vous rencontrer ici.
avoir... à...	Un romancier **a** beaucoup de pages **à** écrire.
chercher à	Il **cherche à** vous faire plaisir.
[commencer à se mettre à	Il **s'est mis à** bâiller.
continuer à	Nous **continuerons à** faire un effort dans cette direction.
[forcer à obliger à	On ne peut pas vous **forcer à** accepter ça.

hésiter à	Pourquoi **hésitez**-vous **à** répondre?
inviter à	Je vais t'**inviter à** passer le week-end chez moi.
[passer (du temps) à	Tu **as passé** la soirée **à** lire.
[mettre (du temps) à	J'**ai mis** trois heures **à** finir ce travail.
[songer à penser à	On dit que vous **songez à** quitter cette ville; **y pensez**-vous vraiment?
servir à (l'usage)	À quoi sert ce bouton? — Il **sert à** allumer la lampe.
tarder à	Ne **tardez** pas **à** envoyer cette lettre; elle est urgente.
tenir à	Iras-tu chez lui cet après-midi? — Oui, je **tiens à** le voir.

3. Il y a *la préposition* de (voir aussi liste page 470).

Ces verbes sont nombreux. Voici les plus courants. Les verbes synonymes sont groupés ensemble.

	Exemples
accepter de	**Acceptez**-vous **de** déjeuner avec moi?
[accuser de reprocher de	Robert **accuse** Henri **d'**avoir pris sa bicyclette.
[(s') arrêter de cesser de finir de	Quand il **aura cessé de** pleuvoir, nous partirons.
s'agir de (sujet: **il** impersonnel)	Il **s'agit de** savoir qui a raison.
[avoir peur de craindre de	En y allant nous **craignons d'**envenimer la situation.
avoir honte de	Pourquoi **as**-tu **honte de** montrer ton dessin?
avoir envie de	Elle **a eu envie de** rire. (ne pas confondre avec: envier)
avoir l'air de	Vous n'**avez** pas **l'air de** vous amuser.
avoir l'intention de	Je n'**ai** pas **l'intention de** vous donner trop de travail.
avoir le temps de	Avec vingt unités ce trimestre, **avez**-vous **le temps de** faire du sport?
avoir raison de	Vous **avez eu raison de** lui dire ça.
avoir tort de	Il **a tort de** s'énerver.
avoir de la chance de	Vous **avez eu de la chance d'**aller à Hawaii!
avoir hâte de	J'**ai hâte d'**être en vacances. («I can't wait...»)

conseiller de	Je vous **conseille de** lui en parler.
continuer de (*ou*: à)	(voir: à)
décider de	J'ai **décidé de** suivre un cours de psychologie.
[défendre de interdire de	Sa mère lui **a défendu de** courir en traversant la rue.
empêcher de	Le bruit m'**empêche de** dormir.
[demander de prier de	Le professeur nous **a demandé de** taper notre travail.
se dépêcher de	**Dépêchez-vous de** me raconter votre histoire.
dire de (un ordre)	**Dites**-lui **de** prendre son temps; nous ne sommes pas pressés.
[essayer de tâcher de	Je vais **essayer de** vous expliquer la situation.
s'excuser de	**Excusez-moi de** ne pas vous avoir dit bonjour.
faire bien de	Vous **avez bien fait de** me le dire.
faire exprès de	Je n'**ai** pas **fait exprès de** vous marcher sur le pied.
[faire semblant de feindre de	Elle **a fait semblant de** ne pas nous voir.
oublier de	N'**oubliez** pas **de** voter demain.
ordonner de	Je vous **ordonne de** vous taire.
permettre de	**Permettez**-moi **de** vous reconduire chez vous.
promettre de	Le professeur **a promis de** se débarrasser de son tic.
rappeler de	**Rappelez**-moi **de** faire l'appel.
se rappeler de (+ l'infinitif présent =	Il faut que je **me rappelle de** le prévenir. ne pas oublier de)
refuser de	Ne **refusez** pas **de** venir avec nous.
regretter de	Il ne faut jamais **regretter d'**avoir voulu bien faire.
remercier de	Je vous **remercie de** m'avoir aidé.
risquer de	En te levant, tu **risques de** devenir encore plus malade.
se souvenir de	Vous ne **vous souvenez** pas **d'**avoir dit ça?
venir de (passé récent)	Je **viens de** la voir il y a une minute.

REMARQUE

Il peut y avoir trois ou quatre verbes consécutifs dans une phrase. Attention à la construction de chacun d'eux.

Ex. J'**ai oublié** d'**aller faire** mes courses.
Vous **avez eu raison** de lui **défendre** d'**aller jouer** avec son voisin.

> **ATTENTION**
>
> La construction *verbe + infinitif* peut être différente de la construction *verbe + nom.*
>
> **Ex.** { Je commence **à** écrire. (verbe + infinitif)
> Je commence mon devoir. (verbe + nom) }
>
> { Je lui demande **de** m'avertir. (verbe + infinitif)
> Je **le** lui demande. (verbe + pronom) }

4. Différences entre certaines constructions verbe + infinitif

a. commencer à ≠ commencer par; finir de ≠ finir par

— **Commencer à** indique le commencement d'une action.

Ex. Je **commence à** être fatigué.

Commencer par indique la première action.

Ex. Nous allons **commencer par** lire le poème et puis nous l'expliquerons.

— **finir de** = cesser de:

Ex. J'ai **fini de** travailler.

finir par = arriver à:

Ex. J'ai **fini par** trouver la rue que je cherchais.

b. décider de, décider quelqu'un à, se décider à, être décidé à

- **décider de** = prendre une décision:

  Ex. À la fin de la réunion, nous **avons décidé de** nous revoir bientôt.

- **décider quelqu'un à** = persuader quelqu'un de faire quelque chose:

  Ex. J'**ai décidé Robert à** venir avec moi.

- **se décider à** = prendre la détermination de, se résoudre à:

  Ex. Quand **vous déciderez-vous à** prendre des vacances?
- **être décidé à** (forme passive) = être fermement déterminé à:

  Ex. Il **est décidé à** la suivre, sans penser aux conséquences.

c. demander de, demander à

- **demander de** = ordonner, commander:

  Ex. Je vous **demande de** me répondre.
- **demander à** = avoir envie de, vouloir:

  Ex. Il **a demandé à** parler devant l'assistance.

d. passer du temps à, mettre du temps à, avoir le temps de

- **passer du temps à** = **mettre du temps à**:

  Ex. Je **passe** (Je **mets**) beaucoup de temps à écrire un essai.
- **avoir le temps de**:

  Ex. Je n'**ai** pas **le temps de** vous voir aujourd'hui.

e. penser, penser à

- **penser** = avoir l'intention de, compter, projeter:

  Ex. Il **pense** aller en France l'été prochain.
- **penser à** = ne pas oublier:

  Ex. Il faut que je **pense à** acheter du pain.

  ou = s'intéresser à, s'occuper de:

  Ex. Je **pense à** m'établir ici.

f. rappeler, se rappeler, se rappeler de

- **rappeler** à quelqu'un de faire quelque chose («to remind»):

  Ex. Le professeur **rappelle** aux étudiants qu'il y a un examen.
- **se rappeler** + infinitif passé («to remember»):

  Ex. Il **se rappelle** avoir vu ce film.

- **se rappeler de** + infinitif présent («not to forget»):

  Ex. **Rappelle-toi** d'acheter du pain.

g. venir, venir de, en venir à

- **venir, venir de** (voir p. 271, Attention)
- **en venir à** = en arriver à:

  Ex. Quand il est en colère, il **en vient à** dire des choses regrettables.

Application immédiate

Complétez avec le temps correct du verbe et une préposition si elle est nécessaire.

1. Je __________ me préparer, puis je viendrai. (finir)
2. Pouvez-vous __________ me voir? (venir)
3. Nous essayons de le __________ changer d'avis. (décider)
4. Il faut que je __________ apporter de l'argent pour payer mon inscription. (penser)
5. Jean a eu une mauvaise note dans un cours, alors il __________ voir son examen final. (demander)
6. Jean __________ venir hier. (oublier)
7. Je vous __________ dîner avec moi. (inviter)
8. Il faut __________ comprendre la situation. (essayer)

réponses p. 288

E. L'infinitif dans des constructions personnelles

1. On emploie généralement **de**:

a. quand l'infinitif est l'objet d'*un nom* (ou d'*un pronom*).

Ex. Je lui ai donné **l'ordre de** venir.
Vous avez **la permission de** commencer.
Prenez **le temps de** vous reposer.
Vous avez une très mauvaise habitude, **celle de** jurer.

b. quand l'infinitif est l'objet d'*un adjectif affectif* (exprimant les sentiments, les émotions d'une personne). Voici quelques-uns de ces adjectifs:

courageux	≠	fatigué, las
capable	≠	incapable
content, ravi, enchanté	≠	mécontent, triste, furieux
heureux, satisfait	≠	malheureux
gentil, aimable	≠	méchant, vilain, rusé
sûr, certain	≠	pas sûr, pas certain, incertain
sensé, raisonnable	≠	insensé, fou
obligé, forcé	≠	libre

Ex. Je suis **enchanté de** faire votre connaissance.
Vous êtes si **gentil de** m'avoir invité.
Ma mère est **heureuse de** vous avoir rencontré.
Elle est **furieuse d'**avoir raté son autobus.
Tu es bien **aimable de** me le dire.
Tu étais **fou de** la croire.
Je suis **obligé de** rester à la maison.

2. On emploie **à**:

a. quand l'adjectif n'est pas affectif. Voici quelques adjectifs:

facile, aisé, commode	≠	difficile, dur, pénible
léger	≠	lourd
possible	≠	impossible
intéressant, passionnant	≠	bizarre, désagréable, ennuyeux
agréable, amusant, gai	≠	terrible, effrayant
beau	≠	laid, horrible
long	≠	court

Ex. **Voilà** un appartement **facile à louer**.
Cette dissertation est **difficile à composer**.
La cuisine à l'huile est **lourde à digérer**.
C'est une situation **pénible à voir**.
Mon amie est **agréable à écouter**.
C'est **long à faire**, ce genre de travail.

b. quand l'infinitif exprime *la réaction que le nom ou l'adjectif produit* sur quelqu'un:

Ex. Il m'a raconté **une histoire à dormir debout.**
(une histoire ennuyeuse au point de dormir debout)
C'est un film **amusant à éclater de rire.**
(amusant au point d'éclater de rire)
Cette musique est **triste à en pleurer.**
(triste au point d'en pleurer)

c. quand l'infinitif est l'objet:

— d'un nombre ordinal: le premier, le deuxième..., le dernier

— de l'adjectif *seul*

— et de quelques adjectifs d'habitude et d'aptitude: habitué, prêt, lent, rapide.

Ex. Vous êtes **le deuxième à** m'en parler.
Tu étais **le seul à** comprendre.
Le train est **lent à** venir.
Es-tu **prêt à** commencer ton travail?

Application immédiate

Ajoutez **à** ou **de**.

1. Vous n'êtes pas satisfait __________ l'avoir vu?
2. Voilà un texte __________ taper à la machine.
3. N'es-tu pas fatigué __________ entendre cette musique?
4. Vous êtes le seul __________ le savoir.
5. Je suis certain __________ vous l'avoir dit.
6. Votre problème est difficile __________ résoudre.
7. C'était une histoire __________ ne pas en croire mes oreilles.
8. Il a reçu l'ordre __________ retourner chez lui.
9. Êtes-vous prêts __________ partir?
10. J'ai été forcé __________ arrêter.

réponses p. 289

F. L'infinitif dans des constructions impersonnelles

1. Il (impersonnel) + **être** + adjectif + **de** + *infinitif*. On emploie **de** *devant l'infinitif* quand cet infinitif, *placé après* **être** + adjectif, est le sujet réel de **être** + *adjectif*.

Ex. Il est agréable **de** *lire des romans*. (Lire des romans est agréable.)
↑ (sujet réel)
(sujet apparent)

Il impersonnel, sujet apparent de **est agréable**, annonce la proposition infinitive **lire des romans** qui est le sujet réel de **est agréable**.

REMARQUE

Dans la langue parlée, on emploie aussi **ce** au lieu de **il**.

Ex. Il (C') est agréable **de** lire des romans.

2. Ce + **être** + nom + **de** + *infinitif*. On emploie toujours **de** *devant l'infinitif* parce que le sujet réel de **être** + *nom* est toujours cet infinitif, *placé après* **être** + nom.

Ex. C'est une folie *de partir maintenant*. (Partir maintenant est une folie.)
↑ (sujet réel)
(sujet apparent)

C', sujet apparent de **est une folie**, annonce la proposition infinitive **partir maintenant** qui est le sujet réel de **est une folie**.

Application immédiate

Changez les phrases suivantes en constructions impersonnelles avec **il** ou **ce**.

1. Écouter de la guitare est agréable. ______________________
2. Donner de l'argent aux pauvres est une bonne action. ______________________
3. Gagner à la loterie est difficile. ______________________
4. Faire un tricot est long. ______________________
5. Dépenser tout son argent n'est pas un malheur. ______________________

réponses p. 289

3. Ce + **être** + adjectif + **à** + *infinitif*. On emploie **à** *devant l'infinitif* quand le sujet réel de **être** + *adjectif* est *placé avant* **être** + *adjectif*; **ce** représente le sujet réel. L'infinitif n'est pas le sujet.

Ex. *Vous avez passé de bonnes vacances;* c'est facile **à** voir.
(sujet réel) ↑ (sujet)

C', sujet de **est facile**, représente la phrase **Vous avez passé de bonnes vacances**, placée avant.

Application immédiate

Cherchez le sujet réel de **être** + *adjectif* ou de **être** + *nom*, puis complétez avec **il** ou **ce** et **à** ou **de**.

1. __________ est normal __________ avoir besoin de ses parents.
2. __________ est ridicule __________ penser qu'il a raison; __________ est même une sottise __________ le croire.
3. Paul souffre de migraines; __________ est difficile __________ guérir.
4. __________ était une bonne idée __________ rentrer immédiatement.

réponses p. 289

Exercices

Exercice I (oral)

Substituez chacun des verbes indiqués au verbe souligné de la phrase donnée. Attention à la construction verbe + infinitif.

1. J'aime apprendre le français.
   a. vais
   b. ai envie
   c. espère
   d. essaie
   e. veux

2. J'ai envie de parler français.
   a. tiens
   b. commence
   c. arrive
   d. refuse
   e. peux

3. On ne doit pas le répéter.
   a. est censé
   b. tarde
   c. permet
   d. défend
   e. a peur

4. On se dépêche de le faire.
   a. sait
   b. a
   c. souhaite
   d. hésite
   e. risque

5. Il dit avoir menti.
   a. prétend
   b. regrette
   c. se rappelle
   d. s'excuse

6. Il fait semblant d'avoir peur.
   a. a honte
   b. déteste
   c. semble
   d. nie

7. Nous avons décidé de ne pas entrer.
   a. avons préféré
   b. avons cherché
   c. avons accepté
   d. avons eu tort

8. Nous avons eu raison de partir.
   a. avons bien fait
   b. avons failli
   c. avons fait exprès
   d. avons promis

9. Nous comptons voir ce film.
   a. désirons
   b. avons hâte
   c. osons
   d. conseillons

10. Nous songeons à faire des courses.
    a. avons le temps
    b. partons
    c. allons
    d. venons (passé récent)

11. Permettez-moi de parler.
    a. Laissez
    b. Invitez
    c. Écoutez
    d. Interdisez

12. Forcez-moi à travailler.
    a. Apprenez
    b. Arrêtez
    c. Demandez
    d. Décidez

Exercice II (oral)

Faites une seule phrase avec les deux propositions données. Attention à la construction verbe + infinitif.

Ex. Je voudrais / j'irai vous voir bientôt.
Je voudrais aller vous voir bientôt.

1. Il pense / il pourra m'accompagner.
2. Il a eu / il part immédiatement.
3. Ils ont décidé / ils iront à la campagne samedi.
4. L'étudiant malade a demandé / il sort de la classe.
5. Tu ne semblais pas / tu avais fait tant de fautes.
6. Il aime mieux / il s'occupe de cette affaire.
7. Nous nous rappelons / nous avons eu cette opportunité inespérée.
8. J'espérais / je pourrais lui parler.

Exercice III (oral)

Après avoir étudié les constructions verbe + infinitif (p. 271-274), décidez s'il faut ***à, de*** *ou pas de préposition.*

1. Il vaut mieux .... rester à la maison quand il pleut.
2. J'ai tellement de travail .... faire aujourd'hui que je préfère .... ne pas y penser.

3. Je vais .... essayer .... me décider .... prendre des leçons de peinture.
4. Vous n'arrêtez pas .... vous plaindre.
5. Faudrait-il .... le prévenir de notre arrivée?
6. Vous auriez dû .... lui demander .... vous permettre .... jouer aux cartes.
7. Dépêchez-vous .... accepter .... venir chez moi .... prendre une tasse de café.
8. Vous oseriez .... lui dire .... aller .... voir ce film?
9. As-tu réussi .... décider ton père .... te prêter sa voiture?
10. Vous faites semblant .... ne pas comprendre, j'en suis sûr.
11. Je venais .... tourner au coin de la rue quand l'accident est arrivé.
12. Il est absolument défendu .... marcher sur les pelouses des jardins publics en France.
13. Il a failli .... se tuer quand il a essayé .... grimper à un mur trop haut.
14. Je ne crois pas .... pouvoir .... vous l'expliquer.
15. J'ai beau .... faire de mon mieux, vous ne semblez pas .... apprécier mes efforts.
16. Les étudiants n'ont pas fini l'exercice, car ils ont oublié .... tourner la page pour voir les dernières questions.
17. Pourriez-vous .... l'excuser .... ne pas savoir .... expliquer la différence entre les mots: compte, conte et comte?
18. Nous serons à la fête et nous espérons .... vous y rencontrer.
19. Ne tarde pas .... prendre ta décision parce que si tu laisses .... passer trop de temps, tu t'imagineras .... avoir .... résoudre un problème plus compliqué qu'il n'est.
20. Il s'est mis .... manger sans attendre les autres.
21. Que pensez-vous .... faire en Europe le mois prochain?
22. Pourquoi venez-vous .... me voir? — Je désire .... vous parler.
23. Je vous demande .... bien vouloir me permettre .... m'absenter deux ou trois jours.
24. Pensez .... lui dire que j'arriverai à six heures.
25. Le jury a demandé .... écouter les témoignages une seconde fois.
26. Reviendrez-vous .... me voir bientôt? J'ose .... l'espérer.
27. Je veux .... vous dire .... ne pas chercher .... m'intimider.
28. Elle aimerait .... préparer une fondue la prochaine fois qu'elle invitera ses amis .... dîner.
29. Elle a envoyé sa fille .... faire une course à l'épicerie.
30. Ai-je tort .... dire que vous voudriez .... savoir .... parler français couramment?

Exercice IV (oral)

Lisez le poème suivant à haute voix. Puis trouvez les infinitifs qui y sont contenus et expliquez leur emploi.

Pour faire le portrait d'un oiseau

Peindre d'abord une cage
Avec une porte ouverte
peindre ensuite
quelque chose de joli
quelque chose de simple
quelque chose de beau
quelque chose d'utile
pour l'oiseau
placer ensuite la toile contre un arbre
dans un jardin
dans un bois
ou dans une forêt
se cacher derrière l'arbre
sans rien dire
sans bouger...
Parfois l'oiseau arrive vite
mais il peut aussi bien mettre de longues années
avant de se décider
Ne pas se décourager
attendre
attendre s'il le faut pendant des années
la vitesse ou la lenteur de l'arrivée de l'oiseau
n'ayant aucun rapport
avec la réussite du tableau
Quand l'oiseau arrive
s'il arrive
observer le plus profond silence
attendre que l'oiseau entre dans la cage
et quand il est entré
fermer doucement la porte avec le pinceau
puis
effacer un à un tous les barreaux
en ayant soin de ne toucher aucune des plumes de l'oiseau
Faire ensuite le portrait de l'arbre
en choisissant la plus belle de ses branches
pour l'oiseau
peindre aussi le vert feuillage et la fraîcheur du vent
la poussière du soleil
et le bruit des bêtes de l'herbe dans la chaleur de l'été
et puis attendre que l'oiseau se décide à chanter

Si l'oiseau ne chante pas
c'est mauvais signe
signe que le tableau est mauvais
s'il chante c'est bon signe
signe que vous pouvez signer
Alors vous arrachez tout doucement
une des plumes de l'oiseau
et vous écrivez votre nom dans un coin du tableau

Jacques Prévert

Exercice V (oral)

Mettez les phrases à la forme passive.

Ex. On vient d'annoncer une nouvelle → Une nouvelle vient d'être annoncée.

1. Les étudiants vont préparer des questions.
2. On vient de finir la leçon.
3. Le professeur va expliquer le texte.

Exercice VI (oral)

Faites une phrase avec les mots donnés en mettant l'infinitif au négatif. Employez l'infinitif présent ou passé selon le sens. Ajoutez une préposition si elle est nécessaire. Attention au pronom des verbes pronominaux.

Ex. Je vous demande / être en retard. Je vous demande de ne pas être en retard.

1. On vous a conseillé / s'inquiéter.
2. Elle préfère / sortir ce soir.
3. Nous regrettons / s'excuser.
4. Il a réussi / parler constamment de son travail.
5. Je tiens / se fatiguer pendant le week-end.

Exercice VII (oral)

Complétez avec **à** *ou* **de** *devant l'infinitif objet d'un nom (ou pronom) ou d'un adjectif (constructions personnelles).*

1. Je ne suis pas sûr .... pouvoir aller à la conférence avec vous ce soir.
2. *L'Exorciste*, c'est un film horrible .... voir!
3. Votre idée, celle .... retourner à la maison, est excellente.
4. Elle m'a bien donné l'impression .... vouloir vous parler.
5. C'est vous qui m'avez donné l'idée .... tenter ma chance.
6. Ils sont ravis .... avoir eu de si bons résultats.
7. Il m'a passé un livre intéressant .... lire, mais il est très long.
8. Je vous remercie beaucoup d'avoir été si rapide .... taper ces feuilles.

9. Les chansonniers de Paris racontent des histoires amusantes .... en pleurer.
10. Je suis très contente .... avoir pu passer quelques moments avec vous.

Exercice VIII (oral)

En classe, faites à l'aide des listes des pages 271 à 274 de la leçon, de nombreuses phrases courtes qui vous permettront d'entendre les différentes constructions apprises et d'habituer votre oreille.

Ex. J'**ai mis** trois heures **à** réparer ma bicyclette.
Vous n'**avez** pas l'**air de** comprendre ma question.
Je n'**ai** pas **le temps d'**aller vous voir aujourd'hui.

Exercice IX (écrit)

Choisissez un des sujets suivants.

a) *Vous êtes le professeur et, comme lui (ou elle), vous préparez par écrit le travail à donner aux étudiants, en deux ou trois lignes, en employant des infinitifs à la place de l'impératif, et un peu d'humour.*
Choisissez les verbes avec soin. «Pour mercredi...»

b) *Écrivez la recette du plat que vous préparez quand il y a une fête à votre résidence. (Employez des infinitifs.)*

c) *Trouvez deux conseils qu'on vous dit de suivre dans vos activités sur le campus: à la bibliothèque, au laboratoire ou à votre résidence. (Employez des infinitifs.)*

Exercice X

Écrivez deux longues phrases indépendantes dans lesquelles vous emploierez le plus possible de constructions verbe + infinitif. Cherchez dans les listes données (voir p. 271 à 274).

Ex. Il est défendu de fumer en classe; alors quand Robert a commencé à allumer une cigarette, le professeur lui a dit de l'éteindre et d'aller la jeter dehors.

Exercice XI (écrit)

Complétez avec l'infinitif présent ou passé, selon le sens. Attention à l'accord du participe passé.

1. Vous semblez _______ (faire) des progrès dans votre dernière composition.
2. Je t'avais défendu de _______ (marcher) nu-pieds.
3. Elle a acheté la robe après l' _______ (essayer).
4. Ne nous reprochez pas de les _______ (appeler) hier soir.
5. Après _______ (arriver) au sommet de la montagne, ils ont dû redescendre immédiatement.

Exercice XII

Avec chacune des expressions suivantes, écrivez une phrase qui montre clairement le sens de l'expression.

1. penser à + infinitif
2. venir + infinitif
3. se décider à + infinitif
4. commencer à + infinitif

Exercice XIII (écrit)

Finissez les phrases avec une proposition infinitive.

Ex. Après une mauvaise expérience, on désire *faire mieux la prochaine fois.*

1. Cette machine sert ______________________________ .
2. Après notre conversation, je m'attends ______________________________ .
3. Je passe toujours beaucoup de temps ______________________________ .
4. Demain, rappelez-moi ______________________________ .
5. À la fin de l'année, j'espère ______________________________ .
6. Tu vois que j'ai eu raison ______________________________ .

Exercice XIV (écrit)

*Complétez avec **il** ou **ce (c')** et **à** ou **de** (constructions impersonnelles).*

1. _______ n'est pas nécessaire _______ aller à ce cours. Pourquoi? _______ est facile _______ deviner: le professeur fait toujours les mêmes conférences.
2. _______ serait une folie _______ ne pas profiter de la situation.
3. _______ est impossible _______ comprendre ce qui est arrivé; _______ est un mystère pour tout le monde.
4. ____________ n'est pas la peine _______ venir.
5. _______ est bon signe _______ être en convalescence.
6. _______ est plus rapide _______ voyager en avion qu'en train.
7. Il va faire beau demain; _______ est bon _______ savoir.
8. N'essayez pas de le convaincre; _______ est très dur _______ faire.

Exercice XV (écrit)

*Complétez avec **à** ou **de** quand une préposition est nécessaire. Distinguez les différents cas; verbe + infinitif, adjectif ou nom + infinitif (constructions personnelles ou impersonnelles).*

1. Il n'est pas bon _______ rester au soleil trop longtemps.
2. Ce point de grammaire n'est pas facile _______ comprendre.
3. Il faut passer beaucoup de temps _______ étudier à la bibliothèque parce que les étudiants ne veulent pas _______ se taire dans les résidences.
4. Il prétend _______ connaître la question à fond, mais il est préférable _______ le laisser _______ l'étudier un peu plus longtemps.

5. Voilà un passage très dur _______ analyser; les étudiants ont été obligés _______ le lire plusieurs fois avant de commencer _______ le comprendre.
6. Êtes-vous content _______ être de retour à la maison?
7. Ça doit être formidable _______ faire le tour du monde.
8. Voudriez-vous _______ savoir la raison de son départ? C'est un peu délicat _______ expliquer, mais je vais _______ tâcher _______ le faire.
9. Il a une voiture _______ vendre, si vous voulez _______ la voir!
10. C'est une histoire _______ vous faire pâlir.

Exercice XVI

En employant les constructions des parties E et F de la leçon, écrivez un petit paragraphe sur votre vie d'étudiant. Dites quel travail est intéressant ou difficile à faire, ce que vous avez le temps, la permission ou l'habitude de faire, ce qu'il est utile de faire, etc., sur le campus.

Exercice XVII (écrit)

Finissez les phrases en utilisant l'adjectif entre parenthèses. Variez l'infinitif.

Ex. Vous êtes heureux, *c'est facile à voir*. (facile)

1. Dépenser de l'argent, _______________________________________. (facile)
2. Quand il y a des programmes de sport à la télévision, ____________________ _______________________________________. (intéressant)
3. La hauteur des chutes du Niagara, ____________________ _______________________________________. (impressionnant)
4. Écrire une dictée sans oublier d'accents, ____________________ _______________________________________. (dur)

Réponses aux applications immédiates

p. 267
1. avoir vus (vues)
2. être montée
3. s'être promenés
4. avoir lus

p. 268
1. de ne pas venir
2. de ne pas y être allé
de n'y être pas allé

p. 268
1. être faits
2. être prise

p. 269
1. une machine à calculer
2. une pomme à cuire
3. une aiguille à tricoter

p. 270 répondre, écrire, lire

p. 270
1. Aller
2. Prendre

p. 277
1. Je vais finir de *ou* Je finis de
2. venir me voir
3. de le décider à
4. que je pense à
5. il a demandé à (demande à)
6. a oublié de
7. invite à
8. essayer de

p. 279
1. de
2. à
3. d'
4. à
5. de
6. à
7. à
8. de
9. à
10. d'

p. 280
1. Il (C') est agréable d'écouter de la guitare.
2. C'est une bonne action de donner de l'argent aux pauvres.
3. Il (C') est difficile de gagner à la loterie.
4. Il (C') est long de faire un tricot.
5. Ce n'est pas un malheur de dépenser tout son argent.

p. 281
1. Il (*ou* C'), d'
2. Il (*ou* C'), de; c', de
3. c', à
4. C', de

LES PRONOMS RELATIFS

13

Un pronom relatif établit un lien entre le nom ou le pronom qu'il représente et la proposition relative qui explique ou détermine ce nom ou ce pronom.

I. Fonction du pronom relatif

A. Regardons la phrase: J'ai besoin du livre **qui** est sur le bureau.

1. Il y a deux propositions: *la proposition principale* **J'ai besoin du livre** et *la proposition relative* **qui est sur le bureau**, ainsi appelée parce qu'elle est introduite par un pronom relatif.

2. **Qui** est le sujet du verbe **est** dans la proposition relative. (Le verbe de cette proposition se trouve toujours *après* le pronom relatif puisque celui-ci introduit la proposition relative.)

3. **Qui** représente le mot **livre**, son antécédent.

4. Le pronom relatif **qui** sert à relier les deux phrases indépendantes: **J'ai besoin d'un livre** et **Il est sur le bureau**, pour en former une seule.

Application immédiate

Faites le même raisonnement avec la phrase suivante: **Il connaît le chien qui court dans la rue**.

1. ______________ 2. ______________ 3. ______________ 4. ______________

réponses p. 307

B. Pour trouver le pronom relatif qui convient, il faut donc savoir:

— quelle est *sa fonction* dans la proposition relative qu'il introduit (sujet du verbe, objet direct du verbe ou objet d'une préposition).

— quel est *son antécédent*: un nom de personne, un nom de chose, un pronom ou une proposition; quelquefois il n'y a pas d'antécédent (voir B, p. 299).

C. La proposition relative peut être placée:

— après la proposition principale.

Ex. Apportez-moi la feuille **que vous avez devant vous**.

— à l'intérieur de la proposition principale.

Ex. L'histoire **que vous me racontez** est très intéressante.

— au commencement de la phrase.

Ex. **Ce que vous voulez** n'est pas raisonnable.

II. Formes

On distingue deux groupes de pronoms relatifs (voir tableau 13.1, p. 292):

— le groupe A *avec antécédent* nom de personne, nom de chose ou pronom;

— le groupe B *avec antécédent* proposition ou *sans antécédent*.

Exemples

(Les numéros renvoient à ceux du tableau 13.1. Le pronom relatif et l'antécédent sont soulignés.)

		Fonction du pronom relatif	*Antécédent*
A.	1. Je connais le monsieur qui est debout.	sujet du verbe	personne
	J'entends le téléphone qui sonne.	sujet du verbe	chose
	2. J'aime les amis que je viens de voir.	objet direct du verbe	personne
	Gardez la boîte que vous voulez.	objet direct du verbe	chose

	3. Appelez la personne dont voici le numéro.	objet de **de**	personne
	Regardez le stylo dont je me sers.	objet de **de**	chose
	4. Les gens pour qui (lesquels) il travaille sont gentils.	objet d'une préposition (autre que **de**)	personne
	Le crayon avec lequel je dessine n'est pas assez pointu.	objet d'une préposition (autre que **de**)	chose
B.	5. J'ai froid, ce qui est désagréable.	sujet du verbe	proposition
	Je ne sais pas ce qui m'arrive.	sujet du verbe	*sans*
	6. Ce que je n'admets pas, c'est que tu sois paresseux.	objet direct du verbe	proposition
	Il se demande ce que vous voulez.	objet direct du verbe	*sans*
	7. Il a eu une bonne note, ce dont il est très heureux.	objet de **de**	proposition
	Tu comprends ce dont ils ont besoin.	objet de **de**	*sans*
	8. Ils m'ont insulté, ce à quoi je ne m'attendais pas.	objet d'une préposition (autre que **de**)	proposition
	Je vois à quoi il s'oppose.	objet d'une préposition (autre que **de**)	*sans*

TABLEAU 13.1 Les pronoms relatifs

	A. *Avec antécédent* *nom de* PERSONNE *ou pronom*		A. *Avec antécédent* *nom de* CHOSE *ou pronom*		B. *Avec antécédent* PROPOSITION / *Sans antécédent*
sujet du verbe	**qui**	①	**qui**	⑤	**ce qui**
objet direct du verbe	**que (qu')**	②	**que (qu')**	⑥	**ce que (ce qu')**
introduit par la préposition **de**	**dont**	③	**dont**	⑦	**ce dont**
introduit par une préposition (autre que **de**)	**qui** (ou **lequel**, etc.)	④	**lequel**, etc. (**où**)	⑧	**ce** + préposition + **quoi**

III. Emplois (Les numéros renvoient à ceux du tableau 13.1, p. 292.)

A. Avec antécédent *nom de personne, nom de chose ou pronom*

1.

	avec antécédent	
	nom de PERSONNE *ou pronom*	*nom de* CHOSE *ou pronom*
sujet du verbe	**qui**	**qui**

a. *Qui* est sujet du verbe qui suit.

Ex. Parlez à la personne **qui est** debout.
On m'a donné celui **qui se trouvait** sur l'étagère.

b. *Qui* est employé pour une personne ou pour une chose.

Ex. **La jeune fille qui** est là-bas est très jolie. (personne)
Le livre qui est sur la table est à elle. (chose)

c. *Qui* ne change pas devant une voyelle ou un **h** muet.

Ex. Je vois le livre **qui e**st là.
J'ai lu l'ouvrage **qui h**onore cet homme.

d. C'est **moi** qui **suis** là. C'est **toi** qui **es** là.

Continuons: C'est **lui** qui **est** là.
C'est **nous** qui **sommes** là.
C'est **vous** qui **êtes** là.
C'est (Ce sont) **eux** qui **sont** là.

Le verbe de la proposition relative *prend la personne de l'antécédent de* **qui**.

ATTENTION

Pour éviter une confusion entre deux antécédents de genres différents, on doit quelquefois employer une forme de **lequel** à la place de **qui** sujet.

Ex. Elle était avec son mari et sa fille, **laquelle** semblait s'ennuyer. (sa fille)

2.

	avec antécédent	
	nom de PERSONNE *ou pronom*	*nom de* CHOSE *ou pronom*
objet direct du verbe	**que (qu')**	**que (qu')**

a. *Que* est objet direct du verbe qui suit.

Ex. C'est le sujet **que** nous **discutons**. Ce sont ceux **que** je **connais**.

b. *Que* est employé pour une personne ou pour une chose.

Ex. Comment s'appelle **la personne que** vous avez rencontrée? (personne)
J'aime **la maison que** vous avez construite. (chose)

c. *Que* devient *qu'* devant une voyelle ou un **h** muet.

Ex. J'ai lu le roman **qu'il** est en train de lire.
Je connais la maison **qu'h**abite votre mère.

Application immédiate

Complétez avec **qui** ou **que (qu')**. Le verbe de la proposition relative a-t-il déjà un sujet?

1. Voilà une question __________ intéresse tout le monde.
2. L'exercice __________ il fait est dur.
3. Vous avez acheté une robe __________ vous va bien.

4. La dictée __________ le professeur vous a donnée est courte.
5. Je connais la personne __________ se regarde dans la glace.

réponses p. 307

---

d. *Que* est toujours exprimé. En anglais, il est souvent omis.

Ex. le cours **que** tu aimes («the class [that] you like»)

e. *Le participe passé* d'un verbe à un temps composé s'accorde avec ***que***, objet direct qui précède toujours le verbe (voir leçon 3, p. 64).

Ex. J'ai raconté une histoire **qu'**il a aim**ée**.

REMARQUES

— *Que* n'est pas toujours un pronom relatif.

Ex. Je sais **que** vous êtes gentil. (conjonction)
Que faites-vous? (pronom interrogatif)
Que vous êtes beau! (adverbe = **Comme**)

Dans ces cas, ***que*** n'a pas d'antécédent.

— *Ne confondez pas* les pronoms relatifs **qui, que** avec les pronoms interrogatifs **qui**, **que** (voir leçon 15, p. 336).

Ex. **Qui** est là? **Que** voulez-vous?

3.

	avec antécédent	
	nom de PERSONNE *ou pronom*	*nom de* CHOSE *ou pronom*
introduit par la préposition **de**	**dont**	**dont**

Dont remplace ***que*** quand le pronom relatif est relié à un verbe, à un adjectif, à un nom, par la préposition **de**.

Dont est invariable et s'emploie pour une personne ou pour une chose.

Ex. Voilà l'homme **dont** je vous ai parlé. (parler de) (personne)
Voilà le livre **dont** je me sers. (se servir de) (chose)
Il y a des animaux **dont** j'ai peur. (avoir peur de)

Il a un fils **dont** il est très fier. (être fier de)
Voilà une personne **dont** je connais la fille. (la fille de)

Dans ce dernier exemple, on dirait plus simplement:

Je connais la fille de cette personne.

REMARQUES

— Quand **dont** est l'objet d'un nom (voir dernier exemple ci-dessus), l'ordre des mots est normal dans la proposition relative en français:

dont +	*sujet* +	*verbe*	+ *objet direct*	
↓	↓	↓	↓	
dont	**je**	**connais**	**la fille**	(«whose daughter I know»)

(littéralement: «of whom I know the daughter»)

Remarquez que le nom est accompagné de *l'article défini.*

— ***Dont*** n'est pas employé:

- avec *les prépositions composées de* ***de***: au sujet de, en face de, près de, à côté de, au cours de, à l'ombre de, au-dessus de, le long de, etc.

  Employez **qui** (ou **lequel**) pour une personne, **lequel** pour une chose.

  (**Lequel** est un pronom relatif composé [**le** + **quel**] qui s'accorde en genre et en nombre avec son antécédent et qui se contracte avec **à** et **de**:

  avec **à**: **auquel**, **auxquels**, **auxquelles**;
  avec **de**: **duquel**, **desquels**, **desquelles**.

  Il n'y a pas de contraction avec **laquelle**: **à laquelle**, **de laquelle**.)

  Ex. Les gens **avec qui** (**lesquels**) il parle sont ses amis.
  Le mur **le long duquel** il marche est en pierre.

- après *une préposition* + *nom* + ***de***. Employez **qui** (ou **lequel**) pour une personne, **lequel** pour une chose.

  Ex. C'est une dame **avec la fille de qui** (**laquelle**) il est souvent sorti.

Voilà un problème **pour la solution duquel** j'ai passé deux heures.

Cette tournure est compliquée et on l'exprime généralement d'une façon plus simple:

Il est souvent sorti avec la fille de cette dame.
J'ai passé deux heures à résoudre ce problème.

Application immédiate

Complétez avec le pronom relatif qui convient.

1. C'est une blouse __________ elle avait envie depuis longtemps.
2. Le lac près __________ ils se trouvent est calme.
3. Ce monsieur dans le jardin de __________ je me trouvais est mon ancien voisin.
4. Présentez-moi à la personne __________ vous m'avez parlé.

Traduisez:

5. Votre essai ________________ sera publié.
«whose quality everyone admires»

réponses p. 307

4.

	avec antécédent *nom de* PERSONNE *ou pronom*	*avec antécédent* *nom de* CHOSE *ou pronom*
introduit par une préposition (autre que **de***)*	**qui** (ou **lequel**, etc.)	**lequel**, etc. (**où**)

a. ***Qui*** est employé après toutes les prépositions (excepté **de**) quand son antécédent est *une personne*. On peut aussi employer ***lequel,*** mais ***qui*** est préférable.

Ex. Je connais le monsieur **à qui** (**auquel**) vous avez parlé.
Voilà le professeur **avec qui** (**avec lequel**) j'ai discuté ma thèse.

b. On emploie une forme de ***lequel***:

— après toutes les prépositions (excepté **de**) quand l'antécédent est *une chose*.

Ex. C'est l'exemple **auquel** je pensais. (penser à)
Voici la raison **pour laquelle** je suis venu. («the reason why»)
(N'employez pas **pourquoi**.)

— avec ***entre, parmi***. Employez toujours une forme de ***lequel*** avec ces prépositions.

Ex. Je regardais les deux gendarmes **entre lesquels** il marchait, l'air peu fier.
Ce sont des écrivains **parmi lesquels** il était à l'aise.

c. ***Où***: quand l'antécédent du pronom relatif est un lieu ou un temps, il faut généralement employer ***où*** à la place de *la préposition* + ***lequel***.

Ex.	
Le parc **où** (**dans lequel**) je vous ai vu. Le pays **d'où** (**duquel**) je viens. L'endroit **par où** (**par lequel**) je suis passé. Le banc **où** (**sur lequel**) je suis assis.	indication de lieu
Le jour **où** (**auquel**) il est arrivé. La semaine **où** (**pendant laquelle**) il était si fatigué. Il est sorti **au moment où** j'entrais.	indication de temps

Note

Où à la place de **quand**. Pour représenter un mot, il faut un pronom. **Quand** est employé comme conjonction ou adverbe, jamais comme pronom. Il ne peut donc pas avoir d'antécédent.

Où est employé comme adverbe ou pronom. C'est pourquoi on l'emploie à la place de **quand** pour faire référence à une indication de temps.

Application immédiate

Complétez avec le pronom relatif qui convient.

1. La jeune fille avec __________ j'ai parlé était charmante.
2. L'année __________ j'ai été malade m'a semblé longue.
3. La réponse numéro 3 est celle pour __________ j'ai des doutes.

4. Il y a quatre personnes entre __________ il faut partager la somme d'argent.
5. Quelle est la raison pour __________ vous êtes partis?

réponses p. 307

B. Avec antécédent proposition *ou* sans antécédent

1.

	avec antécédent PROPOSITION	*sans antécédent*
sujet du verbe	**ce qui**	

a. *Avec antécédent proposition*

Le pronom neutre *ce*, placé devant le pronom relatif *qui*, représente la proposition antécédente. *Qui* est le sujet du verbe qui suit.

Ex. **Il a raté son examen**, **ce qui** est très surprenant.
Ce qui l'étonne, **c'est que vous n'ayez pas appelé**. (Remarquez la répétition de **ce** devant **est** quand la proposition antécédente suit la proposition relative.)

b. *Sans antécédent*

Quand le pronom relatif n'a pas d'antécédent, on ajoute aussi *ce*. (**Ce** joue le rôle d'antécédent.)

Ex. Je n'aime pas faire **ce qui** est désagréable.

2.

	avec antécédent PROPOSITION	*sans antécédent*
objet direct du verbe	**ce que** (**ce qu'**)	

a. *Avec antécédent proposition*

Ce représente la proposition antécédente et **que** (**qu'**) est l'objet direct du verbe qui suit.

Ex. **J'ai mal à la tête, ce que** je redoute toujours.
Ce que je comprends, **c'est que notre discussion n'a servi à rien**.

b. ***Sans antécédent***

Ex. **Ce que** vous voulez n'est pas raisonnable.

3.

	avec antécédent PROPOSITION	*sans antécédent*
introduit par la préposition **de**	**ce dont**	

a. ***Avec antécédent proposition***

Dont remplace **que** dans **ce que**, quand le pronom relatif est relié au verbe par la préposition **de**.

Ex. **Il est passé la voir, ce dont** je m'étonne. (s'étonner de)
Il fallait qu'il fasse un kilomètre de course, ce dont il n'était pas capable. (être capable de)

b. ***Sans antécédent***

Ex. J'ai oublié **ce dont** vous m'avez parlé. (parler de)

REMARQUES

— **tout ce qui, tout ce que, tout ce dont**. N'oubliez pas **ce** entre **tout** et le pronom relatif.

Ex. **Tout ce qui** brille n'est pas or. (proverbe) («All that»)
J'ai oublié **tout ce qu'**il m'a dit.
Il a déjà vu **tout ce dont** tu parles.

— Ne confondez pas **tout ce qui** (**que, dont**) et **tous ceux qui** (**que, dont**).

Ex. **Tout ce qui** est là doit être emporté.
Tous ceux qui seront en retard ne seront pas admis.

4.

	avec antécédent PROPOSITION	*sans antécédent*
introduit par une préposition (autre que **de***)*	**ce** + préposition + **quoi**	

a. *Avec antécédent proposition*

Dans ce cas, le pronom neutre *ce*, qui représente la proposition antécédente, *est toujours exprimé au commencement d'une phrase*; dans les autres positions, il est exprimé ou non, mais il n'y a pas de règle précise.

Ex. **Vous avez apporté une caméra, ce à quoi** je n'avais pas pensé. (penser à)
Il m'a fait ses excuses, sans **quoi** je n'aurais pas pu lui pardonner.
Je vais finir mon travail, après **quoi** j'irai au cinéma.
Ce contre **quoi** il proteste, **c'est que vous ayez agi ainsi**.

b. *Sans antécédent*

Ex. **Ce** à **quoi** elle voulait arriver était très clair.

Application immédiate

Complétez avec **ce qui**, **ce que** (**qu'**), **ce dont** ou (**ce**) + prép. + **quoi**.

1. __________ je vois, c'est que vous n'avez pas compris cette leçon.
2. Il faut que j'aille au marché, __________ je n'ai pas du tout envie.
3. Il est arrivé seul, __________ est bizarre.
4. Je pensais que c'était clair, sans __________ je l'aurais expliqué.
5. __________ vous devez penser, c'est qu'il a besoin de tranquillité d'esprit.
6. J'apporterai tout __________ vous voulez.

réponses p. 307

REMARQUE

L'antécédent du pronom relatif est quelquefois sous-entendu dans des phrases spéciales.

Ex. **Qui** dort dîne. (Celui qui)
Qui vivra verra. } (proverbes)
Qui s'y frotte s'y pique.
Il parlera **à qui** sera le plus aimable. (à celui qui)
Voilà **qui** est gênant. (quelque chose qui)
J'ai **de quoi** vivre. (assez pour)

Exercices

Exercice I (oral)

Divisez les phrases suivantes en propositions, puis indiquez le pronom relatif et son antécédent.

Ex. C'est **une personne / que** j'aime beaucoup.

1. L'étudiant qui est absent est malade.
2. Je l'ai vu hier, ce qui m'a permis de lui parler longuement.
3. Aimez-vous le vêtement que je porte?
4. Voilà une réponse dont elle n'est pas sûre.

Exercice II (oral)

Identifiez les ***que*** *des phrases suivantes.*

1. Que c'est donc compliqué!
2. Je me suis rendu compte que c'était la fin du film.
3. Avez-vous la feuille que je cherche?
4. Que désirez-vous?

Exercice III (oral)

Remplacez les mots soulignés de la proposition relative par les mots donnés et changez le pronom relatif d'après la construction.

Ex. Voilà un tableau qui est cher. **a**. j'ai peint.
Voilà un tableau que j'ai peint.

1. Voilà le livre que je veux.
   a. j'ai envie.
   b. j'ai besoin.
   c. je suis en train de lire.
   d. me plaît.
   e. je pensais.
   f. il a écrit.

2. Je fais un devoir qui est dur.
   a. je déteste.
   b. est trop long.
   c. je suis satisfait.
   d. est pour demain.
   e. le professeur a donné hier.
   f. m'intéresse.

3. C'est une note qui est bonne.
   a. j'ai honte.
   b. je ne peux pas expliquer.
   c. je m'attendais.
   d. je suis heureux.
   e. je mérite.
   f. m'étonne.

4. C'est l'endroit que je connais bien.
   a. nous fait peur.
   b. je suis né(e).
   c. vous avez parlé.
   d. je dois aller.
   e. j'aime le calme.
   f. elle l'a rencontré.

5. Vous avez fait une erreur qui n'est pas grave.
   a. me dérange.
   b. je n'avais pas vue.
   c. je n'avais pas fait attention.
   d. je ne m'inquiète pas.

e. vous vouliez absolument éviter.
f. lui cause du chagrin.

6. Je suis parti, ce qui était normal.
   a. tout le monde a été étonné.
   b. d'autres ont fait aussi.
   c. je pouvais faire si je voulais.
   d. a semblé bizarre.
   e. il comptait (compter sur).
   f. a fait parler les gens.

7. Je voudrais bien savoir ce qui se passe.
   a. il lui a dit.
   b. ils se souviendront.
   c. vous voulez.
   d. tu as fait allusion.
   e. il s'agit.
   f. il faut pour le dîner.

Exercice IV (oral)

Étudiez les pronoms relatifs et les participes passés du poème suivant.

Le message

1. La porte que quelqu'un a ouverte
2. La porte que quelqu'un a refermée
3. La chaise où quelqu'un s'est assis
4. Le chat que quelqu'un a caressé
5. Le fruit que quelqu'un a mordu
6. La lettre que quelqu'un a lue
7. La chaise que quelqu'un a renversée
8. La porte que quelqu'un a ouverte
9. La route où quelqu'un court encore
10. Le bois que quelqu'un traverse
11. La rivière où quelqu'un se jette
12. L'hôpital où quelqu'un est mort

Jacques Prévert

Exercice V (oral)

Complétez avec le pronom relatif qui convient. L'antécédent est un nom de personne ou de chose.

1. J'ai hâte de recevoir le magazine .... j'ai commandé.
2. Voilà la ligne au-dessus de .... il faut écrire.
3. Il vit avec des gens parmi .... il se sent heureux.
4. C'est une chose .... je ne pensais plus. Heureusement que vous me l'avez rappelée!
5. J'ai eu une nouvelle .... je suis très contente.
6. Vous m'avez donné un livre, mais ce n'est pas celui .... je voulais.
7. J'ai oublié le nom du magasin .... je dois aller cet après-midi.
8. La tour en face de .... je me trouve est impressionnante.
9. La raison pour .... ils se sont disputés n'est pas claire.
10. Le professeur .... vous parlez est ennuyeux.
11. La dame avec la sœur de .... il se promène est ma voisine.

12. Pierre .... roule n'amasse pas mousse. (proverbe)
13. Voilà une jeune fille .... j'envie; elle va passer quatre semaines en Europe pendant .... elle voyagera beaucoup. Elle a des parents chez .... elle s'arrêtera pendant quelques jours.
14. Il a des lunettes .... il ne s'habitue pas.
15. Malheur à ceux .... n'obéiront pas!

Exercice VI (oral)

Complétez avec le pronom relatif qui convient. L'antécédent est une proposition.

1. Ils vont aller faire du ski, ... j'ai aussi envie.
2. L'ambulance est arrivée rapidement, sans .... il serait mort.
3. .... il faudrait, c'est que vous soyez un peu plus gentille avec elle.
4. Ils étaient en colère, ... je m'attendais.
5. .... me surprend, c'est votre incrédulité excessive.
6. Il a plu toute la journée hier, ... a empêché le match d'avoir lieu.
7. Ils sont allés en ville, après .... ils sont revenus regarder un programme de télévision.

Exercice VII (oral)

Complétez avec un pronom relatif. Il n'y a pas d'antécédent.

1. Devinez .... j'ai fait hier.
2. Il ne comprend pas .... vous êtes inquiet.
3. Vous déciderez .... vous voulez; moi, je sais .... je veux.
4. Je vais vous expliquer .... est arrivé.
5. Pensez à .... je vous ai dit.
6. Je ne sais pas .... elle passe son temps.

Exercice VIII (oral)

Trouvez les propositions relatives contenues dans ce texte et étudiez les pronoms relatifs (fonction et antécédent).

Bercé dans ma civière, je pense à cette aventure qui se termine, à cette victoire, inespérée. On parle toujours de l'idéal comme d'un but vers lequel on tend sans jamais l'atteindre. L'Annapurna, pour chacun de nous, est un idéal accompli: dans notre jeunesse, nous n'étions pas égarés dans des récits imaginaires ou dans les sanglants combats que les guerres modernes offrent en pâture à l'imagination des enfants. La montagne a été pour nous une arène naturelle, où, jouant aux frontières de la vie et de la mort, nous avons trouvé notre liberté qu'obscurément nous recherchions et dont nous avions besoin comme de pain.

La montagne nous a dispensé ses beautés que nous admirons comme des enfants naïfs et que nous respectons comme un moine l'idée divine.

L'Annapurna, vers laquelle nous serions tous allés sans un sou vaillant, est un trésor sur lequel nous vivrons. Avec cette réalisation c'est une page

14. qui tourne... C'est une nouvelle vie qui commence.
15. Il y a d'autres Annapurna dans la vie des hommes.

Maurice Herzog, *Annapurna*

Exercice IX

Écrivez le verbe au temps indiqué et à la personne correcte d'après l'antécédent du pronom relatif qui.

1. C'est toi qui ______ (faire, futur) ce travail.
2. C'est Robert et toi qui ______ (dire, passé composé) cela.
3. Ce n'est pas moi qui ______ (avoir, présent) tort.
4. C'est toi et moi qui ______ (être, imparfait) les deux seuls en retard.

Exercice X

Écrivez le participe passé du verbe entre parenthèses à la forme correcte.

1. Voulez-vous la composition que j'ai ______ (écrire)?
2. Vous n'avez pas répondu à la question qu'il vous a ______ (poser).
3. Je n'ai pas parlé à celles que vous avez ______ (choisir).
4. Regarde les vêtements qu'elle a ______ (acheter) aujourd'hui.

Exercice XI (écrit)

Complétez avec ***où, d'où*** *ou* ***par où.***

1. C'est le village ______ je viens.
2. Je serai très étonné le jour ______ vous ne serez pas en retard.
3. Voilà le restaurant ______ nous allons dîner.
4. Je dîne à l'heure ______ tu sors du travail.
5. Je reconnais la rue ______ nous sommes passés hier.

Exercice XII (écrit)

Reliez les deux phrases par un pronom relatif. Le mot souligné dans la deuxième phrase sera remplacé par le pronom relatif. Est-ce que l'antécédent est un nom ou une proposition? Il faudra changer certains mots ou leur place.

Ex. C'est mon frère. / Il vous dit bonjour.
C'est mon frère qui vous dit bonjour.

1. Je reçois un magazine. / Il est hebdomadaire.
2. Vous lui avez prêté les 10 dollars. / Il en avait besoin.
3. Vous aimerez ces gens. / Nous allons chez eux cet après-midi.
4. Il y avait un trait de crayon. / Il l'a gommé.

5. J'ai pris un abonnement à une revue. / Cet abonnement coûte cher. (attention à l'ambiguïté)
6. Le crayon n'est pas pointu. / Vous écrivez avec ce crayon.
7. Vous vous souvenez certainement de l'endroit. / Nous nous y sommes arrêtés.
8. Nous avons été pris de vertige en haut de la Tour Eiffel. / C'était très désagréable.
9. Il faut que j'aille chez le coiffeur. / Je déteste faire ça.
10. Je jouerai au tennis. / Après ça je sortirai avec des camarades.

Exercice XIII

Écrivez une phrase avec chacun des pronoms relatifs suivants.

1. qui (sujet)
2. que
3. dont
4. auxquelles
5. où
6. ce à quoi
7. avec qui

Exercice XIV (écrit)

Complétez les phrases suivantes en employant des propositions relatives.

1. Avez-vous vu le costume ______________________________ ?
2. Je vois une personne là-bas ______________________________ .
3. Soyez gentils envers ceux ______________________________ .
4. Méfiez-vous de ce ______________________________ .
5. C'est encore nous ______________________________ , vous verrez.
6. ______________________________ , c'est que vous ayez pris froid chez moi.
7. Voilà une question difficile ______________________________ .
8. ______________________________ vient d'entrer dans la salle.
9. Ce qui m'étonne, ______________________________ .
10. J'ai parlé à un de mes amis ______________________________ .
11. Je voudrais savoir tout ______________________________ .
12. Nous avons bu un vin excellent ______________________________ .
13. Ces roses, ______________________________ , sont déjà fanées.
14. Je me demande quelquefois ______________________________ .
15. Au moment ______________________________ , le mur s'est écroulé.
16. Elle est toujours d'accord sur ______________________________ .
17. Il faudra penser à tout ______________________________ .
18. Ce qu'il faut surtout, ______________________________ .
19. Nous avons traversé une rue ______________________________ .
20. Il ne comprend pas ______________________________ .

Exercice XV

Écrivez une phrase avec chacune des expressions données en utilisant après la préposition un pronom relatif qui s'applique à une personne.

Ex. téléphoner (à) La personne **à qui** j'ai téléphoné n'était pas chez elle.

1. aller (chez)
2. se disputer (avec)
3. parler (à, avec)
4. dire (à)
5. se marier (à, avec)

Exercice XVI (écrit)

Décrivez l'endroit où vous habitez: la rue où se trouve votre maison, ou un lieu spécial de votre ville. (Écrivez cinq lignes environ en employant des pronoms relatifs variés.)

Réponses aux applications immédiates

p. 290
1. propos. principale: **Il connaît le chien**
   propos. relative: **qui court dans la rue**
2. **qui** est le sujet de **court**
3. **chien** est l'antécédent de **qui**
4. **qui** relie les deux propositions:
   Il connaît un chien.
   Le chien court dans la rue.

p. 294
1. qui
2. qu'
3. qui
4. que
5. qui

p. 297
1. dont
2. duquel
3. qui (duquel)
4. dont
5. dont tout le monde admire la qualité

p. 298
1. qui (laquelle)
2. où
3. laquelle
4. lesquelles
5. laquelle

p. 301
1. Ce que
2. ce dont
3. ce qui
4. quoi
5. Ce à quoi
6. ce que

LA NÉGATION 14

I. Formes

On distingue les mots négatifs suivants: les adverbes, les adjectifs, les pronoms et les conjonctions (voir le tableau ci-dessous).

TABLEAU 14.1 Les mots négatifs

adverbes	*adjectifs*	*pronoms*	*conjonctions*
ne... pas... **ne... point**			
ne... aucunement	**aucun... ne** (sujet) **ne... aucun** (objet)	**aucun... ne** (sujet) **ne... en... aucun** (objet)	
ne... nullement	**nul... ne** (sujet) **ne... nul** (objet)	**nul... ne** (sujet)	
ne... pas du tout	**pas un... ne** (sujet) **ne... pas un** (objet)	**pas un... ne** (sujet) **ne... en... pas un** (objet)	
ne... pas encore **ne... toujours pas** **ne... plus** **ne... jamais** **ne... guère** **ne... nulle part** **ne... pas... non plus** **ne... que**			

(suite p. 309)

TABLEAU 14.1 Les mots négatifs (suite)

adverbes	*adjectifs*	*pronoms*	*conjonctions*
		personne... ne (sujet) **ne... personne** (objet) **rien... ne** (sujet) **ne... rien** (objet) **pas grand-chose... ne** (sujet) **ne... pas grand-chose** (objet)	**ni... ni... ne...** (sujet) **ne... ni... ni...** (objet) **ne... pas (de)... ni (de)...** (objet)

II. Place de la négation *ne... pas* et des autres négations

A. ne... pas

Pour rendre une phrase négative, on emploie l'adverbe négatif **ne (n')... pas**.

1. *Aux temps simples* ***ne*** (***n'*** devant une voyelle ou un *h* muet) est placé devant le verbe; ***pas*** est placé après le verbe.

Ex. Je vais bien. — Je **ne** vais **pas** bien.
Il arrivera à deux heures. — Il **n'**arrivera **pas** à deux heures.
Allez le voir. — **N'**allez **pas** le voir.

2. *Aux temps composés,* ***ne*** est placé devant l'auxiliaire; ***pas*** est placé après l'auxiliaire.

Ex. Nous sommes allés au cirque. Nous **ne** sommes **pas** allés au cirque.
Vous avez vu Maurice. Vous **n'**avez **pas** vu Maurice.

3. Quand il y a *des pronoms objets, **ne*** précède ces pronoms; ***ne*** est donc placé immédiatement après le sujet (voir aussi leçon 2, p. 39).

Ex. Il la voit. **Il ne** la voit **pas**.
Le professeur les leur a rendus. **Le professeur ne** les leur a **pas** rendus.

4. Avec *l'inversion du verbe et du pronom sujet, **ne*** est placé devant le groupe inséparable [verbe-pronom sujet] ou [auxiliaire-pronom sujet] et devant les pronoms objets; ***pas*** est placé après le groupe [verbe-pronom sujet].

Ex. [Voulez-vous] cette copie? **Ne** [voulez-vous] **pas** cette copie?
Lui [a-t-il] demandé pourquoi? **Ne** lui [a-t-il] **pas** demandé pourquoi?
Peut-être le [saviez-vous]. Peut-être **ne** le [saviez-vous] **pas**.

Application immédiate

Mettez les phrases suivantes à la forme négative.

1. Tu honores sa mémoire. ______________________
2. Il a vendu sa maison. ______________________
3. Vous les lui avez apportés. ______________________
4. Lui en as-tu parlé? ______________________

réponses p. 328

---

5. *Quand il n'y a pas de verbe,* on omet ***ne*** (phrase elliptique); on emploie seulement ***pas***.

Ex. Qui est fatigué? — **Pas** moi.
Il fait beau; regardez le ciel, **pas** un nuage.
Faut-il tout faire dans cet exercice? — Non, **pas** tout.
Pouvez-vous venir tout de suite? — Bien sûr, **pas** de problème.

6. *À l'infinitif, **ne*** et ***pas*** précèdent l'infinitif (voir aussi leçon 12, p. 267).

Ex. Je crois **ne pas** rêver.

7. On peut omettre ***pas*** avec les verbes suivants:

savoir + inf.	**Ex.**	Je **ne saurais** vous dire pourquoi. (Je ne saurais pas...)
cesser + inf.	**Ex.**	Elle **ne cesse** de la décourager. (Elle ne cesse pas...)
oser + inf.	**Ex.**	Il **n'osait** dire ce qu'il pensait. (Il n'osait pas...)
pouvoir + inf.	**Ex.**	Il craignait de **ne pouvoir** s'y rendre. (... de ne pas pouvoir...)

8. Quand *un adverbe* accompagne le verbe, ***pas*** précède généralement l'adverbe.

Ex.	J'ai **bien** compris le texte.	Je **n'**ai **pas bien** compris le texte.
	Je suis **souvent** chez moi.	Je **ne** suis **pas souvent** chez moi.

Mais, avec certains adverbes, ***pas*** suit l'adverbe: ***certainement pas, généralement pas, peut-être pas, probablement pas, sans doute pas.***

Ex.	Vous êtes **peut-être** intéressé par cela.	Vous **n'**êtes **peut-être pas** intéressé par cela.
	Je serai **probablement** en classe demain.	Je **ne** serai **probablement pas** en classe demain.

Application immédiate

Oralement, mettez les phrases suivantes à la forme négative. Attention aux changements apportés aux articles par la négation.

1. Il a des amis. ...
2. C'étaient des blagues. ...
3. Vous avez acheté une maison. ...
4. Donnez-moi de l'argent. ...
5. Tu as bien parlé. ...
6. Je peux vous apporter du miel. ...
7. Offrez-vous des cadeaux à Noël? ...
8. Je suis une sotte. ...
9. Nous avons été des spectateurs indifférents. ...
10. Elle travaille certainement trop. ...

réponses p. 328

B. Les autres négations

1. Les règles précédentes s'appliquent aussi aux autres *adverbes* négatifs (voir tableau 14.1, p. 308).

Ex. Elle **ne** vient **jamais** me voir.
N'avez-vous **point** pitié d'eux?
Ses amis **ne** le comprennent **guère**.
Il **n'**est **pas encore** revenu.
Nous avons décidé de **ne plus** fumer.

Exceptions

Nulle part et **non plus** *suivent* le participe passé et l'infinitif.

Ex. Nous **ne** sommes allés **nulle part** pendant le week-end.
Je **ne** voulais **pas** vous ennuyer **non plus**.

REMARQUE

Ne... que... = seulement. Le sens restrictif de cet adverbe le place parmi les mots négatifs, mais ce n'est pas une négation.

Que précède immédiatement les mots qui subissent la restriction.

Ex. Je **n'**ai **que de la malchance**. (seulement de la malchance)
Elle **ne** m'a donné **que trois dollars**. (seulement trois dollars)
Il **ne** m'a donné mon argent **que quand je l'ai réclamé**. (seulement quand)
On **ne** peut réussir **qu'en travaillant dur**. (seulement en travaillant dur)

On ne peut pas employer **ne... que** (on emploie donc **seulement**):

— quand il n'y a pas de verbe dans la phrase.

Ex. Qui avez-vous vu? — **Seulement** trois personnes.

— quand le verbe n'a pas d'objets.

Ex. Je ne parlais pas, je pensais **seulement**.

— quand c'est le sujet du verbe qui subit la restriction.

Ex. **Seulement** (**seul**) Jean peut le faire.

— quand il y a déjà le mot **que** dans la phrase.

Ex. Il m'a **seulement** dit qu'il fallait y aller.

Note

Ne faire que + infinitif = **ne pas arrêter de, ne pas cesser de.**

Ex. Il **ne fait que** se plaindre. (Il ne cesse pas de se plaindre.)
Les enfants **n'ont fait que** pleurer pendant le voyage. (Les enfants n'ont pas arrêté de pleurer...)

Application immédiate

Substituez **ne... que** à **seulement** quand c'est possible.

1. J'y suis resté seulement deux jours. ______________________________
2. Il parle seulement quand c'est nécessaire. ______________________________
3. Il plaisante seulement. ______________________________
4. Nous regrettons seulement qu'il soit trop tard. ______________________________

réponses p. 328

---

2. *Les adjectifs, pronoms* et *conjonctions* négatifs (voir tableau 14.1, p. 308 et 309) suivent le participe passé ou l'infinitif quand ils sont *objets* du verbe:

Ex. Nous **n'**avons rencontré **personne**.
Il **n'**a accepté **aucune faveur**.
Vous **n'**avez **pas** appris **grand-chose**.
On vous a demandé de **ne pas** apporter **grand-chose**.

excepté **rien** et **ni... ni...** qui se placent régulièrement:

Ex. Vous **n'**avez **rien** fait de mal.
Tu **n'**as **ni** mangé **ni** dormi.

III. Emplois

A. Adverbes négatifs (voir tableau 14.1, p. 308)

1. *Ne... pas* rend négative une phrase qui contient *un verbe conjugué, un infinitif* ou *un participe* (voir leçon 5, p. 110 pour changement des articles dans une négation).

Ex. Vous **n'**êtes **pas** content.
N'achetez pas **de** cigarettes.

Je voudrais bien **ne pas** aller en classe aujourd'hui.
Ne voulant **pas** l'interrompre, il partit sans bruit.

Note

— La réponse affirmative à une question (ou déclaration) négative est **si** (à la place de **oui**).

Ex. Parlez-vous français? — **Oui**, je parle français.
Vous **ne** parlez **pas** français? — **Si**, un peu.
Vous **n'**êtes **pas** satisfait, n'est-ce pas? — Oh! **si**.

— Le mot **sans** peut remplacer **ne... pas**, ou le **ne** qui accompagne les autres négations.

Ex. Il parle **sans** réfléchir.
Elle me parle **sans jamais** me regarder.

2. *Ne... point* = **ne... pas**, mais est plus littéraire, pas très employé, plus archaïque.

Ex. Il **n'**apprécie **point** mes plaisanteries.

3. *Ne... aucunement, ne... nullement, ne... pas du tout* sont des formes emphatiques de **ne... pas**.

Ex. Est-ce que je vous dérange? — Non, **aucunement**.
Sa réponse **ne** répondait **nullement** à la question.
C'est curieux, je **ne** suis **pas du tout** fatigué après cette longue marche.

4. *Ne... pas encore* est l'opposé de **déjà.**

Ex. Vous avez **déjà** fini? — Non, je **n'**ai **pas encore** fini.
ou: Non, **pas encore**.
Est-ce que vous lui avez parlé? — Non, **pas encore**.
Il est midi et le courrier **n'**est **pas encore** arrivé.
Je vous demande de **ne pas encore** partir.

REMARQUE

Ne... toujours pas = ne... pas encore. (≠ **pas toujours**)

Il exprime de l'impatience ou une crainte.

Ex. Je **ne** l'ai **toujours pas** vu et je ne sais pas pourquoi.
Que lui est-il arrivé? Il **n'**est **toujours pas** rentré.

5. *Ne... plus* est l'opposé de **encore**, **toujours** («still»).

Ex. Êtes-vous **encore** à l'université? — Non, je **n'**y suis **plus**.
Est-ce qu'il habite **toujours** (encore) en Californie? — Non, il **n'**y habite **plus**.
Avez-vous **toujours** (encore) froid? — Non, **plus** maintenant.

Ne... plus indique qu'une action qui existait est finie.

Ex. Quand on **n'**a **plus** d'argent, on va à la banque.
À une heure du matin, je **n'**étudie **plus**, je dors.
Depuis sa maladie, il **n'**a **plus** d'appétit.
Il va mieux; je vous demande de **ne plus** vous inquiéter.
Avant je le voyais quelquefois; maintenant je **ne** le vois **plus du tout**.

6. *Ne... jamais* est l'opposé de **toujours**, **quelquefois**, **parfois**, **souvent**, **de temps en temps**, **de temps à autre**.

Ex. Le voyez-vous quelquefois? — Non, je **ne** le vois **jamais**.
Allez-vous aux courses de chevaux **de temps en temps**? — Non, je **n'**y vais **jamais**.
Êtes-vous **toujours** en retard pour le cours de français? — Non, **jamais**.
Je vous demande de **ne jamais** lui mentionner cela.

ATTENTION

Jamais signifie «ever» quand le verbe n'est pas accompagné de **ne**.

Ex. Avez-vous **jamais** vu un individu pareil?
Si **jamais** vous le rencontrez, dites-lui bonjour de ma part.

7. *Ne... guère* = **pas beaucoup**, **pas très**, **peu de**, **presque pas**, **à peine**.

Ex. Je **n'**ai **guère** le temps de lui parler. (pas beaucoup)
Vous **ne** répondez **guère** aux questions. (à peine)
Nous **n'**avons **guère** de travail pour demain. (presque pas, peu de)
Vous **n'**avez **guère** envie d'y aller? (pas très)

8. *Ne... nulle part* est l'opposé de **partout**, **quelque part** (voir place de la négation — Exceptions, p. 312).

Ex. J'ai cherché mon livre partout, mais je **ne** l'ai trouvé **nulle part**. Il est pourtant quelque part.
N'allez **nulle part** avant de m'en parler.

9. ***Ne... pas... non plus*** est l'opposé de **aussi** (voir place de la négation — Exceptions, p. 312).

Ex. Je **n'**ai **pas** eu de chance à l'examen. Et toi? — Je **n'**en ai **pas** eu **non plus**. — Moi **non plus**.

Réponses possibles d'après le cas:

Ex. Je suis fatigué. Et toi? — Moi **aussi**. — Moi **non**. (*ou* **Pas** moi *ou* Moi **pas**.)
Je ne suis pas fatigué. Et toi? — Moi **non plus**. — Moi **si**.

Application immédiate

Répondez aux questions suivantes en employant une expression négative.

1. Allez-vous encore à la campagne le dimanche? — Non, ________________ .
2. Faites-vous du sport de temps en temps? — Non, ________________ .
3. Voyez-vous mes lunettes quelque part? — Non, ________________ .
4. Sommes-nous déjà arrivés? — Non, ________________ .(réponse elliptique)
5. Je ne suis pas encore réveillée; et toi? ________________ .(réponse elliptique)

réponses p. 328

B. Adjectifs négatifs (voir tableau 14.1, p. 308)

Aucun*(e),* ***nul****(le),* ***pas un****(e)* sont l'opposé de **plusieurs**, **quelques**, **tous**, **un**.

Ils s'accordent avec le nom qu'ils qualifient et sont employés au singulier (excepté avec un nom toujours pluriel).

Aucun, nul, pas un signifient **zéro**.

Nul est moins employé que **aucun** et est un peu plus emphatique.

Pas un est beaucoup plus emphatique que **nul** et **aucun**, et est quelquefois accompagné de *seul*: ***pas un seul*** (voir aussi leçon 2, p. 47).

Ne suit l'adjectif quand celui-ci est placé *devant le verbe*.

Ne précède l'adjectif quand celui-ci est placé *après le verbe*.

Ex. **Aucun** ami **n'**est venu me voir.
Vous **n'**avez fait **aucune** faute dans votre dictée.
Est-ce qu'elle va venir? — **Aucune** idée.
Votre travail est écrit en vitesse, **sans aucun** respect pour la forme.
Nous n'aurons **aucunes** vacances cette année. (vacances toujours pluriel)
Nul homme **ne** peut l'affirmer.
Je n'avais **nulle** envie d'y aller.
Pas un étudiant n'a répondu à la question.
Avez-vous réfléchi à notre problème? — Oui, mais **pas une** seule idée **ne** m'est venue.

C. Pronoms négatifs (voir tableau 14.1, p. 308 et 309)

Les pronoms négatifs peuvent être sujets ou objets du verbe, excepté **nul** qui est seulement sujet.

1. *Aucun*(*e*), *nul*(*le*), *pas un*(*e*) sont l'opposé de **plusieurs**, **quelques-uns**, **tous**, **un**.

Employez-les au singulier, excepté à la place d'un nom toujours pluriel. Il faut ajouter **en** quand ils sont objets du verbe.

Ils signifient **zéro**. (Voir place de ces pronoms, p. 313, #2.)

— { *aucun*(*e*)... *ne* (sujet)
  { *ne*... *en*... *aucun*(*e*) (objet)

Ex. J'ai regardé les quelques livres qui sont sur la table, mais **aucun ne** m'intéresse. (sujet)
Avez-vous des ennemis? —Non, je **n'en** ai **aucun**. (objet)
As-tu rencontré quelques difficultés? —Non, je **n'en** ai rencontré **aucune**. (objet)
Il a envoyé une carte, mais il m'a dit de **ne** lui **en** envoyer **aucune**. (objet)

— *Nul*(*le*)... *ne* (sujet seulement) est plus littéraire que **aucun**.

Ex. **Nul ne** peut le remplacer.
À l'impossible **nul n'**est tenu. (proverbe)
Ô toi que **nul n'**a pu connaître. (Musset)

— { *pas un*(*e*)... *ne* (sujet)
  { *ne*... *en*... *pas un*(*e*) (objet) plus emphatique que **aucun**, **nul**

Ex. **Pas un** de mes copains **ne** veut aller voir ce film.
J'ai vu beaucoup de personnes, mais je **n'en** connaissais **pas une seule**.

2. *Personne... ne* (sujet) / *Ne... personne* (objet) — est l'opposé de **quelqu'un**, **tout le monde** (voir place de ce pronom, p. 313, #2).

Ex. **Personne ne** l'aime. (sujet)
As-tu vu quelqu'un sur la plage? — Non, je **n'**ai vu **personne**. (objet)
Il a décidé de **ne** voir **personne** aujourd'hui.
As-tu parlé à quelqu'un? — Non, je **n'**ai parlé à **personne**.
Je **n'**ai trouvé **personne** à qui parler.
Il est parti **sans** voir **personne**.

REMARQUES

— Quand **personne** est suivi d'un adjectif, il faut ajouter **de** et l'adjectif est invariable (voir aussi leçon 7, p. 155).

Ex. J'ai bien regardé, mais je **n'**ai vu **personne** d'intéressant.

— Quand **personne** est suivi d'un infinitif, ajoutez **à**.

Ex. Nous **n'**avons **personne à voir**.

Note

Ne confondez pas le pronom négatif **personne** avec le nom **une personne** qui est féminin.

Ex. personne de **méchant** *mais* une personne **méchante**

3. *Rien... ne* (sujet) / *Ne... rien* (objet) — est l'opposé de **quelque chose, tout** (voir place de ce pronom, p. 313, #2).

Ex. Je m'ennuie et **rien ne** m'intéresse. (sujet)
Qui **ne** risque **rien n'**a rien. (objet) (*proverbe*)
Je te demande de **ne rien** dire à mon père.
Il **n'**a **rien** gagné à Las Vegas.
Je **ne** veux **rien du tout**, merci.

REMARQUES

— Quand **rien** est suivi d'un adjectif, il faut ajouter **de** et l'adjectif est invariable (voir aussi leçon 7, p. 155).

Ex. Il **n'**y a **rien de** drôle dans cette affaire.

— Quand **rien** est suivi d'un infinitif, il faut ajouter **à**.

Ex. As-tu quelque chose à dire? — Non, je **n'**ai **rien à** dire.

ATTENTION

Faites bien la distinction entre **rien** et **aucun**.

Ex. Je **n'**ai **rien** vu de plus beau. («nothing»)
Je **n'en** ai vu **aucun** de plus beau. («none, not any»)

4. *Ne... pas grand-chose* («not much») (voir place de ce pronom, p. 313, #2)

Il est construit avec: **de** + adjectif invariable
et: **à** + infinitif.

Ex. As-tu bien travaillé hier? — Non, parce que je **n'**avais **pas grand-chose à** faire.
Il **ne** possède **pas grand-chose**.
Le conférencier **n'**a **pas** dit **grand-chose d'intéressant**.
Qu'est-ce qu'il y a de nouveau dans le journal? — Oh, **pas grand-chose**.
Il a décidé de **ne pas** faire **grand-chose**.

Application immédiate

Mettez la phrase à la forme négative.

1. Tout le monde est heureux aujourd'hui. ______________________
2. J'ai quelque chose d'extraordinaire à te dire. ______________________
3. Il a beaucoup de choses à vous annoncer. ______________________
4. Plusieurs prisonniers se sont évadés. ______________________
5. Elle a lu quelques journaux pendant le week-end. ______________________

réponses p. 328

D. Conjonctions négatives (voir tableau 14.1, p. 309)

ni... ni... ne... (sujet)
ne... ni... ni... (objet)
ne... pas (*de*)... *ni* (*de*)... (objet)

Ni est l'opposé de **et**, **ou**, **ou bien**, **soit**.

Les deux formes objets sont équivalentes.
Ces conjonctions sont employées:

1. avec *deux noms ou deux pronoms.* Le verbe est au pluriel quand les deux noms ou les deux pronoms sont *sujets*:

Ex. *sujets:* Votre livre **et** votre stylo sont sur la table.
Ni votre livre **ni** votre stylo **ne** sont sur la table.
Vous **ou** moi pouvons y arriver.
Ni vous **ni** moi **ne** pouvons y arriver.

excepté quand un sujet exclut l'autre.

Ni Jean **ni** toi **ne** deviendra président du club.
(opposition des sujets; *une seule personne sera le président*)

objets: Je trouve mon sac **et** mes clés.
Je **ne** trouve **ni** mon sac **ni** mes clés.

ou: Je **ne** trouve **pas** mon sac **ni** mes clés.

L'article partitif (**du**, **de la**, **de l'**) et l'article indéfini (**un**, **une**, **des**) disparaissent avec **ni... ni...**:

Ex. Il y a **des** œufs **et du** beurre dans mon réfrigérateur.
Il **n'**y a **ni** œufs **ni** beurre dans mon réfrigérateur.

ou: Il **n'**y a **pas d'**œufs **ni de** beurre dans mon réfrigérateur. (On garde **de** dans ce cas.)

2. *avec deux prépositions.*

Ex. J'irai **à** Londres **et à** Rome l'été prochain.
Je **n'**irai **ni à** Londres **ni à** Rome l'été prochain.

ou: Je **n'**irai **pas à** Londres **ni à** Rome l'été prochain.

3. *avec deux participes passés.*

Ex. J'ai **entendu** le concert **et lu** la critique.
Je **n'**ai **ni entendu** le concert **ni lu** la critique.

ou: Je **n'**ai **pas entendu** le concert **ni lu** la critique.

4. *avec deux infinitifs.*

Ex. Veux-tu **écouter** la radio **ou regarder** la télévision?
Je **ne** veux **ni écouter** la radio **ni regarder** la télévision.

ou: Je **ne** veux **pas écouter** la radio **ni regarder** la télévision.

5. *avec plusieurs verbes qui ont le même sujet.* On emploie **ne... pas** avec le premier (**pas** est facultatif) et **ni ne** avec les autres. Ne répétez pas le sujet.

Ex. **Il** la regarde **et il** l'écoute.
Il ne la regarde (**pas**) **ni ne** l'écoute.

6. *avec deux propositions subordonnées.*

Ex. Je tolérerai **que** vous soyez impoli **et que** vous partiez avant les autres.
Je **ne** tolérerai **ni que** vous soyez impoli **ni que** vous partiez avant les autres.

ou: Je **ne** tolérerai **pas que** vous soyez impoli **ni que** vous partiez avant les autres.

Application immédiate

Transformez négativement en utilisant une forme de **ni**.

1. Mon cahier et mon crayon sont sur le bureau. ____________________
2. Vous avez une bougie et des allumettes. ____________________
3. Il a le temps et l'argent pour le faire. ____________________
4. J'ai confiance en vous et en vos amis. ____________________
5. Il a aimé et compris votre conférence. ____________________
6. Il faut soit lui téléphoner soit aller le voir. ____________________

7. Elle parle, et lit et écrit aussi bien que sa sœur aînée. ____________________
8. Vous voulez que je vous appelle ou que je vienne? ____________________

réponses p. 328

IV. Négation multiple

En français, il est possible d'avoir plusieurs négations dans la même proposition, à condition qu'il n'y ait pas de **pas**. Il faut donc enlever **pas** des négations contenant ce mot: **ne... pas encore** devient **ne... encore**. La négation **ne... pas** n'est pas employée dans une négation multiple (voir l'ordre des négations dans le tableau ci-dessous).

TABLEAU 14.2 Ordre des négations dans une négation multiple

ad-verbe	*adjectifs et pronoms* **sujets**	*adverbes*				*adjectifs et pronoms* **objets**	*adverbes*	
plus	aucun rien personne	plus	guère	encore	jamais	aucun rien personne	nulle part	non plus

REMARQUE

On dit **jamais plus** aussi bien que **plus jamais**.

Exemples de combinaisons:

Il est très triste et **plus rien ne** le fera **jamais** rire.
Elle a mauvais caractère, alors je **ne** lui demanderai **plus jamais rien**. (*ou*: **jamais plus rien**)
Elle **ne** va **plus jamais nulle part** seule le soir. C'est trop dangereux.
Vous **n'**en avez **plus aucun** et moi je **n'**en ai **plus aucun non plus**.
Il **n'**a **encore rien** répondu à ma lettre; et j'attends toujours.
Personne ne veut **plus rien**, alors nous pouvons partir.
Je **n'**ai **plus guère** de courage.
Nous **n'**avons **encore jamais** vu **personne** comme ça.
Il **n'**a **encore jamais rien** vu.

Il **n'**amène **plus jamais personne** chez moi. (*ou* **jamais plus personne**)
Vous **ne** l'avez **encore** trouvé **nulle part non plus**?

Avec **ne... que**, on peut employer une négation, y compris celles avec **pas**, car **ne... que** n'est pas une négation.

Ex. Il **ne** parle **pas que** français; il parle deux autres langues.
Je **n'**ai **plus que** trois dollars.

Exercices

Exercice I (oral)

Mettez les phrases suivantes à la forme négative avec ***ne... pas*** *et faites les changements nécessaires.*

1. Il veut ce livre.
2. Nous hésitons à partir.
3. Offre-moi des fleurs.
4. Elle a pu y aller.
5. Sa mère la lui a expliquée.
6. On y en rencontrera.
7. Entendez-vous bien?
8. Lui avez-vous demandé la permission?
9. Peut-être faudrait-il l'appeler.
10. Il y aura des discussions intéressantes.
11. Ces animaux sont des quadrupèdes.
12. Vous avez sans doute oublié notre rendez-vous.
13. Nous allons généralement au laboratoire le vendredi.
14. Je vous prie de venir à mon bureau. (Mettez l'infinitif au négatif.)
15. On m'a grondé pour avoir pris une décision finale. (Mettez l'infinitif au négatif.)

Exercice II (oral)

Placez la négation entre parenthèses dans la phrase.

1. Je vais au musée. (ne... jamais)
2. Vous avez faim. (ne... pas du tout)
3. Sa lettre est arrivée. (ne... pas encore)
4. Appelez-moi. (ne... plus)
5. J'ai envie de travailler. (ne... guère)
6. Je l'ai vu. (ne... nulle part)
7. Nous avons entendu. (ne... rien)
8. J'ai compris. (ne... pas... grand-chose)

Exercice III (oral)

*Substituez **ne... que** à **seulement** quand c'est possible.*

1. Il y a **seulement** trois crayons dans la boîte.
2. **Seulement** lui peut m'aider.
3. Il voulait **seulement** que je comprenne la situation.
4. Combien de personnes étaient là? — **Seulement** une dizaine.
5. Venez **seulement** quand vous pourrez.
6. Pour l'instant, nous espérons **seulement**.

Exercice IV (oral)

*Placez **ne... que** dans la phrase.*

1. Direz-vous la vérité?
2. Je voulais lui faire dire cela.
3. Nous avons eu des difficultés.

Exercice V (oral)

*Répondez affirmativement avec **oui** ou **si**.*

1. Ce tableau n'est pas noir, n'est-ce pas?
2. Vous avez eu un A en français, n'est-ce pas?
3. Avez-vous peur de poser des questions en français?
4. Peut-être n'avez-vous pas compris la question?
5. Tu ne veux pas venir avec nous au cinéma?

Exercice VI (oral)

Mettez le texte suivant à la forme négative.

La ferme est animée. Les vaches sont encore dans les étables; les chevaux sont impatients d'aller travailler dans les champs et les bœufs aussi. Le chien est quelque part; on entend quelques aboiements. Les poulets sont soit dans le poulailler, soit dans la cour. Il y a toujours quelqu'un qui passe avec ses sabots: c'est un va-et-vient continuel parce que tout le monde a quelque chose d'intéressant à faire. Dans le verger, il y a des cerises et des pêches à ramasser. Cette ferme a de la valeur et les terres donnent des revenus appréciables.

Exercice VII (oral)

*Déterminez la nature de **ne** dans les phrases suivantes: a-t-il le sens négatif ou est-il explétif?*

1. À moins que le temps **ne** change, nous **ne** ferons aucun projet.
2. Je **n'**aurais jamais compris l'histoire si tu **ne** m'en avais expliqué que le commencement.

3. Ce travail est meilleur que vous **ne** pensiez.
4. Il **n'**est pire eau que l'eau qui dort. (proverbe)

Exercice VIII (oral)

Ajoutez chaque négation entre parenthèses dans la phrase donnée et placez-la convenablement. Faites les changements ou substitutions nécessaires.

1. Je vais au cinéma. (ne... pas, ne... point, ne... plus, ne... jamais)
2. Ils sont fatigués. (ne... pas du tout, ne... plus, ne... aucunement)
3. Vous avez fini votre travail. (ne... pas encore, ne... toujours pas)
4. Tu l'as retrouvé. (ne... pas... non plus, ne... nulle part, ne... jamais)
5. Tout le monde comprend la situation. (personne ne..., nul ne...)
6. J'ai vu quelqu'un. (ne... rien, ne... pas grand-chose, ne... personne, ne... aucun)
7. Vous aurez un dessert. (ne... pas, ne... aucun, ne... plus)
8. Quelque chose est arrivé. (personne ne..., rien ne..., aucun ne...)
9. Elle a beaucoup à faire. (ne... pas grand-chose, ne... guère, ne... plus rien)
10. Il vous en a donné. (ne... pas... non plus, ne... aucun, ne... toujours pas)

Exercice IX (oral)

Mettez les phrases suivantes à la forme affirmative.

Ex. Vous n'êtes jamais malade. → Vous êtes quelquefois malade.

1. Je n'ai pas besoin de manteau ni toi non plus.
2. Nous ne voulons pas vous voir ni vous parler.
3. Votre composition n'est pas encore finie?
4. Aucun invité ne s'est présenté.
5. Je n'ai plus d'argent. Je n'ai plus rien.

Exercice X (oral)

Répondez négativement aux questions suivantes. Attention à ***en*** *dans la réponse. Variez les mots négatifs: plus, pas encore, pas du tout, etc.*

Ex. Avez-vous quelquefois de l'argent sur vous? — Non, je n'en ai jamais.

1. Avez-vous des idées pour votre projet?
2. Connaissez-vous une personne qui puisse vous aider?
3. Avez-vous un crayon? Et vous?
4. Avez-vous de la chance généralement?
5. Avez-vous un dollar sur vous?
6. Avez-vous du courage aujourd'hui?

Exercice XI (écrit)

Répondez négativement aux questions en remplaçant les mots soulignés par des pronoms et en employant des mots négatifs; puis complétez la phrase.

Ex. Le professeur a-t-il donné beaucoup à faire aux étudiants?
Non, il ne leur a pas donné grand-chose parce qu'il y avait un jour de congé.

1. Habitez-vous toujours Los Angeles?
   Non, ______________ ; maintenant j'habite ______________ .
2. Savez-vous déjà quelle note vous aurez ce trimestre (ce semestre) en français?
   Non, ______________ , mais je pense que ______________ .
3. Est-ce que des étudiants ont pu finir leur examen?
   Non, ______________ , parce que ______________ .
4. Je ne comprends pas ce poème de Baudelaire. Et toi?
   Non, ______________ ; il est ______________ .
5. Est-ce que quelqu'un parle aussi bien qu'un Français dans la classe de français?
   Non, ______________ ; mais un jour ______________ .
6. Vous voulez dire quelque chose à votre camarade?
   Non, ______________ , parce que ______________ .
7. Parles-tu souvent au professeur après le cours?
   Non, ______________ ; pourtant ______________ .

Exercice XII (écrit)

*Faites deux phrases avec **ne... que**.*

Exercice XIII (écrit)

*Mettez les phrases suivantes à la forme négative en employant un **ni** ou deux, comme indiqué.*

Ex. Il va téléphoner et venir me voir (1) → Il **ne** va **pas** téléphoner **ni** venir me voir.

1. Je veux aller au restaurant et au théâtre. (2)
2. Vous savez tricoter et coudre. (1)
3. Je prends du jus d'orange et des œufs le matin. (2)
4. Il a été intéressé et amusé par l'histoire. (2)
5. Vous pouvez lui parler ou lui écrire. (2)
6. Je sais où et comment c'est arrivé. (2)
7. Lui et elle sont venus hier soir. (2)
8. Nous pouvons faire du tennis ou du volley-ball. (1)
9. Elle danse et elle peint. (1)

Exercice XIV (écrit)

Finissez les phrases suivantes en employant des mots négatifs variés. Consultez le tableau 14.1, p. 308 et 309.

Ex. Je pars tout de suite parce que je n'ai aucune envie d'être en retard à la conférence; il n'y aurait plus de place en arrivant.

1. J'ai des difficultés ________________
2. Il faut que j'aille au marché _______
3. Cette leçon n'est pas claire ________
4. Il va rester chez lui _______________
5. On est malheureux quand ________
6. Mets de l'ordre dans ta chambre ___
7. Je cherche mon livre _____________
8. Tout marche mal aujourd'hui ______

Exercice XV (écrit)

Réunissez les deux actions simultanées en employant **sans**. *Attention à la forme infinitive des verbes pronominaux.*

Ex. Tu me parles et tu ne me regardes pas. → Tu me parles **sans** me regarder.

1. Ils ont dîné et ne se sont pas parlé.
2. Je travaille et je n'écoute jamais la radio.
3. Nous avons écouté et nous n'avons rien compris.
4. Elle a quitté le pays et elle n'a eu aucun regret.
5. Vous souffrez et vous ne vous plaignez pas.
6. Tu as fait une erreur et tu ne t'en es pas rendu compte.

Exercice XVI

Écrivez une phrase de dix à quinze mots avec chacun des mots négatifs suivants.

1. ne… plus
2. ne… pas… non plus
3. rien… ne
4. rien + *adj.* + *infin.*
5. aucun (pronom objet)
6. pas encore
7. ne… pas (de)… ni (de)…
8. personne + *adj.*

Exercice XVII (écrit)

Tout va mal aujourd'hui pour vous. Montrez en quelques lignes à quel point tout est négatif. Employez beaucoup de mots négatifs. (quatre lignes)

Exercice XVIII (écrit)

Vous venez d'étudier pendant de nombreuses heures pour un examen que vous allez passer dans quelques minutes. Vous pensez que vous n'êtes pas assez préparé(e). Expliquez vos craintes en employant des mots négatifs. (quatre ou cinq lignes)

Exercice XIX (écrit)

*Négation multiple. Répondez aux questions négativement. Attention à la position des négations; et n'employez pas de **pas**!*

1. Est-ce que quelqu'un a déjà fini son examen?
2. Vous aviez l'habitude de sortir le dimanche. Allez-vous encore souvent quelque part?
3. Est-ce que ce livre a quelquefois intéressé quelqu'un?
4. Avez-vous jamais entendu quelque chose d'aussi bizarre?
5. Avez-vous déjà fait quelques projets pour les vacances?
6. Êtes-vous allé(e) quelque part avec quelqu'un l'été dernier?
7. Avez-vous déjà quelquefois vu quelque chose de pareil quelque part aussi?

Réponses aux applications immédiates

p. 310
1. Tu n'honores pas sa mémoire.
2. Il n'a pas vendu sa maison.
3. Vous ne les lui avez pas apportés.
4. Ne lui en as-tu pas parlé?

p. 311
1. Il n'a pas d'amis.
2. Ce n'étaient pas des blagues.
3. Vous n'avez pas acheté de maison.
4. Ne me donnez pas d'argent.
5. Tu n'as pas bien parlé.
6. Je ne peux pas vous apporter de miel.
7. N'offrez-vous pas de cadeaux à Noël?
8. Je ne suis pas une sotte.
9. Nous n'avons pas été des spectateurs indifférents.
10. Elle ne travaille certainement pas trop.

p. 313
1. Je n'y suis resté que deux jours.
2. Il ne parle que quand c'est nécessaire.
3. (impossible)
4. (impossible)

p. 316
1. Non, je n'y vais plus.
2. Non, je n'en fais jamais.
3. Non, je ne les vois nulle part.
4. Non, pas encore.
5. Moi non plus.

p. 319
1. Personne n'est heureux aujourd'hui.
2. Je n'ai rien d'extraordinaire à te dire.
3. Il n'a pas grand-chose à vous annoncer.
4. Aucun prisonnier ne s'est évadé.
5. Elle n'a lu aucun journal pendant le week-end.

p. 321
1. Ni mon cahier ni mon crayon ne sont sur le bureau.
2. Vous n'avez pas de bougie ni d'allumettes. (Vous n'avez ni bougie ni allumettes.)
3. Il n'a ni le temps ni l'argent pour le faire.
4. Je n'ai confiance ni en vous ni en vos amis.
5. Il n'a ni aimé ni compris votre conférence.
6. Il ne faut ni lui téléphoner ni aller le voir.

7. Elle ne parle (pas) ni ne lit ni n'écrit aussi bien que sa sœur aînée.

8. Vous ne voulez pas que je vous appelle ni que je vienne?

• L'INTERROGATION DIRECTE
• LE STYLE INDIRECT

15

I. L'interrogation directe

On distingue deux sortes de phrases interrogatives, celles qui demandent une réponse affirmative ou négative, et celles qui demandent des renseignements spécifiques.

Il y a toujours un point d'interrogation à la fin d'une phrase interrogative directe.

A. Phrases interrogatives qui demandent une réponse affirmative ou négative: oui, non, si

On peut rendre une phrase interrogative de quatre façons:

1. en plaçant ***est-ce que*** (ou ***est-ce qu'***) devant la phrase *sans changer l'ordre des mots*.

Ex.	Le livre est sur la table.
Est-ce que	le livre est sur la table?
	Il est arrivé.
Est-ce qu'	il est arrivé?

2. en utilisant *l'inversion*.

a. Quand le sujet du verbe est *un pronom,* on fait *l'inversion du verbe et du pronom sujet*. Il y a un trait d'union entre le verbe et le pronom (voir aussi leçon 2, p. 36).

Ex. Il est content. → **Est-il** content?
Elle a un chien. → A-**t**-elle un chien?

— Avec un verbe négatif, **pas** est placé après le groupe inséparable verbe-pronom sujet (voir aussi leçon 14, p. 310).

Ex. Il n'est pas content. → **N'**est-il **pas** content?

— Quand le verbe est à un temps composé, on fait *l'inversion de l'auxiliaire et du pronom sujet.*

Ex. Ils ont vu ce film. → **Ont-ils** vu ce film?
Vous ne les avez pas rencontrés. → Ne les **avez-vous** pas rencontrés?

REMARQUE

Quand le sujet d'un verbe est **je**, on peut faire l'inversion *verbe-je* avec certains verbes seulement:

être: suis-je
devoir: dois-je
aller: vais-je
avoir: ai-je
pouvoir: puis-je (*mais* est-ce que je peux)

b. Quand le sujet du verbe est *un nom*, on fait *l'inversion du verbe et du pronom qui remplace le nom.* Le nom reste à sa place.

Ex. Le livre est sur la table. → Le livre **est-il** sur la table?
Les enfants sont sages. → Les enfants **sont-ils** sages?

3. en ajoutant ***n'est-ce pas*** à la fin de la phrase déclarative. (Cette expression est invariable.)

Ex. Le livre est sur la table.
Le livre est sur la table, **n'est-ce pas**?
Vous n'avez pas écrit l'exercice.
Vous n'avez pas écrit l'exercice, **n'est-ce pas**?

4. en utilisant *un ton de voix interrogatif,* façon employée très couramment dans la langue parlée.

Ex. Vous n'avez pas fait votre travail?

Application immédiate

Mettez les phrases suivantes à la forme interrogative avec inversion, quand c'est possible.

1. Vous suivez beaucoup de cours. ______________________________
2. L'homme ouvre la porte. ______________________________
3. Tu n'as pas compris l'explication. ______________________________
4. Il me le répétera. ______________________________
5. Je peux vous l'indiquer. ______________________________
6. Je travaille très dur. ______________________________

réponses p. 342

B. Phrases interrogatives qui demandent des renseignements spécifiques

Ces questions commencent par des mots interrogatifs qui sont: des adverbes, un adjectif et un pronom variables, et des pronoms invariables.

ATTENTION

Après tous les mots interrogatifs, la phrase doit être à la forme interrogative, soit avec l'inversion du verbe et du pronom sujet, soit avec **est-ce que** sans changer l'ordre des mots. (Notez que **est-ce que** est une inversion.)

Ex. Vous êtes en colère. { Pourquoi **êtes-vous** en colère?
Pourquoi **est-ce que vous êtes** en colère?

Application immédiate

Écrivez les deux formes interrogatives de la phrase suivante:

Votre ami va venir?

1. Quand ______________________ ?
2. Quand ______________________ ?

réponses p. 342

1. Adverbes interrogatifs: *combien, comment, où, pourquoi, quand*

Ex. **Combien** avez-vous payé ce manteau?
ou: **Combien** est-ce que vous avez payé ce manteau?

Comment voulez-vous y aller?
ou: **Comment** est-ce que vous voulez y aller?

Où sommes-nous?
ou: **Où** est-ce que nous sommes?

Pourquoi le livre est-il ouvert?
ou: **Pourquoi** est-ce que le livre est ouvert?

Quand viendrez-vous me voir?
ou: **Quand** est-ce que vous viendrez me voir?

— *Inversion verbe-nom sujet, dans une phrase courte*

Dans une phrase courte (qui ne contient qu'un verbe à temps simple et un nom sujet), on fait l'inversion *verbe-nom sujet,* excepté avec **pourquoi**.

Ex. **Combien** coûte ce tricot?
Comment va votre mère?
Où est le professeur?
Quand arrivent vos parents?

mais: **Pourquoi** votre chien aboie-t-il?

Application immédiate

À l'aide d'un adverbe interrogatif, écrivez les questions pour les réponses suivantes.

Ex. Julie vient demain. → Quand vient Julie?

1. Les invités partiront bientôt. ______________________________
2. Robert est à la bibliothèque. ______________________________
3. Mon frère gagne trois cents dollars par mois. ______________________
4. La dame s'énerve parce que sa voiture est en panne. ________________
5. Son enfant travaille très bien. ______________________________

réponses p. 342

---

2. Adjectif et pronom interrogatifs variables: *quel* et *lequel*

a. Adjectif interrogatif variable: *quel* (*quelle, quels, quelles*)

L'adjectif interrogatif *quel* s'accorde en genre et en nombre avec le nom qu'il qualifie.

Ex. Quelle heure est-il?

— Il est placé au commencement de la question avec le nom qualifié:

Ex. Quel avion vient d'arriver? (sujet)
Quels exercices avez-vous préparés? (objet direct)
De quel film est-ce que vous parlez? (objet d'une préposition)
À quelles filles a-t-il souri? (objet d'une préposition)
Pour quelles raisons est-ce que vous êtes ici? (objet d'une préposition)

— ou il est suivi du verbe **être** qui le sépare du nom qualifié:

Ex. Quelle est **la différence** entre un désert et un dessert?
Quel sera **le but** du club?
Quelle doit être **notre conduite**?

Application immédiate

Complétez avec l'adjectif interrogatif à la forme correcte.

1. __________ réaction avez-vous eue?
2. __________ sont leurs intentions?
3. __________ sera le résultat de tout cela?

réponses p. 342

Note

L'adjectif interrogatif variable est aussi employé dans des exclamations.

Ex. Quelle vie!
Quel beau temps!
Quelle chance! Je pars demain.
Quelle honte de faire une chose pareille!

b. Pronom interrogatif variable: ***lequel*** (***laquelle, lesquels, lesquelles***)

— Le pronom interrogatif *lequel* est une forme composée: **le** (article) + **quel**. L'article se contracte

avec **à**: auquel, auxquels, auxquelles
et avec **de**: duquel, desquels, desquelles
la ne se contracte pas: à laquelle, de laquelle
(Ne pas confondre avec le pronom relatif **lequel**. [voir p. 296])

— *Lequel* remplace *quel* + *nom* et s'accorde en genre et en nombre avec ce nom. Il est placé au commencement de la question. Il indique un choix.

Ex. Voilà deux pommes. **Laquelle** veux-tu? (Quelle pomme)
ou: **Laquelle** de ces deux pommes veux-tu?
Lequel de ces exercices est oral?
Auxquels as-tu parlé?
Il y avait trois candidats. Pour **lequel** as-tu voté?
Desquelles avez-vous besoin, des grandes ou des petites?
Lesquels avez-vous lus?

Application immédiate

Complétez avec une forme de **quel** ou de **lequel.**

1. __________ des trois sujets avez-vous choisi?
2. __________ questions as-tu posées?
3. __________ de ces livres as-tu besoin?
4. De ces deux roses, __________ vous plaît le plus?
5. Vous allez bien maintenant? __________ bonne nouvelle!

réponses p. 342

---

3. Pronoms interrogatifs invariables

On distingue les pronoms à forme courte et à forme longue (voir le tableau suivant).

TABLEAU 15.1 Les pronoms interrogatifs invariables

	PERSONNES		CHOSES	
	formes courtes	*formes longues*	*formes courtes*	*formes longues*
Sujet	**qui**	**qui est-ce qui**		**qu'est-ce qui**
Objet direct	**qui** (+ inversion)	**qui est-ce que**	**que (qu')** (+ inversion)	**qu'est-ce que**
Introduit par une préposition (à, pour, chez, de, sur, etc.)	**qui** (+ inversion)	**qui est-ce que**	**quoi** (+ inversion)	**quoi est-ce que**

(Ne pas confondre les formes courtes du tableau avec les pronoms relatifs **qui**, **que**, **quoi**.)

a. ***Pronoms à formes courtes*** **(voir tableau 15.1, ci-dessus)**

Pour une personne, on emploie toujours **qui**, suivi d'une inversion, excepté après **qui** *sujet*.

Pour une chose, on emploie **que** (objet direct) et **quoi** (objet d'une préposition), suivis d'une inversion. Il n'y a pas de forme courte sujet.

Ex. **Qui** est à la porte? (personne: *sujet*)
Qui avez-vous vu? (personne: *objet direct*)
À qui as-tu parlé? (personne: *objet d'une préposition*)
Que veux-tu? (chose: *objet direct*)
Avec quoi écrivez-vous? (chose: *objet d'une préposition)*

REMARQUES

— **Que** devient **qu'** devant une voyelle ou un **h** muet; **qui** ne change jamais.

Ex. **Qu'**arrive-t-il?

— Dans une phrase courte (qui ne contient qu'un verbe et un nom sujet), on fait l'inversion verbe-nom sujet après **que**.

Ex. **Que** veut cette dame?

— **Quoi** est quelquefois employé seul.

Ex. **Quoi**?
Quoi de neuf? (verbe sous-entendu)

b. *Pronoms à formes longues* (voir tableau 15.1, p. 336)

On les obtient en ajoutant **est-ce qui** à la forme courte sujet
et **est-ce que** à la forme courte objet.

Ex.

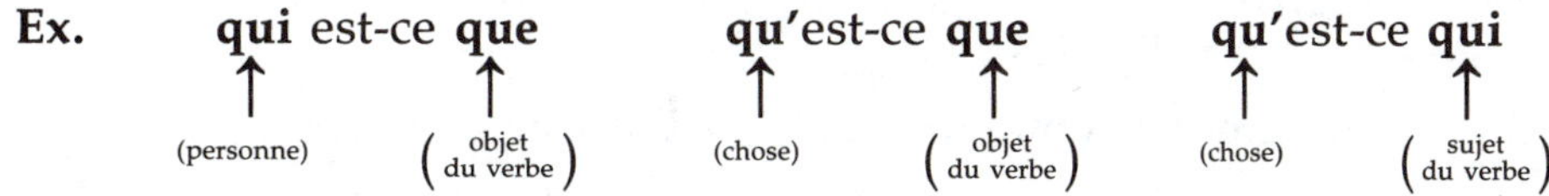

(La forme longue sujet **qu'est-ce qui** est formée sur **que**, forme courte chose-sujet qui existe, mais qui n'est pas employée.)

Ex. **Qui est-ce qui** est à la porte? (personne: *sujet*)
Qui est-ce que vous avez vu? (personne: *objet direct*)
À qui est-ce que tu as parlé? (personne: *objet d'une préposition*)

Qu'est-ce qui te dérange? (chose: *sujet*)
Qu'est-ce que tu veux? (chose: *objet direct*)
Avec quoi est-ce que vous écrivez? (chose: *objet d'une préposition*)

REMARQUES

— Les formes sujets **qui** et **qui est-ce qui** sont interchangeables, car il n'y a pas d'inversion après l'une ni après l'autre.

Ex. **Qui** veut venir avec moi?
ou: **Qui est-ce qui** veut venir avec moi?

— Pour demander une définition, on pose la question:
Qu'est-ce que c'est que... ? ou **Qu'est-ce que**...?

Ex. **Qu'est-ce que c'est que** ça?
[**Qu'est-ce que c'est** que le Tour de France?
[**Qu'est-ce que** le Tour de France?

Application immédiate

Complétez avec le pronom interrogatif à la forme courte ou longue qui convient et une préposition quand elle est nécessaire.

1. __________ vous moquez-vous? — De sa coiffure bizarre.
2. __________ a-t-il parlé si longtemps au téléphone? — À ses parents.
3. __________ est venu vous parler?
4. __________ as-tu aidé?
5. __________ nous commencerons? — Par une dictée.
6. __________ vous avez dit?
7. __________ se passe?
8. __________ vaut cette composition?

réponses p. 342

Exercices

Exercice I (oral)

Mettez chaque phrase à la forme interrogative en employant les quatre façons possibles (voir p. 330).

1. Il a bougé.
2. Mon chat mange trop.
3. Nous ne les lui avons pas apportés.

Exercice II (oral)

À l'aide d'un adverbe interrogatif, trouvez les questions pour les réponses suivantes.

Ex. Je vais au laboratoire. Où allez-vous (vas-tu)?

1. Ma voiture marche bien.
2. J'ai dépensé vingt francs dans ce magasin.
3. La Tour Eiffel se trouve à Paris.
4. Mon camarade travaille parce qu'il a besoin d'argent.
5. Il a laissé tomber le cours juste avant l'examen final.

Exercice III (oral)

Changez la question de façon à ne pas avoir d'inversion.

Ex. Quand as-tu rencontré Robert?
Quand est-ce que tu as rencontré Robert?

1. Combien de temps es-tu resté à la bibliothèque?
2. Pourquoi êtes-vous si en retard?
3. Où Jean a-t-il mis mon livre?
4. Quand le professeur va-t-il rendre les examens?
5. À quelle heure faut-il arriver chez nos amis?
6. Depuis quand avez-vous cette lettre?
7. Comment allez-vous aujourd'hui?
8. Comment dit-on «understatement» en français?

Exercice IV (oral)

Complétez avec une forme de ***quel*** *ou de* ***lequel****.*

1. J'ai des olives noires et vertes; .... préférez-vous?
2. Il y a plusieurs concerts ce week-end; .... iras-tu?
3. .... est le sens de ce mot?
4. .... de ces deux tableaux préférez-vous?
5. J'ai trop de vêtements; .... est-ce que je vais me débarrasser?
6. Dans .... conditions allons-nous travailler?

Exercice V (oral)

Remplacez ***qui*** *par* ***qui est-ce qui****, ou inversement.*

1. Qui vient d'entrer?
2. Qui est allé à la conférence hier soir?
3. Qui est-ce qui l'aidera?
4. Qui viendra avec nous?

Exercice VI (oral)

Remplacez ***que*** *par* ***qu'est-ce que*** *et faites les changements nécessaires.*

1. Que m'apportez-vous?
2. Que ne puis-je pas dire?
3. Qu'êtes-vous en train de faire?
4. Que lui as-tu proposé?
5. Que voulez-vous que j'apporte demain?

Exercice VII (oral)

a) *Remplacez la forme courte du pronom interrogatif par la forme longue et faites les changements nécessaires.*

1. Qui n'aimez-vous pas?
2. De quoi parlais-tu?
3. À qui voulez-vous faire ce cadeau?
4. Qui le professeur a-t-il questionné?
5. Qui vient d'arriver?
6. De quoi vous plaignez-vous?

b) *Remplacez la forme longue du pronom interrogatif par la forme courte quand c'est possible, et faites les changements nécessaires.*

1. Pour qui est-ce qu'elle prépare ces exercices?
2. Qui est-ce qui va me dire la vérité?
3. À quoi est-ce qu'il pensait?
4. Qu'est-ce qui reste à faire maintenant?
5. Qui est-ce que tu veux voir?
6. Qu'est-ce que vous cherchez?

Exercice VIII (oral)

Posez toutes les questions possibles sur cet extrait.

La dernière maison à la sortie du bourg, sur la route du phare, est une maison ordinaire: un simple rez-de-chaussée, avec seulement deux petites fenêtres carrées encadrant une porte basse. Mathias, en passant, frappe au carreau de la première fenêtre et, sans s'arrêter, continue jusqu'à la porte. Juste à la seconde où il atteint celle-ci, il la voit s'ouvrir devant lui; il n'a même pas besoin de ralentir pour pénétrer dans le corridor, puis, après un quart de tour à droite, dans la cuisine où il pose aussitôt sa mallette à plat sur la table... La maîtresse de maison est debout près de lui, entourée de ses deux filles aînées — une de chaque côté (un peu moins grandes que leur mère) — immobiles et attentives toutes les trois.

Robbe-Grillet, *Le Voyeur*

Exercice IX (oral)

Étudiez la forme des interrogations contenues dans ce passage.

Jean Valjean se mit à songer dans les ténèbres. «Où en suis-je? — Est-ce que je ne rêve pas? — Que m'a-t-on dit? Est-il bien vrai que j'aie vu ce policier et qu'il m'ait parlé ainsi? — Que peut être ce Champmathieu? Il me ressemble donc? — Est-ce possible? — Quand je pense qu'hier j'étais si tranquille à pareille heure! Qu'y a-t-il dans cet incident? Comment cela se dénouera-t-il? Que faire?»

Victor Hugo, *Les Misérables*

Exercice X

Écrivez deux questions sans inversion avec deux des adverbes interrogatifs: ***combien, comment, où, pourquoi*** *ou* ***quand.***

Exercice XI (écrit)

Dans les phrases suivantes, écrivez les mots interrogatifs qui traduisent les mots anglais interrogatifs «what», «what is», «what a».

1. _______ vous voulez?
2. _______ est arrivé?
3. À _______ pensez-vous?
4. _______ dites-vous?
5. _______ sont les raisons de son départ?
6. _______ la Sorbonne?
7. _______ plaisir de vous voir!

Exercice XII (écrit)

Trouvez la question à la réponse donnée. Quand il y a deux formes possibles, donnez-les toutes les deux.

Ex. J'ai joué au bridge. → { À quoi as-tu joué? / À quoi est-ce que tu as joué? }

1. Mes parents sont arrivés.
2. Il a parlé au conférencier.
3. L'étudiant travaille avec un dictionnaire.
4. Elle écrivait un poème pendant le cours.
5. C'est un jeu intéressant.
6. Le feu a détruit sa maison.

Exercice XIII (écrit)

Trouvez le mot (ou expression) interrogatif qui complète les questions suivantes. Quand il y a deux réponses possibles, donnez-les toutes les deux.

1. _______ tu veux venir avec nous? — Oui, je veux bien.
2. _______ t'a raconté cela?
3. _______ êtes-vous arrivé? — Ce matin.
4. De _______ as-tu envie pour ton petit déjeuner?
5. _______ Robert a posé son manteau?
6. _______ était la question?
7. Il fait très beau aujourd'hui, _______ ?
8. _______ vous avez rencontré sur le campus?
9. _______ faut-il apprendre pour demain?
10. Je peux vous donner une de ces photos; _______ voulez-vous?

Exercice XIV (écrit)

Complétez les questions suivantes.

1. Avec quoi est-ce que ____?
2. À qui ____?
3. Où ____?
4. Qu'est-ce que ____?
5. Qu'est-ce qui ____?

Exercice XV (écrit)

Trouvez une question qui convienne à chaque situation.

Ex. Vous m'avez trompé en me disant cela.
En qui peut-on avoir confiance aujourd'hui?

1. Oh! je n'ai plus mon portefeuille.
2. Il n'y a rien à manger pour ce soir.
3. Elle a pris un de vos cahiers de notes.
4. Jean m'a dit que j'étais fou de faire ce pari.

Exercice XVI (écrit)

Vous êtes un reporter et vous interviewez la personne de votre choix. Posez beaucoup de questions intéressantes en variant les mots interrogatifs. (cinq ou six lignes)

Réponses aux applications immédiates

p. 332
1. Suivez-vous beaucoup de cours?
2. L'homme ouvre-t-il la porte?
3. N'as-tu pas compris l'explication?
4. Me le répétera-t-il?
5. Puis-je vous l'indiquer?
6. (impossible)

p. 332
1. Quand votre ami va-t-il venir?
2. Quand est-ce que votre ami va venir?

p. 333
1. Quand partiront les invités?
2. Où est Robert?
3. Combien gagne votre frère?
4. Pourquoi la dame s'énerve-t-elle?
5. Comment travaille son enfant?

p. 334
1. Quelle
2. Quelles
3. Quel

p. 335
1. Lequel
2. Quelles
3. Duquel
4. laquelle
5. Quelle

p. 338
1. De quoi
2. À qui
3. Qui (Qui est-ce qui)
4. Qui
5. Par quoi est-ce que
6. Qu'est-ce que
7. Qu'est-ce qui
8. Que

II. Le style indirect

Les paroles d'une personne peuvent être rapportées sous la forme d'une citation entre guillemets; c'est le style direct.

Ex. Il m'a dit: «**Vous avez l'air fatigué**.»

Elles peuvent aussi être rapportées sous la forme d'une proposition subordonnée; c'est le style indirect.

Ex. Il m'a dit **que vous aviez l'air fatigué**.

Dans le changement de style direct en style indirect, trois cas se présentent d'après *la forme de la citation* du style direct:

— c'est une phrase déclarative

— c'est un ordre (à l'impératif)

— c'est une interrogation directe

On distingue le style indirect *au présent* et le style indirect *au passé*.

A. Phrase déclarative

Au style indirect, la phrase déclarative est introduite par **que**.

1. **Style indirect au présent.** Quand le verbe de la proposition principale est au présent, les temps des verbes de la citation ne changent pas au style indirect. Répétez **que** avec chaque proposition subordonnée.

   Ex. Elle dit: «Il fera beau demain et nous pourrons sortir.»
   Elle dit **qu'**il fera beau demain et **que** nous pourrons sortir.

   Les pronoms et les adjectifs possessifs peuvent changer de personne.

   Ex. Elle me dit: «**Tu** as eu tort de **me** raconter **ton** histoire.»
   Elle me dit que **j'**ai eu tort de **lui** raconter **mon** histoire.

2. **Style indirect au passé.** Quand le verbe de la proposition principale est au passé, les temps des verbes de la citation changent au style indirect de façon à toujours avoir les terminaisons **-ais**, **-ais**, **-ait**, **-ions**, **-iez**, **-aient**. Les expressions de temps changent aussi. Les pronoms et les adjectifs possessifs peuvent changer, comme dans 1.

a. ***Changements de temps.*** Les temps qui ont déjà ces terminaisons (l'imparfait, le plus-que-parfait, les conditionnels présent et passé) ne changent pas, mais:

— le présent devient l'imparfait
— le passé composé devient le plus-que-parfait
— le futur devient le conditionnel présent
— le futur antérieur devient le conditionnel passé

Le subjonctif ne change pas, puisqu'il dépend du même verbe dans les deux styles.

Ex. Je lui ai dit: «Vous **aurez** peut-être de la chance.»
Je lui ai dit qu'il **aurait** peut-être de la chance.

Il pensait: «Ils **ont gagné** et ils le **méritaient**.»
Il pensait qu'ils **avaient gagné** et qu'ils le **méritaient**.

Vous avez dit: «Il **faut** que vous **réfléchissiez**.»
Vous avez dit qu'il **fallait** que je **réfléchisse**.

b. ***Changements des expressions de temps.*** Ces expressions sont maintenant relatives au passé (voir la liste ci-dessous).

TABLEAU 15.2 Les expressions de temps dans le présent et dans le passé

Expressions relatives au présent		*Expressions relatives au passé*
maintenant, en ce moment	→	à ce moment-là, alors
aujourd'hui	→	ce jour-là (pour un jour du passé)
hier (le jour avant aujourd'hui)	→	la veille (le jour avant ce jour-là)
demain (le jour après aujourd'hui)	→	le lendemain (le jour après ce jour-là)
ce matin, ce soir, cette semaine, cette année	→	ce matin-là, ce soir-là, cette semaine-là, cette année-là
la semaine prochaine (la semaine après cette semaine)	→	la semaine suivante (la semaine après cette semaine-là)
la semaine dernière ou passée (la semaine avant cette semaine)	→	la semaine précédente (la semaine avant cette semaine-là)

Ex. La semaine dernière vous m'avez dit: «**Hier** il est resté en ville très tard et **aujourd'hui** il a sommeil.»
La semaine dernière vous m'avez dit que **la veille** il était resté en ville très tard et que **ce jour-là** il avait sommeil.

Il m'avait prévenu: «**Le mois prochain** je ne gagnerai pas beaucoup d'argent.»
Il m'avait prévenu que **le mois suivant** il ne gagnerait pas beaucoup d'argent.

Application immédiate

Mettez les phrases suivantes au style indirect, oralement.

au présent 1. Je lui répète: «Tu devras bientôt choisir un métier.» ...

au passé 2. Il lui avait dit: «Maintenant je ne peux pas vous répondre; demain ce sera peut-être possible.» ...

réponses p. 353

B. Ordre à l'impératif

Au style indirect, l'impératif devient *un infinitif* introduit par **de**.

au présent: **Ex.** Le professeur dit: «**Préparez** l'exercice numéro 3.»
Le professeur dit **de préparer** l'exercice numéro 3.

au passé: **Ex.** Elle a suggéré: «Écrivez quelques lignes sur votre sujet favori.»
Elle a suggéré **d'écrire** quelques lignes sur notre sujet favori.

L'impératif peut aussi devenir *un subjonctif* introduit par **que**.

Ex. Il dit (a dit): «**Partez** les premiers.»
Il dit (a dit) **que** nous **partions** les premiers.

Application immédiate

Mettez les phrases suivantes au style indirect, oralement.

1. Mes parents me demandent: «Écris-nous plus souvent.»
2. Vous nous aviez dit: «Tapez votre travail à la machine.»

réponses p. 353

C. Interrogation directe

Au style indirect, une interrogation directe devient *une interrogation indirecte*. Il n'y a pas de point d'interrogation à la fin d'une phrase interrogative indirecte. *La forme interrogative de la citation* (avec **est-ce que** *ou* l'inversion) *disparaît;* l'ordre des mots est donc celui d'une phrase déclarative.

Ex. Je vous demande: «Comment allez-vous?» (*ou* «Comment est-ce que vous allez?»)
Je vous demande **comment vous allez**.

Les changements de pronoms, d'adjectifs possessifs, de temps de verbes et d'expressions de temps sont les mêmes que pour la phrase déclarative.

au présent: **Ex.** Je lui demande: «Pourquoi prendras-tu ta décision demain?
Je lui demande pourquoi **il prendra sa** décision demain.

au passé: **Ex.** Je lui ai demandé: «Pourquoi prendras-tu ta décision demain?»
Je lui ai demandé pourquoi **il prendrait sa** décision **le lendemain**.

Reprenons les deux sortes de phrases interrogatives directes (partie I, p. 330).

1. *Phrases interrogatives qui demandent une réponse affirmative ou négative*

La question indirecte est introduite par **si** (avec: ne pas savoir, (se) demander).

au présent: **Ex.** Tu me demandes: «As-tu fait un bon voyage?»
Tu me demandes **si** j'ai fait un bon voyage.

au passé: **Ex.** Il lui a demandé «Est-ce que je vous ai rendu votre copie?»
Il lui a demandé **s'**il lui avait rendu sa copie.

ATTENTION

Ce **si** («whether») est le **si** d'interrogation indirecte, à ne pas confondre avec le **si** de condition d'une phrase conditionnelle (voir leçon 8, p. 192).

2. *Phrases interrogatives qui demandent des renseignements spécifiques*

— La question indirecte commence par un adverbe interrogatif: **combien**, **comment**, **où**, **pourquoi**, **quand**, comme dans la question directe.

Ex. Il m'a demandé: «Où allez-vous?»
Il m'a demandé **où** j'allais.

— La question indirecte commence par **quel** ou **lequel** comme dans la question directe.

Ex. J'ai demandé: «**Quelle** heure est-il et **à quelle** heure faudra-t-il partir?»
J'ai demandé **quelle** heure il **était** et **à quelle** heure il **faudrait** partir.

Il a demandé: «**Lequel** veut répondre?»
Il a demandé **lequel voulait** répondre.

— La question indirecte commence par *un pronom interrogatif invariable.*

Au style indirect, les pronoms interrogatifs invariables du style direct (revoir tableau 15.1, p. 336) changent de la façon suivante:

TABLEAU 15.3 Les pronoms interrogatifs invariables au style indirect

Style direct	Style indirect
	Personnes
qui **qui est-ce qui**	→ **qui** (*sujet*)
qui **qui est-ce que**	→ **qui** (*objet direct*)
qui **qui est-ce que**	→ **qui** (*objet d'une préposition*)
	Choses
qu'est-ce qui	→ **ce qui** (*sujet*)
que **qu'est-ce que**	→ **ce que** (*objet direct*)
quoi **quoi est-ce que**	→ **quoi** (*objet d'une préposition*)

Ex. Elle m'a demandé: «**Qui est-ce qui** est là?»
Elle m'a demandé **qui** était là. (personne-*sujet*)

Je voudrais bien savoir: «**Qui** connaît-elle et **à qui** pense-t-elle?»
Je voudrais bien savoir **qui** elle connaît et **à qui** elle pense. (personne-*objet direct* et *objet d'une préposition*)

Je ne sais pas: «**Qu'est-ce qui** se passe?»
Je ne sais pas **ce qui** se passe. (chose-*sujet*)

Je t'ai demandé: «**Que** veux-tu?» *ou* «**Qu'est-ce que** tu veux?»
Je t'ai demandé **ce que** tu voulais. (chose-*objet direct*)

Je lui ai demandé: «Contre **quoi est-ce que** ces gens protestent?»
Je lui ai demandé contre **quoi** ces gens protestaient. (chose-*objet d'une préposition*)

ATTENTION

N'employez jamais **qu'est-ce qui** ou **qu'est-ce que** dans une interrogation indirecte, seulement dans une interrogation *directe*.

Ex. **Qu'est-ce qu'**il veut? (interrogation directe)
Je ne sais pas **ce qu'**il veut. (interrogation indirecte)

Application immédiate

Mettez les questions suivantes au style indirect, oralement.

1. Je te demande: «As-tu fini ta composition écrite?» ...
2. Il se demandait: «Pourquoi est-ce qu'elle est si gentille?» ...
3. Je me demandais: «Lesquels faut-il choisir?» ...
4. Je vous avais demandé: «De quoi avez-vous parlé aujourd'hui?» ...
5. Je voudrais savoir: «Qu'est-ce qu'elle t'a dit?» ...

réponses p. 353

D. Passer du style direct au style indirect

Pour mettre *un paragraphe entier* au style indirect, il faut ajouter des verbes variés comme **dire**, **déclarer**, **ajouter**, **suggérer**, **demander**,

insister, **répondre**, **répéter**, **expliquer**, **remarquer**, etc. Certains mots spéciaux au style direct disparaissent: **hein**, **à propos**, **eh bien**, etc.

Exemple

Style direct:

> *Antigone* (à Ismène): Tu m'as toujours dit que j'étais folle, pour tout, depuis toujours. Va te recoucher, Ismène... Il fait jour maintenant, tu vois, et, de toute façon, je ne pourrais rien faire. Mon frère mort est maintenant entouré d'une garde exactement comme s'il avait réussi à se faire roi. Va te recoucher. Tu es toute pâle de fatigue.
>
> Jean Anouilh, *Antigone*

Style indirect au passé:

> Antigone a dit à Ismène que celle-ci lui avait toujours dit qu'elle était folle, pour tout, depuis toujours. Elle lui a suggéré d'aller se recoucher... Elle a ajouté qu'il faisait alors jour, comme elle le voyait, et que, de toute façon, elle ne pourrait rien faire. Elle a expliqué que son frère mort était maintenant entouré d'une garde exactement comme s'il avait réussi à se faire roi. Elle lui a répété d'aller se recoucher, car elle était toute pâle de fatigue.

E. Concordance des temps

Le rapport entre le temps du verbe de la proposition subordonnée et le temps du verbe de la proposition principale dont il dépend s'appelle *la concordance des temps*. On a constamment besoin d'utiliser cette concordance quand on s'exprime oralement ou par écrit. Il faut y penser en particulier dans les phrases au passé, comme nous venons de le faire avec le style indirect.

Ex. Excusez-moi, **j'avais compris** que vous **vouliez** tout sur la même page.
Il **a eu** l'impression qu'on **se moquait** de lui.
Je **pensais** que vous **alliez** partir bientôt et que vous **auriez** besoin de la voiture.

Exercices

Exercice I (oral)

Mettez les phrases déclaratives suivantes au style indirect et faites les changements nécessaires. Remarquez si le style est au présent ou au passé.

Ex. Il a dit: «Je serai là à deux heures.» → Il a dit qu'il serait là à deux heures.

1. Il pense: «Il va faire beau aujourd'hui.»
2. La mère dit à son fils: «Tu n'iras pas en classe aujourd'hui parce que tu as de la fièvre.»
3. Mon ami me dit: «Vous aviez raison et vous auriez dû parler plus fort.»
4. Le professeur dit aux étudiants: «Vous allez écrire vos impressions sur le texte pour demain.»
5. Il a déclaré à la presse: «Je ne suis pas un candidat et il faut que tout le monde le sache.»
6. Il m'a dit: «Je pars demain, mais je ne sais pas à quelle heure.»
7. Elle pensait: «Mon tour viendra et j'en profiterai bien.»
8. Tu m'avais dit: «En ce moment je suis découragé parce que mon travail marche mal.»
9. J'ai dit à Lucie: «Votre amie voudrait vous voir.»
10. Mon professeur a annoncé: «Il y aura un autre examen la semaine prochaine, car le dernier n'était pas bon.»

Exercice II (oral)

Mettez les ordres suivants au style indirect et faites les changements nécessaires.

1. Les parents disent à leurs enfants: «Soyez gentils et conduisez-vous bien.»
2. Je vous ai demandé: «N'oubliez pas d'apporter les photos.»
3. Il nous a écrit: «Envoyez-moi de l'argent demain parce que je n'en ai plus.»
4. Elle a suggéré: «Allez à la cafétéria et prenez un bon café chaud.»
5. Le directeur demande: «Venez à mon bureau si vous avez des questions.»

Exercice III (oral)

Mettez les interrogations directes suivantes au style indirect et faites les changements nécessaires.

1. Il a demandé à Robert: «As-tu une voiture?»
2. Je voudrais savoir: «Es-tu heureux sur le campus?»
3. Elle se demande: «Est-ce qu'il m'a vue?»
4. Il vous a demandé: «Combien de frères et sœurs avez-vous?»
5. Elle voulait savoir: «Où est-ce qu'il y a une fontaine?»
6. On se demande: «Quelle impression avez-vous d'eux?»
7. On m'a demandé: «Lequel est-ce que vous aimeriez avoir?»
8. Le professeur a demandé: «Qui est-ce qui est absent aujourd'hui?»
9. Il se demandait: «Qu'est-ce que vous avez répondu?»

10. Je voudrais savoir: «Qu'est-ce qui se passe?»
11. Ils t'ont demandé: «À qui est-ce que tu as dit ça?»
12. Tu voulais savoir: «À quoi ou à qui penses-tu en ce moment?»

Exercice IV (oral)

Mettez les phrases suivantes au style direct et faites les changements nécessaires.

Ex. J'ai dit qu'il fallait s'en occuper à ce moment-là. → J'ai dit: «Il faut s'en occuper maintenant.»

1. Vous m'avez demandé à qui j'avais parlé.
2. Il a dit de lui envoyer des cartes.
3. Elle me dit que j'aurais dû la prévenir immédiatement.
4. Elle a déclaré que la question ne l'intéressait pas ce jour-là.
5. Jeanne a demandé à Sylvie si elle était remise de son voyage.
6. Expliquez-moi ce que vous voulez dire.

Exercice V (oral)

*Mettez le passage suivant au style indirect. Ajoutez les verbes **expliquer, déclarer,** etc.*

...Pangloss disait quelquefois à Candide: «Tous les événements sont enchaînés dans le meilleur des mondes possibles; car enfin, si vous n'aviez pas été chassé d'un beau château à grands coups de pied dans le derrière pour l'amour de Mlle Cunégonde, si vous n'aviez pas été mis à l'Inquisition, si vous n'aviez pas couru l'Amérique à pied,..., si vous n'aviez pas perdu tous vos moutons du bon pays d'Eldorado, vous ne mangeriez pas ici des cédrats confits et des pistaches.

— Cela est bien dit, répondit Candide, mais il faut cultiver notre jardin.»

Voltaire, *Candide*

Exercice VI (oral)

*Mettez le passage suivant au style indirect au passé. Employez les verbes **dire, expliquer, ajouter, déclarer, remarquer, demander,** etc.*

Roland (à Pierre, puis à Louise, au sujet d'un portrait):

— ...Je m'en souviens parfaitement; je l'ai même encore vu à la fin de l'autre semaine. Ta mère l'avait tiré de son secrétaire en rangeant ses papiers. C'était jeudi ou vendredi. Tu te rappelles bien, Louise? J'étais en train de me raser quand tu l'as pris dans un tiroir et posé sur une chaise à côté de toi, avec un tas de lettres dont tu as brûlé la moitié. Hein? est-ce drôle que tu aies touché à ce portrait deux ou trois jours à peine avant l'héritage de Jean? Si je croyais aux pressentiments, je dirais que c'en est un!

Guy de Maupassant, *Pierre et Jean*

Exercice VII (écrit)

Complétez les interrogations indirectes suivantes avec un pronom interrogatif et une préposition si elle est nécessaire.

1. Je voudrais savoir _______ vous riez parce que je n'aime pas qu'on se moque des gens.
2. Il ne sait pas _______ sert cet instrument; il pense qu'il sert à ouvrir des boîtes.
3. Je me demande _______ il pensait quand il a écrit ça. (chose)
4. Il n'a pas dit pour _______ il avait écrit ce poème. (personne)
5. Nous n'avons pas compris _______ il parlait. (chose)
6. Savez-vous _______ il faisait allusion? — Oui, il faisait allusion à son chef.
7. Devinez chez _______ je suis allée.
8. Dites-moi _______ vous avez vu et _______ vous avez parlé. (personnes)
9. Je sais avec _______ vous avez construit votre bateau. (chose)
10. Je ne sais pas _______ de vous deux est fautif.

Exercice VIII (écrit)

Finissez les phrases interrogatives indirectes suivantes en employant un pronom invariable: ***qui, ce qui, ce que, quoi****.*

1. Il ne savait pas ____ .
2. Elle se demande ____ .
3. Je voudrais bien savoir ____ .
4. Je n'ai pas compris ____ .
5. J'ignore ____ .

Exercice IX (écrit)

Écrivez une phrase au style indirect au passé avec chacun des mots interrogatifs suivants.

1. lequel (laquelle, etc.)
2. pourquoi
3. quel (quelle, etc.)
4. quand
5. combien

Exercice X (écrit)

Vous êtes allé(e) au bureau d'un de vos professeurs parce que vous aviez quelques questions à lui poser. Racontez la conversation animée qui a eu lieu entre vous, au style indirect au passé. Employez des verbes comme ***demander, expliquer, répondre, ajouter, dire, suggérer****, etc.*

Exercice XI (écrit)

Mettez le passage suivant au style indirect au passé. Employez les verbes ***dire, déclarer, penser, conseiller,*** *etc.*

L'homme n'est qu'un roseau, le plus faible de la nature; mais c'est un roseau pensant. Il ne faut pas que l'univers entier s'arme pour l'écraser: une vapeur, une goutte d'eau, suffit pour le tuer…

Toute notre dignité consiste donc en la pensée. C'est de là qu'il faut nous relever et non de l'espace et de la durée, que nous ne saurions remplir. Travaillons donc à bien penser; voilà le principe de la morale.

Pascal, *Pensées*

Réponses aux applications immédiates

p. 345
1. Je lui répète qu'il (elle) devra bientôt choisir un métier.
2. Il lui avait dit qu'à ce moment-là il ne pouvait pas lui répondre, mais que le lendemain ce serait peut-être possible.

p. 345
1. Mes parents me demandent de leur écrire plus souvent.
   ou Mes parents demandent que je leur écrive plus souvent.
2. Vous nous aviez dit de taper notre travail à la machine.

p. 348
1. Je te demande si tu as fini ta composition écrite.
2. Il se demandait pourquoi elle était si gentille.
3. Je me demandais lesquels il fallait choisir.
4. Je vous avais demandé de quoi vous aviez parlé ce jour-là.
5. Je voudrais savoir ce qu'elle t'a dit.

• LE PARTICIPE PRÉSENT
• LE PARTICIPE PASSÉ
• LE PASSIF

16

I. Le participe présent

Le participe présent n'exprime aucune modalité de l'action, mais prend la valeur modale des verbes de la phrase.

A. Formes

On distingue *le participe présent* et sa forme composée: *le participe présent composé* («perfect participle») (voir aussi le tableau des modes et temps, p. 450).

1. *Le participe présent* a le radical de la première personne du pluriel (nous) du présent de l'indicatif + **ant**.

Ex. vendre; nous vend/ons → vendant
ouvrir; nous ouvr/ons → ouvrant
espérer; nous espér/ons → espérant

Exceptions

Les trois verbes suivants ont un radical irrégulier:
avoir → ayant
être → étant
savoir → sachant

2. *Le participe présent composé* est formé du *participe présent de l'auxiliaire **avoir** ou **être** + le participe passé du verbe en question.*

Ex. ayant fini étant allé s'étant promené

Il exprime une action passée par rapport à celle du verbe principal.

Application immédiate

Écrivez le participe présent et le participe présent composé des verbes suivants:

1. comprendre: ______________________

2. être: ______________________

3. aller: ______________________

réponses p. 364

B. Emplois

Le participe présent est employé:

1. comme *nom.*

Ex. un participant
les passants
un débutant
un commerçant
une assistante (sociale)
le gagnant et le perdant
un revenant
un fabricant

2. comme *adjectif.* Il est alors variable et s'accorde en genre et en nombre avec le nom ou le pronom qu'il qualifie. Il suit généralement le nom.

Ex. C'est une jeune femme **charmante**.
Quelle musique **entraînante**!

Je suis en train de lire un livre **passionnant**.
Votre histoire est très **intéressante**, mais **surprenante**.
Comme il est **énervant**!

Certains adjectifs n'ont pas la même orthographe que le participe présent.

Ex.	Verbe		Participe présent	Adjectif
gu changé en **g**:	fatiguer	→	fatiguant	fatigant(e)
	intriguer		intriguant	intrigant(e)
qu changé en **c**:	provoquer	→	provoquant	provocant(e)
	vaquer		vaquant	vacant(e)
ant changé en **ent**:	précéder	→	précédant	précédent(e)
	différer		différant	différent(e)
autres changements:	savoir	→	sachant	savant(e)
	pouvoir		pouvant	puissant(e)

Application immédiate

Complétez avec le participe présent des verbes suivants employé comme adjectif. Attention aux changements orthographiques.

1. Le passage __________ (suivre) n'est pas difficile à comprendre.

2. Y a-t-il de l'eau __________ (courir) dans cette maison de campagne?

3. Voilà des enfants __________ (obéir).

4. C'est une __________ (exceller) composition écrite.

5. Il a lancé un regard __________ (provoquer) à son adversaire.

réponses p. 364

3. quelquefois comme *préposition*.

Ex. Vous coupez **suivant** la ligne.
Elle était malade **durant** la conférence.

4. comme *forme verbale*. Il est *toujours invariable*. On le trouve avec la préposition **en** (le gérondif) ou seul, sans préposition.

a. ***en + participe présent***

Le gérondif sert *à préciser un verbe* et *a le même sujet que ce verbe.* Il est employé pour exprimer:

— *la simultanéité de deux actions* («while»). L'action exprimée par le gérondif est contemporaine de celle du verbe principal.

Ex. **En dînant**, nous écoutons les nouvelles à la radio. (présent)
En se promenant, elle a ramassé des fleurs. (passé)
En allant en classe, ils parleront de leur projet. (futur)

On emploie ***tout en*** pour insister sur la simultanéité:

Ex. **Tout en parlant**, elle surveillait son enfant.

ou pour indiquer une opposition ou une restriction (bien que, quoique):

Ex. **Tout en étant** en colère contre lui, il ne voulait pas le punir.

— *le temps, le moment* («when»), avec l'idée de simultanéité.

Ex. **En partant**, il était très triste. (Quand il est parti)
En arrivant à Paris, j'irai tout de suite à mon hôtel.
L'appétit vient **en mangeant**. (proverbe)

— *la manière* ou *le moyen* («by, upon, in, on») avec l'idée de simultanéité.

Ex. Elle a maigri **en faisant** du sport. (Comment a-t-elle maigri?)
L'enfant le suivait **en sautant** par-dessus les flaques d'eau.
En persévérant, on réussit.

Note

Après **aller** et **s'en aller**, le **en** du gérondif est quelquefois sous-entendu.

Ex. Ils s'en allaient **se tenant** par la main.

Application immédiate

Justifiez l'emploi du gérondif.

1. Il regarde la télévision en travaillant. ______________________

2. Il m'a dit bonjour en souriant. ______________________

3. Tout en prenant ma défense, il savait que j'avais tort. ____________________

4. En entrant dans la salle, elle a aperçu ses amis. ____________________

réponses p. 364

---

b. *Le participe présent* **seul,** *sans préposition*

Il sert *à préciser un nom ou un pronom*. Il n'y a donc pas de simultanéité d'actions comme avec le gérondif.

Il est employé pour exprimer:

— *la cause, la raison* («because»).

Ex. Je suis venu **pensant** que ça vous ferait plaisir. (parce que je pensais)
Ayant fini mon travail, je pouvais faire ce que je voulais.
Les nuages **noircissant** rapidement, nous nous sommes dépêchés de rentrer.

— *une action immédiatement antérieure* à l'action principale («after»). Le sujet du participe présent est identique au sujet du verbe principal.

Ex. **Prenant** son imperméable, **il** est parti rapidement. (Après qu'il a pris...)

— *une action postérieure* à l'action principale et qui indique *le résultat* de cette action. Le sujet du participe présent est identique au sujet du verbe principal.

Ex. **Il** m'a quitté, me **laissant** perplexe. (Il m'a quitté et il m'a laissé perplexe.)
Un feu a eu lieu au dix-huitième étage d'un gratte-ciel, **causant** beaucoup de dégâts.

— *une action simultanée* à une action principale, *seulement* quand son sujet est l'objet direct du verbe principal. (Avec le même sujet, on emploie le gérondif; voir **a.**)

Ex. Je **l'**ai vu sortir **entraînant** une autre personne avec lui.

— *une circonstance* qui accompagne une action. Les sujets sont identiques.

Ex. Il est parti à la plage, **oubliant** sa serviette de bain.

— *une condition* (si, au cas où).

Ex. Le temps **permettant**, nous irons nous promener. (Si le temps le permet...)

— *Il est aussi employé pour remplacer une proposition relative* (qui...).

Ex. Des gens **chantant** la Marseillaise défilaient dans la rue. (Des gens qui chantaient...)

Application immédiate

Justifiez l'emploi du participe présent dans les phrases suivantes.

1. Une vieille dame portant un grand chapeau m'a fait signe de bonjour. ______
2. Prenant un air mécontent, j'ai dit que j'allais me venger. ______
3. Les vacances de Noël étant courtes cette année, je ne pourrai pas voyager. ______
4. L'horloge a sonné trois heures, indiquant qu'il fallait que nous partions. ______
5. La chance aidant, nous arriverons à le faire. ______
6. Il est allé au cinéma, s'imaginant que le film était formidable. ______
7. On l'a entendu discuter, buvant un martini. ______

réponses p. 364

REMARQUES

Le participe présent et le participe présent composé ne sont pas employés dans les cas suivants.

— *Beaucoup de formes anglaises en «ing» ne se traduisent pas par le participe présent*. On les traduit:

- *par un infinitif*:

  avec *un verbe de perception*

  Ex. Je les vois **courir** dans les champs. («I see them running...»)

  après toutes les prépositions, excepté **en** (voir aussi leçon 18, p. 402)

  Ex. Au lieu d'**attendre**, vous feriez mieux de l'appeler. («Instead of waiting...»)

  avec un *infinitif seul*

  Ex. **Voir** c'est **croire**. («Seeing is believing.»)

- *par un nom:*

  Ex. J'aime **le ski** et **la pêche**. («... skiing and fishing.»)

- *par certains temps* et l'expression ***être en train de*** pour la forme progressive anglaise:

  Ex. Je **me reposais** quand tu es arrivé. («I was resting...»)
  Il **est en train** de travailler. («He is working.»)

Application immédiate

Traduisez les mots entre guillemets.

1. Vous les avez entendus ______________ . «laughing»
2. ______________ quand vous êtes arrivé. «I was working»
3. Nous étions assis devant vous ______________ . «without knowing it»
4. ______________ est un de ses sports favoris. «Swimming»
5. ______________ à la maison au lieu d'aller à une danse n'est pas amusant. «Staying»

réponses p. 364

— *Le participe présent composé* peut être employé sans son auxiliaire (il devient alors un participe passé), en particulier avec les mots ***sitôt, dès, une fois.***

Ex. Le beau temps **revenu** (étant revenu), nous sommes repartis.
Le chat **parti**, les souris dansent. (proverbe)
Sitôt le jour **apparu**, l'oiseau se met à chanter.
Une fois les examens **passés**, les étudiants retournent chez eux.

Exercices

Exercice I (oral)

Donnez le participe présent des verbes suivants:

1. pâlir
2. appeler
3. être
4. voir
5. répondre
6. avoir
7. partir
8. craindre
9. savoir
10. sourire

et le participe présent composé de:

11. venir 12. faire 13. se regarder

Exercice II (oral)

Remplacez les mots soulignés par un gérondif, ou un participe présent ou présent composé, et expliquez le cas.

1. Il a parlé à des enfants qui attrapaient des papillons.
2. Comme l'hiver avait été très froid, le printemps fut le bienvenu.
3. Quand je me suis réveillé ce matin, j'avais mal à la tête.
4. Il a ri et en même temps a haussé les épaules.
5. Après qu'il a quitté son ami, il s'est mis à courir.
6. Si Dieu m'aidait, peut-être trouverais-je le courage qu'il me faut.
7. On a de bonnes notes au moyen d'un travail dur.
8. Parce que la pluie ne cesse pas de tomber, nous ne pourrons pas sortir.
9. Le professeur a fait un mauvais cours et a ainsi diminué mon intérêt pour le sujet.
10. Nous avons vu notre voisin revenir et il zigzaguait sur le trottoir.
11. Elle a mis les légumes à cuire sur le feu et elle a oublié de mettre de l'eau.

Exercice III (oral)

Expliquez la raison de la présence d'un participe présent ou d'un gérondif dans ces phrases.

La jeune fille, **souriant** calmement, s'est dirigée vers sa mère.

et: La jeune fille s'est dirigée vers sa mère **en souriant** calmement.

Donnez deux phrases semblables.

Exercice IV (oral)

Distinguez l'adjectif du participe présent.

1. Lisez l'explication **suivant** le texte.
2. Écoutez le rythme très **prenant** de cette musique.
3. C'est un article **fascinant** pour tout le monde.
4. La peinture l'**intéressant** beaucoup, il a suivi des cours pendant l'été.
5. Le jour **précédant** ce jour-là, il se sentait bien.

Exercice V (oral)

Parmi les mots soulignés dans les extraits suivants, distinguez les noms, les adjectifs et les participes présents. Analysez leur fonction.

1. Un soir, une courte panne d'électricité l'ayant surpris dans le vestibule de son petit appartement de célibataire, il tâtonna un moment dans les ténèbres et, le courant revenu, se trouva sur le palier du troisième étage... Il se décida à rentrer chez lui comme il en était sorti, en passant à travers la muraille.

Marcel Aymé, *Le Passe-muraille*

2. Mais, à d'autres moments, il faut s'arrêter et marquer le pas parce que deux familles, appartenant, l'une à la colonne montante et l'autre à la colonne descendante, se sont rencontrées et solidement agrippées par les mains... Pendant qu'il soulève doucement son chapeau, en baissant un peu la tête pour aider à l'extraction, sa femme fait un petit saut en inscrivant sur son visage un sourire jeune. Une ombre les dépasse en s'inclinant...

J. P. Sartre, *La Nausée*

3. En descendant, moteur au ralenti, sur San Julian, Fabien se sentit las... Il était semblable à un conquérant, le soir de ses conquêtes... Et le village coulait déjà au ras des ailes, étalant le mystère de ses jardins fermés que leurs murs ne protégeaient plus. Mais Fabien, ayant atterri, sut qu'il n'avait rien vu...

A. de Saint-Exupéry, *Vol de nuit*

4. Trois enfants marchent le long d'une grève. Ils s'avancent, côte à côte, se tenant par la main... L'eau est bleue, calme, sans la moindre ondulation venant du large,... Ils marchent côte à côte, se tenant par la main...

Alain Robbe-Grillet, *Instantanés*

Exercice VI (oral)

Traduisez les phrases suivantes.

1. «He learned English by going to evening classes.»
2. «Upon seeing his reaction, I became scared.»
3. «I watch them playing games.»
4. «I talk to my friends while going home.»
5. «By attacking too soon, they lost the battle.»

Exercice VII (écrit)

Choisissez un participe présent employé aussi comme adjectif et écrivez une phrase où il est adjectif et une autre où il est participe.

Ex. (intéressant) Racontez-moi une histoire **intéressante**.
Je voudrais trouver une histoire **intéressant** tous les invités.

Exercice VIII (écrit)

Remplacez les verbes entre parenthèses par une forme du participe présent.

1. Mes parents _______ (être) très pauvres, je dois travailler dur.
2. Cette jeune fille, _______ (avoir) l'air de rien, a battu toutes les autres à la course.
3. Un serpent se déplace _______ (ramper).
4. Le cyclône est passé rapidement, _______ (détruire) tout sur son passage.
5. _______ (être) malade l'hiver dernier, il va bien se soigner cet hiver.

6. L'eau _______ (être) peu profonde, ils ont pu traverser la rivière à pied.
7. _______ (attraper) sa serviette, il la met sous son bras et sort rapidement.
8. _______ (étudier) beaucoup, il n'oubliait pas de se dépenser physiquement.
9. _______ (se voir) trop souvent, on finit quelquefois par se disputer.
10. Quand je suis entré, il m'a salué _______ (jeter) un coup d'œil de mon côté.
11. _______ (vouloir) attraper la balle, je suis tombé dans l'eau.
12. Il était assis, _______ (fumer) sa pipe.
13. Ils l'ont trouvé _______ (respirer) à peine dans le coin d'une pièce.
14. _______ (naître) aux États-Unis, l'enfant était automatiquement américain.
15. _______ (le voir) arriver, elle a été immédiatement soulagée.
16. Il est parti rapidement, _______ (jurer) de ne plus jamais revenir.
17. _______ (bien profiter) de ses vacances, il était content de retourner à la maison.
18. Il s'est blessé _______ (nettoyer) un fusil.
19. _______ (marcher), il comptait les voitures.
20. Tout le monde _______ (se mettre d'accord), la décision sera facile à prendre.

Exercice IX (écrit)

Complétez les phrases en employant des participes présents seuls ou avec ***en*** *d'après le sens.*

1. Je me suis fait mal ___________ .
2. De temps en temps, ___________ il me parlait gentiment.
3. L'infirmière le soignait bien, ___________ .
4. ___________ , je me suis arrêté(e) de travailler.
5. Il a répondu ___________ .

Exercice X

Écrivez trois phrases (une au présent, une au passé et une au futur) qui s'appliquent à vos activités, en employant des gérondifs. Rappelez-vous que le gérondif modifie un verbe.

Ex. Je bois **en mangeant**.
En allant au laboratoire, j'ai rencontré Robert.
Je répondrai aux questions **en faisant** bien attention.

Exercice XI (écrit)

Complétez avec le participe présent du verbe entre parenthèses employé comme nom, adjectif ou participe présent, d'après le cas.

1. Je me suis rendu compte qu'il avait la fièvre quand j'ai touché ses joues _______ (brûler).
2. Les jours _______ (précéder) son arrivée, nous avons été très occupés.
3. Chaque année, les _______ (résider) de ce pays doivent remplir une feuille _______ (indiquer) leur adresse.

4. Le toréador fait face aux cornes ______ (menacer) du taureau.
5. ______ (aimer) la biologie, elle espère devenir docteur.
6. C'est une personne très ______ (vivre).

Réponses aux applications immédiates

p. 355
1. comprenant, ayant compris
2. étant, ayant été
3. allant, étant allé(e, s, es)

p. 356
1. suivant
2. courante
3. obéissants
4. excellente
5. provocant

p. 357
1. pendant que
2. comment
3. bien que
4. quand

p. 359
1. qui portait
2. après que
3. parce que
4. résultat (action postérieure)
5. si la chance aide
6. circonstance qui accompagne l'action
7. modifie l'objet direct du verbe principal

p. 360
1. rire
2. Je travaillais
3. sans le savoir
4. La natation
5. Rester

II. Le participe passé

Le participe passé est la forme verbale qui constitue le deuxième élément des temps composés.

A. Formes

1. **Verbes réguliers.** Le participe passé est formé *sur l'infinitif* pour les trois conjugaisons régulières.

Au radical de l'infinitif des verbes en **er**, ajoutez **é**:

Ex. aim/**er** → aimé

Au radical de l'infinitif des verbes en **ir**, ajoutez **i**:

Ex. fin/**ir** → fini

Au radical de l'infinitif des verbes en **re**, ajoutez **u**:

Ex. vend/**re** → vendu

REMARQUE

Pour les verbes en **er** qui ont des changements orthographiques au présent, il est particulièrement important de se rappeler qu'on obtient le participe passé en passant par l'infinitif.

		infinitif	*participe passé*
Ex.	j'**appelle**	**appeler**	**appelé**
	elle **achète**	**acheter**	**acheté**
	il **crée**	**créer**	**créé**

Application immédiate

Écrivez l'infinitif et le participe passé des verbes suivants.

	infinitif	participe passé
1. tu lèves	____________	__________________
2. ils jettent	____________	__________________
3. je répète	____________	__________________

réponses p. 371

2. Verbes irréguliers. Leur participe passé est irrégulier et doit donc être appris par cœur. Dans la liste suivante, *les verbes qui forment leur participe passé de la même façon* sont groupés ensemble.

acquérir → acquis; conquérir → conquis
asseoir → assis
avoir → eu
boire → bu; croire → cru
conclure → conclu
conduire → conduit; construire → construit; cuire → cuit; déduire → déduit; détruire → détruit; produire → produit; traduire → traduit (exceptions: nuire, luire. Voir ces verbes.)
connaître → connu; apparaître → apparu; disparaître → disparu; paraître →paru
coudre → cousu
courir → couru; convenir → convenu; devenir → devenu; secourir → secouru; tenir → tenu; venir → venu; vêtir → vêtu
craindre → craint; atteindre → atteint; éteindre → éteint; feindre → feint; joindre → joint; peindre → peint; plaindre → plaint
croître → crû

cueillir → cueilli; accueillir → accueilli; dormir → dormi; faillir → failli; mentir → menti; partir → parti; recueillir → recueilli; sentir → senti; servir → servi; sortir → sorti
décevoir → déçu; apercevoir → aperçu; concevoir → conçu; recevoir → reçu
devoir → dû (avec un accent circonflexe pour le distinguer de *du* = *de le*); féminin: due
devenir (voir *courir*)
dire → dit; décrire → décrit; écrire → écrit; inscrire → inscrit; interdire → interdit
dormir (voir *cueillir*)
être → été (invariable)
faillir (voir *cueillir*)
faire → fait; distraire → distrait; satisfaire → satisfait
falloir → fallu; valoir → valu; voir → vu; vouloir → voulu
fuir → fui; (s')enfuir → enfui
lire → lu; relire → relu; élire → élu; réélire → réélu
luire → lui; nuire → nui
mettre → mis; admettre → admis; permettre → permis; promettre → promis; remettre → remis
mourir → mort
naître → né
nuire (voir *luire*)
ouvrir → ouvert; couvrir → couvert; découvrir → découvert; offrir → offert; souffrir → souffert
partir (voir *cueillir*)
plaire → plu
pleuvoir → plu
pouvoir → pu; émouvoir → ému
prendre → pris; apprendre → appris; comprendre → compris; entreprendre → entrepris; reprendre → repris; surprendre → surpris
résoudre → résolu
rire → ri; sourire → souri; suffire → suffi
savoir → su
sortir (voir *cueillir*)
suivre → suivi; poursuivre → poursuivi
taire (se) → tu (ne confondez pas avec *tué* de *tuer*)
tenir (voir *courir*)
vaincre → vaincu
vivre → vécu (prononcez [veky]); survivre → survécu

Ces participes passés sont aussi dans la liste des verbes irréguliers de l'appendice (p. 454-467).

B. Emplois

1. Le participe passé s'emploie dans *les formes composées* des verbes. Un temps composé est formé de deux mots: l'auxiliaire *avoir* ou *être* + *le participe passé* du verbe en question.

a. *Le participe passé* est une forme verbale; ce n'est pas un temps.

Il constitue le deuxième mot des formes composées:

Ex. ai **regardé** être **entré** étiez **venus**

et les deuxième et troisième mots des formes surcomposées:

Ex. ai **eu fait**

Il indique *le verbe dont il s'agit*. Regardez le participe passé pour trouver l'infinitif du verbe en question.

Application immédiate

Donnez l'infinitif des verbes suivants.

1. Ils eurent été. ______
2. Elle ne l'avait pas encore ouverte. ______
3. Nous les aurions eus. ______
4. Ne l'avez-vous pas vendue? ______
5. Vous les aurez mises. ______
6. Je l'ai eu vu. ______

réponses p. 371

---

b. C'est *le temps de l'auxiliaire* qui, généralement, donne au temps composé *son nom* (voir aussi le tableau des modes et temps, p. 450).

TABLEAU 16.1 Les temps composés

présent de l'auxiliaire +	participe passé du verbe en question	= *passé composé*
imparfait de l'auxiliaire +	''	= *plus-que-parfait*
passé simple de l'auxiliaire +	''	= *passé antérieur*
futur de l'auxiliaire +	''	= *futur antérieur*
conditionnel présent de l'auxiliaire +	''	= *conditionnel passé*
passé composé de l'auxiliaire +	''	= *passé surcomposé*
infinitif de l'auxiliaire +	''	= *infinitif passé*
participe présent de l'auxiliaire +	''	= *participe présent composé*

c. Revoir les règles d'accord du participe passé pour les verbes transitifs et intransitifs dans la leçon 3, p. 64 et 66, et pronominaux dans la leçon 6, p. 141.

2. Des participes passés sont employés comme ***noms***. Certains sont masculins, d'autres sont féminins.

Ex. Avez-vous **un permis** de conduire? (permettre) (masc.)
Les produits de beauté sont chers. (produire) (masc.)
D'ici vous aurez **un aperçu** de la région. (apercevoir) (masc.)
L'étendue des dégâts est considérable. (étendre) (fém.)
Si vous allez en Suisse, mangez **une fondue**. (fondre) (fém.)
La prise de la Bastille a eu lieu en 1789. (prendre) (fém.)

Exception

Le nom **mort** est féminin bien que le participe passé soit employé au masculin; la mort ≠ la vie, la naissance.

Mais on dit **un mort**, **une morte** pour parler d'un *homme mort* ou d'une *femme morte* respectivement.

Ex. **La morte** a été transportée à la morgue. (la femme morte)
Dans cette guerre il y a eu beaucoup de **morts** et de blessés. (hommes tués)
mais: Sa vie s'est terminée par **une mort** tragique. (la fin de la vie)

---

3. Le participe passé est quelquefois employé comme *adjectif*. Quand il accompagne un nom, il suit toujours ce nom. Il s'accorde comme un adjectif (voir aussi leçon 7, p. 156).

Ex. Je suis **satisfait** de vos progrès en général, mais je suis **déçu** de votre dernière composition.
C'est une personne bien **élevée**.
Les étudiants **inscrits** à cette université sont très sympathiques.
le bureau est **couvert** de papiers.
Les jeunes gens **assis** là-bas sont mes amis.

4. Le participe passé est employé parfois comme *préposition* (***vu, passé, excepté ≠ y compris, à l'insu de***); il est alors invariable et est placé devant le nom ou le pronom.

Ex. **Vu** la longueur de la thèse, il n'a pas eu le temps de finir de la lire.
Passé neuf heures du soir, tu as toujours envie de dormir.
J'ai tout compris, **excepté** la dernière partie.
Nous aimons tous les champignons, **y compris** cette variété.
Il est entré **à mon insu**. (**À l'insu de** = sans qu'on le sache; locution prépositive formée de **su**, participe passé masculin de **savoir**, et de **in** qui indique l'opposé.)

5. Le participe passé constitue le deuxième mot du *passif* (voir partie III).

Exercices

Exercice I (oral)

Donnez le participe passé des verbes suivants, après avoir reconnu s'ils sont réguliers ou irréguliers.

1. interrompre
2. instruire
3. nettoyer
4. démolir
5. découdre
6. consentir
7. déplaire
8. endormir
9. haïr
10. crier
11. écrire
12. démettre
13. fondre
14. prévoir
15. vaincre
16. lire
17. défaire
18. souvenir (se)
19. pleurer
20. percevoir
21. repartir
22. suffire
23. repeindre
24. vivre
25. créer
26. cueillir
27. ouvrir
28. appartenir
29. soutenir
30. médire
31. apprendre
32. étendre
33. reluire
34. agir
35. faillir
36. teindre
37. parcourir
38. découvrir
39. maudire
40. ressentir
41. reconnaître
42. jeter

Exercice II (oral)

Cherchez les noms formés sur le participe passé des verbes suivants. Indiquez le genre (masculin ou féminin) avec un article.

1. sortir
2. aller
3. mettre
4. voir
5. devoir
6. craindre
7. conduire
8. penser
9. passer
10. recevoir

Exercice III (oral)

Choisissez deux des noms de l'exercice précédent (un masculin et un féminin) et faites une phrase avec chacun d'eux.

Exercice IV

Écrivez le passé composé des verbes suivants à la personne indiquée. Attention aux accents.

1. ils tolèrent
2. j'emmène
3. tu espères
4. il rappelle

Exercice V (écrit)

Employez le participe passé des verbes suivants comme adjectifs dans une phrase simple.

Ex. (ouvrir) La porte est **ouverte**. Entrez.
(gâter) Voilà un enfant **gâté**. Il se conduit mal.

1. (détruire)
2. (vêtir)
3. (élire)
4. (peindre)
5. (entourer)
6. (distraire)

Exercice VI

Choisissez trois des participes passés suivants employés comme prépositions et faites une phrase avec chacun d'eux: ***vu, passé, excepté, y compris, à l'insu de****.*

Réponses aux applications immédiates

p. 365 1. lever; levé
2. jeter; jeté
3. répéter; répété

p. 367 1. être
2. ouvrir
3. avoir
4. vendre
5. mettre
6. voir

III. Le passif

A. La voix passive

C'est la construction **être** + *le participe passé* d'un verbe *transitif direct* (conjugué avec **avoir** et qui a *un objet direct*).

Une phrase est au passif (à la voix passive) quand le sujet du verbe ne fait pas l'action, mais *la subit*. L'action est causée par un agent, exprimé ou sous-entendu.

Ex. Forme active: La police **arrête** le voleur.
Voix passive: Le voleur **est arrêté** par la police.

L'objet direct du verbe actif (le voleur) devient *le sujet* du verbe passif. *Le sujet* du verbe actif (la police) devient *l'agent* du verbe passif, introduit généralement par **par**.

Le temps du verbe actif (arrête) devient *le temps* du verbe **être** (ici le présent). Le verbe **être** est suivi *du participe passé* (arrêté) du verbe actif. Ce participe passé s'accorde en genre et en nombre avec *le sujet* du verbe **être** (le voleur).

Autre ex. La couturière **a fait** cette robe.
Cette robe **a été faite** par la couturière.

Application immédiate

Mettez la phrase suivante à la forme passive.

L'étudiant écrira une composition. ______________________

réponse p. 374

REMARQUES

— Tout verbe transitif direct peut être transformé en verbe passif: son objet direct devient le sujet de **être**. Par contre les verbes transitifs indirects et intransitifs n'ont pas de forme passive, puisqu'ils n'ont pas d'objet direct.

— L'agent est introduit par **de** (au lieu de **par**) quand le verbe exprime une situation statique, un état:

Ex. Il est aimé **de** tous ses amis.

— Quand **on** est le sujet du verbe actif, le verbe passif n'a *pas d'agent exprimé*:

Ex. Forme active: **On** a construit un pont.
Voix passive: Un pont **a été** construit.

— Ne confondez pas *une action* exprimée par *un verbe au passif*:

Ex. La porte **est ouverte** par le professeur.

et *un état* exprimé par le verbe *être* + *adjectif*:

Ex. La porte **est ouverte**. (La porte n'est pas fermée.)

Application immédiate

Mettez les phrases suivantes à la forme passive.

1. Le chef de gare donnera le signal de départ du train. ______________
2. On conduit les visiteurs à travers le campus. ______________
3. Le chat a attrapé la souris. ______________
4. Ses amis estiment cet homme. ______________
5. On a bâti une église. ______________

réponses p. 374

B. Quand éviter le passif

Le passif est employé plus souvent en anglais qu'en français. En français, on l'évite quand:

1. *l'agent est exprimé.* On emploie *la forme active* à la place de la forme passive:

Ex. Tout l'argent a été dépensé par sa femme.
Sa femme **a dépensé** tout l'argent.

mais on garde la voix passive s'il y a une emphase sur l'agent. (ici la femme)

2. *l'agent n'est pas exprimé.* Si l'agent non exprimé est une personne, on remplace la forme passive par *la forme active* avec le sujet **on**:

Ex. Ma maison peut être aperçue du haut de la côte. (par des gens)
On peut apercevoir ma maison du haut de la côte.

mais si l'agent non exprimé est une chose, on garde *le passif*:

Ex. En chassant **j'ai été blessé** au bras. (par un fusil)

REMARQUE

Quand un verbe est transitif direct en anglais, mais transitif indirect en français, on ne peut pas employer le passif en français; on emploie la forme **on** + verbe actif.

Ex. On **a répondu à** la question. («The question was answered.»)

3. *une action habituelle, commune* ou *connue* est exprimée et le sujet du verbe est une chose. On emploie alors la forme pronominale du verbe (verbe pronominal à sens passif, voir aussi leçon 6, p. 138) à la place du passif.

Ex. [Le raisin **est cueilli** en septembre.
[Le raisin **se cueille** en septembre.
Le vin rouge **se boit** chambré.
Ça ne **se dit** pas.
Ce mot **s'emploie** souvent.
Le français **se parle** dans beaucoup de pays.

Application immédiate

Évitez le passif dans les phrases suivantes quand c'est possible.

1. Vous êtes connu de tout le monde. ______________________

2. Quelques poissons sont mangés crus. ______________________

3. Son auto a été volée. ______________________

4. La ville a été inondée. ____________________

5. Nous sommes dérangés par le bruit. ____________________

réponses p. 375

Exercices

Exercice I (oral)

Mettez les phrases suivantes à la forme passive.

1. Une autre personne fera le travail.
2. Les pompiers ont éteint le feu.
3. Des bombes détruisirent la ville.
4. Son mari l'accompagnait.
5. Je crois qu'on mettra des livres en solde demain.
6. Votre travail vous absorbe.

Exercice II (oral)

*Complétez avec **par** ou **de**.*

1 Ce professeur est très admiré .... ses étudiants.
2. Le vase de Soissons fut cassé .... un soldat.
3. Vous êtes détesté .... vos auditeurs.
4. Ces machines sont fabriquées .... IBM.
5. Il est respecté .... tout le monde.

Exercice III (écrit)

Dans les phrases suivantes, évitez le passif quand c'est possible.

1. Je suis gêné par votre manque de charité.
2. Il faut que les devoirs soient corrigés par le professeur.
3. Le dessert va être servi.
4. Le gigot d'agneau est mangé saignant en France.
5. Pendant la tempête, des arbres ont été déracinés.
6. Il est aimé de tous.
7. Ils ont été capturés par l'ennemi.
8. L'Amérique fut découverte par Christophe Colomb.

Réponses aux applications immédiates

p. 371 Une composition sera écrite par l'étudiant.

p. 372 1. Le signal de départ du train sera donné par le chef de gare.

2. Les visiteurs sont conduits à travers le campus.
3. La souris a été attrapée par le chat.
4. Cet homme est estimé de ses amis.
5. Une église a été bâtie.

p. 373

1. Tout le monde vous connaît.
2. Quelques poissons se mangent crus.
3. On a volé son auto.
4. (impossible)
5. Le bruit nous dérange.

• LES VERBES IMPERSONNELS

• LES MOTS INDÉFINIS

17

I. Les verbes impersonnels

A. Définition

Un verbe impersonnel est un verbe dont le sujet est le pronom **il** impersonnel. Il se conjugue donc seulement à la 3e personne du singulier de tous ses temps. Quand on parle d'un verbe impersonnel, il faut toujours penser au groupe: **il** (impersonnel) + *verbe*.

Les constructions impersonnelles sont plus employées en français qu'en anglais.

B. Les verbes impersonnels et les expressions impersonnelles

Ce sont:

1. les verbes qui expriment *les conditions atmosphériques*:

il pleut (*ou* il va pleuvoir), **il neige**, **il gèle**, **il grêle**, **il tonne**, etc.

et les expressions avec **faire**:

il fait beau, mauvais, chaud, froid, frais, bon, humide, sec, etc.
il fait jour, nuit, sombre, clair, etc.
il fait du soleil, du vent, de l'orage, du tonnerre, du brouillard, etc.

2. falloir: ce verbe est suivi d'un nom, d'un infinitif ou d'un subjonctif. Son sujet est toujours **il** impersonnel:

Ex. **Il (me) faut** du courage.
Il a fallu y aller.
Il faudra que j'y aille.

3. s'agir de (verbe régulier):

Ex. De qui **s'agit-il**? — **Il s'agit de** vous.
De quoi **s'agit-il** dans cette histoire? — Dans cette histoire, **il s'agit** de gens pauvres. («This story is about...»)

Application immédiate

Traduisez: «This film is about a king.» ____________________

réponse p. 380

---

4. il y a (singulier ou pluriel)

a. pour indiquer l'existence de quelque chose:

Ex. **Il y a** des gens qui sont méchants.

b. pour exprimer le temps écoulé (voir leçon 1, p. 14):

Ex. **Il y a** une heure **qu'**il l'attend. Je l'ai vu **il y a** une heure.

c. dans l'expression **Qu'est-ce qu'il y a?** (= Qu'est-ce qui se passe?):

Ex. **Qu'est-ce qu'il y a**? Tout le monde regarde en l'air.

5. il est

a. pour exprimer l'heure (voir aussi leçon 4, p. 98):

Ex. Quelle heure **est-il**? — **Il est** cinq heures.
Il est temps de partir.
Il sera tard quand je reviendrai.
Il est trop tôt pour l'appeler.

b. dans les constructions suivantes *avec un adjectif*:

— **il** (impersonnel) + **être** + adjectif + **de** + infinitif (voir leçon 12, p. 280)

Ex. **Il est** nécessaire **de** travailler.

— **il** (impersonnel) + **être** + adjectif + **que** + indicatif

Ex. **Il est** évident **que** vous êtes fatigué.

— **il** (impersonnel) + **être** + adjectif + **que** + subjonctif (voir leçon 10, p. 232)

Ex. **Il est** rare **qu'**il vienne me voir.

c. à la place de **il y a**

— en *littérature:*

Ex. **Il est** des choses qu'on ne peut pas dire. (Il y a...)

— ou *au commencement d'un conte* (de fée par exemple):

Ex. **Il était une fois** une petite fille qui... («Once upon a time there was...»)

6. *des verbes personnels employés à la forme impersonnelle* pour mettre en relief l'action du verbe (forme très employée):

Ex. Une pluie diluvienne **tombe**. (verbe personnel)
Il tombe une pluie diluvienne. (verbe impersonnel; sujet réel: une pluie diluvienne)
Il manque des sous dans la boîte.
Il est rappelé au public qu'il ne faut pas faire de bruit ici.

REMARQUE

Le participe passé, variable avec un verbe personnel, est invariable quand le verbe est impersonnel.

Ex. Des choses étranges se sont **passées** ici. (verbe personnel)
Il s'est **passé** des choses étranges ici. (verbe impersonnel)
Quelle tempête il a **fait** hier!
Savez-vous les mois qu'il a **fallu** pour construire ce pont?

Application immédiate

Mettez les phrases à la forme impersonnelle.

1. Des malheurs arrivent à tout le monde. ______________________________
2. Une compétition féroce se prépare. ______________________________
3. Une bonne nouvelle nous est parvenue. ______________________________

4. Des gens très bruyants sont arrivés. ______________________________

5. Beaucoup de bonbons restent dans la boîte. ______________________________

réponses p. 380

Exercices

Exercice I (oral)

*Indiquez si **il** est personnel ou impersonnel.*

1. Voulez-vous me dire l'heure qu'il est, s'il vous plaît?
2. Il est difficile à contenter.
3. Il est intéressant de lire un bon roman.
4. Il était une fois un étudiant qui n'aimait pas étudier.
5. Il convient que nous lui répondions.
6. Il y eut des sifflements assourdissants.
7. Il se faisait beaucoup de soucis.
8. Il suffit de le dire.

Exercice II (oral)

Trouvez le sujet réel du verbe impersonnel.

1. Il vous faudra beaucoup de patience.
2. Il vaudrait mieux que vous lui téléphoniez.
3. Il est arrivé que nous nous sommes trompés de route.
4. Il m'est venu une idée sensationnelle.
5. Il s'est trouvé qu'ils étaient déjà arrivés.
6. Il suffirait que vous le lui disiez.
7. Il tombe des fruits dans le verger.
8. Il est bon de se reposer quand on est fatigué.

Exercice III (oral)

Mettez les phrases suivantes à la forme impersonnelle.

1. Quelques semaines de vacances restent encore.
2. Un brouillard épais arrivait de l'océan.
3. Douze voitures sont entrées en peu de temps.
4. Un grand silence se fera quand il entrera.
5. Des gens bizarres viennent quelquefois le voir.

Exercice IV (oral)

Répondez aux questions suivantes.

1. Quel temps fait-il? Quel temps fait-il au printemps, en été, en automne, en hiver? Et dans la région où vous êtes né(e)?

2. Que vous faut-il pour être heureux?
3. Quelle heure est-il?
4. De quoi s'agit-il dans cette leçon?
5. Il y a combien de temps que vous êtes ici?
6. Combien de semaines reste-t-il jusqu'à la fin du trimestre (du semestre)?
7. Que s'est-il passé d'intéressant hier?

Exercice V

Écrivez une phrase avec chacun des verbes (ou expressions) impersonnels suivants.

1. falloir
2. s'agir de
3. il y a
4. il est

Exercice VI

Écrivez le participe passé du verbe entre parenthèses correctement.

1. Des tas de réactions se sont ______ . Il s'est ______ des tas de réactions. (se produire)
2. Une foule nombreuse est ______ au défilé. Il est ______ une foule nombreuse au défilé. (venir)

Exercice VII

Écrivez trois phrases contenant des verbes personnels employés impersonnellement.

Exercice VIII (écrit)

Commencez un conte de fée... Employez le plus possible de verbes impersonnels. (cinq lignes)

Il était une fois...

Réponses aux applications immédiates

p. 377 Dans ce film il s'agit d'un roi.

p. 378
1. Il arrive des malheurs à tout le monde.
2. Il se prépare une compétition féroce.
3. Il nous est parvenu une bonne nouvelle.
4. Il est arrivé des gens très bruyants.
5. Il reste beaucoup de bonbons dans la boîte.

II. Les mots indéfinis

Les mots indéfinis désignent ou représentent les noms d'une manière vague, indéterminée.

On distingue *l'article, les adjectifs, les pronoms* et *les adverbes* indéfinis (voir leçon 5, p. 106 pour l'article indéfini **un**, **une**, **des**).

A. Formes (voir le tableau suivant)

TABLEAU 17.1 Les mots indéfinis (par ordre alphabétique)

	Adjectifs		**Pronoms** ***variables et invariables***		**Adverbes**
	Singulier	*Pluriel*	*Singulier*	*Pluriel*	
1.	aucun, aucune		aucun, aucune		
2.	autre	autres	autre	autres	
3.			autre chose		
4.			autrui		
5.	certain, certaine	certains, certaines		certains, certaines	
6.	chaque		chacun, chacune		
7.		différents, différentes			
8.		divers, diverses			
9.	maint, mainte	maints, maintes			
10.	même	mêmes	même	mêmes	
11.	n'importe quel (quelle)	n'importe quels (quelles)	n'importe lequel (laquelle), n'importe qui, n'importe quoi	n'importe lesquels (lesquelles)	n'importe où, n'importe quand, n'importe comment
12.	nul, nulle	nuls, nulles	nul, nulle		
13.			on		
14.					où que
15.			personne		
16.		plusieurs		plusieurs	
17.	quel que…, quelle que…	quels que…, quelles que…			
18.	quelconque	quelconques			
19.	quelque, quelque… que…	quelques, quelques… que…	quelqu'un	quelques-uns (unes)	quelque, quelque… que…

(suite p. 382)

TABLEAU 17.1 Les mots indéfinis (suite)

	Adjectifs		Pronoms *variables et invariables*		Adverbes
	Singulier	*Pluriel*	*Singulier*	*Pluriel*	
20.			quelque chose		
21.					quelque part
22.			qui que ce soit (qui), quoi que ce soit (qui), qui que, quoi que		
23.			quiconque		
24.			rien		
25.	tel, telle	tels, telles	tel, telle		
26.	tout, toute	tous, toutes	tout	tous, toutes	
27.			un, une, l'un, l'une	les uns, les unes	

B. Emplois (les numéros correspondent à ceux du tableau)

1. aucun(e)

— *adjectif* et *pronom* négatifs (voir leçon 14, p. 316 et 317)

2. autre(s)

— *adjectif.* Il est placé devant le nom (voir aussi leçon 7, p. 157).

Ex. Robert est resté en classe, mais **les autres** étudiants sont partis.
Voilà **un autre** exemple. Voilà **d'autres** exemples.

— *pronom.* Il est précédé d'un article ou d'un déterminatif.

Ex. Je n'ai qu'une feuille. Vous avez **l'autre**.
Si vous avez besoin d'un crayon supplémentaire, **en** voici **un autre** («another one»); et j'**en** ai encore **d'autres**.

Note

Le pronom objet est accompagné de **en**. («of them»)

EXPRESSIONS:

- **Nous autres, vous autres** indiquent des groupes distincts:
  Ex. **Vous autres** vous avez eu de la chance. («All of you...; You people...»)
- **L'un l'autre** indique la réciprocité (voir leçon 6, p. 133).
- **D'un côté** («on one hand»), **d'un autre côté** («on the other hand»)

3. autre chose («something else»). Distinguez de ***une autre chose*** («another thing»).

— *pronom.* Il est invariable et sans article. Il se construit avec *de* + *adjectif* (invariable).

Ex. **Autre chose** m'intéresse.
Y a-t-il **autre chose de nouveau**?

4. autrui (tous les autres, en opposition à ***moi***)

— *pronom.* Il est invariable. Il est généralement l'objet d'une préposition ou objet direct, jamais sujet.

Ex. Ne fais pas à **autrui** ce que tu ne voudrais pas qu'on te fît. (proverbe)
Il faut avoir le respect d'**autrui**.

5. certain(e)

— *adjectif.* Il est placé devant le nom; il n'a pas d'article au pluriel. Il signifie *un, quelque* (au singulier), *quelques* (au pluriel).

Ex. Un **certain** auteur a dit cela.
Certains champignons sont toxiques, d'autres ne le sont pas. (souvent accompagné de **d'autres**)

Note

Placé après le nom, **certain** n'est pas indéfini (voir leçon 7, p. 159).

— *pronom.* Seulement *au pluriel.* ***Certains*** = quelques-uns.

Ex. Beaucoup de gens le croient, mais **certains** en doutent.

Application immédiate

Complétez avec une forme de **autre**, **autre chose**, **autrui**, ou une forme de **certain**. Ajoutez le pronom **en** s'il est nécessaire, ou un article.

1. Avez-vous ________ à me dire à ce sujet?
2. ________ personnes aiment la campagne, ________ préfèrent la ville.
3. Il faut gagner le respect d' ________ .
4. Une cinquantaine de passagers ont pu être sauvés; ________ ont péri.
5. Parlons d' ________ . Comment s'est passé votre voyage?
6. C'est bizarre; ________ personne m'a déjà dit ce que vous me dites.
7. Dans ________ pays, il fait toujours chaud.
8. J'ai perdu la clé de ma voiture; heureusement que j' ________ ai ________ .
9. ________ jour, j'ai visité un musée très intéressant.
10. ________ prétendent que ce n'est pas vrai.

réponses p. 398

6. chaque, chacun(e)

— *adjectif. **Chaque*** est toujours *singulier.*

Ex. Après **chaque** cours, il y a un arrêt de dix minutes.

— *pronom. **Chacun(e)*** s'emploie pour une personne (ou une chose) considérée en elle-même, mais qui appartient à un tout.

Ex. Ces lampes coûtent cent francs **chacune**.
Chacun pour soi et Dieu pour tous. (proverbe)

7.-8. différents(es), divers(es)

— *adjectifs.* Ils sont employés *au pluriel* et *précèdent le nom,* sans article.
différents, divers = quelques, certains

Ex. J'ai vu **différents** endroits et j'ai rencontré **diverses** personnes.

Note

Placé après le nom, **différent** n'est pas indéfini (voir leçon 7, p. 159).

9. maint(e)

— *adjectif.* C'est un vieux mot, *employé surtout au pluriel* et qui signifie un grand nombre indéterminé.

Ex. Je l'ai vu **maintes** fois. (beaucoup de)

10. même(s)

— *adjectif*
Placé *devant* le nom, il exprime l'identité, la ressemblance.

Ex. Nous portons les **mêmes** robes.

Placé *après* le nom, il affirme la personne ou l'objet dont on parle, met le nom en relief.

Ex. C'est la vérité **même**. Vous le savez bien **vous-même** (voir leçon 2, p. 57 et 7, p. 160).

— *pronom*
Il est précédé de *le, la, les*.

Ex. Ils sont tous **les mêmes**.

Note

Même adverbe n'est pas indéfini.

11. n'importe quel (lequel, qui, quoi, où, quand, comment)

— *adjectif: **n'importe quel (quelle, quels, quelles)*** («any»)

- ***N'importe*** signifie: il n'importe pas, il n'est pas important.
- ***N'importe quel*** indique un choix libre entre plusieurs personnes ou choses.

Ex. Prenez **n'importe quelle** place.

— *pronoms: **n'importe lequel (laquelle, lesquels, lesquelles), n'importe qui, n'importe quoi**.* Ils sont sujets ou objets directs ou indirects du verbe.

Ex. Quel sujet faut-il traiter? — **N'importe lequel.** (N'importe quel sujet.)

- *n'importe qui* (pour une personne)

  Ex. **N'importe qui** est capable de faire cela. («Anyone»)

- *n'importe quoi* (pour une chose)

  Ex. Pensez à quelque chose, à **n'importe quoi. N'importe quoi** l'intéresse. («Anything»)

— *adverbes: **n'importe où, n'importe quand, n'importe comment***

Ex. Mettez ce livre **n'importe où.** Venez demain, **n'importe quand.**
Il faut recommencer ce travail parce qu'il est fait **n'importe comment**.

Application immédiate

Complétez avec une forme de **chaque**, **chacun**, **différent**, **divers**, **même**, **n'importe quel** (**qui**, etc.).

1. __________ jour, il fallait mettre le vieillard dans un fauteuil.
2. Quelle place faut-il prendre? __________ , ça n'a pas d'importance.
3. Ne venez pas tous au __________ moment.
4. J'ai vu __________ choses; j'ai eu __________ réactions.
5. Vous êtes la promptitude __________ .
6. C'est très facile à préparer; __________ peut le faire.
7. Si __________ vous ne pouvez pas le croire, alors comment le croirai-je?
8. Après la conférence, __________ rentra chez soi satisfait.
9. Je serai à la maison demain; vous pouvez venir me voir __________ .
10. Je déteste le travail fait __________ .

réponses p. 398

---

12. nul(le)

— *adjectif* et *pronom* négatifs (voir leçon 14, p. 316 et 317).

Note

Placé après le nom, **nul** n'est pas indéfini (= sans valeur).

13. on

— *pronom. **On*** est un pronom personnel indéfini de la *3ᵉ personne du singulier.* Il est *toujours sujet,* généralement masculin singulier. Il peut désigner quelqu'un, un groupe de gens, l'homme en général, ou même des personnes déterminées; dans ce dernier cas, le participe passé s'accorde avec le nom que ***on*** remplace.

Ex. **On** m'a dit qu'il était absent. (une personne)
On dit que l'été sera très sec. (des gens)
On a souvent besoin d'un plus petit que soi. (l'homme en général) (La Fontaine)
Si **l'on** allait se promener cet après-midi! (nous)
Lucie et moi, **on** s'est disput**ées**. (**On** représente deux jeunes filles: accord du participe passé.)

14. où que

— *adverbe indéfini* («wherever») suivi du subjonctif.

Ex. **Où que** vous **alliez**, soyez heureux.

15. personne

— *pronom* négatif (voir leçon 14, p. 318).

16. plusieurs («several»)

— *adjectif.* Il indique un nombre indéterminé, pas grand, mais de plus de deux.
(Ne mettez pas *de* entre ***plusieurs*** et le nom qui suit.)

Ex. Je lui ai parlé à **plusieurs** reprises.

— *pronom*

Ex. Je le sais. **Plusieurs** me l'ont dit. (Plusieurs personnes)
Avez-vous des fautes dans votre dictée? — Oui, j'**en** ai **plusieurs.** (avec **en**)

17. quel (quelle, quels, quelles) que + être (au subj.) ... («whoever, whatever, whichever»)

— *adjectif. Il est suivi du verbe* **être** au subjonctif et s'accorde avec le sujet du verbe.

Ex. **Quelles que soient** vos excuses, je les accepterai.
Quels qu'ils soient, il faut leur parler.

18. quelconque

— *adjectif.* Il est placé après le nom. Il signifie *n'importe quel.*

Ex. Il s'excuse toujours pour une raison **quelconque**. (pour n'importe quelle raison)

Note

Quand **quelconque** n'est pas indéfini, il signifie **de valeur médiocre, insignifiant**.

19. quelque(s), quelque(s) + nom + **que**... + verbe au subjonctif, **quelqu'un**

— *adjectif*

- *quelque(s)* indique un certain nombre. Il peut avoir un article.

  Ex. Vous avez demandé **quelques** conseils.
  Corrigez les **quelques** fautes que vous avez faites.
  J'y resterai **quelque** temps.

  Il signifie aussi ***n'importe quel(le)***, au singulier seulement.

  Ex. Il cherche **quelque** occupation.

- *quelque(s)* + nom + *que*... + verbe au subjonctif («whatever, whichever»)
  Quelque(s) est suivi d'un nom et s'accorde avec ce nom. Cette construction est équivalente à *quel que* + *être* au subjonctif (voir #17).

  Ex. **Quelque** talent **que** vous **ayez**... (Quel que soit votre talent)
  Quelques difficultés **que** vous **ayez**, vous les résoudrez. (Quelles que soient vos difficultés,...)
  Quelque chemin **que** vous **preniez**, vous trouverez l'endroit. (Quel que soit le chemin que vous preniez,...)

— *pronom*

Quelqu'un s'applique *à une personne* et est construit avec ***de*** + *adjectif invariable* (voir aussi leçon 7, p. 155), et avec ***à*** + *infinitif.* Le **e** de ***quelque*** s'élide seulement devant ***un(e)***.

Ex. **Quelqu'un** est venu pendant votre absence.
J'ai rencontré **quelqu'un de** très **intéressant à** connaître.

Le pluriel ***quelques-uns, quelques-unes*** s'applique à des personnes ou à des choses et remplace ***quelques*** + *nom.*

Ex. Nous avons beaucoup de fleurs; prenez-**en quelques-unes**. (quelques fleurs)
J'ai parlé à **quelques-uns** de tes amis.

— *adverbe*

- ***quelque***
  Il signifie *à peu près, environ.*

  Ex. Il y a **quelque** cinquante ans, on ne pensait pas pouvoir aller sur la lune.

- ***quelque*** + *adjectif ou adverbe* + ***que*** + *...verbe (subjonctif)* («however»)
  Quelque est suivi d'un adjectif ou d'un autre adverbe.

  Ex. **Quelque** gentiment **qu'**elle **parle**, je n'ai pas confiance en elle.

  Expressions équivalentes: *tout... que..., si... que..., pour... que...*

  Ex. **Quelque** intelligents **qu'**ils **soient**, ils feront face à une compétition féroce. (Tout [Si, Pour] intelligents qu'ils soient,...)

DISTINCTIONS DE SENS ENTRE: *QUELQU'UN, PERSONNE, PEUPLE, HABITANT, GENS*

Quelqu'un («someone»)

Ex. Trouvez **quelqu'un** pour m'aider.

Une personne (toujours féminin) désigne un nombre déterminé (trois, cent, un millier de, etc.). Employez ce mot avec *quelques, plusieurs* ou un nombre.

Un peuple s'emploie seulement pour l'ensemble des gens qui forment une nation.

Ex. un peuple primitif, un peuple civilisé, le peuple américain

Un habitant désigne une personne qui réside en un lieu déterminé: une ville, un village, un pays.

Des gens (toujours pluriel) s'emploie dans le sens général de «people», et désigne un nombre indéterminé de personnes. (Ne l'employez pas avec *quelques, plusieurs,* ou un nombre.)

Application immédiate

Complétez avec un des mots suivants: **peuple**, **habitant**, **gens**, **personne**, **quelqu'un**.

1. Il y a des avions qui transportent trois cent cinquante __________ .
2. C'est une grande ville; il y a un grand nombre de __________ .
3. __________ m'a dit que vous aviez été malade.
4. Le Président a fait appel à la coopération du __________ français.
5. Il y a des __________ qui n'auraient jamais été amoureux s'ils n'avaient jamais entendu parler de l'amour. (La Rouchefoucauld)
6. J'aime les __________ qui parlent franchement.

réponses p. 399

---

20. quelque chose

— *pronom.* Il est *invariable.* (Il est l'équivalent de *quelqu'un,* mais pour une chose.) Il se construit avec ***de*** + *adjectif invariable* (voir leçon 7, p. 155) et ***à*** + *infinitif.*

Ex. J'ai trouvé **quelque chose de** très **intéressant à** faire.

21. quelque part («somewhere»)

— *adverbe.* Il signifie *un endroit indéfini.*

Ex. J'ai vu votre livre **quelque part**, mais je ne sais plus où.

Application immédiate

Complétez avec **on**, **plusieurs**, **quelconque**, **quelque**, **quelqu'un**, **quelque chose** ou **quelque part**.

1. __________ frappe à la porte.
2. Quand __________ veut, __________ peut. (proverbe)

3. Il y a __________ que je ne comprends pas. Pourriez-vous me donner __________ explications supplémentaires?
4. Il peut vous prêter une gomme, car il __________ a __________ .
5. Je connais cette dame; je sais que je l'ai déjà vue __________ .
6. Nous nous sommes arrêtés à __________ endroits.
7. Vous auriez pu vous en tirer avec une excuse __________ .
8. Nous avons beaucoup de poires; __________ voulez-vous __________ ?

réponses p. 399

---

22. qui que ce soit / quoi que ce soit — qui que ce soit qui / quoi que ce soit qui — qui que / quoi que

— *pronoms*

- ***Qui que ce soit*** («anyone at all, whoever it may be») et ***quoi que ce soit*** («anything at all, whatever it may be») sont plus emphatiques que *n'importe qui (quoi).*

  Ex. Vous pouvez le demander à **qui que ce soit**. (= n'importe qui)
  Si vous lui dites **quoi que ce soit**, elle le répète immédiatement. (= n'importe quoi)
  Ne parlez à **qui que ce soit** le soir dans la rue. (= Ne... personne)*
  N'acceptez **quoi que ce soit** d'un étranger. (=Ne... rien)

- **Qui que ce soit qui**, pronom indéfini *sujet* pour *une personne* («anyone, whatever, whoever») et **quoi que ce soit qui** pour *une chose* («anything, whatever») sont suivis du subjonctif.

  Ex. **Qui que ce soit qui parle**, je l'écouterai attentivement.
  Achète **quoi que ce soit qui** te **fasse** plaisir.

- **Qui que**, pronom *objet* pour *une personne* («whoever, whomever») (+ subjonctif).

  Ex. Donnez ceci à **qui que** vous **vouliez**.
  Qui que vous **soyez**, je n'ai pas peur de vous.

* **Ne... qui que ce soit** et **ne... quoi que ce soit** sont des formes emphatiques de **ne... personne** et **ne... rien**; c'est pourquoi on omet **pas**.

- **Quoi que***, pronom *objet* pour *une chose* («whatever, no matter what») (+ subjonctif).

  Ex. **Quoi que** vous **décidiez**, ça ira très bien.
  Ne vous inquiétez pas, **quoi qu'**il **arrive**.

Application immédiate

Traduisez les mots entre guillemets pour compléter les phrases.

1. __________ cela soit, je n'y comprends rien. («However clear»)
2. __________ vous soyez, faites attention. («Wherever»)
3. __________ frappe à la porte le soir, n'ouvrez pas. («Whoever»)
4. __________ il dise, elle ne l'écoute pas. («No matter what»)
5. __________ soit la situation, nous irons là-bas. («Whatever»)

réponses p. 399

---

23. quiconque (+ indicatif)

—*pronom relatif.* Il est invariable. Il signifie *celui qui, toute personne qui.* Il unit deux propositions et a *une double fonction*: il est *le sujet* du verbe de la proposition relative qu'il introduit, et il est *le sujet* ou *le complément d'objet* du verbe de la proposition principale.

Ex. **Quiconque** mentira sera puni. (sujet de *mentira* et de *sera*)
Il parlera à **quiconque** voudra écouter. (objet indirect de *parlera* et sujet de *voudra*)
Arrêtez **quiconque** vous semblera étrange. (objet direct de *arrêtez* et sujet de *semblera*)

24. rien

—*pronom* négatif (voir leçon 14, p. 318)

25. tel (telle) («such (a)»), tel(le) que («such as, like»)

—*adjectif.* Il est indéfini quand il indique l'indétermination.

Ex. Prenez **telle** décision qui vous plaira.
Il faut voir les choses **telles qu'**elles sont.

* Ne confondez pas **quoi que** (deux mots) et **quoique** («although»).

— *pronom.* Il s'emploie au singulier. Il signifie: *un certain, quelqu'un, celui qui.*

Ex. **Tel** est pris qui croyait prendre. (proverbe)

Un tel s'emploie à la place d'un nom propre quand on ne veut pas nommer une personne.

Ex. Monsieur **Un Tel**, Madame **Une Telle**.

26. tout

— *adjectif*

- Au singulier, ***tout***, ***toute*** signifie *chaque* (sans article, et dans un sens général).

  Ex. **Toute** vérité n'est pas bonne à dire.
  Tout chemin mène à Rome.

Note

Quand **tout** signifie **entier**, **complet**, il n'est pas indéfini.

REMARQUE

Avec un nombre, on dit *tous les deux, tous les trois, tous les quatre* (mais on dit **les deux** + *nom*).

Ex. Est-ce que **les deux jeunes filles** sont allées à la fête? («both girls»)
Oui, **toutes les deux** y sont allées. («both»)

- Au pluriel, ***tous***, ***toutes*** signifie *la totalité* de:

  Ex. **Tous les invités** sont partis.

  et sert à marquer la périodicité («every»):

  Ex. Il y va **tous les jours**.
  Tous les cent mètres, il y a une borne sur la route.

— *pronom.* Attention! Le **s** de *tous* pronom se prononce. Dites [tus].

- Quand ***tous***, ***toutes*** sont *sujets du verbe*, on peut dire de deux façons.

  Ex. **Tous** avaient faim. ou: **Ils** avaient **tous faim**. (plus fréquent)

- Quand ***tous, toutes*** sont *objets du verbe,* ils sont placés entre l'auxiliaire et le participe passé:

  Ex. Je les ai **tous** vus. (**tous** modifie **les**)

- Quand ***tout*** signifie «everything», il est *invariable:*

  Ex. J'ai **tout** vu, **tout** entendu et **tout** compris.
  Tout est très cher dans ce magasin.
  Tout va bien.

> **Note**
>
> **Tout** adverbe n'est pas indéfini.

27. un(e)

— *pronom.* Il remplace ***un(e)*** + *nom.*

Ex. J'ai un chien. **En** avez-vous **un**? (avec **en**)
As-tu fait des fautes dans ta dictée? — Non, **pas une** (**seule**).
(Voir aussi leçon 2, p. 47.)

- On peut employez ***l'un*** quand il est suivi de *de* + *nom ou pronom.*

  Ex. **L'un** de vous a fait une erreur. **L'un** des employés a démissionné.

- Il s'emploie souvent avec *autre*: l'un et l'autre, l'un... l'autre...; l'un ou l'autre, ni l'un ni l'autre; etc.

  Ex. **Les uns** sont satisfaits, **les autres** ne le sont pas.

- Avec un adjectif:

  Ex. J'ai des roses. En voilà **une belle** pour vous. («a beautiful one»)

Application immédiate

Complétez avec **qui (quoi) que ce soit**, **quiconque**, **tel**, **un**, **nul** (n°s 1 à 5) ou une forme de **tout** (n°s 6 à 10).

1. Il réagit très fortement à __________ et à __________ .
2. À l'impossible __________ n'est tenu.
3. Dites à __________ viendra que je ne suis pas là.
4. C'est ainsi que je le veux; __________ est ma volonté.

5. __________ des professeurs du département est malade.
6. __________ les étudiants sont présents aujourd'hui.
7. Ils sont __________ contents en ce moment.
8. __________ travail mérite un salaire.
9. J'ai __________ compris dans la leçon.
10. Nous y allons __________ les deux semaines.

réponses p. 399

Exercices

Exercice I (oral)

Complétez avec le mot indéfini qui convient. Consultez le tableau p. 381 et 382.

1. .... les jours, à la .... heure, il fait une petite promenade.
2. Depuis .... années, environ quatre, ils ne vont plus à la montagne.
3. Le soleil vient de se coucher; il commence à faire sombre et on voit déjà .... étoiles.
4. .... serpents sont venimeux, ... ne le sont pas.
5. Ne vous inquiétez pas; vous ne m'avez fait .... mal.
6. Dans .... circonstances, il faut être prudent.
7. .... chose doit être à sa place.
8. Je ne sais pas du tout ce que je pourrai faire; alors ne promettez rien à ....
9. Votre chien n'a pas arrêté d'aboyer pendant .... la matinée.
10. .... de nous a ses opinions.
11. Tous ces fruits sont mûrs, alors vous pouvez choisir ....
12. .... stationnera sa voiture ici aura une contravention.
13. Vous lui avez .... dit, même le prix de notre hôtel?
14. Il faut donner un prétexte .... ; mais il faut en donner un.
15. Pourquoi faites-vous un .... effort pour la convaincre? Je pense que ça n'en vaut pas la peine.
16. Ils étaient .... contents d'avoir réussi. C'était si important pour eux!
17. Vous faites les .... fautes pour les .... raisons.
18. Je devais le rencontrer .... sur le campus, mais il n'est pas venu.
19. J'ai fini mon travail; je ne veux pas commencer .... avant de partir.
20. .... ne me comprend.
21. Mettez ça .... ; le principal est de pouvoir le retrouver aisément.
22. Je n'ai pas besoin d'acheter de manteau cette année, car j'en ai acheté .... l'année dernière.
23. .... s'est trompé de route, alors il a fallu revenir sur nos pas.

24. .... est bien qui finit bien. (proverbe)
25. Il faut respecter le bien d' ....

Exercice II (oral)

*Complétez avec **n'importe quel (lequel, qui, quoi, où, quand** ou **comment).***

1. Venez vite; habillez-vous .... , c'est-à-dire portez ....
2. Apportez .... disque et amenez .... Nous irons .... et nous
3. ferons .... Nous rentrerons .... et .... d'entre nous nous
4. ramènera en voiture.

Exercice III (oral)

*Lisez les phrases suivantes à haute voix. Attention à la prononciation de **tous** pronom.*

1. Tous les enfants sont dehors.
2. Tous m'ont dit cela et ils me l'ont même tous répété.
3. Tous vos livres sont dans votre chambre.
4. Les prisonniers ont tous été libérés.
5. C'est entendu, cet après-midi nous irons en ville, tous ensemble.

Exercice IV (oral)

Placez l'adjectif devant ou après le nom souligné, selon le sens dans la phrase: adjectif qualificatif ou mot indéfini. Faites les changements nécessaires.

1. **certain** Des choses ne lui plaisent pas.
   Je sais qu'il voulait venir; c'est un oubli.
2. **différent** Les Anglais et les Américains sont des peuples.
   Qu'avez-vous fait ce matin? — J'ai fait des courses.
3. **divers** À la radio, on donne des nouvelles.
   Des écrivains ont cette tendance.
4. **même** C'est la personne que j'ai vue hier.
   Ces mots représentent la sagesse.
5. **nul** Les deux équipes ont fait un match.
   Un espoir est permis.

Exercice V (oral)

*Remplacez les mots soulignés par les pronoms indéfinis qui conviennent et faites les changements nécessaires. N'oubliez pas d'ajouter **en** avec le pronom objet.*

1. Plusieurs pages restent à taper.
2. Nous avons fait quelques remarques.
3. Tous les invités étaient satisfaits. (deux possibilités)
4. N'importe quelle réponse conviendra.
5. Chaque homme a ses goûts.
6. Il y a d'autres photos ici.

7. Il ne faut oublier aucune correction.
8. Pour certaines occupations, c'est absolument nécessaire.

Exercice VI (oral)

Répondez aux questions suivantes en employant des mots indéfinis. Consultez le tableau des mots indéfinis pour vous aider, p. 381 et 382.

Ex. Faut-il que j'achète une viande spéciale pour ce soir?
Non, n'importe laquelle conviendra, la même qu'hier si tu veux.

1. Recevez-vous un journal le dimanche? Lisez-vous des articles?
2. Où faut-il que je mette ton sac? Pourquoi?
3. Quel courrier as-tu reçu aujourd'hui?
4. Pouvez-vous passer nous voir dans la soirée?
5. Qui est à la porte?
6. Quand êtes-vous heureux(se)?
7. Est-ce que les étudiants de la résidence sont allés à la danse?
8. Qu'est-ce que vous regardez?
9. Est-ce que les insectes sont utiles ou nuisibles?
10. Avez-vous vu le spectacle? Avez-vous aimé la musique, les danses, les chansons?

Exercice VII (écrit)

Faites une phrase avec chacun des mots suivants.

1. une personne
2. des gens
3. un peuple

Exercice VIII (écrit)

*Complétez avec une forme de **tout**: adjectif, pronom ou adverbe (revoir leçon 7, # 21, p. 181).*

1. Marchez _______ doucement.
2. _______ mes amis sont très sympathiques.
3. Mes photos sont _______ ratées.
4. _______ cette famille est française.
5. J'ai été _______ étonnée quand j'ai appris cela.
6. Avez-vous fait les exercices? — Oui, je les ai _______ faits.
7. _______ en marchant, il réfléchit à son problème.
8. Savez-vous _______ le poème par cœur?
9. Nous voyageons _______ les étés.
10. Voulez-vous _______ inspecter?
11. Il y a une composition à écrire; je les veux _______ pour demain, a dit le professeur.
12. Je n'ai pas compris _______ ce qu'elle a dit.

Exercice IX (écrit)

Complétez avec le mot relatif indéfini qui convient: ***quel (quelle) que, quelque(s)... que..., qui (quoi) que ce soit, qui que ce soit qui, quoi que ce soit qui, qui que, quoi que,*** *ou* ***où que.***

1. ______ soient leurs secrets, ils ne devraient pas les divulguer.
2. Surtout ne dites rien à ______ se trouve là.
3. ______ opinions ______ vous ayez, elles seront acceptées.
4. ______ vous soyez, ils seront toujours près de vous par la pensée.
5. ______ vous en pensiez, la situation n'est pas très grave.
6. Nous partirons ______ soit le temps.
7. ______ vous désiriez rencontrer, je vous le présenterai.
8. Ne lui dites ______ parce qu'elle le répétera.

Exercice X

Écrivez une phrase avec chacun des mots indéfinis suivants.

1. n'importe lequel
2. autre chose
3. plusieurs
4. quiconque
5. quelconque
6. tel
7. certains... d'autres...
8. quoi que ce soit

Exercice XI (écrit)

Décrivez en quelques lignes la routine de la vie dans une famille: les repas, l'indépendance des différents membres de la famille, le travail, les distractions, etc. Employez beaucoup de mots indéfinis: ***on, chacun, tout le monde, tout,*** *etc.*

Exercice XII (écrit)

Expliquez en quelques lignes comment on fait pour danser votre danse favorite. Employez beaucoup de mots indéfinis et des verbes impersonnels.

Réponses aux applications immédiates

p. 384
1. autre chose
2. Certaines, d'autres
3. autrui
4. les autres
5. autre chose
6. une autre
7. certains
8. en, une autre
9. L'autre
10. Certains

p. 386
1. Chaque
2. N'importe laquelle
3. même

4. différentes, diverses
5. même
6. n'importe qui
7. même
8. chacun
9. n'importe quand
10. n'importe comment

p. 390
1. personnes
2. d'habitants
3. Quelqu'un
4. peuple
5. gens
6. gens

p. 390
1. Quelqu'un
2. on, on
3. quelque chose, quelques
4. en, plusieurs
5. quelque part
6. plusieurs (quelques)
7. quelconque
8. en, quelques-unes

p. 392
1. Quelque clair que (Tout clair que, Si clair que, Pour clair que)
2. Où que
3. Qui que ce soit qui
4. Quoi qu'
5. Quelle que

p. 394
1. qui que ce soit, quoi que ce soit
2. nul
3. quiconque
4. telle
5. Un
6. Tous
7. tous
8. Tout
9. tout
10. toutes

• LES PRÉPOSITIONS • LES CONJONCTIONS 18

I. Les prépositions

A. Rôle

Une préposition est un mot invariable qui sert à marquer le rapport d'un mot avec un autre.

Le rapport établi par la préposition peut être entre:

un verbe et un nom:

Ex. Je travaille **pour** cette compagnie.

un nom et un nom:

Ex. Le livre **de** l'étudiant

un nom et un verbe à l'infinitif:

Ex. Une salle **à** manger

un adjectif et un nom:

Ex. Le bureau est couvert **de** papiers.

un verbe et un autre verbe à l'infinitif:

Ex. Vous avez décidé **de** partir.

B. Catégories

1. Il y a *des prépositions courantes* comme:

à, après, avant, avec, chez, contre, dans, de, depuis, derrière, dès, devant, durant, en, entre, envers, excepté, jusque, malgré, outre, par, parmi, pendant, pour, sans, selon, sous, sur, vers, voici, voilà, etc.

et *des locutions prépositives:*

à cause de, à côté de, au-dessous de, au-dessus de, au lieu de, autour de, d'après, en dépit de, en face de, grâce à, hors de, jusqu'à, le long de, loin de, près de, quant à, etc.

2. *Certains adjectifs, participes passés* et *participes présents* sont employés comme prépositions.

Ex. **sauf** (adjectif); **y compris, vu** (participes passés) (voir leçon 16, p. 369)
durant, suivant (participes présents) (voir aussi leçon 16, p. 356)

REMARQUE

Une préposition devient un adverbe quand elle a un sens complet par elle-même (elle n'est pas suivie d'un complément).

Ex. Je vous parlerai **après** la classe. (préposition)
Je vais d'abord parler à Jean et je vous parlerai **après**. (adverbe)

Application immédiate

Distinguez la préposition de l'adverbe.

1. Je suis triste depuis votre départ. ____________________
2. Le tableau est derrière vous. ____________________
3. Il s'est mis devant pour mieux voir. ____________________
4. Place-t-on ce mot avant le verbe ou après? ____________________

réponses p. 414

C. Emplois

1. *Préposition + verbe*

a. *Après toutes les prépositions,* excepté **en**, le verbe est à l'infinitif présent ou passé (en anglais, il est le plus souvent au participe présent).

Ex. **à** faire **pour** (**afin de**) travailler **au lieu d'**insister
de voir **sans** avoir regardé **avant de** visiter

b. La préposition **en** *est toujours suivie du participe présent* (remarquez les deux sons [ɑ̃]; voir gérondif, leçon 16, p. 357).

Ex. **en** attend**ant** **en** fais**ant** **en** se promen**ant**

c. La préposition **après** *est toujours suivie de l'infinitif passé.*

Ex. **après** avoir écrit **après** être parti **après** s'être installé

d. La préposition **pour** exprime *un but, un dessein* («to, in order to»).

Ex. **Pour** finir cette histoire, je dois ajouter que...
Il faut manger **pour** vivre et non vivre **pour** manger. (proverbe)

ou *la cause* **Ex.** Il a été arrêté **pour** avoir blessé quelqu'un.
ou *être sur le point de.* **Ex.** J'étais **pour** partir quand tu es arrivé.

Application immédiate

Traduisez:

1. «without thinking» ______________
2. «before beginning» ______________
3. «after arriving» ______________
4. «in order to understand» ______________
5. «By persevering» ______________ vous réussirez.

réponses p. 414

---

e. Les prépositions **à** et **de** précèdent *un infinitif* dans des constructions verbe + verbe (voir p. 469, 470).

2. *Préposition + nom*

Voici les emplois de quelques prépositions:

a. *La préposition* à

— **À** introduit *le nom objet indirect d'un verbe.*

Ex. Il va téléphoner **à** son ami.

— **À** indique *le lieu où l'on est* ou *où l'on va* (la destination, la direction):

- avec les *noms de ville*

  Ex. Je suis **à** New York.
  Je vais **à** Paris.
  Je suis arrivé **à** Québec.

- avec *les noms de pays masculins* et *les états d'Amérique masculins* (ces noms sont accompagnés de l'article défini)

  Ex. **au** Canada **aux** États-Unis **au** Texas **au** Québec

- avec certaines grandes *îles*

  Ex. **à** Madagascar **à** Cuba **à** Hawaii **à** Ceylan

- avec d'autres endroits

  Ex. **à** table **au** cinéma **à** la bibliothèque **à** la campagne
  au soleil ≠ **à** l'ombre

— **À** indique *le temps, l'heure précise.*

Ex. Arrivez **à** l'heure. Arrivez **à** temps pour le commencement du film.
Je vous verrai **à** deux heures.

On dit aussi:

à demain **à** ce soir **à** tout à l'heure **à** bientôt **adieu** **au** mois de juillet **au** vingtième siècle quatre-vingts kilomètres **à** l'heure

— **À** indique *une caractéristique* (avec).

Ex. une fille **aux** cheveux noirs un homme **à** la barbe dure
la dame **au** grand nez

— **À** indique *l'usage.*

Ex. une tasse **à** café une brosse **à** cheveux des patins **à** glace
une machine **à** laver

— **À** est employé pour *un moyen de locomotion,* quand on se place *sur* le véhicule ou l'animal en question.

Ex. **à** bicyclette **à** motocyclette **à** vélo **à** pied **à** dos d'éléphant **à** cheval

— **À** indique la possession avec les expressions ***être à*** et ***appartenir à*** (voir leçon 11, p. 256).

— **À** se trouve dans des expressions adverbiales *de manière* ou *de moyen.*

Ex. tomber goutte **à** goutte **à** toute vitesse parler **à** voix basse (**à** haute voix, **à** l'oreille) être **à** jeun marcher **au** pas (**au** trot, **au** galop) jouer **au** ballon
Ces tricots sont faits **à** la main (**à** la machine).
Ma cuisinière marche **à** l'électricité (**au** gaz).

— **À** est employé pour *un appel, un souhait.*

Ex. **À** moi! **Au** secours! **À** table! **À** la soupe!
À vos (tes) souhaits! (quand on éternue)

b. *La préposition* de

— **De** introduit un nom *après certains verbes*

Ex. Il s'est aperçu **de** son erreur. (s'apercevoir de)

ou un nom *objet d'un autre nom* (complément déterminatif, voir leçon 5, p. 113).

Ex. un tremblement **de** terre un cours **de** français

— **De** indique *le lieu d'où l'on vient* (l'origine, la séparation, la provenance):

- avec un nom de ville

  Ex. Je viens **de** Chicago.
  Elle arrive **de** la Nouvelle-Orléans.

- avec un nom de pays

  Ex. Je repars **des** États-Unis demain.
  Je viens **de** France.

- avec d'autres lieux

  Ex. Ils sortent **de** la classe.
  J'ai sorti mon mouchoir **de** ma poche.

Ils sont détachés **de** la réalité.
C'est importé **d'**Italie.
Il tient beaucoup **de** lui. (Il lui ressemble beaucoup.)
Fontainebleau est à une cinquantaine de kilomètres **de** Paris.

— **De** indique *la possession, la dépendance.*

Ex. C'est le livre **de** Robert; celui **de** Jean est là-bas.
C'est le dernier vers **d'**un poème **de** Verlaine.
Nous avons acheté une peinture **de** Picasso.
Un rectangle **de** trois mètres sur cinq.
Un écrivain **de** talent.

— **De** est employé dans *des expressions de temps.*

Ex. **De** mon temps, tout était moins rapide.
De nos jours, tout va trop vite.
C'est un travail **de** longue haleine.

— **De** indique *la matière* (on emploie aussi **en**).

Ex. une robe **de** coton   le rideau **de** fer   un manteau **de** (**en**) cuir

— **De** indique *la cause.*

Ex. Je meurs **de** soif.
Elle s'est évanouie **d'**émotion.

— **De** indique *la manière,* à la place d'un adverbe de manière.

Ex. Il marchait **d'**une façon bizarre.
Vous alliez **d'**un pas pressé.
Il m'a parlé **d'**un air sévère et **d'**un ton grave.

— **De** est employé après ***quelqu'un, personne, quelque chose, rien*** suivis d'un adjectif invariable (voir leçons 7, p. 155 et 14, p. 318).

Ex. Je connais **quelqu'un de** merveilleux.

— **De** est employé *après un superlatif* (voir aussi leçon 9, p. 216).

Ex. la personne la plus aimable **du** groupe

— **De** est employé avec *les adverbes et expressions de quantité* et *le partitif* (voir leçon 5, p. 109 et 111).

Ex. beaucoup **de** travail   **du** pain   une tasse **de** café (comparez avec: une tasse **à** café)   **de la** crème

Application immédiate

Ajoutez **à** ou **de**, avec un article si c'est nécessaire.

1. C'est une vieille machine __________ vapeur qui appartient __________ cet homme.
2. Il vient __________ Londres et se rend __________ New York.
3. Je meurs __________ faim; je vais aller prendre quelque chose __________ restaurant avec une tasse __________ café.
4. __________ la fin de la réunion il m'a parlé __________ un ton très sérieux.
5. Cet homme __________ génie tremble __________ peur devant son bureau couvert __________ formules.
6. Il n'y a rien __________ neuf __________ mentionner quand on ne sort pas __________ sa maison __________ toute la journée.
7. Nous buvons de l'eau __________ source parce que nous avons mal __________ reins.
8. Je travaillerai __________ huit heures __________ midi.

réponses p. 414

DISTINCTIONS DE SENS ENTRE:

penser à, de; partir, quitter, s'en aller; manquer à, de

—***penser à, de***

- **penser à** quelqu'un, **à** quelque chose («to think of»)

  Ex. Paul **pense à** Julie.
  Robert **pense à** ses vacances.

- **penser de** (pour une opinion)

  Ex. Que **pensez**-vous **de** ce journal? Le trouvez-vous bon?
  Si nous allions en ville! Qu'est-ce que vous **en pensez**?

—***partir*** (*de*), ***quitter*** (+ *objet direct*), ***s'en aller*** (*de*)

- **partir** = **s'en aller**. Employez **partir** dans les temps composés.

  Ex. Je **pars** à trois heures. (Je **m'en vais** à trois heures.)
  Il **est parti** tôt **de** la réunion.

- **partir** d'un endroit = **quitter** un endroit

quitter doit *toujours* être accompagné *d'un objet direct*.

Ex. Je **quitte** cette maison sans regrets.
Je vous **quitte** maintenant; au revoir!

— *manquer (à, de)*

- **manquer** une chose (rater, «to miss»)

Ex. Je **manque** mon autobus quelquefois.

- **manquer**: être absent

Ex. Trois étudiants **manquent** aujourd'hui.

- **manquer à** (ne pas se conformer ou faire défaut)

Ex. **On manque à** son devoir, à sa parole.
La force **me manque** pour grimper à ce mur.

et **manquer à** (pour des sentiments). La construction est différente de la construction anglaise: *l'objet direct* devient *le sujet du verbe* et *le sujet* devient *l'objet indirect*.

Ex. Je **manque à** mes parents. («My parents miss me.»)
Son chien **lui manque**. («He misses his dog.»)

- **manquer de** (ne pas avoir en quantité suffisante) (sens général sans article)

Ex. Ils **manquent d'**argent. Nous ne **manquons de** rien.

mais: Il **manque de l'**argent dans mon sac.
(quantité spécifique avec article)

et **manquer de** + *infinitif* (faillir, être sur le point de, courir le risque de)

Ex. J'**ai manqué de** tomber dans l'escalier. (J'ai failli tomber...)

Application immédiate

Ajoutez les mots nécessaires pour n°s 1 à 7. Traduisez n° 8.

1. Que pensez-vous __________ mon idée? N'est-elle pas excellente?
2. Vous manquez __________ imagination. Ça se voit dans votre composition.
3. Je vais penser __________ vous demain, car il ne faut pas que vous manquiez __________ votre examen.

4. Partez __________ là; vous avez déjà manqué __________ vous blesser tout à l'heure.
5. Quand il faut quitter __________ son pays, on est toujours triste.
6. Il manque __________ son devoir.
7. Les vacances ne manquent pas __________ Julie.
8. «They miss their children.» ______________________________

réponses p. 414

---

c. *La préposition* en

Elle est employée:

— avec les noms de pays *féminins*, les continents, les états d'Amérique *féminins*, les provinces. Ces noms se terminent par **e**. La préposition indique alors un lieu:

Ex. **en** Amérique, **en** France, **en** Italie
en Europe, **en** Asie, **en** Afrique
en Californie, **en** Floride, **en** Virginie, **en** Colombie britannique
en Normandie, **en** Bretagne, **en** Auvergne

mais: le Mexique, le Zaïre, le Cambodge → au Mexique, au Zaïre, au Cambodge

- avec les noms de pays qui commencent par *une voyelle*:

  en Israël, **en** Iran

- et quelques grandes *îles*: **en** Corse, **en** Sardaigne

— avec les mois, les saisons, les années (voir leçon 4)

— avec un participe présent pour former le gérondif (voir leçon 16, p. 357)

— devant un nom *sans article défini*, à la place de **dans**:

Ex. **en** classe (dans la classe) **en** prison

mais: en l'honneur de, en l'absence de, en l'air

— pour indiquer *le moyen de locomotion* quand on se place *dans* le véhicule en question:

Ex. **en** train **en** voiture **en** auto **en** bateau **en** avion
en hélicoptère **en** autobus **en** autocar

mais: On envoie une lettre **par** avion.

— pour indiquer *le temps qu'il faut* pour accomplir une action:

Ex. J'ai fait ce travail **en** trois jours.

— pour indiquer *la matière* dont un objet est fait (**de** est aussi employé quelquefois):

Ex. Son sac est-il **en** cuir? — Non, il est **en** plastique.
Mon bureau est **en** bois et ma montre est **en** or.

— pour un *état physique*:

Ex. Je suis **en** colère. L'arbre est **en** fleurs.
Nous sommes heureux **en** famille.

— dans de nombreuses expressions et locutions adverbiales et prépositives:

Ex. **en** un mot, **en** ce temps-là, **en** retour, **en** même temps,
en route, **en** face de, **en** train de

d. *La préposition* pour

Elle est employée:

— pour indiquer *la destination*:

Ex. Voilà le train **pour** Paris. J'ai fait ceci **pour** vous.

— à la place de *pendant, durant,* avec les verbes *partir,* (*s'en*) *aller* et *venir*: (Voir aussi leçon 1, p. 19.)

Ex. Je pars **pour** trois jours.

— dans le sens de *à la place de, en échange de*:

Ex. **Pour** toute récompense, on ne m'a donné que ceci.
Je l'avais pris **pour** le directeur.

e. *La préposition* dans

— **Dans** signifie *à l'intérieur de*:

Ex. La lettre est **dans** la boîte.

Par extension elle indique *la situation d'une personne ou d'une chose*:

Ex. Nous sommes **dans** notre jardin.
Ils vivent **dans** la saleté.
Il s'est perdu **dans** Paris.
Dans le doute, abstiens-toi. (proverbe)
Dans la vie, il faut être sérieux.

— **Dans**, suivi d'un espace de temps, signifie *au bout de*, *après* (dans le futur) et s'oppose à *il y a* (dans le passé):

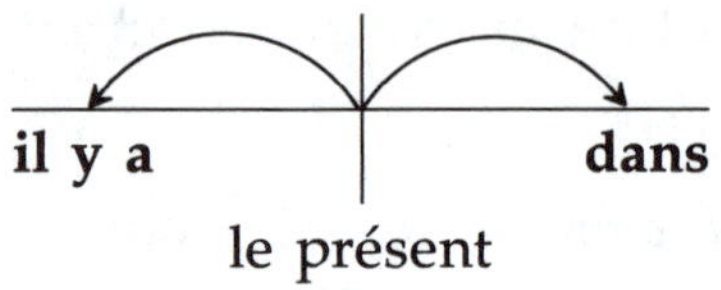

Ex. Revenez me voir **dans** cinq jours. (futur)
Il est venu me voir **il y a** cinq jours. (passé)

f. *La préposition* par

Elle est employée:

— pour *le lieu par où l'on passe*:

Ex. En allant à mon travail, je passerai **par** chez vous.
Il l'a jeté **par** la fenêtre.
Je suis passé **par** une période troublée.

— pour indiquer *le moyen à employer*:

Ex. J'ai obtenu cette carte **par** un moyen spécial.
C'est **par** lui que j'ai eu cela.

— pour indiquer *la cause*:

Ex. Il a fait ça **par** gentillesse.

— pour indiquer *l'agent d'un verbe au passif* (voir leçon 16, p. 371):

Ex. Il a été attaqué **par** un voleur.

— dans *un sens distributif*: **par** mois, **par** jour, **par** an, etc.

— dans des expressions: un **par** un, **par** terre, **par** hasard, **par**-ci, **par**-là, etc.

Application immédiate

Complétez avec une des prépositions **en, pour, dans, par, à, de**.

1. J'irai __________ Belgique et __________ Italie __________ faire plaisir à mes amis.
2. Une composition s'écrit généralement __________ trois heures. Nous en faisons une __________ semaine.
3. J'étais __________ classe; un étudiant m'a demandé si __________ hasard je savais la date de l'examen. Je lui ai répondu qu' __________ automne, c'était la deuxième semaine de décembre.
4. J'ai perdu ma montre __________ or pendant que je voyageais __________ avion. Quand j'étais __________ mon fauteuil, j'ai dû la laisser tomber __________ regardant __________ la petite fenêtre.
5. Elle fera un gâteau __________ vous __________ quatre jours quand ce sera votre anniversaire. Elle a su la date __________ une de vos amies.
6. Je suis __________ colère quand j'entends des gens de cet état dire qu'il pleut souvent __________ le mien. __________ tous renseignements, ils n'ont que ceux des brochures.

réponses p. 415

g. *Observations sur quelques autres prépositions*

— **À cause de** s'emploie avec un nom ou un pronom (avec un verbe, employez **parce que** ou **car**, qui sont des conjonctions).

Ex. Nous ne pourrons pas partir **à cause de** la neige.

— **avant ≠ après** **devant ≠ derrière**
Généralement *avant* est employé pour le temps et *devant* pour le lieu.

Ex. Je lui parlerai **avant** le cours.
L'étudiant récitera son poème **devant** la classe.

— **avec ≠ sans**
Quand *avec* et *sans* indiquent la manière, il n'y a pas d'article après ces prépositions. L'expression équivaut à un adverbe de manière (voir leçon 7, p. 176).

Ex. Vous l'écrivez **avec soin**. (soigneusement)
Vous le traitez **sans pitié**. (impitoyablement)

— **chez** = à la maison de, dans le pays de (+ nom de personne).

Ex. Je suis resté **chez** moi hier.
Tu vas **chez** le dentiste à trois heures.
Ça arrive en Europe, mais ça n'arrive pas **chez** nous. (dans notre pays)

Au figuré, **chez** = dans la personne de, dans l'œuvre de, dans la société de.

Ex. C'est une réaction normale **chez** lui.
On trouve ce récit **chez** Proust.

— **jusque** est suivie d'une préposition: **à** (le plus fréquemment), **sur**, **vers**, **chez**, etc. ou d'un adverbe: **là**, **ici**, etc.

Ex. Vous attendez **jusqu'à** la dernière minute pour faire votre travail.
Il est allé **jusqu'à** dire que ce n'était pas vrai.
J'irai **jusqu'au** parc avec vous.
Nous y resterons **jusque vers** dix heures.
Jusque-là, elle avait été charmante.

— **sur**, **au-dessus de**

Ex. Le livre est **sur** la table.
L'avion vole **au-dessus de** la ville.

— **sous**, **au-dessous de**

Ex. Le bateau passe **sous** le pont.
Un sous-marin navigue **au-dessous de** la surface de l'eau.

— **vers**, **envers**

- *vers* indique la direction physique:

  Ex. Je marche **vers** la fenêtre.

- *envers* signifie: à l'égard de (sentiments, attitude):

  Ex. Elle est bienveillante **envers** tout le monde.

Exercices

Exercice I (oral)

Complétez avec la préposition qui manque.

1. Hier, je suis allée .... ville et je suis passée .... mon amie.
2. Il faut avoir de la compassion .... les gens qui souffrent.

3. Quand ils sont tombés .... panne au milieu du désert, il ne leur restait de l'eau que .... deux jours.
4. .... s'y être installé, il a commencé .... lire.
5. Je me dirigeais .... l'église quand je l'ai rencontré.
6. Vous y êtes arrivé .... poursuivant vos efforts.
7. Nous sortons .... un cours de chimie et nous sommes très fatigués.
8. Quand elle a été arrêtée, elle allait .... cent kilomètres .... l'heure.
9. Demain, nous allons partir .... deux semaines.
10. Que préférez-vous? Voyager .... chemin de fer, ... avion, ... autocar ou .... cheval?
11. Il l'a regardé .... un air impatient.
12. J'arrive .... Dallas et je repars demain .... Seattle.
13. Le soleil était si chaud qu'il a fallu se mettre .... l'ombre d'un arbre.
14. C'est une pièce .... six mètres .... quatre.
15. Vous préférez étudier .... jour ou .... nuit?
16. .... ce texte il n'y a pas beaucoup de bon vocabulaire.
17. Es-tu passé .... le chemin le plus court?
18. La maison a été peinte .... trois jours.
19. On l'a puni .... son mensonge.
20. Tu n'as rien .... autre .... me dire?
21. Elle est très active .... le matin et elle se lève d'ailleurs très tôt.
22. .... mener à bien ce projet, il faudra de la patience.
23. Tous les passagers, ... deux, ont péri dans l'accident d'avion.
24. .... la feuille que vous désirez.
25. Vous vous levez .... bonne heure généralement.
26. C'est à vous .... lui pardonner.
27. Découpez l'image .... les pointillés.
28. Son attitude n'est plus la même .... son échec.
29. Vous avez agi .... réfléchir.
30. .... Japon, vous verrez beaucoup .... choses intéressantes.
31. .... une grande fatigue, ils ont continué leur chemin.
32. J'ai une belle statue .... bronze.
33. Notre propriété s'étend .... la rivière.
34. Est-ce que tu me prends .... un sot?
35. Il faut que je vous quitte, mais je reviendrai vous voir .... quelque temps.
36. C'est un poème .... Baudelaire.
37. Vous vous exprimez .... facilité.
38. Complétez les phrases .... le modèle.
39. .... les gens qui se trouvaient là, aucun ne pouvait expliquer la disparition de leur ami.
40. Tout est arrivé .... lui; c'était vraiment sa faute.

Exercice II (écrit)

Employez ***vers*** *ou* ***envers****.*

1. Quand je suis allé _______ la porte, il a compris que je partais.
2. On peut dire que vous êtes loyal _______ vos amis.
3. Elle montre de la faiblesse _______ lui.
4. Ce sera fini _______ la fin de l'après-midi.
5. Il a couru _______ la rive.

Exercice III (écrit)

Complétez avec une des prépositions suivantes: ***sur, sous, au-dessus de, au-dessous de****.*

1. La vallée s'étendait _______ nous.
2. Le chef a l'habitude de mettre ses pieds _______ le bureau.
3. Le soleil est encore _______ l'horizon.
4. Il conduisait _______ l'effet de l'alcool.
5. Il faut aller _______ le bateau pour atteindre le trou à réparer.
6. Le chien est en train de dormir _______ la table.

Exercice IV

Écrivez une phrase avec chacune des expressions suivantes:

1. penser à
2. manquer à (pour sentiments)
3. quitter

Réponses aux applications immédiates

p. 401
1. préposition
2. préposition
3. adverbe
4. préposition, adverbe

p. 402
1. sans penser
2. avant de commencer
3. après être arrivé (s, e, es)
4. pour comprendre
5. En persévérant

p. 406
1. à, à
2. de, à
3. de, au, de
4. À, d'
5. de, de, de
6. de, à, de, de
7. de, aux
8. de, à

p. 407
1. de
2. d'
3. à, (rien)
4. de, de
5. (rien)
6. à
7. à
8. Leurs enfants leur manquent.

p. 411
1. en, en, pour
2. en, par
3. en, par, en
4. en, en, dans, en, par
5. pour, dans, par
6. en, dans, Pour

II. Les conjonctions

A. Rôle

Une conjonction est un mot invariable qui sert à joindre deux mots ou deux propositions de même nature (conjonction de coordination) ou une proposition subordonnée à une principale (conjonction de subordination).

B. Catégories

1. Les conjonctions de coordination:
alors, car, cependant, c'est-à-dire, c'est pourquoi, comme, d'ailleurs, donc, en effet, ensuite, et, mais, néanmoins, ni, or, ou, ou bien, par conséquent, par contre, pourtant, puis, sinon, soit...soit, toutefois, etc.

a. Elles joignent des mots *de même fonction.*

Ex. Je suis content, **comme** vous.
Il n'a pas retrouvé son livre **ni** son cahier.

b. Elles joignent des propositions *de même nature.*

Ex. Elle est allée à la bibliothèque **et puis** elle est retournée chez elle.
Vous étiez fatigué; **c'est pourquoi** je ne vous ai pas demandé de venir avec nous.

Application immédiate

Complétez les phrases par une conjonction de coordination.

1. Vous n'avez pas terminé votre travail; __________ je vous avais bien dit de le finir.
2. Robert est toujours gentil; __________ son frère, c'est une autre histoire!
3. Je pense, __________ je suis. (Descartes)
4. Il fait de l'exercice régulièrement; __________ il est toujours en bonne forme.

5. Deux __________ deux font quatre.

6. Il est maigre __________ un clou.

réponses p. 419

REMARQUE

Or s'emploie pour marquer une transition.

Ex. On jouait Carmen à l'opéra; **or** elle ne l'avait pas vu depuis longtemps. («now, in fact»)

2. **Les conjonctions de subordination.** Elles établissent une dépendance entre les éléments qu'elles unissent. Beaucoup d'entre elles sont composées de **que**.

   a. Certaines sont suivies du subjonctif (voir tableau de la leçon 10, p. 235).

   b. D'autres sont suivies de l'indicatif. Elles indiquent

   — *la cause*: comme, parce que, puisque, étant donné que, etc.

   — *l'opposition*: tandis que, alors que, etc.

   — *la condition*: si, au cas où, etc.

   — *la conséquence*: que, de sorte que, en sorte que, de façon que, de manière que, etc.

   — *le temps*: quand, lorsque, aussitôt que, dès que, à peine... que..., après que, depuis que, pendant que, etc.

   — *la comparaison*: plus que, moins que, autant que, de même que, selon que, suivant que, comme, comme si, etc.

Notes

— **Lorsque** devient **lorsqu'** devant une voyelle ou un **h** muet:

Ex. **Lorsqu'**il a faim, il mange.

— **Que** introduit une proposition complétive:

Ex. Je vous dis **qu'**il faut partir. (indicatif)
Je veux **qu'**il vienne. (subjonctif)
Il m'a dit **qu'**il serait en retard. (conditionnel)

En anglais, on peut omettre cette conjonction, mais son usage est obligatoire en français.

Ex. Je sais **qu'**il s'intéresse à ce travail. («I know he is interested in this job.»)

Application immédiate

Complétez avec la conjonction de subordination qui convient.

1. Vérifiez-le avec lui __________ vous ne voulez pas me croire.
2. __________ le soleil brille, il fait assez froid.
3. On m'a annoncé __________ vous alliez partir.
4. Je vous le dis __________ vous voudriez lui en parler.
5. __________ elle est en colère, je la laisse tranquille.
6. J'ai fait exactement __________ vous m'aviez expliqué.
7. Il faudra le prévenir __________ il sache la vérité.

réponses p. 419

REMARQUES

— Quand deux propositions consécutives commencent par la même conjonction, ne la répétez pas; employez **que** avec le même mode.

Ex. **Quand** je suis fatigué et **qu'**il est tard, je vais me coucher.
Nous n'y sommes pas allés **parce que** ça aurait coûté cher et **qu'**il aurait fallu y rester trop longtemps.
Afin que vous puissiez la voir et **que** vous ayez la possibilité de lui parler quelques instants, je vous emmènerai chez elle.

mais: avec **si**, il faut employer **que** + le subjonctif.

Ex. S'il fait beau demain et **que** vous **ayez** envie de sortir, faites-le-moi savoir.
Si j'étais riche et **que** j'**aie** le temps, je voyagerais beaucoup.

— Une conjonction de subordination devient une préposition quand elle est employée devant un infinitif ou devant un nom ou un pronom.

Ex.
Parlez-moi **avant que** je parte.
Parlez-moi **avant de** décider.
Parlez-moi **avant** le cours.

Vous êtes parti **sans que** je vous voie.
Vous êtes parti **sans** me dire au revoir.
Vous êtes parti **sans** votre livre.

TABLEAU 18.1 Conjonctions (+ ind. ou subj.) et prépositions correspondantes

Conjonction (+ proposition)	**Préposition** (+ infinitif)	**Préposition** (+ nom ou pronom)
après que (+ ind.)	après (+ inf. passé)	après
avant que (+ subj.)	avant de	avant
c'est-à-dire que (+ ind.)		c'est-à-dire
depuis que (+ ind.)		depuis
jusqu'à ce que (+ subj.)	jusqu'à	jusqu'à
malgré que (+ subj.)		malgré
sans que (+ subj.)	sans	sans

(Voir autre tableau de conjonctions et prépositions correspondantes, leçon 10, p. 241.)

— **parce que, car**
Car ne s'emploie pas au début d'une phrase ni après une autre conjonction de coordination: et, mais, aussi, pas, etc.
Parce que s'emploie dans tous les cas.

Ex. Vous êtes content **parce que** (**car**) vous avez passé une bonne journée au grand air.
Parce que tu es gentil, je vais te donner un bonbon.
Il m'a dit quelque chose; mais **parce que** c'est un secret je ne le répéterai pas.

Exercices

Exercice I (écrit)

Mettez les verbes entre parenthèses au mode et au temps qui conviennent après la conjonction de subordination ou la préposition.

1. Lorsqu'il _______ (finir) son travail, il sera content.
2. Vous m'avez marché sur le pied sans _______ (faire attention).
3. Étant donné que tu _______ (être) plus petit, tu auras moins de gâteau.
4. Comme l'orage _______ (approcher), nous avons rentré les fauteuils.
5. Nous pouvons vous aider à condition que vous _______ (accepter).
6. Vous m'en parlerez après _______ (discuter) la question avec eux.
7. Si nous vous le _______ (dire) et que vous le _______ (répéter), ce serait terrible.
8. Pendant qu'elle _______ (être) malade et qu'elle ne _______ (pouvoir) plus sortir, elle était pâle.
9. Il gagne plus d'argent que vous ne le _______ (penser).
10. Bien que ce _______ (être) faisable et que vous en _______ (être) capable, il vaut mieux abandonner l'idée.

Exercice II

Écrivez une phrase avec chacune des conjonctions suivantes.

a) *conjonctions de coordination*

1. et
2. alors
3. par contre
4. sinon
5. comme
6. or

b) *conjonctions de subordination*

1. comme (la cause)
2. de sorte que (+ indicatif)
3. dès que
4. si
5. alors que
6. pendant que

Réponses aux applications immédiates

p. 415
1. pourtant
2. mais
3. donc
4. c'est pourquoi (alors, en conséquence)
5. et
6. comme

p. 417
1. puisque
2. Bien que (Quoique)
3. que
4. au cas où
5. Quand (Lorsqu', Comme)
6. comme
7. afin qu' (pour qu')

LES TEMPS LITTÉRAIRES: Le passé simple et le passé antérieur L'imparfait et le plus-que-parfait du subjonctif

19

I. Le passé simple

C'est un temps simple: un mot.

Le passé simple ne s'emploie guère que dans la langue écrite. C'est un temps littéraire.

A. Formes

1. Verbes réguliers

a. Pour les verbes en **er** (y compris le verbe irrégulier **aller**) ajoutez *au radical de l'infinitif* les terminaisons **ai**, **as**, **a**, **âmes**, **âtes**, **èrent**.

Ex. aim**er**

j'aim**ai**	nous aim**âmes**
tu aim**as**	vous aim**âtes**
il, elle, on aim**a**	ils, elles aim**èrent**

b. Pour les verbes en **ir** et **re**, ajoutez *au radical de l'infinitif* les terminaisons **is, is, it, îmes, îtes, irent**.

Ex.	fin **ir**	vend **re**
	je fin**is**	vend**is**
	tu fin**is**	vend**is**
	il, elle, on fin**it**	vend**it**
	nous fin**îmes**	vend**îmes**
	vous fin**îtes**	vend**îtes**
	ils, elles fin**irent**	vend**irent**

2. Verbes irréguliers

a. Les verbes auxiliaires:

avoir	être
j'eus (prononcez [ʒy])	je fus
tu eus	tu fus
il, elle, on eut	il, elle, on fut
nous eûmes	nous fûmes
vous eûtes	vous fûtes
ils, elles eurent	ils, elles furent

b. Les verbes **venir**, **tenir** et leurs composés ont la terminaison **ins**. On garde le son [ɛ̃] à toutes les personnes:

venir	tenir
je vins	je tins
tu vins	tu tins
il, elle, on vint	il, elle, on tint
nous vînmes	nous tînmes
vous vîntes	vous tîntes
ils, elles vinrent	ils, elles tinrent

c. Les autres verbes irréguliers ont les terminaisons **is** (comme celles des verbes réguliers en **ir** et **re**) ou **us** (comme le verbe **être**). Les verbes en **oir** ont la terminaison **us**, excepté le verbe **voir**: je vis. Pour un grand nombre de ces verbes, le participe passé conduit au passé simple.

Ex. (la liste n'est pas complète)

Infinitif	Participe passé	Passé simple
boire	bu	je bus
connaître	connu	je connus
courir	couru	je courus
croire	cru	je crus
lire	lu	je lus
mettre	mis	je mis
pouvoir	pu	je pus
prendre	pris	je pris
recevoir	reçu	je reçus
rire	ri	je ris
vivre	vécu	je vécus
vouloir	voulu	je voulus

(Voir le passé simple des autres verbes irréguliers dans l'appendice, p. 456 à 467.)

REMARQUES

— Aux formes **nous** et **vous**, il y a toujours *un accent circonflexe* sur la voyelle de l'avant-dernière syllabe de tous les passés simples. C'est une façon de reconnaître ce temps à ces personnes:

âmes **îmes**
âtes **îtes**

— Ne confondez pas **être**: je fus
et **faire**: je fis

— Ne confondez pas *le passé simple* du verbe **voir**: je vis, tu vis, il vit, nous vîmes, etc. et *le présent* du verbe **vivre**: je vis, tu vis, il vit, nous vivons, etc.

Application immédiate

Écrivez le passé simple des verbes réguliers ou irréguliers suivants à la personne indiquée.

1. ệtre; nous ____________________ 3. répondre; elle ____________________

2. ajouter; tu ____________________ 4. partir; ils ____________________

5. se lever; ils ______________________ 7. avoir; vous ______________________
6. devenir; il ______________________ 8. revoir; je ______________________

réponses p. 428

B. Emplois

1. Le passé simple exprime un fait qui a eu lieu dans le passé, et qui est considéré de son début jusqu'à sa fin, mais *sans aucun rapport avec le présent*. Il correspond au passé composé, mais celui-ci a un rapport avec le présent.

> **Note**
>
> L'imparfait reste l'imparfait dans un style littéraire ou non littéraire.
>
> **Ex.** Il **partit** parce qu'il **était** fatigué.

2. Le passé simple est un temps *historique*, c'est-à-dire qu'on le trouve dans les textes d'histoire de France, pour les événements qui sont arrivés dans le passé à une certaine période ou à une certaine date.

Ex. Louis XIV **fit** bâtir le château de Versailles.
Napoléon 1er **naquit** en 1769 et **mourut** en 1821.

REMARQUES

— Dans la littérature contemporaine, le passé simple est moins employé qu'auparavant.

— Il faut surtout savoir reconnaître le passé simple.

Exercices

Exercice I (oral)

Donnez le passé simple des verbes suivants à la personne indiquée.

a) *Verbes réguliers*

1. remarquer; je ....
2. attendre; nous ....
3. ajouter; elle ....
4. vieillir; elles ....
5. essayer; ils ....
6. répondre; tu ....

7. finir; vous ....
8. apprécier; il ....
9. interrompre; tu ....
10. appeler; nous ....

b) *Verbes irréguliers*

1. aller; ils ....
2. résoudre; elle ....
3. mourir; il ....
4. vouloir; nous ....
5. pouvoir; je ....
6. sourire; elle ....
7. voir; elle ....
8. avoir; il ....
9. faire; vous ....
10. dire; ils ....
11. écrire; je ....
12. tenir; il ....

Exercice II (oral)

Mettez les formes suivantes du passé simple au passé composé.

1. je sus ....
2. elle tomba ....
3. nous vécûmes ....
4. vous fûtes ....
5. tu suivis ....
6. il reçut ....
7. je m'assis ....
8. il plut ....
9. ils vinrent ....
10. nous comprîmes ....
11. elle peignit ....
12. il naquit ....
13. elles dirent ....
14. tu lus ....
15. il eut ....

Exercice III (oral)

Donnez les passés composés correspondant aux passés simples de l'extrait suivant.

Ce jour-là je déjeunai chez mon oncle. Peu de temps après le repas, il sortit; je l'accompagnai jusqu'à son bureau, puis remontai à la maison Plantier chercher ma mère. Là j'appris qu'elle était sortie avec ma tante et ne rentrerait que pour dîner. Aussitôt je redescendis en ville, où il était rare que je pusse librement me promener. Je gagnai le port...; j'errai une heure ou deux sur les quais. Brusquement le désir me saisit d'aller surprendre Alissa que pourtant je venais de quitter... Ma mère s'éteignit très doucement un soir, entre Miss Ashburton et moi. La dernière crise qui l'enleva ne semblait d'abord pas plus forte que les précédentes; elle ne prit un caractère alarmant que vers la fin, avant laquelle aucun de nos parents n'eut le temps d'accourir...

André Gide, *La Porte Étroite*

Exercice IV

Écrivez un petit paragraphe de quatre ou cinq lignes au passé simple.
Sujet: **Un événement historique qui a eu lieu depuis votre naissance.**

II. Le passé antérieur

C'est un temps composé: deux mots.

Le passé antérieur exprime un fait achevé avant qu'un autre fait au passé simple commence.

A. Formes

Le passé antérieur est le temps composé du passé simple. Il est formé du *passé simple* d'**avoir** ou **être** + *le participe passé* du verbe en question (voir aussi tableau des modes et temps, p. 450).

Ex. *verbe transitif* (**aimer**)
j'eus aimé
tu eus aimé
il, elle, on eut aimé
nous eûmes aimé
vous eûtes aimé
ils, elles eurent aimé

intransitif (**aller**)
je fus allé(e)
tu fus allé(e)
il, elle, on fut allé(e)
nous fûmes allés(es)
vous fûtes allé(s, e, es)
ils, elles furent allés(es)

pronominal (**se promener**)
je me fus promené(e)
tu te fus promené(e)
il, elle, on se fut promené(e)
nous nous fûmes promenés(es)
vous vous fûtes promené(s, e, es)
ils, elles se furent promenés(es)

Application immédiate

Écrivez le passé antérieur des verbes suivants à la personne indiquée.

1. lire; nous __________
2. faire; vous __________
3. arriver; ils __________
4. se perdre; il __________
5. avoir; j' __________
6. finir; tu __________

réponses p. 428

B. Emplois

Le passé antérieur est généralement employé pour une action *immédiatement antérieure* à une action passée *au passé simple,* introduite par *une conjonction de temps* qui exprime l'antériorité: quand, lorsque, après que, aussitôt que, dès que, à peine... que...:

Ex. Il était hésitant à agir, mais, dès qu'il **eut pris** la décision, il **se sentit** mieux.
Après que nous **eûmes fini** de parler, elle **commença** à rire.

REMARQUES

— Si l'action immédiatement antérieure est *presque simultanée* à l'action au passé simple, elle peut aussi être *au passé simple*.

Ex. Aussitôt qu'elle le **vit**, elle **sourit**.

— Si l'action n'est pas immédiatement antérieure, employez *le plus-que-parfait*.

Ex. Après qu'ils **avaient dit** ça, notre impression **changea**.
Comme il **avait compris** la question, il **put** l'expliquer à son ami.

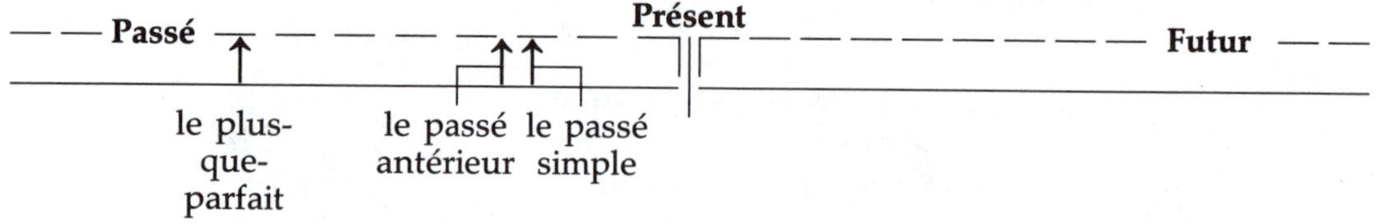

— Comme le passé simple, le passé antérieur peut être *accompagné d'un imparfait*.

Ex. Il **était** content après qu'ils lui **eurent apporté** le message.

— Dans la langue parlée, on emploie *le passé surcomposé* pour une action immédiatement antérieure à une action *au passé composé* (voir leçon 3, p. 87).

Ex. Aussitôt que **j'ai eu fini** de manger, je **suis parti**.

Le passé antérieur (style littéraire) correspond au passé surcomposé (langage parlé). Voir le tableau suivant.

TABLEAU 19.1 Passé surcomposé et passé antérieur

action antérieure ↓	action immédiatement antérieure ↓	action passée ↓	le présent
Plus-que-parfait	Passé surcomposé	Passé composé	
	Passé antérieur (littéraire)	Passé simple (littéraire)	

Exercices

Exercice I (oral)

Remplacez les passés simples par des passés composés et les passés antérieurs par des passés surcomposés.

Ex. Dès qu'ils furent arrivés, nous partîmes au cinéma. → Dès qu'ils ont été arrivés, nous sommes partis au cinéma.

1. À peine **eut**-elle **reçu** la nouvelle qu'elle **se sentit** heureuse.
2. Dès que je leur **eus fait** part de mes désirs, ils **éclatèrent** de rire.
3. Après qu'il **eut entendu** un cri, il **courut** voir ce qui s'était passé.
4. Quand la souris **montra** son museau, le chat la **vit** aussitôt.
5. Après qu'ils **furent partis**, je **poussai** la porte de la maison.
6. Après qu'il **eut fini** de manger, il **se remit** à travailler.
7. À peine **fut**-elle **rentrée** qu'elle **enleva** ses souliers.
8. Dès que j'**eus trouvé** une place, je la **pris**.

Exercice II (écrit)

Complétez en mettant le verbe au temps nécessaire: passé simple, passé antérieur ou plus-que-parfait.

1. Après qu'elle l' ________ (quitter), il referma la porte lentement.
2. Quand le chien ________ (sauter) sur elle, elle se mit à crier.
3. À peine le pianiste ________ (finir, il) de jouer le concerto que les applaudissements retentirent dans la salle.
4. Elle raconta l'accident qu'elle ________ (voir) ce matin-là.
5. Aussitôt qu'il ________ (partir), l'autre arriva.
6. Comme son chef ________ (ne pas quitter) son bureau, il put lui parler.

7. À peine ________ (dire, je) mon secret que je le regrettai.
8. Dès que le conférencier ________ (commencer) à parler, un bruit se fit dans l'auditoire.

Réponses aux applications immédiates

p. 422	1. fûmes	5. se levèrent	p. 425	1. eûmes lu	4. se fut perdu
	2. ajoutas	6. devint		2. eûtes fait	5. eus eu
	3. répondit	7. eûtes		3. furent arrivés	6. eus fini
	4. partirent	8. revis			

III. L'imparfait et le plus-que-parfait du subjonctif

A. Formes

1. **L'imparfait du subjonctif.** C'est un temps simple: un mot. On le forme en doublant le **s** final de la 2e personne du singulier (tu) du passé simple et en ajoutant les terminaisons du présent du subjonctif: **e**, **es**, **e**, **ions**, **iez**, **ent**, excepté à la 3e personne du singulier qui prend un **t** et un accent circonflexe sur la voyelle.

   La formation est la même pour tous les verbes, *réguliers* et *irréguliers*.

   Verbes réguliers (Les verbes en **ir** et en **re** ont le même passé simple.)

   Ex. aimer
   (tu aimas): que j'aimasse
   que tu aimasses
   qu'il, elle, on aimât
   que nous aimassions
   que vous aimassiez
   qu'ils, elles aimassent

   finir
   (tu finis): que je finisse
   que tu finisses
   qu'il, elle, on finît
   que nous finissions
   que vous finissiez
   qu'ils, elles finissent

Verbes irréguliers

Ex. connaître
(tu connus): que je connusse
que tu connusses
qu'il, elle, on connût
que nous connussions
que vous connussiez
qu'ils, elles connussent

venir
(tu vins): que je vinsse
que tu vinsses
qu'il, elle, on vînt
que nous vinssions
que vous vinssiez
qu'ils, elles vinssent

REMARQUE

On reconnaît la 3e personne du singulier à l'accent circonflexe sur la voyelle. Rappelez-vous qu'au passé simple l'accent circonflexe se rencontre aux personnes **nous** et **vous**.

Application immédiate

Écrivez l'imparfait du subjonctif des verbes suivants à la personne indiquée.

1. répondre; que je ___________
2. vouloir; qu'ils ___________
3. supposer; qu'il ___________
4. faire; qu'elle ___________

réponses p. 433

2. Le plus-que-parfait du subjonctif. C'est un temps composé: deux mots.

C'est le temps composé de l'imparfait du subjonctif (voir aussi le tableau des modes et temps, p. 450). Il est formé de *l'imparfait du subjonctif* d'**avoir** ou **être** + *le participe passé* du verbe en question.

Ex. aimer (transitif)
que j'eusse aimé
que tu eusses aimé
qu'il, elle, ont eût aimé
que nous eussions aimé
que vous eussiez aimé
qu'ils, elles eussent aimé

aller (intransitif)
que je fusse allé(e)
que tu fusses allé(e)
qu'il, elle, on fût allé(e)
que nous fussions allés(es)
que vous fussiez allé(s, e, es)
qu'ils, elles fussent allés(es)

se lever (pronominal)
que je me fusse levé(e)
que tu te fusses levé(e)
qu'il, elle, on se fût levé(e)
que nous nous fussions levés(es)
que vous vous fussiez levé(s, e, es)
qu'ils, elles se fussent levés(es)

Application immédiate

Écrivez le plus-que-parfait du subjonctif des verbes suivants à la personne indiquée.

1. travailler; que j' ___________
2. se tromper; qu'ils ___________
3. venir; qu'il ___________
4. comprendre; que vous ___________

réponses p. 433

B. Emplois

L'imparfait et le plus-que-parfait du subjonctif ne sont plus employés dans le langage parlé et même de moins en moins dans la langue littéraire. *À l'imparfait* (temps simple), on substitue *le présent* (temps simple), et *au plus-que-parfait* (temps composé), on substitue *le passé* (temps composé).

Il faut savoir reconnaître les deux temps dans un texte et comprendre leur emploi. Le tableau suivant indique quel temps du subjonctif est employé dans un rapport de simultanéité, de postériorité ou d'antériorité avec le verbe principal.

TABLEAU 19.2 Emploi des quatre temps du subjonctif

VERBE PRINCIPAL À L'INDICATIF	VERBE SUBORDONNÉ AU SUBJONCTIF	
	simultanéité ou postériorité ↓	antériorité ↓
présent, futur, passé composé	Présent	Passé
imparfait, plus-que-parfait, conditionnel	Imparfait ou Présent	Plus-que-parfait ou Passé
passé simple	Imparfait	Plus-que-parfait

1. **L'imparfait du subjonctif** (voir le tableau ci-dessus)

On emploie l'imparfait du subjonctif pour une action *simultanée* ou *postérieure* à une action principale à l'imparfait, au plus-que-parfait, au conditionnel ou au passé simple.

Ex. Je **craignais** qu'il ne **comprît** pas. (*ou* qu'il ne comprenne pas)
Nous **avions attendu** qu'ils **eussent** faim. (ou qu'ils aient ...)
Je **voudrais** qu'elle **essayât** un jour. (*ou* qu'elle essaie)
J'**aurais aimé** qu'ils **vinssent**. (*ou* qu'ils viennent)
Ils **furent** satisfaits qu'il **fît** leur connaissance.

2. Le plus-que-parfait du subjonctif (voir tableau 19.2, p. 430)

a. On emploie le plus-que-parfait du subjonctif pour une action *antérieure* à une action principale à l'imparfait, au plus-que-parfait, au conditionnel ou au passé simple.

Ex. Je **souhaitais** que vous **eussiez réfléchi**. (*ou* que vous ayez réfléchi)
Vous **aviez été** désolé que je **fusse parti**. (*ou* que je sois parti)
Je **regretterais** qu'il **eût agi** trop rapidement. (*ou* qu'il ait agi)
J'**aurais** bien **aimé** qu'il **eût fini** ses études. (ou qu'il ait fini)
Ils **doutèrent** qu'il **eût été** sage de le faire.

b. *Autre emploi*: **le conditionnel littéraire** (cas fréquent dans les textes littéraires)

Quand un subjonctif plus-que-parfait se trouve dans une phrase où l'emploi du subjonctif n'est pas justifié, c'est un conditionnel passé littéraire. Pour comprendre la phrase, il faut substituer *un conditionnel passé* au subjonctif plus-que-parfait (ou un *plus-que-parfait* après un **si** de condition).

Ex. Elle **eût été** heureuse, la femme qui l'**eût aimé**. (Musset)
(Elle **aurait été** heureuse, la femme qui l'**aurait aimé**.)
Si elle **eût prévu** ce malheur, elle ne **fût** pas **partie**. (Flaubert)
(Si elle **avait prévu** ce malheur, elle ne **serait** pas **partie**.)

Application immédiate

Substituez les temps non littéraires aux conditionnels littéraires suivants.

La dispute n'eût jamais fini, si par bonheur Micromégas, en s'échauffant à parler, n'eût cassé le fil de son collier de diamants.

Voltaire

réponses p. 433

Exercices

Exercice I (oral)

Donnez les formes de l'imparfait et du plus-que-parfait du subjonctif des verbes suivants, comme indiqué.

a) *Imparfait*

1. savoir; qu'il ....
2. être; qu'elle ....
3. avoir; qu'ils ....
4. arriver; que j' ....
5. tenir; que nous ....
6. vendre; que tu ....

b) *Plus-que-parfait*

1. aller; que je ....
2. comprendre; qu'elle ....
3. offrir; que vous ....
4. travailler; qu'il ....
5. se lever; que nous ....
6. finir; qu'ils ....

Exercice II (oral)

Remplacez les imparfaits et les plus-que-parfaits du subjonctif par les temps non littéraires correspondants, quand c'est possible.

1. Il était peu probable qu'il eût fini ses recherches en six mois.
2. Nous aimerions qu'il fît un peu plus attention.
3. Il valait mieux que vous ne lui répondissiez pas.
4. Elle attendit que son ami l'appelât au téléphone.
5. Je doutais qu'ils pussent l'aider.
6. C'était le seul ami qu'il eût eu à ce moment-là.

Exercice III (oral)

Identifiez les différents temps littéraires (passé simple, passé antérieur, imparfait du subjonctif et plus-que-parfait du subjonctif) des verbes soulignés.

1. Je voudrais qu'il ne vous en voulût pas.
2. Ils parlèrent des heures et des heures jusqu'à ce qu'ils n'en pussent plus.
3. À peine eut-il fini de courir qu'il tomba épuisé.
4. L'âne, s'il eût osé, se fût mis en colère. (La Fontaine)
5. Nous entendîmes le garde qui faisait sa ronde.
6. Après qu'il fut arrivé d'un grand voyage, il souhaita que son ami fût venu le chercher.
7. Il fallait qu'elles eussent de la force pour endurer cela.
8. Nous cherchions un moyen qui rendît la chose facile.

Exercice IV (écrit)

Formes littéraires du conditionnel. Substituez aux conditionnels littéraires les temps non littéraires qui conviennent.

1. Au retentissement de ce pas, l'être le plus inattentif eût été assailli de pensées, car il était impossible de l'écouter froidement.

2. … au bruit démesuré de ces pieds d'où la vie semblait absente, et qui faisaient craquer les planchers comme si deux poids en fer les eussent frappés alternativement.
3. Vous eussiez reconnu le pas indécis et lourd d'un vieillard ou la majestueuse démarche d'un penseur qui entraîne des mondes avec lui.

Balzac

Réponses aux applications immédiates

p. 429 1. répondisse
2. voulussent
3. supposât
4. fît

p. 430 1. eusse travaillé
2. se fussent trompés
3. fût venu
4. eussiez compris

p. 431 La dispute n'aurait jamais fini, si…
Micromégas… n'avait cassé le fil…

LES VERBES devoir, pouvoir savoir, connaître faire, laisser et les verbes de perception

20

I. Devoir + infinitif

(voir conjugaison du verbe *devoir* dans l'appendice, p. 460)

Quand le verbe **devoir** est suivi d'un infinitif, on l'appelle un verbe semi-auxiliaire. «Must» n'existe pas à tous les temps en anglais. Il faut donc savoir les équivalents anglais des différents temps de **devoir**. Il exprime:

A. **l'obligation** (falloir, être obligé de); mais le sens de nécessité est un peu moins fort avec **devoir** qu'avec ***falloir***. On le trouve aux temps suivants: présent, imparfait, passé composé, futur.

Ex. Je **dois** lui dire si j'accepte ou non cet après-midi. («must, have to»)
Elle **devait** travailler dur à ce moment-là. («had to»)
Il **a dû** s'excuser pour être accepté de nouveau dans le club. («had to»)
Vous **devrez** m'apporter votre travail demain au plus tard. («will have to»)

B. **l'intention** (être censé ou supposé) avec le présent ou l'imparfait.

Ex. Je **dois** partir la semaine prochaine. («am supposed to»)
Vous **deviez** aller à la campagne; y êtes-vous allée? («were supposed to»)

C. **la probabilité** avec le présent, l'imparfait ou le passé composé.

Ex. Robert est absent. Il **doit** être malade. («probably is, must be»)
Le dîner **devait** être excellent puisque tu as bien mangé. («probably was»)
Ils **ont dû** avoir un accident pour être si en retard. («must have had...»)

Remarquez que dans le cas de «must be, probably is, probably was», le verbe **devoir** est suivi de l'infinitif **être**.

D. **un conseil**, **une suggestion** ou **l'anticipation**. Le verbe est au conditionnel présent («should, ought to»).

Ex. Tu **devrais** aller la voir.
Vous **devriez** expliquer votre action.
Je **devrais** faire un plus grand effort.
Je **devrais** avoir fini demain, je pense.

E. **un reproche** ou **un regret**. Le verbe est au conditionnel passé («should have, ought to have»).

Ex. Elle **aurait dû** être plus gentille.
Vous **auriez dû** l'aider.
J'**aurais dû** faire attention.

Application immédiate

Donnez le sens du verbe **devoir** dans chaque phrase.

1. Nous avons dû repeindre notre maison. ______________________
2. Tu devrais aller voir un docteur. ______________________
3. Ce film doit être très amusant. ______________________
4. Elle a dû encore rater son autobus. ______________________
5. Vous n'auriez pas dû lui donner ce renseignement. ______________________

6. Je me demande ce qui est arrivé; il devait téléphoner aujourd'hui. ________

7. À quelle heure cet autobus doit-il partir? ______________________________

réponses p. 448

Note

Quand le verbe **devoir** est suivi *d'un nom,* il signifie *avoir une dette.*

Ex. Je te **dois** dix dollars.
Il lui **doit** la vie.

TABLEAU 20.1 Équivalents anglais des temps de **devoir**

obligation intention probabilité	(«must, have to») («is supposed to») («must be, probably is, probably does»)	le présent
obligation intention probabilité	(«had to») («was supposed to») («probably was, probably did»)	l'imparfait
obligation probabilité	(«had to») («must have, probably did»)	le passé composé
obligation	(«will have to»)	le futur
un conseil	(«should, ought to»)	le conditionnel présent
un regret	(«should have, ought to have»)	le conditionnel passé

Application immédiate

Traduisez avec une forme de **devoir**.

Ex. Les enfants devaient se coucher tôt tous les soirs. («had to»)

1. Vous __________ leur dire de se taire. («should, ought to»)
2. Tu __________ le rencontrer un jour. («must have»)
3. Tout le monde __________ partir de bonne heure. («will have to»)
4. Nous __________ vous présenter à nos amis. («should have, ought to have»)
5. Elle __________ vous voir à six heures. («was supposed to»)
6. Quand j'ai fait cela, je ______ être fatiguée. («probably was»)

7. Le directeur __________ le renvoyer à cause de son mauvais travail. («had to»)

8. Il __________ aimer les sports. («probably does»)

réponses p. 448

II. Pouvoir + infinitif

C'est un verbe semi-auxiliaire quand il est suivi d'un infinitif. Il exprime:

A. **la capacité** (être capable de, être en état de, avoir la faculté de).

Au passé composé, j'**ai pu** = j'ai réussi à (voir aussi leçon 3, p. 69).

Ex. Je **peux** vous expliquer ce poème, si vous voulez. («can, am able to»)
Quand il était en forme, il **pouvait** faire rire tout le monde. («could, was able to»)
Nous **n'avons pas pu** finir les mots croisés; ils étaient trop difficiles. («could not, were not able»)
Vous **pourriez** le faire aussi. («could, would be able»)
Vous **auriez pu** le faire aussi bien que nous. («could have, would have been able»)

Attention à la traduction de «could», soit par un conditionnel présent, soit par un imparfait ou un passé composé (voir aussi leçon 8, p. 204).

B. **la permission** ou **la possibilité.**

Ex. Leurs enfants **peuvent** rentrer tard s'ils le veulent.
Puis-je vous demander quelque chose?
Pourriez-vous déposer le paquet chez la concierge?
Tu **aurais pu** y aller si tu en avais eu envie.

C. **un reproche**. Le verbe au conditionnel passé est quelquefois employé à la place de: j'*aurais dû*.

Ex. Vous **auriez pu** me le dire! (= Vous auriez dû)
Tu **aurais pu** faire attention!

Application immédiate

Expliquez le sens du verbe pouvoir dans chaque phrase.

1. Je vous dis que je pourrais traverser cette rivière à la nage. ______________
2. Elle n'a pas pu répondre à trois des cinq questions. ______________
3. Pouvez-vous venir tout de suite? ______________
4. Vous auriez pu faire mieux, vous ne croyez pas? ______________
5. Je pouvais y aller, mais j'ai préféré rester ici. ______________

réponses p. 448

III. Savoir, connaître

Les usages des deux verbes sont présentés dans le tableau suivant.

TABLEAU 20.2 Emplois de savoir et connaître

Savoir	**Connaître**
+ *objet direct* quand la connaissance est complète, catégorique, précise (après réflexion ou raisonnement, apprise par l'étude ou l'expérience, ou par cœur). **Ex.** Je sais la différence entre ces deux mots. Je sais ma leçon. Je sais ma grammaire. Je sais la date de la Révolution française. Je sais ce poème. (par cœur)	+ *objet direct* quand la connaissance n'est pas catégorique ni complète (on a déjà vu ou rencontré cette chose ou cette situation; on est donc capable de la reconnaître), quand on ressent ou éprouve. **Ex.** Je connais son point de vue sur la question. Il a connu la misère, le bonheur, le malheur. Il connaît nos habitudes. On ne connaît pas l'hiver dans certains pays. Je connais ce poème. (Je l'ai déjà lu.)

(suite p. 439)

TABLEAU 20.2 Emplois de savoir et connaître (suite)

Savoir	**Connaître**
N'employez jamais **savoir** avec: une personne, un animal, un endroit ou un objet concret.	(«*to be acquainted with*») *une personne*: **Ex.** Je connais bien M. Durand. *un animal (un poisson, un insecte):* **Ex.** Il connaît les serpents. *un endroit:* **Ex.** Nous connaissons Paris et Londres. *un objet concret:* **Ex.** Je connais ce monument, ce magasin, ces fleurs.
+ *une proposition subordonnée,* introduite par **que**: **Ex.** Je sais **qu'**il ne faut pas trop se fatiguer.	*N'employez jamais* **connaître** *avec* une proposition subordonnée ou une infinitive.
+ *des interrogations indirectes:* **Ex.** Je sais **où** est le trésor. Je sais **quelle** heure il est. Je ne sais pas **ce que** c'est. Je ne sais pas **comment** il va.	
+ *une proposition infinitive:* **Ex.** Je sais **faire** la cuisine. Je sais comment **trouver** un appartement.	

REMARQUE

Il peut arriver que l'un ou l'autre des verbes convienne quand leur sens est très proche.

Ex. Je sais (connais) le grec.
Je sais (connais) la réponse à la question.

Application immédiate

Employez **savoir** ou **connaître** dans les phrases suivantes.

1. Je __________ à quoi vous pensez.
2. __________ -vous ce poème? Pouvez-vous le réciter par cœur?

3. Vous __________ probablement ce texte.
4. Il ne __________ pas comment faire ça.
5. Nous __________ ça par son frère qui nous l'a dit un jour.
6. __________ -tu la Statue de la Liberté?
7. Il __________ beaucoup de choses quand il allait à l'école.
8. Vous __________ les champignons de Paris et vous __________ qu'ils sont petits.
9. Tu __________ mon amie Lucie, n'est-ce pas?
10. __________ -vous l'heure qu'il est?
11. Ils ne voudront pas m'écouter. Je le __________

réponses p. 448

IV. Faire, laisser et les verbes de perception + infinitif

Quand les verbes **faire**, **laisser**, ainsi que *les verbes de perception* sont suivis d'un infinitif, leurs constructions sont spéciales parce que les règles qui gouvernent l'emploi et la place des pronoms et des noms compléments d'objet changent.

A. **Faire** + *infinitif*. La construction *faire* + *infinitif* est employée quand le sujet cause l'action, mais ne la fait pas. Le verbe **faire** est causatif.

Ex. Louis XIV **a fait construire** le château de Versailles.
Mes cheveux étaient trop longs, alors je les **ai fait couper**.

1. *Celui qui fait l'action* n'est pas toujours mentionné, comme dans les exemples ci-dessus.

2. *Le participe passé* de **faire** est *invariable* dans cette construction.

3. Le groupe [*faire* + *infinitif*] est inséparable. On ne peut donc pas placer de noms ni de pronoms entre les deux verbes.

Voici les différents cas.

a. L'infinitif a *un sujet réel.*

— Si c'est un nom, il est placé après l'infinitif; il devient donc un objet direct.

Ex. Je [fais chanter] **l'enfant**.

— Si c'est un pronom, il précède le verbe **faire**; c'est un pronom objet direct puisque le sujet devient objet direct.

Ex. Je **le** [fais chanter].

b. L'infinitif a *un objet direct.*

— Si c'est un nom, il est après l'infinitif, à sa place normale.

Ex. Je [fais chanter] **les chansons**.

— Si c'est un pronom, il précède le verbe **faire**.

Ex. Je **les** [fais chanter].

c. L'infinitif a *un sujet réel* et *un objet direct.*

— Si ce sont des noms, ils suivent l'infinitif; l'objet direct reste direct; le sujet devient objet indirect.

Ex. Je [fais chanter] **les chansons à l'enfant**.

— Si ce sont des pronoms, ils précèdent le verbe **faire**; l'objet direct est remplacé par un pronom objet direct et le sujet par un pronom objet indirect.

Ex. Je **les lui** [fais chanter].

Note

Ambiguïté de sens. Quand on dit **Je fais chanter les chansons à l'enfant**, on n'est pas certain si *quelqu'un* chante les chansons à l'enfant ou si c'est *l'enfant* qui les chante. On évite l'ambiguïté en disant **Je fais chanter les chansons par l'enfant**, dont le sens est clair.

On emploie le même pronom objet indirect pour remplacer *par l'enfant* et *à l'enfant*.

4. Si le verbe **faire** est négatif, ou accompagné d'un adverbe, ou à l'impératif affirmatif, la négation, l'adverbe et les pronoms sont aussi placés avec **faire**.

Ex. Je **ne** fais **pas** chanter les chansons à l'enfant.
Je **n'**ai **pas** fait chanter les chansons à l'enfant.
Je ne **les lui** ai pas fait chanter.
Je fais **souvent** chanter les chansons à l'enfant.
J'ai **souvent** fait chanter les chansons à l'enfant.
Fais-**lui** chanter les chansons.
Fais-**les-lui** chanter.

Application immédiate

Placez les mots entre parenthèses dans la phrase (n°s 1 à 3); puis répondez aux questions 4 à 6.

1. Je fais lire (ma composition) ____________________
2. Je fais lire (le professeur) ____________________
3. Je fais lire (ma composition, le professeur) ____________________
4. Y a-t-il une ambiguïté de sens? ____________________
5. Remplacez les noms par des pronoms dans la phrase 3. ____________________
6. Remplacez les mots soulignés par des pronoms dans les phrases suivantes:

a. Elle a fait faire <u>sa robe</u> <u>par la couturière</u>. ____________________
b. Vous n'avez pas fait servir <u>ce repas</u> <u>à mes amis</u>. ____________________
c. Fais voir <u>ta composition</u> <u>à Robert</u>. ____________________
d. Tu as fait expliquer <u>par Jean</u> <u>que j'étais très occupé</u>. ____________________

réponses p. 448

---

5. *Autres expressions*

— **se faire**. Le verbe **faire** *causatif* peut aussi être *pronominal*.

Ex. Je **me suis fait** couper les cheveux.
Je **me** les **suis fait** couper.

— **faire voir** = montrer

Ex. **Fais**-moi **voir** tes photos. (= Montre-moi...)

— **faire savoir** = apprendre

Ex. Je vous **ferai savoir** les résultats. (= Je vous apprendrai...)

B. Laisser et les verbes de perception + *infinitif*

1. Le verbe **laisser** et les verbes de perception: **regarder**, **voir**, **apercevoir**, **écouter**, **entendre**, **sentir**, etc. ne sont pas inséparables de l'infinitif comme le verbe *faire*.
Les pronoms et les noms peuvent donc se trouver entre le verbe et l'infinitif.

Voici les différents cas.

a. L'infinitif a *un sujet réel*.

— Si c'est un nom, il est placé devant ou après l'infinitif. Il est équivalent à un objet direct.

Ex. Je vois **les enfants** arriver. (*ou:* Je vois arriver **les enfants**.)

Remarquez que le sujet de l'infinitif (*les enfants*) est aussi l'objet direct du verbe principal (*vois*), ce qui n'était pas le cas avec le verbe *faire*.

(S'il y a un objet prépositif après l'infinitif, le sujet se place devant l'infinitif:

Ex. Je vois **les enfants** arriver **à la porte**.)

— Si c'est un pronom, le sujet est remplacé par un pronom objet direct et il est placé devant le verbe principal.

Ex. Je **les** vois arriver.

b. L'infinitif a *un objet direct*.

— Si c'est un nom, il suit l'infinitif.

Ex. Il laissera arrêter **la course**.

— Si c'est un pronom, il précède le verbe principal.

Ex. Il **la** laissera arrêter.

c. L'infinitif a *un sujet réel* et *un objet direct*.

— Si ce sont des noms, ils prennent leur place normale devant et après l'infinitif.

Ex. Je laisse **les enfants** regarder **la télévision**.

— Si ce sont des pronoms, il y a deux possibilités:

- Les deux pronoms sont placés devant le verbe principal. Le sujet de l'infinitif devient un objet indirect et l'objet direct reste direct.

  Ex. Je **la leur** laisse regarder. (objet direct et objet indirect)

- Les pronoms sont placés devant le verbe dont ils sont l'objet. Il y a un pronom objet direct devant chaque verbe. C'est le cas le plus simple et le plus courant.

  Ex. Je **les** laisse **la** regarder. (deux objets directs)
  (Si on garde un des noms: Je **les** laisse regarder la télévision.
  Je laisse les enfants **la** regarder.)

REMARQUES

— Quand deux pronoms incompatibles (voir leçon 2, p. 55) se trouvent devant le verbe principal, il faut mettre un pronom devant chaque verbe.

Ex. J'ai vu **Robert vous** regarder.
On dit: Je **l'**ai vu **vous** regarder. (**Vous** et **lui** sont incompatibles.)

— Quand l'objet direct de l'infinitif est le pronom partitif **en**, le sujet réel de l'infinitif devient l'objet indirect (construction normale):

Ex. J'ai vu **Robert** acheter **des livres**.
Je **lui en** ai vu acheter. (*ou* Je **l'**ai vu **en** acheter.)

mais si **en** est un pronom adverbial (de là), le sujet réel de l'infinitif reste un objet direct, car **en** n'est pas un objet direct:

Ex. J'ai vu **Robert** revenir **de ses classes**.
Je **l'en** ai vu revenir. (*ou* Je **l'**ai vu **en** revenir.)

2. *Leur participe passé* s'accorde avec l'objet direct qui précède, si cet objet direct est l'objet du verbe et non de l'infinitif.

Ex. Les enfants que j'ai **entendus** chanter. (j'ai entendu les enfants qui chantaient)
Les chansons que j'ai **entendu** chanter. (j'ai entendu chanter les chansons)

Note

On a cependant tendance à laisser le participe passé invariable dans les deux cas pour ces verbes, comme pour le verbe *faire*.

Ex. Je les **ai laissé** partir.
Voilà la femme que nous **avons vu** pleurer.
Ils **se sont senti** perdre au jeu.

Application immédiate

Remplacez les mots soulignés par des pronoms et placez-les dans la phrase. Donnez les deux possibilités quand il y en a deux.

1. Nous avons entendu la jeune fille jouer la sonate. ______________________
2. Il a laissé son ami aller en ville. ______________________
3. J'ai senti les feuilles me toucher. ______________________

réponses p. 448

Exercices

Exercice I (oral)

Traduisez les formes du verbe ***devoir****.*

1. Il .... faire son travail. («should have»)
2. Cette grève .... s'arrêter. («must»)
3. Tu .... lire ce recueil de poèmes. («should»)
4. J' .... paraître timide, car j'ai rougi. («must have»)
5. Il .... neiger hier. («was supposed to»)
6. Elle .... avoir une greffe du cœur pour recouvrer sa santé. («had to»)
7. Je ne comprends pas l'explication; je .... stupide. («probably am»)
8. Nous .... partir mais il faisait trop froid. («were supposed to»)
9. Chaque jour elle .... prendre le train de cinq heures. («had to»)
10. Je .... écrire à mes parents la semaine prochaine. («will have to»)

Exercice II (oral)

Remplacez les mots soulignés par des pronoms et placez-les dans la phrase. S'il y a deux possibilités, donnez-les toutes les deux.

1. Vous laisserez les enfants entrer dans la salle.
2. Nous faisons toujours inspecter notre voiture par la même personne.
3. J'ai vu les oiseaux prendre leur vol.
4. Il a regardé l'écureuil casser des noix.
5. Faites dire à Robert que je veux le voir.
6. Je vais faire écrire une pièce par les étudiants.
7. Il s'est fait raser la barbe.

Exercice III (oral)

Répondez à la question en remplaçant les noms par des pronoms.

a) *avec* ***faire*** *+ infinitif.*

Ex. Faites-vous souvent laver votre voiture?
— Non, je ne la fais pas souvent laver. Généralement, je la lave moi-même.

1. Ferez-vous chercher la personne responsable de l'accident?
2. Faites-vous lire le journal de votre école à vos parents?
3. As-tu fait faire une promenade à ton chien aujourd'hui?
4. Vas-tu me faire voir ton projet?
5. A-t-on fait annoncer la nouvelle aux intéressés?
6. Avez-vous fait faire un agrandissement de votre photo?
7. Allez-vous vous faire couper les cheveux?

b) *avec* ***laisser*** *et les verbes de perception + infinitif. Donnez les deux possibilités quand il y en a deux.*

1. Le professeur laisse-t-il les étudiants apporter leurs compositions en retard?
2. M'écouterez-vous faire ma conférence?
3. Entendez-vous les enfants crier dans le jardin?
4. Voyez-vous approcher l'orage?
5. As-tu entendu ton ami dire des blagues hier soir?
6. Allez-vous laisser passer quelques semaines avant de répondre à cette lettre?
7. Sentez-vous venir le sommeil quand vous lisez trop?

Exercice IV (oral)

Répondez aux questions suivantes en remplaçant les noms par des pronoms.

1. Avez-vous fait visiter votre campus à vos parents?
2. Avez-vous fait réparer votre montre?
3. Faites-vous ranger ses affaires à votre camarade de chambre?
4. Faites-vous fermer sa radio à votre voisin?

5. Avez-vous vu votre ami accompagner une jeune fille à la bibliothèque?
6. Avez-vous quelquefois entendu votre professeur faire des compliments aux étudiants?

Exercice V (écrit)

*Refaites les phrases suivantes en employant un temps de **devoir** ou de **pouvoir**.*

Ex. Il a probablement eu un accident. → Il a dû avoir un accident.

1. Vous avez tort de fumer.
2. Je n'ai pas réussi à le convaincre.
3. Il est probablement encore là.
4. Vous étiez censé recevoir cet argent hier?
5. Elle est capable de faire ce travail.
6. Est-ce que vous me donnez la permission de me servir de votre téléphone?
7. Ils ne sont pas venus; ils ont probablement oublié.
8. Il faudra que tu prennes un rendez-vous avec le dentiste.
9. Nous allons vraisemblablement faire leur connaissance bientôt.
10. Je regrette de ne pas vous avoir informés plus tôt.

Exercice VI

*Écrivez une phrase donnant un conseil et une autre exprimant un regret, en employant le verbe **devoir**.*

Exercice VII

*Écrivez une phrase contenant **savoir** ou **connaître**, d'après l'emploi indiqué.*

1. (+ une personne)
2. (+ un infinitif)
3. (+ que)
4. (+ un endroit)
5. (+ une chose, avec connaître)
6. (+ une chose, avec savoir)

Exercice VIII

*Écrivez une phrase avec chacune des expressions **faire voir, faire savoir**.*

Exercice IX (écrit)

*Complétez la phrase en employant une des constructions: **faire, laisser** ou verbe de perception + infinitif.*

Ex. Il y a des gens qui sont très amusants; **j'ai un camarade qui fait rire tout le monde**.

1. Les enfants étaient fatigués; ils ne voulaient pas se lever.
   Alors leur mère ____.

2. Nous ne pourrons pas aller au concert que cette chanteuse va donner; mais comme elle a une répétition la veille, nous ______________________ .
3. Ils ne font pas bon ménage. —Comment le sais-tu? —Je ______________ .
4. Je suis très occupée; je n'ai pas le temps de faire la vaisselle; je __________ .
5. Pour apprendre comment il fait ce tour incroyable, ____________________ .
6. Comment sais-tu qu'il lui a tout répété? —Je ______________________ .

Réponses aux applications immédiates

p. 435
1. nécessité
2. conseil
3. probabilité
4. probabilité
5. reproche
6. intention
7. intention

p. 436
1. devriez
2. as dû
3. devra
4. aurions dû
5. devait
6. devais
7. a dû
8. doit

p. 438
1. capacité
2. capacité
3. possibilité
4. reproche
5. permission, possibilité

p. 439
1. sais
2. Savez
3. connaissez
4. sait
5. savons
6. Connais
7. savait
8. connaissez, savez
9. connais
10. Savez
11. sais

p. 442
1. Je fais lire ma composition.
2. Je fais lire le professeur.
3. Je fais lire ma composition au professeur.
4. Oui.
5. Je la lui fais lire.
6. a) Elle la lui a fait faire.
   b) Vous ne le leur avez pas fait servir.
   c) Fais-la-lui voir.
   d) Tu le lui as fait expliquer.

p. 445
1. Nous la lui avons entendu jouer.
   ou Nous l'avons entendue la jouer.
2. Il l'y a laissé aller.
   ou Il l'a laissé y aller.
3. **me**, **leur** sont incompatibles.
   Seule possibilité:
   Je les ai senties me toucher.

APPENDICE

I. Tableau des modes et temps

TEMPS SIMPLES	*aimer*	TEMPS COMPOSÉS
	INDICATIF	
Présent (j'aime)		Passé composé (j'ai aimé) Passé surcomposé (j'ai eu aimé)
Imparfait (j'aimais)		Plus-que-parfait (j'avais aimé)
Passé simple (*littéraire*) (j'aimai)		Passé antérieur (*littéraire*) (j'eus aimé)
Futur (j'aimerai)		Futur antérieur (j'aurai aimé)
	CONDITIONNEL	
Présent (j'aimerais)		Passé (j'aurais aimé) (j'eusse aimé: *littéraire*)
	IMPÉRATIF	
Présent (aime)		Passé (aie aimé)
	SUBJONCTIF	
Présent (que j'aime)		Passé (que j'aie aimé)
Imparfait (*littéraire*) (que j'aimasse)		Plus-que-parfait (*littéraire*) (que j'eusse aimé)
	INFINITIF	
Présent (aimer)		Passé (avoir aimé)
	PARTICIPE	
Présent (aimant)		Présent composé (ayant aimé)
Passé (aimé)		

A. Verbes réguliers

1. Verbe régulier en **er: aimer**

MODES	TEMPS SIMPLES			TEMPS COMPOSÉS	
infinitif	*présent*			*passé*	
	aimer			avoir aimé	
indicatif	*présent*			*passé composé*	
	aime	aimons		ai aimé	avons aimé
	aimes	aimez		as aimé	avez aimé
	aime	aiment		a aimé	ont aimé
	imparfait			*plus-que-parfait*	
	aimais	aimions		avais aimé	avions aimé
	aimais	aimiez		avais aimé	aviez aimé
	aimait	aimaient		avait aimé	avaient aimé
	passé simple		— **littéraires** —	*passé antérieur*	
	aimai	aimâmes		eus aimé	eûmes aimé
	aimas	aimâtes		eus aimé	eûtes aimé
	aima	aimèrent		eut aimé	eurent aimé
	futur			*futur antérieur*	
	aimerai	aimerons		aurai aimé	aurons aimé
	aimeras	aimerez		auras aimé	aurez aimé
	aimera	aimeront		aura aimé	auront aimé
conditionnel	*présent*			*passé*	
	aimerais	aimerions		aurais aimé	aurions aimé
	aimerais	aimeriez		aurais aimé	auriez aimé
	aimerait	aimeraient		aurait aimé	auraient aimé
impératif	*présent*			*passé*	
	aime, aimons, aimez			aie aimé, ayons aimé, ayez aimé	
subjonctif	*présent*			*passé*	
	aime	aimions		aie aimé	ayons aimé
	aimes	aimiez		aies aimé	ayez aimé
	aime	aiment		ait aimé	aient aimé
	imparfait		— **littéraires** —	*plus-que-parfait*	
	aimasse	aimassions		eusse aimé	eussions aimé
	aimasses	aimassiez		eusses aimé	eussiez aimé
	aimât	aimassent		eût aimé	eussent aimé
participe	*présent*			*présent composé*	
	aimant			ayant aimé	
	passé				
	aimé				

2. Verbe régulier en **ir: finir**

MODES	TEMPS SIMPLES			TEMPS COMPOSÉS	
infinitif	*présent*			*passé*	
	finir			avoir fini	
indicatif	*présent*			*passé composé*	
	finis	finissons		ai fini	avons fini
	finis	finissez		as fini	avez fini
	finit	finissent		a fini	ont fini
	imparfait			*plus-que-parfait*	
	finissais	finissions		avais fini	avions fini
	finissais	finissiez		avais fini	aviez fini
	finissait	finissaient		avait fini	avaient fini
	passé simple		— **littéraires** —	*passé antérieur*	
	finis	finîmes		eus fini	eûmes fini
	finis	finîtes		eus fini	eûtes fini
	finit	finirent		eut fini	eurent fini
	futur			*futur antérieur*	
	finirai	finirons		aurai fini	aurons fini
	finiras	finirez		auras fini	aurez fini
	finira	finiront		aura fini	auront fini
conditionnel	*présent*			*passé*	
	finirais	finirions		aurais fini	aurions fini
	finirais	finiriez		aurais fini	auriez fini
	finirait	finiraient		aurait fini	auraient fini
impératif	*présent*			*passé*	
	finis, finissons, finissez			aie fini, ayons fini, ayez fini	
subjonctif	*présent*			*passé*	
	finisse	finissions		aie fini	ayons fini
	finisses	finissiez		aies fini	ayez fini
	finisse	finissent		ait fini	aient fini
	imparfait		— **littéraires** —	*plus-que-parfait*	
	finisse	finissions		eusse fini	eussions fini
	finisses	finissiez		eusses fini	eussiez fini
	finît	finissent		eût fini	eussent fini
participe	*présent*			*présent composé*	
	finissant			ayant fini	
	passé				
	fini				

3. Verbe régulier en **re: vendre**

MODES	TEMPS SIMPLES			TEMPS COMPOSÉS	
infinitif	*présent*			*passé*	
	vendre			avoir vendu	
indicatif	*présent*			*passé composé*	
	vends	vendons		ai vendu	avons vendu
	vends	vendez		as vendu	avez vendu
	vend	vendent		a vendu	ont vendu
	imparfait			*plus-que-parfait*	
	vendais	vendions		avais vendu	avions vendu
	vendais	vendiez		avais vendu	aviez vendu
	vendait	vendaient		avait vendu	avaient vendu
	passé simple		— **littéraires** —	*passé antérieur*	
	vendis	vendîmes		eus vendu	eûmes vendu
	vendis	vendîtes		eus vendu	eûtes vendu
	vendit	vendirent		eut vendu	eurent vendu
	futur			*futur antérieur*	
	vendrai	vendrons		aurai vendu	aurons vendu
	vendras	vendrez		auras vendu	aurez vendu
	vendra	vendront		aura vendu	auront vendu
conditionnel	*présent*			*passé*	
	vendrais	vendrions		aurais vendu	aurions vendu
	vendrais	vendriez		aurais vendu	auriez vendu
	vendrait	vendraient		aurait vendu	auraient vendu
impératif	*présent*			*passé*	
	vends, vendons, vendez			aie vendu, ayons vendu, ayez vendu	
subjonctif	*présent*			*passé*	
	vende	vendions		aie vendu	ayons vendu
	vendes	vendiez		aies vendu	ayez vendu
	vende	vendent		ait vendu	aient vendu
	imparfait		— **littéraires** —	*plus-que-parfait*	
	vendisse	vendissions		eusse vendu	eussions vendu
	vendisses	vendissiez		eusses vendu	eussiez vendu
	vendît	vendissent		eût vendu	eussent vendu
participe	*présent*			*présent composé*	
	vendant			ayant vendu	
	passé				
	vendu				

B. Verbes irréguliers

Auxiliaire: **avoir**

MODES	TEMPS SIMPLES			TEMPS COMPOSÉS	
infinitif	*présent*			*passé*	
	avoir			avoir eu	
indicatif	*présent*			*passé composé*	
	ai	avons		ai eu	avons eu
	as	avez		as eu	avez eu
	a	ont		a eu	ont eu
	imparfait			*plus-que-parfait*	
	avais	avions		avais eu	avions eu
	avais	aviez		avais eu	aviez eu
	avait	avaient		avait eu	avaient eu
	passé simple		— **littéraires** —	*passé antérieur*	
	eus	eûmes		eus eu	eûmes eu
	eus	eûtes		eus eu	eûtes eu
	eut	eurent		eut eu	eurent eu
	futur			*futur antérieur*	
	aurai	aurons		aurai eu	aurons eu
	auras	aurez		auras eu	aurez eu
	aura	auront		aura eu	auront eu
conditionnel	*présent*			*passé*	
	aurais	aurions		aurais eu	aurions eu
	aurais	auriez		aurais eu	auriez eu
	aurait	auraient		aurait eu	auraient eu
impératif	*présent*			*passé*	
	aie, ayons, ayez			aie eu, ayons eu, ayez eu	
subjonctif	*présent*			*passé*	
	aie	ayons		aie eu	ayons eu
	aies	ayez		aies eu	ayez eu
	ait	aient		ait eu	aient eu
	imparfait		— **littéraires** —	*plus-que-parfait*	
	eusse	eussions		eusse eu	eussions eu
	eusses	eussiez		eusses eu	eussiez eu
	eût	eussent		eût eu	eussent eu
participe	*présent*			*présent composé*	
	ayant			ayant eu	
	passé				
	eu				

Auxiliaire: **être**

MODES	TEMPS SIMPLES		TEMPS COMPOSÉS	
infinitif	*présent*		*passé*	
	être		avoir été	
indicatif	*présent*		*passé composé*	
	suis	sommes	ai été	avons été
	es	êtes	as été	avez été
	est	sont	a été	ont été
	imparfait		*plus-que-parfait*	
	étais	étions	avais été	avions été
	étais	étiez	avais été	aviez été
	était	étaient	avait été	avaient été
	— **littéraires** —			
	passé simple		*passé antérieur*	
	fus	fûmes	eus été	eûmes été
	fus	fûtes	eus été	eûtes été
	fut	furent	eut été	eurent été
	futur		*futur antérieur*	
	serai	serons	aurai été	aurons été
	seras	serez	auras été	aurez été
	sera	seront	aura été	auront été
conditionnel	*présent*		*passé*	
	serais	serions	aurais été	aurions été
	serais	seriez	aurais été	auriez été
	serait	seraient	aurait été	auraient été
impératif	*présent*		*passé*	
	sois, soyons, soyez		aie été, ayons été, ayez été	
subjonctif	*présent*		*passé*	
	sois	soyons	aie été	ayons été
	sois	soyez	aies été	ayez été
	soit	soient	ait été	aient été
	— **littéraires** —			
	imparfait		*plus-que-parfait*	
	fusse	fussions	eusse été	eussions été
	fusses	fussiez	eusses été	eussiez été
	fût	fussent	eût été	eussent été
participe	*présent*		*présent composé*	
	étant		ayant été	
	passé			
	été			

C. Autres verbes irréguliers

INFINITIF et PARTICIPES	INDICATIF				
	Présent	**Imparfait**	**Passé composé**	**Passé simple**	**Futur**
acquérir acquérant acquis	j'acquiers tu acquiers il acquiert nous acquérons vous acquérez ils acquièrent	j'acquérais	j'ai acquis	j'acquis	j'acquerrai
		Plus-que-parfait	**Passé surcomposé**	**Passé antérieur**	**Futur antérieur**
		j'avais acquis	j'ai eu acquis	j'eus acquis	j'aurai acquis
aller allant allé	vais vas va allons allez vont	allais	suis allé(e)	allai	irai
		étais allé(e)	ai été allé(e)	fus allé(e)	serai allé(e)
s'asseoir (1) asseyant assis	m'assieds t'assieds s'assied nous asseyons vous asseyez s'asseyent	m'asseyais	me suis assis(e)	m'assis	m'assiérai
		m'étais assis(e)	m'ai été assis(e)	me fus assis(e)	me serai assis(e)
(2) assoyant	m'assois t'assois s'assoit nous assoyons vous assoyez s'assoient	m'assoyais			m'assoirai
battre battant battu	bats bats bat battons battez battent	battais	ai battu	battis	battrai
		avais battu	ai eu battu	eus battu	aurai battu
boire buvant bu	bois bois boit buvons buvez boivent	buvais	ai bu	bus	boirai
		avais bu	ai eu bu	eus bu	aurai bu
conclure concluant conclu	conclus conclus conclut concluons concluez concluent	concluais	ai conclu	conclus	conclurai
		avais conclu	ai eu conclu	eus conclu	aurai conclu

CONDITIONNEL	**IMPÉRATIF**	**SUBJONCTIF**		
Présent	**Présent**	**Présent**	**Imparfait (littéraire)**	**Passé**
j'acquerrais	acquiers	que j'acquière que tu acquières qu'il acquière	que j'acquisse que tu acquisses qu'il acquît	que j'aie acquis
Passé				**Plus-que-parfait (littéraire)**
j'aurais acquis	acquérons acquérez	que nous acquérions que vous acquériez qu'ils acquièrent	que nous acquissions que vous acquissiez qu'ils acquissent	que j'eusse acquis
irais	va	aille ailles aille	allasse allasses allât	sois allé(e)
serais allé(e)	allons allez	allions alliez aillent	allassions allassiez allassent	fusse allé(e)
m'assiérais	assieds-toi	m'asseye t'asseyes s'asseye	m'assisse t'assisses s'assît	me sois assis(e)
me serais assis(e)	asseyons-nous asseyez-vous	nous asseyions vous asseyiez s'asseyent	nous assissions vous assissiez s'assissent	me fusse assis(e)
m'assoirais	assois-toi	m'assoie t'assoies s'assoie		
	assoyons-nous assoyez-vous	nous assoyions vous assoyiez s'assoient		
battrais	bats	batte battes batte	battisse battisses battît	aie battu
aurais battu	battons battez	battions battiez battent	battissions battissiez battissent	eusse battu
boirais	bois	boive boives boive	busse busses bût	aie bu
aurais bu	buvons buvez	buvions buviez boivent	bussions bussiez bussent	eusse bu
conclurais	conclus	conclue conclues conclue	conclusse conclusses conclût	aie conclu
aurais conclu	concluons concluez	concluions concluiez concluent	conclussions conclussiez conclussent	eusse conclu

INFINITIF et PARTICIPES	INDICATIF				
	Présent	**Imparfait**	**Passé composé**	**Passé simple**	**Futur**
		Plus-que-parfait	**Passé surcomposé**	**Passé antérieur**	**Futur antérieur**
conduire conduisant conduit	conduis conduis conduit conduisons conduisez conduisent	conduisais avais conduit	ai conduit ai eu conduit	conduisis eus conduit	conduirai aurai conduit
connaître connaissant connu	connais connais connaît connaissons connaissez connaissent	connaissais avais connu	ai connu ai eu connu	connus eus connu	connaîtrai aurai connu
coudre cousant cousu	couds couds coud cousons cousez cousent	cousais avais cousu	ai cousu ai eu cousu	cousis eus cousu	coudrai aurai cousu
courir courant couru	cours cours court courons courez courent	courais avais couru	ai couru ai eu couru	courus eus couru	courrai aurai couru
craindre craignant craint	crains crains craint craignons craignez craignent	craignais avais craint	ai craint ai eu craint	craignis eus craint	craindrai aurai craint
croire croyant cru	crois crois croit croyons croyez croient	croyais avais cru	ai cru ai eu cru	crus eus cru	croirai aurai cru
croître croissant crû, crue	croîs croîs croît croissons croissez croissent	croissais avais crû	ai crû ai eu crû	crûs eus crû	croîtrai aurai crû
cueillir cueillant cueilli	cueille cueilles cueille cueillons cueillez cueillent	cueillais avais cueilli	ai cueilli ai eu cueilli	cueillis eus cueilli	cueillerai aurai cueilli

CONDITIONNEL	IMPÉRATIF	SUBJONCTIF		
Présent	**Présent**	**Présent**	**Imparfait (littéraire)**	**Passé**
conduirais **Passé** aurais conduit	conduis conduisons conduisez	conduise conduises conduise conduisions conduisiez conduisent	conduisisse conduisisses conduisît conduisissions conduisissiez conduisissent	aie conduit **Plus-que-parfait (littéraire)** eusse conduit
connaîtrais aurais connu	connais connaissons connaissez	connaisse connaisses connaisse connaissions connaissiez connaissent	connusse connusses connût connussions connussiez connussent	aie connu eusse connu
coudrais aurais cousu	couds cousons cousez	couse couses couse cousions cousiez cousent	cousisse cousisses cousît cousissions cousissiez cousissent	aie cousu eusse cousu
courrais aurais couru	cours courons courez	coure coures coure courions couriez courent	courusse courusses courût courussions courussiez courussent	aie couru eusse couru
craindrais aurais craint	crains craignons craignez	craigne craignes craigne craignions craigniez craignent	craignisse craignisses craignît craignissions craignissiez craignissent	aie craint eusse craint
croirais aurais cru	crois croyons croyez	croie croies croie croyions croyiez croient	crusse crusses crût crussions crussiez crussent	aie cru eusse cru
croîtrais aurais crû	croîs croissons croissez	croisse croisses croisse croissions croissiez croissent	crusse crusses crût crussions crussiez crussent	aie crû eusse crû
cueillerais aurais cueilli	cueille cueillons cueillez	cueille cueilles cueille cueillions cueilliez cueillent	cueillisse cueillisses cueillît cueillissions cueillissiez cueillissent	aie cueilli eusse cueilli

INFINITIF et PARTICIPES	**INDICATIF**				
	Présent	**Imparfait**	**Passé composé**	**Passé simple**	**Futur**
devoir devant dû, due	dois dois doit devons devez doivent	devais	ai dû	dus	devrai
		Plus-que-parfait	**Passé surcomposé**	**Passé antérieur**	**Futur antérieur**
		avais dû	ai eu dû	eus dû	aurai dû
dire disant dit	dis dis dit disons dites disent	disais	ai dit	dis	dirai
		avais dit	ai eu dit	eus dit	aurai dit
écrire écrivant écrit	écris écris écrit écrivons écrivez écrivent	écrivais	ai écrit	écrivis	écrirai
		avais écrit	ai eu écrit	eus écrit	aurai écrit
envoyer envoyant envoyé	envoie envoies envoie envoyons envoyez envoient	envoyais	ai envoyé	envoyai	enverrai
		avais envoyé	ai eu envoyé	eus envoyé	aurai envoyé
faire faisant fait	fais fais fait faisons faites font	faisais	ai fait	fis	ferai
		avais fait	ai eu fait	eus fait	aurai fait
falloir	il faut	il fallait	il a fallu	il fallut	il faudra
fallu		il avait fallu	il a eu fallu	il eut fallu	il aura fallu
fuir fuyant fui	fuis fuis fuit fuyons fuyez fuient	fuyais	ai fui	fuis	fuirai
		avais fui	ai eu fui	eus fui	aurai fui
haïr haïssant haï	hais hais hait haïssons haïssez haïssent	haïssais	ai haï	haïs	haïrai
		avais haï	ai eu haï	eus haï	aurai haï

CONDITIONNEL		IMPÉRATIF	SUBJONCTIF			
Présent	**Passé**	**Présent**	**Présent**	**Imparfait (littéraire)**	**Passé**	**Plus-que-parfait (littéraire)**
devrais	aurais dû	dois devons devez	doive doives doive devions deviez doivent	dusse dusses dût dussions dussiez dussent	aie dû	eusse dû
dirais	aurais dit	dis disons dites	dise dises dise disions disiez disent	disse disses dît dissions dissiez dissent	aie dit	eusse dit
écrirais	aurais écrit	écris écrivons écrivez	écrive écrives écrive écrivions écriviez écrivent	écrivisse écrivisses écrivît écrivissions écrivissiez écrivissent	aie écrit	eusse écrit
enverrais	aurais envoyé	envoie envoyons envoyez	envoie envoies envoie envoyions envoyiez envoient	envoyasse envoyasses envoyât envoyassions envoyassiez envoyassent	aie envoyé	eusse envoyé
ferais	aurais fait	fais faisons faites	fasse fasses fasse fassions fassiez fassent	fisse fisses fît fissions fissiez fissent	aie fait	eusse fait
il faudrait	il aurait fallu		il faille	il fallût	il ait fallu	il eût fallu
fuirais	aurais fui	fuis fuyons fuyez	fuie fuies fuie fuyions fuyiez fuient	fuisse fuisses fuît fuissions fuissiez fuissent	aie fui	eusse fui
haïrais	aurais haï	hais haïssons haïssez	haïsse haïsses haïsse haïssions haïssiez haïssent	haïsse haïsses haït haïssions haïssiez haïssent	aie haï	eusse haï

INFINITIF et PARTICIPES	INDICATIF				
	Présent	Imparfait	Passé composé	Passé simple	Futur
		Plus-que-parfait	Passé surcomposé	Passé antérieur	Futur antérieur
lire lisant lu	lis lis lit lisons lisez lisent	lisais	ai lu	lus	lirai
		avais lu	ai eu lu	eus lu	aurai lu
mettre mettant mis	mets mets met mettons mettez mettent	mettais	ai mis	mis	mettrai
		avais mis	ai eu mis	eus mis	aurai mis
mourir mourant mort	meurs meurs meurt mourons mourez meurent	mourais	suis mort(e)	mourus	mourrai
		étais mort(e)	ai été mort(e)	fus mort(e)	serai mort(e)
naître naissant né	nais nais naît naissons naissez naissent	naissais	suis né(e)	naquis	naîtrai
		étais né(e)	ai été né(e)	fus né(e)	serai né(e)
ouvrir ouvrant ouvert	ouvre ouvres ouvre ouvrons ouvrez ouvrent	ouvrais	ai ouvert	ouvris	ouvrirai
		avais ouvert	ai eu ouvert	eus ouvert	aurai ouvert
peindre peignant peint	peins peins peint peignons peignez peignent	peignais	ai peint	peignis	peindrai
		avais peint	ai eu peint	eus peint	aurai peint
plaire plaisant plu	plais plais plaît plaisons plaisez plaisent	plaisais	ai plu	plus	plairai
		avais plu	ai eu plu	eus plu	aurai plu
pleuvoir pleuvant plu	il pleut	il pleuvait	il a plu	il plut	il pleuvra
		il avait plu	il a eu plu	il eut plu	il aura plu

CONDITIONNEL	IMPÉRATIF	SUBJONCTIF		
Présent	**Présent**	**Présent**	**Imparfait (littéraire)**	**Passé**
lirais **Passé** aurais lu	lis lisons lisez	lise lises lise lisions lisiez lisent	lusse lusses lût lussions lussiez lussent	aie lu **Plus-que-parfait (littéraire)** eusse lu
mettrais aurais mis	mets mettons mettez	mette mettes mette mettions mettiez mettent	misse misses mît missions missiez missent	aie mis eusse mis
mourrais serais mort(e)	meurs mourons mourez	meure meures meure mourions mouriez meurent	mourusse mourusses mourût mourussions mourussiez mourussent	sois mort(e) fusse mort(e)
naîtrais serais né(e)	nais naissons naissez	naisse naisses naisse naissions naissiez naissent	naquisse naquisses naquît naquissions naquissiez naquissent	sois né(e) fusse né(e)
ouvrirais aurais ouvert	ouvre ouvrons ouvrez	ouvre ouvres ouvre ouvrions ouvriez ouvrent	ouvrisse ouvrisses ouvrît ouvrissions ouvrissiez ouvrissent	aie ouvert eusse ouvert
peindrais aurais peint	peins peignons peignez	peigne peignes peigne peignions peigniez peignent	peignisse peignisses peignît peignissions peignissiez peignissent	aie peint eusse peint
plairais aurais plu	plais plaisons plaisez	plaise plaises plaise plaisions plaisiez plaisent	plusse plusses plût plussions plussiez plussent	aie plu eusse plu
il pleuvrait il aurait plu		il pleuve	il plût	il ait plu il eût plu

INFINITIF et PARTICIPES	INDICATIF				
	Présent	**Imparfait**	**Passé composé**	**Passé simple**	**Futur**
pouvoir pouvant pu	peux, puis peux peut pouvons pouvez peuvent	pouvais	ai pu	pus	pourrai
		Plus-que-parfait	**Passé surcomposé**	**Passé antérieur**	**Futur antérieur**
		avais pu	ai eu pu	eus pu	aurai pu
prendre prenant pris	prends prends prend prenons prenez prennent	prenais	ai pris	pris	prendrai
		avais pris	ai eu pris	eus pris	aurai pris
recevoir recevant reçu	reçois reçois reçoit recevons recevez reçoivent	recevais	ai reçu	reçus	recevrai
		avais reçu	ai eu reçu	eus reçu	aurai reçu
résoudre résolvant résolu	résous résous résout résolvons résolvez résolvent	résolvais	ai résolu	résolus	résoudrai
		avais résolu	ai eu résolu	eus résolu	aurai résolu
rire riant ri	ris ris rit rions riez rient	riais	ai ri	ris	rirai
		avais ri	ai eu ri	eus ri	aurai ri
savoir sachant su	sais sais sait savons savez savent	savais	ai su	sus	saurai
		avais su	ai eu su	eus su	aurai su
suffire suffisant suffi	suffis suffis suffit suffisons suffisez suffisent	suffisais	ai suffi	suffis	suffirai
		avais suffi	ai eu suffi	eus suffi	aurai suffi
suivre suivant suivi	suis suis suit suivons suivez suivent	suivais	ai suivi	suivis	suivrai
		avais suivi	ai eu suivi	eus suivi	aurai suivi

CONDITIONNEL	IMPÉRATIF	SUBJONCTIF		
Présent	**Présent**	**Présent**	**Imparfait (littéraire)**	**Passé**
pourrais **Passé** aurais pu		puisse puisses puisse puissions puissiez puissent	pusse pusses pût pussions pussiez pussent	aie pu **Plus-que-parfait (littéraire)** eusse pu
prendrais aurais pris	prends prenons prenez	prenne prennes prenne prenions preniez prennent	prisse prisses prît prissions prissiez prissent	aie pris eusse pris
recevrais aurais reçu	reçois recevons recevez	reçoive reçoives reçoive recevions receviez reçoivent	reçusse reçusses reçût reçussions reçussiez reçussent	aie reçu eusse reçu
résoudrais aurais résolu	résous résolvons résolvez	résolve résolves résolve résolvions résolviez résolvent	résolusse résolusses résolût résolussions résolussiez résolussent	aie résolu eusse résolu
rirais aurais ri	ris rions riez	rie ries rie riions riiez rient	risse risses rît rissions rissiez rissent	aie ri eusse ri
saurais aurais su	sache sachons sachez	sache saches sache sachions sachiez sachent	susse susses sût sussions sussiez sussent	aie su eusse su
suffirais aurais suffi	suffis suffisons suffisez	suffise suffises suffise suffisions suffisiez suffisent	suffisse suffisses suffît suffissions suffissiez suffissent	aie suffi eusse suffi
suivrais aurais suivi	suis suivons suivez	suive suives suive suivions suiviez suivent	suivisse suivisses suivît suivissions suivissiez suivissent	aie suivi eusse suivi

INFINITIF et PARTICIPES	INDICATIF				
	Présent	**Imparfait**	**Passé composé**	**Passé simple**	**Futur**
tenir tenant tenu	tiens tiens tient tenons tenez tiennent	tenais	ai tenu	tins	tiendrai
		Plus-que-parfait	**Passé surcomposé**	**Passé antérieur**	**Futur antérieur**
		avais tenu	ai eu tenu	eus tenu	aurai tenu
vaincre vainquant vaincu	vaincs vaincs vainc vainquons vainquez vainquent	vainquais	ai vaincu	vainquis	vaincrai
		avais vaincu	ai eu vaincu	eus vaincu	aurai vaincu
valoir valant valu	vaux vaux vaut valons valez valent	valais	ai valu	valus	vaudrai
		avais valu	ai eu valu	eus valu	aurai valu
venir venant venu	viens viens vient venons venez viennent	venais	suis venu(e)	vins	viendrai
		étais venu(e)	ai été venu(e)	fus venu(e)	serai venu(e)
vêtir vêtant vêtu	vêts vêts vêt vêtons vêtez vêtent	vêtais	ai vêtu	vêtis	vêtirai
		avais vêtu	ai eu vêtu	eus vêtu	aurai vêtu
vivre vivant vécu	vis vis vit vivons vivez vivent	vivais	ai vécu	vécus	vivrai
		avais vécu	ai eu vécu	eus vécu	aurai vécu
voir voyant vu	vois vois voit voyons voyez voient	voyais	ai vu	vis	verrai
		avais vu	ai eu vu	eus vu	aurai vu
vouloir voulant voulu	veux veux veut voulons voulez veulent	voulais	ai voulu	voulus	voudrai
		avais voulu	ai eu voulu	eus voulu	aurai voulu

<table>
<tr><th>CONDITIONNEL</th><th>IMPÉRATIF</th><th colspan="3">SUBJONCTIF</th></tr>
<tr><th>Présent</th><th>Présent</th><th>Présent</th><th>Imparfait (littéraire)</th><th>Passé</th></tr>
<tr><td>tiendrais</td><td rowspan="3">tiens

tenons
tenez</td><td rowspan="3">tienne
tiennes
tienne
tenions
teniez
tiennent</td><td rowspan="3">tinsse
tinsses
tînt
tinssions
tinssiez
tinssent</td><td>aie tenu</td></tr>
<tr><th>Passé</th><th>Plus-que-parfait (littéraire)</th></tr>
<tr><td>aurais tenu</td><td>eusse tenu</td></tr>
<tr><td>vaincrais</td><td rowspan="2">vaincs

vainquons
vainquez</td><td rowspan="2">vainque
vainques
vainque
vainquions
vainquiez
vainquent</td><td rowspan="2">vainquisse
vainquisses
vainquît
vainquissions
vainquissiez
vainquissent</td><td>aie vaincu</td></tr>
<tr><td>aurais vaincu</td><td>eusse vaincu</td></tr>
<tr><td>vaudrais</td><td rowspan="2">vaux

valons
valez</td><td rowspan="2">vaille
vailles
vaille
valions
valiez
vaillent</td><td rowspan="2">valusse
valusses
valût
valussions
valussiez
valussent</td><td>aie valu</td></tr>
<tr><td>aurai valu</td><td>eusse valu</td></tr>
<tr><td>viendrais</td><td rowspan="2">viens

venons
venez</td><td rowspan="2">vienne
viennes
vienne
venions
veniez
viennent</td><td rowspan="2">vinsse
vinsses
vint
vinssions
vinssiez
vinssent</td><td>sois venu(e)</td></tr>
<tr><td>serais venu(e)</td><td>fusse venu(e)</td></tr>
<tr><td>vêtirais</td><td rowspan="2">vêts

vêtons
vêtez</td><td rowspan="2">vête
vêtes
vête
vêtions
vêtiez
vêtent</td><td rowspan="2">vêtisse
vêtisses
vêtît
vêtissions
vêtissiez
vêtissent</td><td>aie vêtu</td></tr>
<tr><td>aurais vêtu</td><td>eusse vêtu</td></tr>
<tr><td>vivrais</td><td rowspan="2">vis

vivons
vivez</td><td rowspan="2">vive
vives
vive
vivions
viviez
vivent</td><td rowspan="2">vécusse
vécusses
vécût
vécussions
vécussiez
vécussent</td><td>aie vécu</td></tr>
<tr><td>aurais vécu</td><td>eusse vécu</td></tr>
<tr><td>verrais</td><td rowspan="2">vois

voyons
voyez</td><td rowspan="2">voie
voies
voie
voyions
voyiez
voient</td><td rowspan="2">visse
visses
vît
vissions
vissiez
vissent</td><td>aie vu</td></tr>
<tr><td>aurais vu</td><td>eusse vu</td></tr>
<tr><td>voudrais</td><td rowspan="2">veuille

(veuillons)
veuillez</td><td rowspan="2">veuille
veuilles
veuille
voulions
vouliez
veuillent</td><td rowspan="2">voulusse
voulusses
voulût
voulussions
voulussiez
voulussent</td><td>aie voulu</td></tr>
<tr><td>aurais voulu</td><td>eusse voulu</td></tr>
</table>

II. Les nombres, les mois, les jours

NOMBRES CARDINAUX

0	zéro	20	vingt	70	soixante-dix
1	un, une	21	vingt et un	71	soixante et onze
2	deux	22	vingt-deux	72	soixante-douze
3	trois				
4	quatre	30	trente	80	quatre-vingts
5	cinq	31	trente et un	81	quatre-vingt-un
6	six	32	trente-deux	82	quatre-vingt-deux
7	sept				
8	huit	40	quarante	90	quatre-vingt-dix
9	neuf	41	quarante et un	91	quatre-vingt-onze
10	dix	42	quarante-deux	92	quatre-vingt-douze
11	onze				
12	douze	50	cinquante	100	cent
13	treize	51	cinquante et un	101	cent un
14	quatorze	52	cinquante-deux	102	cent deux
15	quinze				
16	seize	60	soixante	200	deux cents
17	dix-sept	61	soixante et un	201	deux cent un
18	dix-huit	62	soixante-deux	202	deux cent deux
19	dix-neuf				

NOMBRES ORDINAUX

1000	mille	1$^{er(re)}$	premier(ère)	8^{e}	huitième
1001	mille un	2^{e}	deuxième *ou* second(e)	9^{e}	neuvième
2000	deux mille	3^{e}	troisième	10^{e}	dixième
10 000	dix mille	4^{e}	quatrième	17^{e}	dix-septième
100 000	cent mille	5^{e}	cinquième	20^{e}	vingtième
1 000 000	un million (de)	6^{e}	sixième	21^{e}	vingt et unième
1 000 000 000	un milliard (de)	7^{e}	septième	22^{e}	vingt-deuxième

LES MOIS

janvier	juillet
février	août
mars	septembre
avril	octobre
mai	novembre
juin	décembre

LES JOURS

lundi	vendredi
mardi	samedi
mercredi	dimanche
jeudi	

III. Verbes + infinitif

sans préposition

1. affirmer
2. aimer
3. aimer mieux
4. aller
5. apercevoir
6. assurer
7. avoir beau
8. avouer
9. compter
10. courir
11. croire
12. daigner
13. déclarer
14. descendre
15. désirer
16. détester
17. devoir
18. dire (déclarer)
19. écouter
20. emmener
21. entendre
22. entrer
23. envoyer
24. espérer
25. être censé
26. faillir
27. faire
28. falloir
29. se figurer
30. s'imaginer
31. jurer
32. laisser
33. mener
34. monter
35. nier
36. oser
37. ouïr
38. paraître
39. partir
40. penser (avoir l'intention de)
41. pouvoir
42. préférer
43. prétendre
44. se rappeler (+ inf. passé)
45. reconnaître
46. regarder
47. rentrer
48. retourner
49. revenir
50. savoir
51. sembler
52. sentir
53. sortir
54. souhaiter
55. valoir mieux
56. venir
57. voir
58. vouloir

avec la préposition **à**

1. s'accoutumer à
2. aider à
3. aimer à (littéraire)
4. s'amuser à
5. s'appliquer à
6. apprendre à
7. arriver à
8. s'attendre à
9. autoriser à
10. avoir à
11. chercher à
12. commencer à (*ou* de)
13. condamner à
14. conduire à
15. consentir à
16. consister à
17. continuer à
18. décider (quelqu'un) à
19. se décider à
20. être décidé à
21. demander à (vouloir)
22. destiner à
23. encourager à
24. s'engager à
25. enseigner à
26. forcer à
27. s'habituer à
28. hésiter à
29. inciter à
30. s'intéresser à
31. inviter à
32. jouer à
33. se mettre à
34. mettre (du temps) à
35. obliger à (*ou* de)
36. parvenir à
37. passer (du temps) à
38. penser à
39. perdre (du temps) à
40. persister à
41. se plaire à
42. pousser à
43. prendre plaisir à
44. se préparer à
45. renoncer à
46. se résoudre à
47. réussir à
48. servir à
49. songer à
50. suffire à
51. surprendre à
52. tarder à
53. tenir à
54. travailler à
55. en venir à

avec la préposition **de**

1. s'abstenir de
2. accepter de
3. accuser de
4. achever de
5. s'agir de (il)
6. admirer de
7. s'arrêter de
8. avoir besoin, la chance, envie, hâte, honte, l'air, l'intention, peur, raison, soin, le temps, tort de
9. blâmer de
10. cesser de
11. choisir de
12. commander de
13. commencer de (*ou* à)
14. conseiller de
15. continuer de (*ou* à)
16. convaincre de
17. craindre de
18. crier de
19. décider de
20. défendre de
21. demander de
22. se dépêcher de
23. désespérer de
24. dire de
25. écrire de
26. s'efforcer de
27. empêcher de
28. s'empresser de
29. entreprendre de
30. essayer de
31. s'étonner de
32. éviter de
33. s'excuser de
34. faire bien de
35. faire exprès de
36. faire semblant de
37. se fatiguer de
38. feindre de
39. (se) féliciter de
40. finir de
41. se garder de
42. se hâter de
43. inspirer de
44. interdire de
45. juger bon de
46. jurer de
47. se lasser de
48. manquer de
49. menacer de
50. mériter de
51. mourir de
52. négliger de
53. être obligé de
54. obtenir de
55. s'occuper de
56. offrir de
57. ordonner de
58. oublier de
59. pardonner de
60. permettre de
61. persuader de
62. se plaindre de
63. prendre soin de
64. se presser de
65. prier de
66. promettre de
67. proposer de
68. punir de
69. rappeler de
70. se rappeler de
71. refuser de
72. regretter de
73. remercier de
74. se repentir de
75. reprocher de
76. résoudre de
77. rire de
78. risquer de
79. souffrir de
80. soupçonner de
81. se souvenir de
82. suggérer de
83. tâcher de
84. tenter de
85. venir de (passé récent)

IV. La syllabe orthographique

Quand il n'y a pas assez de place pour écrire un mot à la fin d'une ligne, il faut le couper. Les règles de division sont différentes de celles utilisées pour les mots anglais.

— Pour couper un mot, *cherchez les consonnes* dans le mot; coupez immédiatement avant une consonne.
Ex. se/ra ra/pi/di/té u/ne

— Séparez deux consonnes consécutives.
Ex. par/tie foot/ball res/te

— Quand deux consonnes sont identiques, coupez entre les deux consonnes.
Ex. ap/pel fil/let/te ar/rêt

— Ne coupez pas:

- des combinaisons généralement indivisibles:

  consonne + **h** (ch, ph, th)
  Ex. **ch**ai/se **ph**i/lo/so/**ph**ie re/**ch**er/**ch**e

  consonne + **l** (bl, cl, fl, gl, kl, pl, tl, vl)
  Ex. ta/**bl**e a/**tl**as an/**gl**e

  consonne + **r** (br, cr, dr, fr, gr, pr, tr, vr)
  Ex. **vr**ai **cr**oi/re **Fr**an/ce

  et **gn**
  Ex. ma/**gn**i/fi/que i/**gn**o/rant ré/pu/**gn**ant

- avant une consonne finale:
  Ex. fo/rêt bar ba/vard

- à l'endroit d'une apostrophe:
  Ex. d'a/bord l'a/ni/mal

— Une syllabe contient toujours une voyelle ou un groupe de voyelles qui peut être transcrit par un ou plusieurs symboles vocaliques: ou [u], eau [o], oi [wa].
Ex. au/jour/d'hui [o-ʒuʀ-dɥi] mi/roir [mi-ʀwaʀ]

— Un **é** est à la fin d'une syllabe. On peut donc toujours couper immédiatement après un **é**.
Ex. th**é**/â/tre eu/ro/p**é**/en r**é**/u/nion

APPLICATION PRATIQUE

Bien sûr, dit le renard. Tu n'es encore pour moi qu'un petit garçon tout semblable à cent mille petits garçons. Et je
n'ai pas besoin de toi. Et tu n'as pas besoin de moi non plus... Mais, si tu
m'apprivoises, nous aurons besoin l'un de
l'autre. Tu seras pour moi unique au monde... Ma vie est monotone. Je chasse
les poules, les hommes me chassent. Toutes les poules se ressemblent, et tous les
hommes se ressemblent. Je m'ennuie donc
un peu. Mais, si tu m'apprivoises, ma
vie sera comme ensoleillée. Je connaî-
trai un bruit de pas qui sera différent de
tous les autres. Les autres pas me font rentrer sous terre. Le tien m'appellera hors
du terrier, comme une musique...

Saint-Exupéry, *Le Petit Prince*

V. La question du *e* et de l'accent grave

Quand un **e** se prononce [ɛ], on a tendance à l'écrire avec un accent grave. Mais il n'y en a pas toujours.

À l'intérieur d'une syllabe, un **e** *suivi d'une consonne* se prononce [ɛ] mais n'a pas d'accent grave.

Ex. **per**/mis/sion   **ef**/fort   j'ap/**pel**/le   **es**/pa/ce
guer/re   **ver**/mi/**cel**/le   com/**mer**/ce   je **jet**/te

Quand il n'y a pas de consonne *après un* **e** *dans une syllabe,* il faut mettre un accent grave sur le **e** pour avoir le son [ɛ].

Ex. **pè**/re   **mè**/tre   é/**lè**/ve   **siè**/cle   té/**nè**/bres   pre/**miè**/re   com/**plè**/te/ment
je **mè**/ne

La consonne **x** est une consonne double. Elle se divise; donc un **e** qui précède un **x** n'a jamais d'accent grave et se prononce toujours [ɛ].

Ex. **e**/xem/ple   **le**/xi/que   con/**ve**/xe   **e**/xact   per/**ple**/xi/té   **fle**/xi/ble

Autres exemples des cas ci-dessus (Les **e** soulignés se prononcent [ɛ]):
hebdomadaire   erreur   espèce   frère   exercice
sceptre   il espère   nièce   antenne   terre

LEXIQUE

A

abaisser to lower
abeille *n. f.* bee
abîmer to damage
aboiement *n.m.* barking
abonné *n.m.* subscriber
abonnement *n.m.* subscription
d'abord at first
aboyer to bark
absolument absolutely
accompagner to accompany
accompli(e) accomplish-ed
accord *n.m.* agreement
  être d'accord to agree
s'accorder to agree
accourir to run up
accoutrement *n.m.* dress, garb
s'accoutumer to get used to
accueil *n.m.* welcome, greeting
accueillir to receive, greet
achat *n.m.* purchase
acheter to buy
achever to end, complete
acier *n.m.* steel
acquérir to acquire
adieu farewell
admettre to admit
s'adresser to address, to inquire
adroit(e) skillful
affaires *n.f.* things, belongings
  avoir affaire à to deal with
affamé(e) hungry, starving
affolant(e) maddening, disturbing
afin de in order to
afin que in order that
agacer to set on edge, to irritate
âgé(e) aged, old
agir to act
  s'agir de to be about
agiter to agitate
agneau *n.m.* lamb
agrandir to enlarge
agrandissement *n.m.* enlargement
agréable pleasant
agréer to accept
agripper to clutch, to grip
aider to help
  à l'aide de with the help of
aïeul *n.m.* ancestor
aigre sour, acid, bitter
aigu(ë) acute, piercing
aiguille *n.f.* needle
aile *n.f.* wing
ailleurs elsewhere
  d'ailleurs besides
aimable amiable, kind
aimer to like
  aimer mieux to prefer
aîné(e) elder, eldest
ainsi thus, so
air: avoir l'— to look, seem
  au grand — in the open air
  en l'— up, into the sky
aise: être à l'— to be comfortable
aisé(e) easy
aisément easily
ajouter to add
allemand *n.m.* German language
aller to go, to be becoming, to suit
s'en aller to leave
s'allonger to stretch out, to lie down
allumer to light
allumette *n.f.* match
alors then
  — que whereas
alourdir to make heavy
amasser to pile up, to gather together
âme *n.f.* soul
amener to bring (a person)
ami(e) friend
  petit(e) — boyfriend (girlfriend)
amincir to thin down, to make thinner
amitié *n.f.* friendship
amour *n.m.* love
amoureux(euse) in love
amusant(e) amusing, funny
s'amuser to have a good time
an *n.m.* year
ancien (ancienne) ancient, old, former
âne *n.m.* donkey
année *n.f.* year

anniversaire *n.m.* birthday
apercevoir to see
s'apercevoir to realize
aperçu *n.m.* glimpse
apparaître to appear
appartenir à to belong to
appel *n.m.* call
faire — à to call upon
appeler to call
s'appeler to be named
applaudissement *n.m.* applause
s'appliquer to apply
apporter to bring
apprécier to appreciate
apprendre to learn
apprivoiser to tame, to domesticate
s'approcher de to come near
approfondir to go deeply into
approprié(e) appropriate, suitable
appui *n.m.* support
appuyer to press, to lean on
après (**que**) after
d'après according to
après-midi *n.m.* afternoon
araignée *n.f.* spider
arbre *n.m.* tree
arc-en-ciel *n.m.* rainbow
ardoise *n.f.* slate
argent *n.m.* money
— liquide cash
s'armer to arm, equip oneself
arracher to pull out
arranger to fix, to adjust
arrêt: **sans —** continuously
s'arrêter to stop
arriver à to succeed in
assailli(e) assailed
s'asseoir to sit
assez enough, rather
assis(e) seated, sitting
assistance *n.f.* audience
assister to be present at, to attend
assourdissant(e) deafening
atteindre to reach
en attendant in the meantime
— que + *subj.* till, until
attendre to wait
s'attendre à to expect
attention: faire — à to pay attention to
atterrir to land
attirer to attract
attraper to catch
attribut *n.m.* predicate
aucun(e) none, not any
aucunement in no way, by no means
audace *n.f.* audacity, daring
au-dessous (de) below, underneath
au-dessus (de) above
auditoire *n.m.* audience
aujourd'hui today
auparavant before
auprès de close to, near
aussi also, too, consequently
— ... que as... as...
aussitôt at once
— que as soon as
autant de as much, as many
d'autant plus que all the more
auteur *n.m.* author
autocar *n.m.* bus
autour de around, about
autre other
autre chose something else
autrefois formerly, in the past
autrement otherwise
autrui others, other people
avaler to swallow
avaleur *n.m.* swallower
d'avance in advance
avancer to advance
s'avancer to move forward
avant (que) before
avare miserly
avec with
avenir *n.m.* future
à l'avenir in the future
avertir to warn
aveugle blind, sightless
avide greedy
avion *n.m.* plane, aircraft
avis *n.m.* opinion
avoir (à) to have (to)

en avoir assez to have had enough
avouer to acknowledge, to confess

B

bague *n.f.* ring
baguette *n.f.* rod, switch
se baigner to bathe
bail *n.m.* lease
bâiller to yawn
bain *n.m.* bath
baisser to lower, to go down
bal *n.m.* ball
balançoire *n.f.* swing
balle *n.f.* ball
ballon *n.m.* ball, balloon
banc *n.m.* bench, seat
bandes *n.f.* tapes
barbe *n.f.* beard
barre *n.f.* bar
barreau *n.m.* bar
bas(se) low
basse-cour *n.f.* farmyard, poultry-yard
bateau *n.m.* boat
bâtiment *n.m.* building
bâtir to build
battant(e) hanging
battre to beat
se battre to fight
bauge *n.f.* lair
beau (belle) beautiful
avoir beau to do in vain
beaucoup (de) much, many, a lot
beauté *n.f.* beauty
bénin (bénigne) benign
bénir to bless
bercer to rock
besoin: avoir — de to need
bête *n.f.* animal, beast
bêtise *n.f.* silliness, mistake
beurre *n.m.* butter
bibliothèque *n.f.* library
bien well
le bien good
bien des many
bien que although
bien sûr of course
bientôt soon
bienveillant(e) benevolent
bière *n.f.* beer
bijou *n.m.* jewel, gem
billard *n.m.* billiard
billet *n.m.* ticket
blague *n.f.* joke
blanc (blanche) white
blanchir to whiten
(se) blesser to hurt, to wound (oneself)
bleu(e) blue
bleuir to turn blue
bœuf *n.m.* ox
boire to drink
bois *n.m.* wood
boisson *n.f.* drink
boîte *n.f.* box
bon (bonne) good
bonbon *n.m.* candy
bonheur *n.m.* happiness
bonté *n.f.* goodness, kindness
bord: au — de at the side, edge, shore of
bordé(e) bordered
borne *n.f.* boundary mark, post
bouche *n.f.* mouth
boue *n.f.* mud
boueux(euse) muddy
bouger to move
bougie *n.f.* candle
bouquin *n.m.* book
bouquiniste *n.m.* second-hand bookseller
bourg *n.m.* borough
bourru(e) churlish, rugged
bourse *n.f.* scholarship
bout *n.m.* end, extremity
bouteille *n.f.* bottle
bouton *n.m.* button
bras *n.m.* arm
bref (brève) brief
briller to shine
(se) briser to break
brosser to brush
brouillard *n.m.* fog
bruit *n.m.* noise
brûler to burn
brun(e) brown
brunir to tan
brusquement abruptly
bruyant(e) noisy
bureau *n.m.* office
but *n.m.* goal

C

ça et là here and there
ça y est it's done
cache-cache *n.m.* hide-and-seek
(se) cacher to hide (oneself)
cadeau *n.m.* gift

cafard: avoir le — to have the blues
cahier *n.m.* notebook
caillou *n.m.* pebble, stone
calculatrice *n.f.* calculator
camarade: de chambre *n.* roommate
de classe classmate
caméra *n.f.* movie camera
camion *n.m.* truck
campagne *n.f.* **à la —** in the country
caoutchouc *n.m.* rubber
capacité *n.f.* ability
car for, because
caractère: avoir bon (mauvais) — to be good (bad) tempered
carnet *n.m.* notebook
carré(e) square
carreau *n.m.* windowpane
carrosse *n.m.* state-coach
cartomancienne *n.f.* fortuneteller
cas: en — d'urgence in case of emergency
au — où in case
casser to break
cause: à — de on account of, because of
causer to chat
cave *n.f.* cellar
ce (cet, cette, ces) this, that
ceci this
céder to yield
cédrat *n.m.* citron
ceinture *n.f.* belt
cela that
célèbre famous
célibataire single, unmarried, bachelor
celui (celle, etc.**)** the one, 's
censé(e) supposed
cependant however
ce que, ce qui what
cerise *n.f.* cherry
certains some
cerveau *n.m.* brain
cesser de to stop, to cease
c'est-à-dire that is to say
c'est pourquoi that's why
chacun(e) each one
chagrin *n.m.* sorrow
chair de poule *n.f.* goose flesh
chaise *n.f.* chair
chaleur *n.f.* heat
chambre (à coucher) *n.f.* bedroom
chambré(e) at room temperature
champ *n.m.* field
champignon *n.m.* mushroom
chance *n.f.* luck
avoir de la — to be lucky
changement *n.m.* change
changer (de) to change
se changer to change into
chanson *n.f.* song
chanter to sing
chanteur *n.m.* singer
chapeau *n.m.* hat
chaque each
chargé(e): être — de to be in charge of
charmant(e) charming
chasser to hunt
chat *n.m.* cat
chaud(e) warm, hot
chaume *n.m.* thatch
chaussures *n.f.* shoes
chauve bald
chef *n.m.* head, manager, boss
— de gare station-master
— -d'œuvre masterpiece
chemin *n.m.* way
— de fer railway
cheminée *n.f.* chimney
chemise *n.f.* shirt
cher (chère) expensive
chercher to look for, to come and get
cheval *n.m.* horse
cheveu(x) *n.m.* hair
cheville *n.f.* ankle
chèvre *n.f.* goat
chez at the house of
chien *n.m.* dog
chiffre *n.m.* figure (number)
chimie *n.f.* chemistry
choisir to choose
choix *n.m.* choice
chose *n.f.* thing
quelque chose something
chou *n.m.* cream puff, cabbage

chute *n.f.* fall
ci-dessous below
ci-dessus above
ciel *n.m.* sky
cinéma *n.m.* movie theatre
cirque *n.m.* circus
citation *n.f.* quotation
citron *n.m.* lemon
civière *n.f.* stretcher
clair(e) clear, light
clairement clearly
clé (clef) *n.f.* key
cloche *n.f.* bell
clocher *n.m.* steeple
clou *n.m.* nail
cœur *n.m.* heart
 par — by heart
coffre-fort *n.m.* safe, strong-box
coiffeur *n.m.* hairdresser
coiffure *n.f.* hairdo
coin *n.m.* corner, place
 au — de at the corner of
colère *n.f.* **(être) en —** (to be) angry
collant(e) sticky
collier *n.m.* necklace
colline *n.f.* hill
combat *n.m.* fight
combien de how much, how many
commander to order
comme as, like, since
commencement *n.m.* beginning
commencer (à) to begin (to)
comment how
commérage *n.m.* gossip
commerçant *n.m.* merchant
commode easy, convenient
compagnie *n.f.* company
complément d'objet *n.m.* object (of verb)
se comporter to behave
composé(e) compound
comprendre to understand
y compris included
compte *n.m.* count
 faire ses comptes to add up expenses
compter to count, to expect to do
comte *n.m.* count, earl
concevoir to conceive
concierge *n.m., f.* doorkeeper, caretaker
conclure to conclude
condition: à — que on condition that
conducteur *n.m.* driver
conduire to drive
 se conduire to behave
conduite *n.f.* behavior
conférence *n.f.* lecture
conférencier *n.m.* lecturer
confiance *n.f.* confidence, trust
 avoir — to trust
se confier à to confide
confiture *n.f.* preserves, jam
confondre to confuse, to mistake
congé *n.m.* holiday
se conjuguer to be conjugated
connaissance *n.f.* knowledge, acquaintance
connaître to know
 s'y — en to be an expert in
connu(e) known
conseil *n.m.* advice
conseiller to advise
conséquent: par — consequently
constamment constantly
construire to build
conte *n.m.* story, tale
contenir to contain
content(e) glad
contenter to content, to please
conter to tell, to relate
continuel(le) continual
se contraindre to force oneself
contre against
 par — on the other hand
contrée *n.f.* country, region
contrevents *n.m.* outside shutters
convaincre to convince
convenable suitable
convenablement correctly
convenir to fit, to suit
convié *n.m.* guest
copain *n.m.* friend, pal
coq *n.m.* rooster

coquillage *n.m.* shell (of shellfish)
coquin(e) rascal
corail *n.m.* coral
corbeille *n.f.* (open) basket
corne *n.f.* horn
corps *n.m.* body
faire — to be an integral part of, to be joined
corriger to correct
corrompre to corrupt
côte *n.f.* slope (of hill)
— à — side by side
côté *n.m.* side
à — de near
d'un —, d'un autre — on one hand, on the other hand
cou *n.m.* neck
se coucher to go to bed
être couché(e) to be in bed
coucher (de soleil) *n.m.* setting
coudre to sew
couler to flow, to run
couloir *n.m.* hall
coup *n.m.* blow
— d'état coup
— de fil ring, call
— de marteau hammer-stroke
— d'œil glance
— de pied kick
— de soleil sunburn
couper to cut
coupure *n.f.* cut, gash, cutting
cour *n.f.* yard
couramment fluently
courant(e) common
courant électrique *n.m.* électric current
courant: être au — (de) to know all about
coureur *n.m.* runner
courir to run
courrier *n.m.* mail
cours *n.m.* class
au — de in the course of
en — in process
course *n.f.* race
faire des courses to go shopping, run errands
court(e) short
courtois(e) courteous
coûter to cost
coutume *n.f.* custom
couturière *n.f.* dressmaker
couvert(e) covered
couverture *n.f.* cover
couvrir to cover
craindre to fear, to dread
crainte *n.f.* **de — que** for fear that, lest
craquer to crack
cravate *n.f.* tie
crayon *n.m.* pencil
créer to create
creux(euse) hollow
cri *n.m.* scream
crier to shout, to yell
critique *n.f.* review
croire to believe
croiser to cross, to pass
mots croisés *n.m. pl.* crossword puzzle
croissant *n.m.* crescent
croître to grow
croquer to crunch
cru(e) raw
cueillir to pick, to gather
cuir *n.m.* leather
cuire to cook
cuisine *n.f.* cooking, kitchen
cuisinière *n.f.* stove

D

dangereusement dangerously
dans in, into
davantage more
se débarrasser de to get rid of
déboucher to open on
debout standing
débrouillard(e) resourceful
se débrouiller to manage
début *n.m.* beginning
au — de at the beginning of
débutant *n.m.* beginner
décevoir to deceive
déchirer to tear
découdre to unstitch
découper to cut out, to carve
découvrir to discover
décrire to describe
dedans inside
déduire to deduct
défaut *n.m.* fault, shortcoming
défendre to forbid

défense *n.f.* prohibition, interdiction
défilé *n.m.* parade
défiler to march past
dégât *n.m.* damage
dégoûtant(e) disgusting
dégoutter to drip
dégustateur (dégustatrice) taster
dehors outside
déjà already
déjeuner to have lunch
petit déjeuner *n.m.* breakfast
demain tomorrow
se demander to wonder
démarche *n.f.* gait
— **majestueuse** stately tread
démembrer to break up
déménager to move (house)
démesuré(e) out of proportion
demeure *n.f.* residence, dwelling
demi(e) half
démissionner to resign
dénouer to untie
denrée *n.f.* foodstuff, produce
dent *n.f.* tooth
départ *n.m.* departure
dépasser to pass, to overtake
se dépêcher to hurry
dépenser to spend
se dépenser to exert oneself
dépit: en — de in spite of
déplacement *n.m.* travel, transfer
déposer to deposit
déprimé(e) depressed
depuis (que) since
déraciner to uproot
déranger to disturb
dernier (dernière) last
se dérouler to take place
derrière behind
dès as early as
— **que** as soon as
descendre to go down
désinvolture *n.f.* ease of manners
désormais from now on, henceforth
dessein *n.m.* plan, project
dessin *n.m.* drawing, sketch
dessiner to draw
dessous *n.m.* lower part
dessus *n.m.* top
détruire to destroy
dette *n.f.* debt
devancer to outdistance
devant before, in front of
devenir to become
deviner to guess
devise *n.f.* motto
devoir *n.m.* duty, homework
devoir to owe, to have to, must
diamant *n.m.* diamond
dictée *n.f.* dictation
Dieu God
différents(es) various
difficile difficult
digérer to digest
digne worthy
diluvien(ne) torrential (rain)
dimanche *n.m.* Sunday
dire bonjour to say hello
se diriger to make one's way, to go (towards)
discours *n.m.* speech
discuter to discuss
disparaître to disappear
dispenser to dispense, to distribute
dispute *n.f.* quarrel
se disputer to argue, to quarrel
disque *n.m.* record
distractions *n.f.* amusement
se distraire to amuse oneself
distribuer to give out
divers(es) various
diviser to divide
d'occasion used, second-hand
doigt *n.m.* finger
dommage *n.m.* damage, (it's) too bad
donc therefore, so, hence
donner to give
étant donné que seeing that
dont of which, whose
dorénavant henceforth
dormir to sleep
dortoir *n.m.* dormitory
dos *n.m.* back

doucement gently, slowly
douche *n.f.* shower
doué(e) gifted
douleur *n.f.* ache, pain
doute: sans — doubtless
douter to doubt
se douter to suspect
douteux(euse) doubtful
doux (douce) soft, gentle, mild
dresser les oreilles to prick up
droit: avoir le — de to have the right to
droite *n.f.* right-hand side
drôle funny
dur(e) hard, difficult
durant during, for
durcir to harden
durée *n.f.* duration
durer to last

E

eau *n.f.* water
ébahi(e) dumbfounded
s'échapper to escape
s'échauffer to get heated, to flare up
échec *n.m.* failure
échouer to fail
éclair *n.m.* lightning
éclatant(e) striking
éclater to burst, to blow up
école *n.f.* school
Écosse *n.f.* Scotland
s'écouler to flow away, to elapse
écouter to listen
écran *n.m.* screen
écraser to run over, to crush
s'écrier to exclaim
écrire to write
écriture *n.f.* writing
écrivain *n.m.* writer
s'écrouler to collapse, to fall down
écueil *n.m.* reef, snag, danger
écurer to clean
écureuil *n.m.* squirrel
écurie *n.f.* stable
effacer to erase
en effet indeed
efficace efficient
s'efforcer de to strive to
effrayant(e) terrifying
effrayer to frighten
égal(e) equal
ça m'est égal it's all the same to me
égaler to equal
égard: à l'— de with regard to
égaré(e) stray, lost
église *n.f.* church
eh bien! well
élargir to widen
élève *n.* pupil, student
élevé(e) high, raised
élire to elect
éloigné(e) distant, far (away)
s'éloigner to get (farther) away
émail *n.m.* enamel
embaumé(e) balmy, fragrant
embellir to beautify
émission *n.f.* broadcasting
emmener to take (away)
émouvoir to move, to affect
s'emparer de to seize, to take possession
empêchement *n.m.* obstacle, difficulty
empêcher to prevent
empirer to worsen
emploi *n.m.* employment, job, use
employer to use
s'— to be used
emporter to take away
l'— sur to prevail
s'empresser to hurry, to hasten
emprunter to borrow
en in, of it, of them
encadrer to frame, to enclose by
enchaîné(e) chained up
enchanté(e) delighted
enchanteur(teresse) fascinating
encore still
— plus still more
— du more
encre *n.f.* ink
endormant(e) boring, wearisome
endormi(e) sleepy, asleep
s'endormir to fall asleep
endroit *n.m.* place
à l'— right side up
énervant(e) irritating

s'énerver to become irritable
enfant *n.* child
enfoncer to drive in
s'enfuir to flee, to run away
enivrant(e) intoxicating, heady
enlaidir to make ugly
enlèvement *n.m.* removal, kidnapping
enlever to remove
ennemi *n.m.* enemy, foe
ennuis *n.m.* worries
ennuyer to bother, to annoy
  s'— to be bored
ennuyeux(euse) boring, disturbing
enseigner to teach
ensemble together
ensuite then
entendre to hear
  — dire to hear that
  — parler de to hear of
  s'— to get along
entendu O.K.
entier(ère) whole, entire
entouré(e) surrounded
entraînant(e) catchy, stirring
entraîner to carry away, along
entre between
entreprendre to undertake
entrer to enter
envenimer to inflame
envers towards
à l'envers upside down
envie: avoir — de to want, to feel like
envier to envy
environ about
s'envoler to fly away
envoyer to send
épais(se) thick
épandre to spread
s'épanouir to blossom, to open out
épargner to spare, to save
épatant(e) wonderful, terrific
épaule *n.f.* shoulder
épeler to spell
épicerie *n.f.* grocery
épicier(ère) *n.* grocer
épinards *n.m.* spinach
épouser to marry
époux(se) husband (wife)
éprouver to feel, to experience
épuisé(e) exhausted
équipage *n.m.* horse + carriage
équipe *n.f.* team
escalier *n.m.* stairs
espace *n.m.* space
Espagne *n.f.* Spain
espalier *n.m.* trellis
espèce *n.f.* kind, species
espérance *n.f.* expectation, hope
espérer to hope
espoir *n.m.* hope
esprit *n.m.* mind
essayer to try
essence *n.f.* gas
essouflé(e) out of breath
essuyer to wipe
est *n.m.* east
estomper to shade off
étable *n.f.* cowshed
étage *n.m.* floor, story
étagère *n.f.* shelf
étaler to display
état *n.m.* state
été *n.m.* summer
éteindre to extinguish
  s'— to die out, to pass away
étendre to extend, to stretch
étendue *n.f.* size, range
éternuer to sneeze
étoile *n.f.* star
étonnant(e) surprising
étonnement *n.m.* astonishment
étonner to surprise
  s'étonner to be astonished
étourdissant(e) deafening, astounding
étrange strange
étranger(ère) foreign, stranger
à l'étranger abroad
être to be
  — à to belong to
  en — to be at, to have reached
  y — to be ready, to be with it
être humain *n.m.* human being
étroit(e) narrow

étudiant(e) *n.* student
étudier to study
s'évader to escape
s'évanouir to faint
éveillé(e) awake
s'éveiller to awaken
événement *n.m.* event
éventail *n.m.* fan
évident(e) obvious
éviter to avoid
exaucé(e) granted, fulfilled
exclure to exclude
exiger to demand, to require
expliquer to explain
exprès on purpose
exprimer to express

F

fabricant *n.m.* manufacturer
fabriquer to make
face: en — de facing
se fâcher to get angry
facile easy
facilement easily
façon *n.f.* manner, way
  de — à so as to
  de — que so that
  de toute — in any case
facteur *n.m.* mailman
facultatif(ve) optional
faible weak
faiblesse *n.f.* weakness
faillir to just miss
faim *n.f.* hunger
  avoir — to be hungry
faire to do, to make
  — appel to call on
  — attention to pay attention
  — bien de to be right to (do)
  — défaut to be lacking
  — de son mieux to do one's best
  — des siennes to be up to one's old tricks
  — exprès to do on purpose
  — face to face
  — faire to have done
  — la connaissance to meet
  — l'appel to call the roll
  — le tour de to go round
  — mal to hurt
  ne — que not to cease, not to stop
  — nuit to be dark
  — part de to inform, to advise
  — partie de to be a part of
  — plaisir to please (someone)
  — sa toilette to wash and dress
  — savoir to inform
  se — à to get used to
  — semblant de to pretend to
  s'en — to worry
  — signe to make a sign
  — voir to show
faisable feasible
fait *n.m.* fact
falloir to be necessary
  il faut it is necessary
famille *n.f.* family
fané(e) faded
farine *n.f.* flour
faute *n.f.* mistake
fauteuil *n.m.* armchair
fautif(ve) faulty, guilty
faux(sse) false, erroneous
faveur *n.f.* favor
fée (conte de) *n.f.* fairy (tale)
feindre to pretend
femme *n.f.* woman, wife
  — d'intérieur home-maker
fendre to split
fenêtre *n.f.* window
fer *n.m.* iron
ferme *n.f.* farm
fermer to close, to shut
fête *n.f.* feast, party
feu *n.m.* fire
feuillage *n.m.* foliage
feuille *n.f.* sheet (paper), leaf
feuilleter to flip through
s'en ficher not to care
fier(ère) proud
fierté *n.f.* pride
fièvre *n.f.* fever
figure *n.f.* face
se figurer to fancy, to imagine
fil *n.m.* thread, wire
fille *n.f.* girl, daughter
fils *n.m.* son
fin *n.f.* **à la — de** at the end of

fin(e) fine, refined
fini(e) finished
flacon *n.m.* small bottle
flaque d'eau *n.f.* puddle
flatteur *n.m.* flatterer
fleur *n.f.* flower
fleuri(e) in bloom, flowery
fleuve *n.m.* river
foi *n.f.* faith
foie *n.m.* liver
foire *n.f.* fair
fois *n.f.* time
  à la — at the same time
  une — que once, as soon as
folie *n.f.* madness, folly
foncé(e) dark, deep
fond *n.m.* bottom, back
  à — thoroughly
  au — de at the bottom of
fondre to melt
fondue *n.f.* melted cheese, fondue
fontaine *n.f.* fountain
force *n.f.* strength
forcer to force
fort(e) strong
fou (folle) mad, crazy
foule *n.f.* crowd, multitude
four *n.m.* oven
fourmi *n.f.* ant
fourrure *n.f.* fur
fraîcheur *n.f.* freshness, coolness
frais (fraîche) fresh, cool
frais *n.m. pl.* expenses
franc (franche) frank
français *n.m.* French language
frapper to knock, to hit
frère *n.m.* brother
frisé(e) curly
frites *n.f.* French fries
froid(e) cold
fromage *n.m.* cheese
froncer (les sourcils) to frown
front *n.m.* forehead
frontière *n.f.* border
frotter to rub
fuire to flee
fumée *n.f.* smoke
fumer to smoke
fusil *n.m.* rifle

G

gagnant(e) *n.* winner
gagner to win
  — sa vie to earn one's living
gant *n.m.* glove
garçon *n.m.* boy, waiter
garde *n.m.* keeper, watchman
  prendre — à to beware
garder to keep
gare *n.f.* train station
se garer to pull to one side
gâteau *n.m.* cake
  — sec *n.m.* cookie
gâter to spoil
gauche left
gaz *n.m.* gas
geler to freeze
gênant(e) embarrassing
gêner to embarrass
genou *n.m.* knee
genre *n.m.* kind, gender
gens *n.m. pl.* people
gentil(le) nice, pleasant
gentillesse *n.f.* kindness
gentiment kindly, nicely
geste *n.m.* gesture
gifle *n.f.* slap
gigot *n.m.* leg of lamb
glace *n.f.* ice-cream, mirror
glacé(e) glazed
glacial(e) icy
gommer to erase
gorge *n.f.* throat
gourmand(e) glutton, greedy
goût *n.m.* taste
goûter to taste
goutte *n.f.* drop
grâce à thanks to
grand(e) big, tall, important
grandir to grow (up)
gras(se) fat
gratte-ciel *n.m.* skyscraper
grave serious
gré: de bon — willingly
greffe du cœur *n.f.* heart transplant
grêle *n.f.* hail
grève *n.f.* strike, (sea) shore
griffe *n.f.* claw
grippe *n.f.* flu
gris(e) gray
gronder to scold
gros(se) big, fat

grossir to grow bigger
ne... guère hardly
guérir to cure, to heal
guerre *n.f.* war
guichet *n.m.* box office window
guillemets *n.m. pl.* quotation marks

H

(* signifie que le **h** est aspiré)
habilement skillfully
habiller to dress
habitant *n.m.* inhabitant
habiter to live
habitude *n.f.* habit, custom
  d'— usually
habituellement habitually
s'habituer to get used to
* **haine** *n.f.* hate
* **haïr** to hate
haleine: de longue — long-term
* **hanche** *n.f.* hip
* **hardes** *n.f.* worn clothes
* **hasard: par —** by accident, by chance
* **hâte: avoir — de** to be eager to
* **hausse** *n.f.* increase
* **hausser les épaules** to shrug one's shoulders
* **haut(e)** high
  en haut upstairs, at the top
* **hauteur** *n.f.* height
hebdomadaire weekly
* **hein?** what?
herbe *n.f.* grass
héritage *n.m.* inheritance
hésitant(e) undecided
hésiter to hesitate
heure *n.f.* hour, time
  à l'— on time
  de bonne — early
heureusement que fortunately
heureux(euse) happy
se * heurter to collide, to hit
* **hibou** *n.m.* owl
hier yesterday
histoire *n.f.* story
hiver *n.m.* winter
homme *n.m.* man
* **honni** disgraced, spurned
honorer to honor
* **honte: avoir — de** to be ashamed
* **honteux(euse)** shameful
horloge *n.f.* clock
* **hors de** out of
huile *n.f.* oil
humeur: *n.f.* **(de bonne, de mauvaise)** mood
humour *n.m.* humor
* **hurlement** *n.m.* howling
* **hurler** to howl

I

ici here
il y a there is, there are, ago
île *n.f.* island
illisible illegible
s'imaginer to imagine
imbuvable undrinkable
immédiatement immediately
impitoyable pitiless
impoli(e) impolite
n'importe qui anyone
impressionnant(e) impressive
imprévu(e) unexpected
s'incliner to bow, to lean
incroyable unbelievable
inespéré(e) unhoped for
infirmière *n.f.* nurse
inouï(e) unheard of
inquiet(ète) worried
inquiétant(e) disturbing
s'inquiéter to worry
insolemment insolently
instant: à l'— just now
instruire to instruct, to teach
insu: à l'— de unknown to
interdire to forbid
intéressant(e) interesting
s'intéresser to become interested
interrompre to interrupt
intervenir to intervene
introduit(e) introduced
invité(e) *n.* guest
ivre drunk
ivrogne *n.m.* drunkard

J

jadis formerly, of old
jamais never
jambe *n.f.* leg
jardin *n.m.* garden
jaune yellow
jaunir to turn yellow
jeter to throw
jeu *n.m.* game
jeudi Thursday
jeun: être à — to be fasting
jeune young
— **fille** *n.f.* young lady
— **homme** *n.m.* young man
jeunes gens *n.m. pl.* young people
jeunesse *n.f.* youth
(se) joindre to join
joli(e) pretty
joue *n.f.* cheek
jouer to play
se — de to deride
jouet, joujou *n.m.* toy
jour *n.m.* day
journal *n.m.* newspaper
journée *n.f.* day (time)
juger to judge
juillet July
jumeau (jumelle) twin
jurer to swear
jus d'orange *n.m.* orange juice
jusqu'à as far as, up to
— **ce que** until

L

là there
là-bas over there
lac *n.m.* lake
laid(e) ugly
laisser to let, to allow
— **tomber** to drop
— **tranquille** to leave alone
lait *n.m.* milk
laitage *n.m.* dairy produce
lamentable deplorable
lancer to throw
langue *n.f.* language, tongue
large wide
le — open sea
largeur *n.f.* width
las(lasse) tired
se lasser to get tired
(se) laver to wash (oneself)
lecteur (lectrice) *n.* lecturer, reader
lecture *n.f.* reading
léger(ère) light
légume *n.m.* vegetable
le lendemain the next day
lent(e) slow
lentement slowly
lenteur *n.f.* slowness
lequel who(m), which, which one
lever to raise
se — to get up
liaison *n.f.* linking
libéré(e) liberated, freed
librairie *n.f.* bookstore
libre free
lié(e) linked, tied
lien *n.m.* link
lieu *n.m.* place
au — de instead of
avoir — to take place
ligne *n.f.* line
lire to read
lisiblement legibly
lit *n.m.* bed
livre *n.f.* pound
livre *n.m.* book
loin far
de — from afar
le long de along
longtemps a long time
à la longue in the long run
longueur *n.f.* length
lors de at the time of
lorsque when
louer to rent, to praise
loup *n.m.* wolf
lourd(e) heavy
lourdeau *n.m.* lout
luire to shine
lundi Monday
lune *n.f.* moon
lunettes *n.f. pl.* glasses

M

machine *n.f.*
— **à coudre** sewing machine
— **à écrire** typewriter
— **à laver** washing machine
magasin *n.m.* store
grand — department store
magnétoscope *n.m.* VCR
maigre skinny
maigrir to get thin
maillot de bain *n.m.* bathing suit
main *n.f.* hand
maintenant now
maints(es) many a

mais but
maison *n.f.* house, home
à la — at home
maître *n.m.* master
maîtresse de maison *n.f.* housewife
majuscule *n.f.* capital letter
mal *n.m.* ailment, pain
— de mer seasickness
— de tête headache
avoir — to have a pain
mal badly
de — en pis from bad to worse
malade sick
maladie *n.f.* sickness
maladroit(e) clumsy, awkward
malaise *n.m.* discomfort
malchance *n.f.* bad luck
malgré in spite of
— que although
malheur *n.m.* misfortune
malheureux(euse) unhappy
malin (maligne) shrewd, cunning
mallette *n.f.* attaché-case
malpropreté *n.f.* dirtiness
maman *n.f.* Mamma
manche *n.f.* sleeve
n.m. handle
mander to send news (by letter)
manger to eat
manier to handle
de manière que so that
manque *n.m.* lack, deficiency
manquer to miss, to lack, to be missing
manteau *n.m.* coat
se maquiller to make up (face)
marche *n.f.* walk
marché *n.m.* market
bon — cheap
marcher to walk, to work (machine)
mardi Tuesday
marée *n.f.* tide
mari *n.m.* husband
marron chesnut (color), maroon
matière *n.f.* matter, subject
matin *n.m.* morning
le — in the morning
matinée *n.f.* morning
maudire to curse
maussade glum, dull
mauvais(e) bad, wrong
méchant(e) wicked, naughty, mean
mécontent(e) displeased
médicament *n.m.* medicine
médire to slander
se méfier de to mistrust
meilleur(e) better
mélanger to mix
même same, even, itself
— que same as
de — que just as, like
mémoire *n.f.* memory
ménage: faire bon — to live happily together
mener to lead
mensonge *n.m.* lie
menteur(euse) liar
mentir to lie
menton *n.m.* chin
mépriser to scorn
mère *n.f.* mother
merveilleux(euse) marvelous
messe *n.f.* mass
mesure *n.f.* measure
métier *n.m.* trade
mets *n.m.* food, dish
mettre to put
se — à to begin
se — en route to start off
y — du sien to contribute to
meuble *n.m.* piece of furniture
meurtre *n.m.* murder
midi *n.m.* noon
miel *n.m.* honey
mieux better
le — the best
milieu: au — de in the middle of
mille thousand
milliard *n.m.* billion
millier *n.m.* about a thousand
mince thin
mine *n.f.* appearance, look
minuit *n.m.* midnight
mode *n.m.* mood
moindre smaller, less, least
moine *n.m.* monk

moins less
à — que unless
au — at least
de — en — less and less
mois *n.m.* month
moitié *n.f.* half
moment *n.m.*
à ce — -là at that moment
au — où when
en ce — now
par moments at times
monde *n.m.* world, people
monnaie *n.f.* change
montagne *n.f.* mountain
monter to go up
montre *n.f.* watch
montrer to show
se moquer de to make fun
mordre to bite
mort *n.f.* death
mort(e) *n.* dead person
mot *n.m.* word
mou (molle) soft
se moucher to blow one's nose
mouchoir *n.m.* handkerchief
moule *n.m.* mold
mourir to die
mousse *n.f.* moss
mouton *n.m.* sheep
moyen *n.m.* means
au — de by means of
moyen(ne) average
muet(te) mute
mur *n.m.* wall
mûr(e) ripe
muraille *n.f.* high wall
museau *n.m.* snout

N

nage *n.f.* swimming
nager to swim
naissance *n.f.* birth
naître to be born
natal(e) native
naviguer to sail, to navigate
né(e) born
néanmoins nevertheless
négliger to neglect
neige *n.f.* snow
ne... que only
net(te) clean, clear, sharp
nettoyer to clean
neuf (neuve) (brand) new
neveu *n.m.* nephew
nez *n.m.* nose
ni... ni... neither... nor...
nier to deny
noir(e) black
noircir to blacken
noix *n.f.* nut
nom *n.m.* noun, name
nombre *n.m.* number
nombreux(euse) numerous
non plus nor, neither
note *n.f.* grade
nouer to tie, to knot
nourriture *n.f.* food, nourishment
nouveau(elle) new, another
de nouveau again
nouvelle *n.f.* news
se noyer to drown
nu(e) bare, naked
nuage *n.m.* cloud
nuire à to be harmful, prejudicial
nuisible harmful, hurtful
nul(le) no, not one
nullement not at all, in no way
nulle part nowhere
numéro *n.m.* number

O

obéir to obey
obtenir to obtain
occasion: d'— used, second-hand
occupé(e) busy
occuper to occupy
s'— de to take care of
odorat *n.m.* smell
œil (*pl.* **yeux**) *n.m.* eye
œillet *n.m.* carnation
œuf *n.m.* egg
œuvre *n.f.* work
offrir to offer
oiseau *n.m.* bird
ombragé(e) shaded, shady
ombre *n.f.* shadow, shade
à l'— de in the shade of
omelette norvégienne *n.f.* baked Alaska
omettre to omit
on one, people
oncle *n.m.* uncle

or *n.m.* gold
  d'— golden
or now
orage *n.m.* thunderstorm
ordinateur *n.m.* computer
ordonner to order
ordre *n.m.* order
oreille *n.f.* ear
oreiller *n.m.* pillow
orné(e) adorned
oser to dare
ôter to remove
où where, in which
ou or
  — bien or
oubli *n.m.* omission, oversight
oublier to forget
où que wherever
ours *n.m.* bear
outil *n.m.* tool
outre beyond
  — mesure beyond measure
ouvert(e) open
ouvrage *n.m.* work
ouvrir to open

P

pain *n.m.* bread
  petit — roll
palier *n.m.* stair landing
pâlir to turn pale
panier *n.m.* basket
panne *n.f.* breakdown
pantalon *n.m.* slacks
papier *n.m.* paper
papillon *n.m.* butterfly
paquet *n.m.* package
par by, per, out of
paraître to appear, to seem
parapluie *n.m.* umbrella
parc *n.m.* park
parce que because
parcourir to travel through, to go over
par-dessous underneath
par-dessus over (the top of)
pareil(le) similar, such, like that
parents *n.m.* parents, relatives
paresseux(euse) lazy
parfois sometimes
parfum *n.m.* perfume
pari *n.m.* bet
parier to bet
parler to speak, to talk
parmi among, amid
parole *n.f.* (spoken) word
part *n.f.* share, part
  à — apart, aside
  quelque — somewhere
partager to share
parterre *n.m.* flower bed
particulier: en — in particular
particulièrement particularly
partie *n.f.* part
partir to leave
  à — de from
partout everywhere
parvenir to attain
  — à to succeed
pas *n.m.* step
ne… pas not
pas du tout not at all
pas encore not yet
pas grand-chose not much
pas mal de a fair amount
passager *n.m.* passenger
passant(e) *n.* passer-by
passé *n.m.* past
passer to pass, to spend (time)
  — un examen to take an exam
  se — to happen
  se — de to do without
passionnant(e) exciting, thrilling
patins à glace *n.m.* ice skates
pâtisserie *n.f.* pastry
patte *n.f.* paw
pâture *n.f.* food (for animals), pasture
pauvre poor
payer to pay
pays *n.m.* country
paysage *n.m.* landscape, scenery
peau *n.f.* skin
pêche *n.f.* peach
pêcheur *n.m.* fisherman
pécheur sinner
peindre to paint
peine *n.f.* pain, sorrow, trouble
  à —… que… hardly… when…
  ce n'est pas la — de it's not worth the trouble

valoir la — to be worth the trouble
peinture *n.f.* painting, paint
peler to peel
pelouse *n.f.* lawn
penchant *n.m.* inclination
se pencher to bend, to stoop over
pendant during
— que while
pendant(e) hanging
pendre to hang
pénible painful, wearisome
pensant(e) thinking
pensée *n.f.* thought
penser to think
penseur *n.m.* thinker
perdant *n.m.* loser
perdre to lose
se — to be lost, to lose one's way
perdu(e) lost
père *n.m.* father
périr to perish
permettre to allow
permis de conduire *n.m.* driver's license
personnage *n.m.* character
personne *n.f.* person
personne no one
peser to weigh
petit(e) small
peu (de) little, few
un — de a little
à — près nearly, about
peuple *n.m.* people, nation
peur *n.f.* fear
avoir — to be afraid
de — que lest, for fear that
peureux(euse) fearful
peut-être (que) perhaps, maybe
phare *n.m.* lighthouse
phrase *n.f.* sentence
pièce *n.f.* play, room
pied *n.m.* foot
pierre *n.f.* stone
pinceau *n.m.* brush
piquer to sting, to prick
pire worse
pis worse
piste *n.f.* runway
pitié *n.f.* pity
avoir — de to have mercy
place *n.f.* place, seat, room, square (public)
à la — de in place of, instead of
placer to place
plage *n.f.* beach
plaindre to pity
se — to complain
plaire to please
se — à to enjoy
plaisanter to joke
plaisanterie *n.f.* joke
plancher *n.m.* floor
plat *n.m.* dish
à plat flat
plein(e) full, filled
plein de plenty of
pleurer to cry
pleuvoir to rain
plonger to plunge, to dip
pluie *n.f.* rain
plume *n.f.* feather
la plupart des most, the greatest part
plus more
de — en — more and more
ne... — no more, no longer
—... —... the more... the more...
—... que... more... than
plusieurs several
plutôt rather
pneu *n.m.* tire
poche *n.f.* pocket
poésie *n.f.* poetry
poids *n.m.* weight
point *n.m.* dot, period
à — just right
ne... — not
pointillés *n.m.* dotted line
pointu(e) pointed, sharp
poire *n.f.* pear
poireau *n.m.* leek
pois: *n.m.* **petits —** green peas
poisson *n.m.* fish
poli(e) polite
policier *n.m.* policeman
pomme *n.f.* apple
pompier *n.m.* fireman
pondre to lay eggs
pont *n.m.* bridge
porte *n.f.* door
portefeuille *n.m.* billfold, wallet
porter to carry, to wear
se — to be (of health)
poser to put

— **une question** to ask a question
posséder to possess
poste *n.m.* job, employment
n.f. post-office
potager *n.m.* kitchen garden
pou *n.m.* louse
poulailler *n.m.* henhouse
poule *n.f.* hen
poulet *n.m.* chicken
poumon *n.m.* lung
poupée *n.f.* doll
pour for, in order, to
— **que** in order that
pourquoi why
poursuivre to pursue
pourtant however, nevertheless
pourvu que provided that, so long as, I only hope
pousser to push
poussière *n.f.* dust
pouvoir *n.m.* power, command
pouvoir to be able, to be possible, can
ne plus en — to be tired out, exhausted
précédent(e) preceding
précéder to precede
se précipiter to rush
prédire to foretell, to predict
premier(ère) first
prendre to take
— **froid** to catch a cold
— **une décision** to make a decision
s'y — to go about (something)
près (de) near
présenter to present
se — to introduce oneself
presque almost
pressé(e): être — to be in a hurry
se presser to hurry
prêt(e) ready
prêter to lend
prêtre *n.m.* priest
prévenir to warn, to caution
prévoir to foresee
prier to beg, to request, to pray
prière *n.f.* prayer
en principe as a rule
printemps *n.m.* spring
prise *n.f.* taking, capture
prix *n.m.* price
prochain(e) next
proche near, close
produire to produce
produit *n.m.* product
profond(e) deep
promenade *n.f.* walk
se promener to take a walk
promettre to promise
propos: à — by the way, at the right time
à — de with regard to
proposition *n.f.* clause
propre clean, own
propriétaire *n.m.* owner
propriété *n.f.* property
prouver to prove
provisions *n.f.* supply, eatables
publié(e) published
puis then
puisque since, as
puissant(e) powerful, strong
punir to punish

Q

quai *n.m.* quay, pier
quand when
— **même** all the same
quant à as for
quart *n.m.* quarter
quartier *n.m.* neighborhood
ne... que... only
que that, whom, what
quel(le) what, which
quelconque whatever, mediocre
quel que whatever
quelque chose something
quelquefois sometimes
quelque part somewhere
quelque... que... however, whatever
quelques some, a few
quelque temps some time
quelqu'un someone
quelques-uns some
se quereller to quarrel
qu'est-ce que what
— **c'est que** what is
qu'est-ce qui what

qu'est-ce qu'il y a? what's the matter?
queue *n.f.* tail
qui who, which, that
quiconque anyone who, whoever
qui que ce soit anyone (whatever)
quitter to leave
quoi what, which
  — que whatever
  — que ce soit anything (whatever)
quoique although
quotidien(ne) daily

R

raccourcir to shorten
racheter to buy back, to redeem
raconter une histoire to tell a story
ragoût *n.m.* stew
raisin *n.m.* grapes
raison *n.f.* reason
  avoir — to be right
  en — de on account of
raisonnable reasonable
raisonnement *n.m.* reasoning
rajeunir to rejuvenate, to look younger
ralentir to slow down
ramasser to gather, to pick up
ramener to bring back
ramper to crawl, to sliver
rang *n.m.* row, rank
ranger to put in order
rapide fast, quick
rapidement quickly
rappeler to remind, to recall
  se — to remember
rapport: par — à in relation to, compared with
se rapporter to refer, to relate
rarement rarely
ras(e) close, short
au ras de on a level with
se raser to shave
rater to miss, to fail
ravi(e) delighted
réagir to react
en réalité really, as a matter of fact
récemment recently
recette *n.f.* recipe
recevoir to receive
se réchauffer to get warm again
recherches *n.f.* research
récit *n.m.* story
réclamer to claim, to object
récolte *n.f.* crop, harvest
reconnaître to recognize
recouvrer to recover, to regain
récréation *n.f.* playtime, break
recueil *n.m.* collection, selection
recueillir to collect
redouter to fear, to dread
réfléchi(e) reflexive
réfléchir to reflect, to think over
regard *n.m.* look, glance
regarder to look at, to watch
règle *n.f.* rule
règlement de comptes *n.m.* squaring of accounts
régner to reign
régulier(ère) regular
rein *n.m.* kidney
rejeter to reject
relever to raise again, to pick up
relié(e) linked
remarquer to notice
remercier to thank
remettre to put back
remis(e): être — to be recovered
remplacer to replace
remplir to fill
rencontre *n.f.* meeting, encounter
rencontrer to meet
rendez-vous *n.m.* appointment, date
rendre to return, to give back, to make (+ adj.)
  — service to render a service
  se — to go, to make oneself (+ adj.)
  se — compte to realize
se renfermer to confine oneself
renseignement *n.m.* information

rentrer to return home
être rentré(e) to be back
renverser to spill, to throw down
renvoyer to send back, to discharge
répandre to spread, to scatter
réparer to repair, to fix
repas *n.m.* meal
repasser to iron
répéter to repeat
répétition *n.f.* rehearsal
replet(ète) fat, bulky
se replier to fold up, to withdraw into oneself
répondre to answer
réponse *n.f.* answer
repos *n.m.* rest
se reposer to rest
reprises: à plusieurs — repeatedly
reprocher to reproach
résoudre to solve, to resolve
se — à to decide, to make up one's mind
respirer to breathe
responsable responsible
ressembler to resemble
ressentir to feel
ressortir to go out again, to stand out
rester to stay
restes *n.m.* leftovers
retard *n.m.*: **en —** late
retentir to resound, to have repercussions
retentissement *n.m.* resounding sound, repercussion
retour: être de — to be back
retourner to go back, to turn around
retroussé(e) turned up, snub (nose)
réunion *n.f.* meeting
se réunir to meet, to reunite
réussir to succeed
réussite *n.f.* success
rêve *n.m.* dream
réveiller to awaken, to wake up
se — to awake
revenant *n.m.* ghost
revenir to come back
revenu *n.m.* income
rêver to dream
révision *n.f.* **faire des —** to review
revue *n.f.* magazine, journal
rez-de-chaussée *n.m.* first floor
rhume *n.m.* cold
ridé(e) wrinkled
rideau de fer *n.m.* iron curtain
rien nothing
— que nothing but
rire to laugh
rive *n.f.* bank, shore
robe *n.f.* dress
roi *n.m.* king
reine *n.f.* queen
roman *n.m.* novel
romancier(ère) *n.* novelist
rompre to break
rond(e) round
ronde: faire sa — to make the rounds
roseau *n.m.* reed
rouge red
— à lèvres *n.m.* lipstick
rougir to redden, to blush
rouler to roll
route *n.f.* road
en — on the way
roux (rousse) red-haired
ruban *n.m.* ribbon
rue *n.f.* street
rusé(e) sly, cunning

S

sable *n.m.* sand
sabot *n.m.* wooden shoe
sac *n.m.* bag, purse
sage wise, reasonable
sagesse *n.f.* wisdom, good behavior
saignant(e) bleeding, rare (meat)
saisir to seize
saison *n.f.* season
salaire *n.m.* salary
sale dirty
salé(e) salted
saleté *n.f.* dirt
salir to soil
salle *n.f.* large room
— à manger dining room
saluer to greet, to salute
sanglant(e) bloody
sans without
santé *n.f.* health
satisfaire to satisfy

satisfait(e) satisfied, pleased
sauf except
saut *n.m.* jump
sauter to jump
sauver to save
savant *n.m.* scholar
savoir to know
savourer to savor, to relish
sceau *n.m.* seal, mark
seau *n.m.* pail, bucket
sec (sèche) dry
sécher to dry
secourir to aid, to assist
secours *n.m.* **au —!** help!
secrétaire *n.m.* writing desk
séjour *n.m.* sojourn, stay
sel *n.m.* salt
selon according to
semaine *n.f.* week
semblable similar, same
sembler to seem
sens *n.m.* sense, meaning, direction
sensé(e) sensible, intelligent
sentiment *n.m.* feeling
sentir to feel, to perceive, to smell
  se — to feel
serpent *n.m.* snake
serrer to press, to tighten, to squeeze
  — la main to shake hands
serveuse *n.f.* waitress
serviette *n.f.* towel, briefcase
servir to serve
  — à to be used for
  se — de to use
serviteur *n.m.* servant
seul(e) alone, only, single one
seulement only
si if, whether, so, yes
siècle *n.m.* century
sifflement *n.m.* whistling
signe *n.m.* sign
  c'est — que it means
  faire — to signal
signer to sign
s'il vous plaît if you please
simplifier to simplify
sitôt as soon, so soon
sobrement soberly
sœur *n.f.* sister
soi oneself, himself, herself
soif *n.f.* thirst
  avoir — to be thirsty
soigner to take care of, to nurse, to look after
soin *n.m.* care, attention
soir *n.m.* evening
  ce — tonight
  le — at night
soirée *n.f.* evening
soit (que)... soit (que)... either... or, whether... or
solde: en — on sale
soleil *n.m.* sun
  au — in the sun
sombre dark
somme *n.f.* sum
sommeil: avoir — to be sleepy
sommet *n.m.* summit
son *n.m.* sound
songer to think, to dream
sonner to ring, to strike
sort *n.m.* fate, destiny
sorte *n.f.* sort
  de — que so that
sortie *n.f.* party
sortir to go out
sot(te) stupid, silly
sou *n.m.* penny, sou
souci *n.m.* worry
se soucier de to be concerned, to care
soudain suddenly, all of a sudden
soudainement suddenly
souffler to blow
souffrir to suffer
souhait *n.m.* wish
souhaiter to wish, to desire
soulagement *n.m.* relief, alleviation
soulager to relieve
soulever to raise, to stir up
soulier *n.m.* shoe
souligner to underline
soumis(e) submitted
soupirail *n.m.* vent
sourire to smile
souris *n.f.* mouse
sous under
sous-entendu(e) understood, implied
sous-marin *n.m.* submarine

sous-titre *n.m.* subtitle
soutenir to support, to sustain
se souvenir to remember
souvent often, many times
souverain *n.m.* sovereign
spectacle *n.m.* show
stationner to park
subir to undergo
sucre *n.m.* sugar
sucré(e) sweet
suer to perspire, to sweat
suffire to suffice
suffisamment sufficiently
suggérer to suggest
suite *n.f.* continuation
suivant(e) next, following
suivant (que) in the direction of, according to
suivi(e) de followed by
suivre to follow
au sujet de about, concerning
supplémentaire additional
supplier to implore, to supplicate
supposer: à — que supposing that, assuming that
sur on
sûr(e) sure
sûreté *n.f.* security
surprenant(e) surprising
surprendre to surprise
surtout above all, especially
surveiller to supervise, to watch over
survenir to happen, to take place
survivre to survive

T

tableau *n.m.* blackboard, table, painting
tache *n.f.* stain
tâche *n.f.* task, job
tâcher de to try
taille *n.f.* size
se taire to keep quiet, to fall silent
tandis que while, whereas
tant so, so much
  — mieux so much the better
  — pis so much the worse
  — que so long as
  en — que as
tante *n.f.* aunt
taper à la machine to type
tapis *n.m.* rug
taquiner to tease
tard late
tarder à to delay
tas: un — de heap, lot, pack
tasse *n.f.* cup
tâtonner to feel one's way, to grope
taureau *n.m.* bull
teindre to tint, to dye
teint *n.m.* complexion, color
  fond de — make-up foundation
tel(le) such, like
téléviseur *n.m.* television set
tellement so, so much, to such a degree
témoignage *n.m.* testimony
témoin *n.m.* witness
tempête *n.f.* storm
temps *n.m.* tense, weather, time
  à — in time
  de — en — from time to time
  en même — at the same time
  il est — de it is time to
  tout le — all the time
tendre to stretch, to lay
ténèbres *n.f. pl.* darkness, gloom
tenir to hold
  — à to want, to be anxious, to value
  se — to keep, to remain, to stand
  — compagnie to keep company
tenter to try, to attempt
terminaison *n.f.* ending
(se) terminer to end
terre *n.f.* earth
  par — on the ground
tête *n.f.* head
thé *n.m.* tea
tic *n.m.* twitching, tic
tiens! here!
tiers *n.m.* third

timbre *n.m.* stamp
timide shy
tirer to draw, to pull
s'en — to pull through
tiroir *n.m.* drawer
tissu *n.m.* fabric
toile *n.f.* canvass
tolérer to tolerate
tollé *n.m.* outcry
tomber to fall
— en faiblesse to faint
— en panne to breakdown
ton *n.m.* tone
tondre to shear
tonner to thunder
tonnerre *n.m.* thunder
tordre to twist
à torrents downpour
tort: avoir — to be wrong
tôt early
touffu(e) bushy, tufted
toujours always, still
tour *n.m.* turn, trick
n.f. tower
faire le — de to go round
tout(e) all, whole, every, very
tout everything
— à coup suddenly
— à fait completely
— à l'heure in a few minutes, a few minutes ago
— ce qui (que) all that
— de suite immediately
— le monde everyone
— le temps all the time
toutefois however, nevertheless
toux *n.f.* cough
trace *n.f.* trail
traduction *n.f.* translation
traduire to translate
se — to be translated
train: être en — de to be in the act of
trait *n.m.* straight line
— d'union hyphen
travail *n.m.* work
travailler (dur) to work (hard)
travailleur hard-working
travers: à — through
traverser to cross, to go through
tréma *n.m.* diaeresis
tremblement de terre *n.m.* earthquake
très very
trésor *n.m.* treasure
tricher to cheat
tricot *n.m.* knitting, sweater
tricotage *n.m.* knitting (act)
tricoter to knit
trimestre *n.m.* quarter, trimester
triste sad
tromper to deceive
se — to make a mistake, to be wrong
trompeur(euse) deceitful, misleading
trop (de) too much, too many
trottoir *n.m.* sidewalk
trou *n.m.* hole
trouver to find
se — to be (found)
tuer to kill
tuile *n.f.* tile
tutoyer to address as «tu»

U

usage *n.m.* use
usé(e) worn out
usine *n.f.* factory
usité(e) in use, current
utile useful
utiliser to use

V

vacances *n.f. pl.* vacation
vache *n.f.* cow
va-et-vient *n.m.* coming and going
vague *n.f.* wave
vaillant(e) valiant
vaincre to conquer, to win
vaisselle: faire la — to wash the dishes
valeur *n.f.* value, worth
valise *n.f.* suitcase
valoir to be worth
— mieux to be better
vapeur *n.f.* steam
vase *n.f.* slime, mud
vaurien *n.m.* rascal, scoundrel
veille *n.f.* **la —** the day before
vélo *n.m.* bike

vendre to sell
se venger to take vengeance for
venimeux(euse) poisonous
venir to come
  en — à to come to the point of
  — de to have just
vent *n.m.* wind
verdir to turn green
véreux(euse) wormy
verger *n.m.* orchard
vérité *n.f.* truth
vermeil(le) ruby, rosy
verre *n.m.* glass
  verres de contact contact lenses
vers *n.m.* line of poetry
vers towards, around
verser to pour
vert(e) green
vertige *n.m.* vertigo
veste *n.f.* jacket, coat
vestibule *n.m.* hall
vêtement *n.m.* garment
vêtir to dress, to clothe
veuf (veuve) *n.* widower (widow)
viande *n.f.* meat
vide empty
vie *n.f.* life
vieillard *n.m.* old man
vieillir to age, to grow old
vieux (vieille) old
vif (vive) bright, vivid
vilain(e) ugly, mean
ville *n.f.* city, town
vin *n.m.* wine
virgule *n.f.* comma
visage *n.m.* face
vite quickly
vitesse *n.f.* speed
vitrail *n.m.* stained glass window
vivant(e) lively
vivre to live
vœu *n.m.* vow, wish, desire
voici here is, here are
voilà there is, there are
voile *n.f.* sail
voir to see
voisin(e) neighbor
voiture *n.f.* car, automobile
voix *n.f.* voice
  à haute — aloud
  à — basse in a low voice
vol *n.m.* flight, theft
voler to fly, to steal
voleur *n.m.* thief
volonté *n.f.* will
volontiers willingly
vorace voracious
vouloir to want, to wish
  — dire to mean
  en — à to bear a grudge
  s'en — to be angry with oneself
voyage *n.m.* travel, trip
voyager to travel
vrai(e) true
vraiment really
vraisemblablement very likely, probably
vu in view of, considering
vue *n.f.* sight, view, eyesight

Y

yeux (*sing.* **œil**) *n.m.* eyes

INDEX

V

W

Y

TABLEAUX

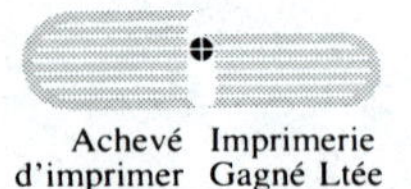

Achevé d'imprimer au Canada
Imprimerie Gagné Ltée Louiseville